AF591010

LOIS PRINCIPALES DE 1838.

LOIS PRINCIPALES DE 1838.

EXTRAIT

DU

TOME 38 DE LA COLLECTION COMPLÈTE

DES

LOIS, ORDONNANCES,

RÉGLEMENS ET AVIS DU CONSEIL D'ÉTAT,

PAR J. B. DUVERGIER,

Avocat à la Cour royale de Paris, auteur de la continuation de Toullier.

Contenant les Lois sur les tribunaux de première instance, les mines, les attributions des conseils généraux, les juges de paix, les faillites et banqueroutes, les aliénés, le sucre indigène, les vices redhibitoires, etc.

A PARIS,

S'adresser à M. BOUSQUET, Directeur de l'Administration,
56, rue de Seine-St.-Germain.

1839.

LOIS PRINCIPALES DE 1838.

EXTRAIT

DU

TOME 38 DE LA COLLECTION COMPLÈTE

DES

LOIS, ORDONNANCES,

RÉGLEMENS ET AVIS DU CONSEIL D'ÉTAT,

PAR J. B. DUVERGIER.

Avocat à la Cour royale de Paris, auteur de la continuation de Toullier.

Contenant les Lois sur les tribunaux de première instance, les mines, les attributions des conseils généraux, les juges de paix, les faillites et banqueroutes, les aliénés, le sucre indigène, les vices redhibitoires, etc.

11 = 13 AVRIL 1838. — *Loi sur les tribunaux civils de première instance* (1). (IX Bull. DLXV, n. 7336.)

---

(1) Présentation à la Chambre des Députés le 15 janv. (Mon. du 16); rapport par M. Persil le 17 fév. (Mon. du 18 et du 19); discussion le 21 fév. (Mon. du 22), le 22 (Mon. du 23), le 23 (Mon. du 24), le 26 (Mon. du 27), le 27 (Mon. du 28); adoption le 28 fév. (Mon. du 1er mars), à la majorité de 178 voix contre 64.

Présentation à la Chambre des Pairs le 7 mars (Mon. du 8); rapport par M. Mérilhou le 28 mars (Mon. du 29); discussion et adoption le 4 avril (Mon. du 5), à la majorité de 97 voix contre 7.

Cette loi modifie la législation relative aux tribunaux de 1re instance sous quatre rapports différens. Elle étend leur compétence, augmente ou diminue le nombre des juges de plusieurs tribunaux; les autorise tous à faire des réglemens pour

Art. 1er (1). Les tribunaux civils de première instance connaîtront, en dernier ressort, des actions personnelles et mobilières, jusqu'à la valeur de quinze cents francs de principal, et des actions immobilières jusqu'à soixante francs de revenu, déterminé, soit en rentes, soit par prix de bail (2).

---

leur service intérieur ; enfin elle trace quelques règles relatives aux fonctions des juges suppléans.

C'est une branche du projet de loi présenté l'année dernière sur l'organisation de tous les tribunaux en général.

Nécessairement, la question de savoir s'il fallait conserver tous les tribunaux actuellement existant a dû se présenter à cette occasion. M. *Persil*, rapporteur de la commission de la Chambre des Députés, a repoussé la pensée d'une réduction, par des raisons graves. Il faut néanmoins convenir que la multiplicité des siéges et le grand nombre des juges empêchent d'accorder aux magistrats des traitemens convenables. Il est bien reconnu maintenant qu'aucun fonctionnaire de l'ordre judiciaire ne peut vivre avec son traitement; qu'à plus forte raison, il est impossible qu'il tienne le rang que lui assignent dans la société les fonctions qu'il exerce. Sans doute il faut que les tribunaux ne soient pas trop éloignés des justiciables ; mais qu'on juge combien, depuis quarante ans, se sont accrus les facilités des communications et les moyens de transports. Dans presque tous les départemens, le voyage au chef-lieu se fait aujourd'hui avec moins de temps et de frais qu'il n'en fallait autrefois pour aller au chef-lieu de l'arrondissement. C'est en se fondant sur l'abaissement de valeur du signe monétaire qu'on a élevé la compétence en dernier ressort des tribunaux de première instance, et l'on a dit avec raison que ce changement n'était que le maintien de la règle établie par la loi de 1790. Ne pourrait-on pas aussi soutenir que, grâces au meilleur entretien des routes, à l'établissement des moyens de transport, vingt lieues en 1838 n'en valent pas plus de cinq de 1789 ? La constitution du 5 fruct. an 3 n'établissait qu'un tribunal par département. Voy. l'art. 216.

(1) Cet article n'a éprouvé aucune modification; il est tel qu'au projet. Son motif principal est la diminution des valeurs du signe monétaire, d'où résultait l'abaissement du taux de dernier ressort qu'on a dû maintenir.

(2) La seconde partie du § 1er de l'article a été attaquée. On a objecté, contre cette base du taux du dernier ressort, le prix des rentes et des baux ; qu'elle laisse trop de petits procès hors de l'application de la loi. Pour remédier à cet inconvénient, on a proposé de prendre pour base de la compétence l'impôt foncier payé par la propriété.

L'amendement a été ainsi formulé : « Et des actions immobilières, lorsque le principal de la contribution foncière de l'immeuble litigieux n'excédera pas la somme de... »

On a bien reconnu que le principe posé dans l'art. 5, tit. 4 de la loi du 16=24 août 1790 était trop limité dans son application, que c'était un mal auquel il fallait s'efforcer de porter remède ; mais on a pensé que le remède proposé serait inefficace; si, toutefois, il n'entraînait pas de plus grands inconvéniens. On a dit que la contribution foncière étant répartie sur les divers points du royaume avec une excessive inégalité dans sa proportion avec le revenu, cette base ne pourrait servir de point de départ pour apprécier avec exactitude ni le revenu, ni la valeur capitale de l'immeuble qui en est frappé.

Cette base nouvelle avait été proposée dans le sein de la commission; elle avait été repoussée par les mêmes motifs. « Une lacune, a dit M. *Persil*, rapporteur, a été signalée à l'occasion des actions immobilières. Pour déterminer le cas où les tribunaux de première instance devront les juger en dernier ressort, le projet exige que le revenu soit fixé *en rente* ou *par prix de bail*. La détermination en rentes est peu fréquente, et l'habitude de donner à bail n'est pas générale. Le projet ne s'explique pas à l'égard des immeubles litigieux qui ne produisent pas de revenus susceptibles d'évaluation ; il se tait sur les immeubles cultivés par les propriétaires eux-mêmes, ou abandonnés à des colons partiaires.

« Il résultera de son silence que le bienfait de la loi actuelle ne profitera qu'à une faible partie de la population ; que les inconvéniens attachés aux demandes *indéterminées* se perpétueront ; on continuera à porter devant les cours royales des appels du plus mince intérêt, et les lenteurs fatigueront les justiciables, et les frais absorberont et dépasseront fréquemment la véritable valeur du procès.

« A ces inconvéniens, qu'il n'est pas possible de nier, l'on a opposé deux expédiens examinés avec la plus sérieuse attention par votre commission. On a dit qu'à défaut d'autres moyens, il serait possible d'arriver à l'évaluation des revenus en prenant pour base la contribution foncière.

« Le second expédient, suggéré par quelques cours royales, consisterait à imposer au demandeur l'obligation de faire lui-même l'évaluation de l'objet en litige.

« Votre commission, messieurs, a cru ne pouvoir adopter ni l'une ni l'autre de ces propositions. Elles lui ont paru renfermer de plus graves inconvéniens que ceux attachés au silence du projet, dont toute la portée est bien connue, puisqu'il laisse les choses dans leur état actuel. »

Ainsi, on a pensé qu'il valait mieux laisser parmi les *demandes indéterminées*, c'est-à-dire parmi celles sujettes à l'appel, toutes celles qui portent sur un immeuble dont le revenu ne serait pas fixé par un bail ou par une rente.

M. le rapporteur, pour repousser le moyen qui consisterait dans l'évaluation, par le demandeur, de l'objet en litige, a fait remarquer qu'il rendrait le demandeur juge de la question de compétence en dernier ressort.

L'observation est juste ; mais il y avait peut-être un moyen facile de prévenir cet inconvénient ; ce serait de donner aux tribunaux de première instance le droit de provoquer des parties une déclaration sur la valeur de l'objet du procès. Souvent, avant le jugement, elles reconnaîtraient qu'elle est telle qu'il y a lieu à statuer en dernier ressort; mais une fois la sentence prononcée, la partie qui a perdu son procès veut user de cette triste et ruineuse ressource de l'appel.

L'art. 6, tit. 4 de la loi du 16=24 août 1790,

Ces actions seront instruites et jugées comme matières sommaires (1).

2. Lorsqu'une demande reconventionnelle ou en compensation aura été formée dans les limites de la compétence des tribunaux civils de première instance en dernier ressort, il sera statué sur le tout sans qu'il y ait lieu à appel.

Si l'une des demandes s'élève au-dessus des limites ci-dessus indiquées, le tribunal ne prononcera, sur toutes les demandes, qu'en premier ressort (2).

---

renferme une disposition que j'ai toujours regrettée.

La loi du 16=24 août 1790 plaçait sur la même ligne les demandes ayant pour objet une valeur en capital de 1,000 livres et un immeuble produisant 50 livres de revenus. Elle considérait donc un immeuble dont le revenu était de 50 livres comme ne valant que 1,000 francs. En partant de cette base, la présente loi aurait dû comprendre dans les limites du dernier ressort des tribunaux de première instance les actions immobilières jusqu'à 75 francs de revenu. On voit qu'elle n'y a cependant placé que celles dont l'objet produit 60 francs de rente. Cette apparente contradiction est justifiée par ce fait incontestable que les immeubles ne produisent pas aujourd'hui cinq pour cent, et que tel qui donne un revenu de 60 francs vaut au moins 75 francs. M. *le Garde des sceaux* et M. *Persil*, rapporteur, ont donné l'un et l'autre cette explication.

Voy. les notes sur la loi du 16=24 août 1790, tit. 4, art. 5. J'y ai recueilli un grand nombre d'arrêts qui trouveront leur application sous l'empire de la loi nouvelle. Les doctrines établies, alors que la limite du dernier ressort était 1,000 livres, restent vraies lorsque cette limite est portée 1,500 fr.

Il faut remarquer que l'art. 5, tit. 4 de la loi du 16=24 août 1790 disait : « Les juges de district connaîtront *en premier* et dernier ressort, etc.» —La loi actuelle se borne à dire : « Les tribunaux civils de première instance connaîtront en *dernier* ressort. » — Il n'y a rien à conclure de cette modification. Certainement les demandes qui excèdent les limites de la compétence des juges de paix et qui n'ont pas pour objet une valeur supérieure à 1,500 fr. seront portées devant les tribunaux de première instance.

La loi de 1790 disait aussi *affaires réelles*, et la loi actuelle se sert de l'expression *actions immobilières*. Ce changement de rédaction, dont l'intention n'a pas été expliquée, et qui vraisemblablement n'a eu aucun but, ne devra donc pas empêcher d'appliquer la disposition aux *actions réelles*, soit *mobilières*, soit *immobilières*.

Ainsi, à la rigueur, et en s'attachant à la lettre, M. *Mérilhou* s'est trompé, en disant dans son rapport à la Chambre des Pairs *qu'il n'y a rien de changé dans l'article de la loi de 1790, excepté les deux sommes qu'il indique.* Mais quant au fond des choses son assertion est parfaitement exacte.

(1) Ce paragraphe est une innovation importante, en ce qu'il étend le cercle des affaires auxquelles s'applique l'art. 404 du Code de procédure. L'innovation consiste en ce que la procédure sommaire se trouve appliquée à des matières réelles, tandis qu'antérieurement les demandes *pures personnelles* y étaient seules assujetties ; et c'est là ce qui a soulevé quelque opposition. Tout en reconnaissant que la justice serait plus prompte, on a nié qu'elle fût plus économique ; on a soutenu qu'elle serait moins bonne.

La principale part des frais judiciaires, a-t-on dit, est perçue par le fisc ; or, l'on ne peut concevoir de réforme véritablement efficace, qu'en abaissant les exigences du timbre et de l'enregistrement ; jusque-là point d'économie sérieuse.

Il y aura mauvaise justice ; car les procès immobiliers sont ceux qui offrent les questions les plus difficiles, qui exigent les développemens les plus compliqués ; or, le juge a besoin de retracer dans le silence du cabinet ces documens, ces élémens de conviction qui échappent fugitifs dans le débat oral. Que s'il est bien que la justice soit prompte et économique, il est encore mieux qu'elle soit juste et surtout éclairée par un débat régulier et consciencieux ; et d'ailleurs, les juges taxateurs n'ont-ils pas le pouvoir de sévir contre les officiers ministériels qui abusent des formes. Ainsi, l'innovation ne fait aucun bien aux plaideurs, au contraire, elle sacrifie leur véritable intérêt, celui qui leur assure une instruction complète, le triomphe du droit et de la vérité.

Ces objections n'ont pas touché la Chambre.

(2) Jusqu'à présent la jurisprudence avait admis qu'il y avait lieu à appel, lorsque les deux demandes principale et reconventionnelle réunies dépassaient le taux du dernier ressort. La disposition nouvelle de cet article change cet état de choses ; elle est motivée sur ce que deux actions étant formées par des demandeurs différens, constituent en quelque sorte deux causes, que le chiffre de chacune doit donc être considéré isolément, au lieu de les réunir, afin de déclarer si le juge a prononcé en premier ou en dernier ressort ; que l'intérêt de la vérité, l'économie de temps et des frais, qui font admettre simultanément les demandes principale et reconventionnelle ne peuvent pas enlever au juge le droit qu'il avait de juger chacune d'elles en dernier ressort.

Cet argument est décisif en effet, lorsque la demande opposée à la demande principale est une demande en compensation, une demande indépendante de celle qui a été introduite la première. Mais il n'a plus aucune force, lorsqu'il s'agit d'une demande reconventionnelle proprement dite. M. *Fougères* a présenté sur ce point à la Chambre des Députés des observations pleines de sens et d'exactitude.

« Une demande, a-t-il dit, est formée par le demandeur originaire. Le défendeur répond par une nouvelle demande. Une demande ainsi introduite par le demandeur peut être de trois espèces : ces trois espèces peuvent être examinées séparément.

« La demande peut être purement incidente ou en compensation ; elle peut être proprement dite *reconventionnelle* ; enfin elle peut être une demande en dommages-intérêts.

« Dans le premier cas, lorsque la demande est en compensation ou purement incidente, le système du projet de loi ne peut subir aucune critique.

« Il n'y a pas lieu à additionner les différentes demandes. Si chacune d'elles est inférieure au

Néanmoins il sera statué en dernier ressort sur les demandes en dommages-intérêts, lorsqu'elles seront fondées exclusivement sur la demande principale elle-même (1).

dernier ressort, les premiers juges ont le droit de statuer en dernier ressort. Pourquoi en est-il ainsi? C'est qu'en pareil cas, il y a réellement deux procès, et non pas un seul; c'est que la réunion de ces deux procès est tout-à-fait fortuite.

« Le procès primitif ne s'est pas agrandi comme dans le cas d'une demande reconventionnelle; mais un second procès est venu se placer à côté du premier. Il faut donc que chacune de ces demandes soit appréciée suivant son importance propre.

« Permettez-moi de vous le faire apprécier par un exemple.

« Je forme contre quelqu'un une demande en paiement de 1,400 fr.; il me répond qu'il est lui-même mon créancier d'une autre somme de 1,500 fr., et il forme contre moi une demande en compensation jusqu'à due concurrence.

« Cette demande en compensation est purement facultative. Le défendeur aurait pu ne pas m'opposer ce moyen. En l'opposant, qu'a-t-il fait? a-t-il agrandi mon procès? pas le moins du monde. Seulement il a placé à côté de ma demande une autre demande, et il veut que la compensation se fasse entre elles deux. En pareil cas, il est parfaitement raisonnable que l'incident ne change pas la compétence du tribunal; si les deux demandes avaient été portées successivement devant le tribunal, elles auraient été jugées toutes les deux en dernier ressort.

« Eh bien! la circonstance toute fortuite qui fait qu'elles se présentent en même temps ne peut pas changer la compétence.

« Mais en sera-t-il de même si la demande est reconventionnelle?

« Pour décider la question, il faut bien se pénétrer de ce que c'est qu'une demande reconventionnelle. Il ne faut pas équivoquer et appliquer cette dénomination à toutes les demandes incidentes formées par le défendeur. La demande reconventionnelle est celle qui a pour objet de repousser la demande primitive. C'est un moyen de défense qu'emploie l'assigné, défense qui n'est complète, qui n'est tout ce qu'elle doit être, qu'en devenant offensive. En voici un exemple.

« Un individu a administré mes biens pendant mon absence. A mon retour, je prétends que, par suite de cette administration, il est mon débiteur de 1,500 fr. Il me répond que non seulement il ne me doit rien, mais qu'au contraire, le résultat de son administration le constitue mon créancier de 1,000 fr. Eh bien! remarquez que ce n'est pas un second procès placé à côté du premier, c'est le premier procès qui s'agrandit. D'après ma demande primitive, il n'était que de 1,500 fr.; mais la demande reconventionnelle qu'on m'oppose le porte à 2,500 fr.

« Ce n'est pas un second procès distinct et séparé du premier, qui ne s'y trouve joint que par hasard, par une circonstance plus ou moins fortuite; ce n'est pas une demande que j'aurais pu renvoyer à former à une autre époque; c'est une demande que je suis forcé de faire actuellement; c'est le complément indivisible de ma défense contre la demande dirigée contre moi.

« La même hypothèse peut se présenter dans un autre cas: Je demande à mon fermier de me payer 1,500 fr., montant du fermage; il me répond qu'il ne me doit rien, parce que je ne l'ai pas mis en jouissance, et réclame lui-même une indemnité de 1,500 fr. pour inexécution du bail. Remarquez que, dans ce cas encore, ce n'est pas un nouveau procès qui vient de naître; c'est le même bail, les mêmes engagemens qui se développent et dont les conséquences se produisent successivement, c'est la même cause sous une double face.

« Voilà ce qui caractérise véritablement la demande reconventionnelle, et je dis qu'en pareil cas, il n'est pas possible, sans contrevenir au principe posé dans l'article 1er, de décider que, nonobstant la demande reconventionnelle et quoique ajoutée à la demande principale, le procès se trouve présenter un intérêt supérieur à 1,500 fr.; le juge statuera cependant en dernier ressort.

« M. Pigeau définit ainsi la demande reconventionnelle: « Il faut que la demande en reconvention soit la défense contre l'action premièrement intentée. La demande en reconvention a lieu aussi toutes les fois que cette seconde demande tire son principe de la même cause que la première, ou procède de la même affaire, ou de la même convention. Mais si la demande qu'a droit de former l'assigné n'a pas de relation avec celle du demandeur, il n'y a pas lieu à reconvention. »

« Ainsi, la reconvention n'a lieu que lorsque la demande formée par le défendeur tire son principe de la même cause, des mêmes faits, des mêmes engagemens que ceux qui sont invoqués à l'appui de la demande originaire: eh bien, en pareil cas, je dis qu'il n'est pas possible de ne pas tenir compte de cette demande reconventionnelle, pour déterminer le taux du premier ou du dernier ressort, et je crois l'avoir démontré. »

On ne peut, en effet, se dissimuler la puissance de ces raisons.

Cependant, la Chambre, préoccupée du désir de prévenir toute discussion sur la question, toujours délicate, de savoir si une demande est véritablement reconventionnelle, a adopté l'article tel qu'il était proposé.

M. *Parant* a exprimé clairement les intentions de la Chambre.

« On a discuté beaucoup, a-t-il dit, sur la nature des demandes incidentes, reconventionnelles et en compensation. Je crois que tout cela pourrait faire quelque confusion dans la loi même, si l'on consultait la discussion de la Chambre; la définition des demandes reconventionnelles a toujours été l'objet de graves difficultés parmi les jurisconsultes; je dirai même de beaucoup de subtilités. Il faut qu'il soit bien entendu que par ces expressions de la loi: *demandes reconventionnelles et la compensation*, nous avons voulu parler de toutes les demandes formées incidemment par le défendeur, contre le demandeur principal. »

(1) Ce paragraphe établit, pour les demandes en dommages-intérêts, une règle spéciale. Quoiqu'elles s'élèvent, même seules, à une somme excédant 1,500 fr., le tribunal de première instance prononcera en dernier ressort, pourvu toutefois qu'elles soient fondées *exclusivement* sur la demande principale. Si donc une demande en dommages-intérêts avait une autre cause que la demande principale, on rentrerait dans la règle générale,

3. Les tribunaux dont les noms suivent, actuellement composés de trois juges et trois suppléans, seront, à l'avenir, composés de quatre juges et trois suppléans : Alais,

---

et, selon qu'elle excéderait ou n'excéderait pas 1,500 fr., elle serait jugée en premier ou en dernier ressort.

Il peut se présenter des occasions où il sera difficile de décider si la demande en dommages-intérêts est exclusivement fondée sur la demande principale.

M. *Persil*, rapporteur, qui était opposé à l'adoption de ce paragraphe, a présenté l'hypothèse suivante :

« Je soutiens que vous me devez la somme de 1,200 fr., et, pour sûreté de cette somme de 1,200 fr., je forme une opposition sur vous ; je vous assigne en condamnation devant le juge de première instance. Il ne s'agit que de 1,200 fr. ; il a le droit de juger en dernier ressort. Vous vous présentez, et, pour toute défense, vous dites que vous ne devez pas, et vous le prouvez ; mais vous ajoutez que, par l'opposition que j'ai formée contre vous, je vous ai porté un immense préjudice ; que, par exemple, je vous ai fait faillir, en vous empêchant, par mon opposition, de payer vos créanciers : vous concluez à 100,000 fr. de dommages-intérêts.

« Eh bien, a-t-il dit, d'après la disposition qu'on vous propose, le tribunal, jugeant que mon opposition est mal fondée, me condamnera en dernier ressort à 100,000 fr. de dommages-intérêts. Je crois que cette disposition est mauvaise. »

Ce langage ne pourrait pas être tenu maintenant et en présence du texte de la loi, tel qu'il a été rédigé ; car, dans ce cas-là, la demande en dommages-intérêts ne serait pas fondée exclusivement sur la demande en condamnation ou en déclaration de validité de la saisie-arrêt, elle aurait pour cause véritable la saisie même.

Cette distinction, qui peut d'abord paraître un peu subtile, est, je crois, parfaitement exacte.

Quelques orateurs ont présenté à la Chambre des Députés des observations qui, sans avoir un trait direct à la question que j'examine ici, peuvent, cependant, être considérées comme favorables à mon opinion.

« Supposez, a dit M. *Pascalis*, qu'à l'occasion d'une saisie faite au préjudice d'un négociant, d'un homme jouissant d'une grande considération, il soit allégué que cette saisie nuit à son crédit, et qu'en conséquence, une demande en dommages et intérêts soit formée ; cette demande en dommages-intérêts est alors principale. Remarquez qu'il n'y a pas, dans ce cas, de demande formée de la part du saisissant. Il n'existe en son nom aucune action en justice ; il y a une procédure en saisie. La demande en dommages-intérêts du saisi est donc alors principale et non incidente ou accessoire. Cette demande se trouve, par conséquent, régie par les règles ordinaires ; elle est sujette à l'appel si, par son chiffre, elle excède le taux du dernier ressort. »

Sans doute, M. *Pascalis* raisonnait dans l'hypothèse où il y avait eu une saisie mobilière ou immobilière, et il disait, avec vérité, que comme le saisissant n'avait pas formé une demande en justice, il n'était pas possible d'admettre que c'était sur sa demande que se fondait le défendeur pour réclamer des dommages-intérêts. Mais on n'est pas autorisé à tenir tout-à-fait le même langage lorsqu'il y a eu saisie-arrêt, suivie d'une demande en validité, conformément à l'art. 563 du Code de procédure civile : alors il y a bien demande en justice, formée par le saisissant. A mon avis, on n'en aura pas moins le droit d'appeler du jugement qui aura statué sur la demande en dommages-intérêts, si cette demande excède 1,500 fr., parce qu'on pourra dire que les dommages qui on été réclamés sont la réparation du tort qu'a causé l'opposition elle-même ; qu'ainsi, la demande reconventionnelle n'est *pas fondée*, et surtout n'est pas *exclusivement fondée* sur la demande principale.

Il ne faut pas perdre de vue qu'il s'agit seulement des demandes en dommages-intérêts formées par le défendeur. La commission de la Chambre des Pairs avait introduit dans le paragraphe les mots *par le défendeur* ; ils ont été supprimés sur l'observation du garde des sceaux « qu'il est évident qu'il n'y a que le défendeur lui-même qui puisse former une demande en dommages-intérêts fondée sur la demande principale, puisque celui qui a formé la demande principale ne peut pas fonder, sur sa propre demande, une action en dommages-intérêts ; que, dès lors, la rédaction primitive est suffisamment claire. »

Un article additionnel a été proposé après l'article 2, par M. Martin (de l'Isère), en ces termes : « Les articles précédens sont applicables aux procès « commencés, et dont les tribunaux se trouveront « saisis au moment de la publication de la présente « loi. Néanmoins, les procès dans lesquels il sera « intervenu un jugement continueront à être régis « par la loi du 24 août 1790. »

Cet amendement a été repoussé, en ce qu'il violait le principe de la non rétroactivité ; et, pour qu'il ne restât aucun doute, on a demandé qu'il y fût inséré un article tout contraire à la proposition de M. Martin. Une rédaction dans ce sens a été présentée et adoptée, mais on l'a renvoyée à la fin de la loi comme formant une disposition transitoire ; c'est l'art. 12.

A la suite de l'art. 2, il a été encore proposé, par M. Portalis, une disposition additionnelle portant que « dans les procès en séparation de « corps, en interdiction, et dans les actions inten- « tées pour alimens ou vérification des actes de « l'Etat civil, et à raison de la spoliation d'un hé- « ritage, l'indigence des plaideurs pourra être con- « statée par le procureur du roi, qui devra préala- « blement consulter le maire de la commune où « réside l'indigent, le receveur de l'enregistrement « et le juge de paix du canton.

« Lorsque l'indigence aura été reconnue, les « pièces et les demandes de l'indigent seront, à « la diligence du procureur du roi, soumises au « conseil de discipline des avocats, et à défaut « d'avocats, à la chambre de discipline des avoués, « qui déclarera s'il y a lieu au procès.

« En cas d'affirmation, et sur le réquisitoire « conforme du procureur du roi, le président du « tribunal commettra les officiers ministériels qui « assisteront gratuitement les parties indigentes ; « et les déboursés nécessaires pour l'instruction et « le jugement du procès seront, tant pour les « avances que pour leur remboursement, assimilés « aux dépenses prévues et réglées par le titre 2 du « décret du 18 juin 1811. »

On a opposé à cet article que l'arrêté de l'an 9, qui organise les chambres des avoués, les a chargées

Altkirch, Argentan, Aubusson, Bagnères, Bayeux, Belfort, Bourgoin, Charolles, Espalion, Issoire, Largentière, Lure, Mauriac, Marvejols, Neufchâtel, Oloron, Roanne, Saint-Gaudens, Saint-Girons, Saint-Lô, Saint-Marcellin, Sarreguemines, Saverne, Schelestadt, Uzès, Villefranche (Aveyron), Villefranche (Rhône), Wissembourg (1).

4. Les tribunaux de Saint-Etienne (Loire) et de Vienne (Isère), actuellement composés de quatre juges et trois suppléans, seront portés à sept juges et quatre suppléans.

En conséquence, ils seront augmentés d'un vice-président, de deux juges, d'un juge suppléant, d'un substitut du procureur du roi et d'un commis-greffier (2).

5. Seront, à l'avenir, composés de sept juges, au lieu de neuf, les tribunaux dont les noms suivent : Alençon, Auch, Bourbon-Vendée, Carpentras, Digne, Laval, Le Mans, Montauban, Mont-de-Marsan, Moulins, Niort, Perpignan, Saintes, Quimper, Saint-Omer, Saint-Brieuc, Vannes (3).

6. Le tribunal de Grenoble, actuellement composé de neuf juges, sera porté à

---

d'examiner les demandes formées par les indigens, afin que secours leur soit donné lorsqu'il y a apparence de droit ; qu'il y a également auprès des avocats un comité de consultations gratuites pour les indigens ; qu'enfin, pour ce qui tient à l'état des personnes, il y a des dispenses spéciales au profit des indigens ; qu'ainsi, il est incontestable que toutes les fois qu'un indigent a une apparence de droit, il trouve accès devant la justice ; que dès lors, l'amendement est inutile. Ces considérations ont fait rejeter l'article proposé.

Une rédaction nouvelle de M. Durand (de Loir-et-Cher) n'a pas mieux été accueillie.

(1) Le projet du gouvernement contenait deux articles qui précédaient celui-ci, sous les n. 3 et 4. Il n'est pas inutile d'en reproduire le texte. Le voici : « Art. 3. Les tribunaux dont les noms suivent, actuellement composés de trois juges et de « trois suppléans, seront, à l'avenir, composés de « quatre juges et trois suppléans : Alais, Ambert, « Arbois, Avesnes, Bernay, Brioude, Loches, Louviers, Milhau, Pont-Audemer, Sainte-Afrique, « Saint-Girons, Sarreguemines, Schelestadt, Trévoux, Wissembourg. — Art. 4. Les tribunaux « dont les noms suivent, actuellement composés « de quatre juges et trois suppléans, seront, à « l'avenir, composés de quatre juges et quatre suppléans : Aurillac, Limoges, Lisieux, Riom, Tournon, Valognes. »

Ces deux articles, dont la commission a demandé la suppression, fondée sur ce que, après l'acceptation de la nouvelle loi sur les justices de paix, les tribunaux civils verraient diminuer beaucoup le nombre des affaires dont ils sont actuellement chargés, puisqu'ils ne connaîtraient plus que des causes dont la valeur dépasse 100 fr., ont été fondus en partie dans l'art. 3 actuel, sinon rejetés entièrement du projet.

Les motifs des changemens proposés par cet article et les suivans dans le personnel de plusieurs tribunaux, ont été ainsi exposés par le ministre : « C'est à défaut de documens qui n'étaient pas recueillis alors sur les occupations de chaque siége, que le nombre et le placement des magistrats ont été réglés en 1800 et 1810, d'après un seul élément : la population des divers ressorts. Cependant d'autres causes exercent une influence nécessaire sur la multiplication et l'importance des contestations judiciaires, telles que la division plus ou moins grande des immeubles, la richesse industrielle, le mouvement commercial, le caractère des habitans, leur propension plus ou moins déclarée vers les procès, résultat d'habitudes contractées qui ne s'expliquent pas toujours par l'appréciation saine et juste des intérêts.

« Depuis long-temps il était reconnu qu'entre des siéges composés d'un personnel égal, il existait une très grande inégalité d'occupation ; que là, le juge suffisait à ses devoirs en leur consacrant une faible partie de son temps ; qu'ici le zèle se multipliait en vain pour empêcher l'accroissement de l'arriéré. Les documens statistiques rassemblés depuis plusieurs années, tout incomplets qu'ils peuvent être encore, ont cependant fait connaître avec certitude par la coïncidence et la reproduction des renseignemens qui s'y trouvent consignés, quels sont les siéges auprès desquels existent ces différences, et quelle en est la proportion avec le nombre des magistrats.

« Ce sont les indications fournies par ces tableaux qui ont dirigé les auteurs du premier projet et la commission dans leurs propositions d'augmentation ou de suppression d'un certain nombre de juges. Les mêmes élémens ont servi de base aux cours royales dans leurs observations critiques sur ces propositions. C'est en prenant en considération tous les faits recueillis et les conséquences qui en ont été tirées, que le nouveau projet reproduit quelques-unes des dispositions de l'ancien projet, et propose d'en modifier plusieurs autres. »

(2) Les chambres temporaires établies près de ces tribunaux justifient suffisamment l'augmentation des juges de ces siéges.

(3) Cet article, dont la commission proposait la suppression, a pour motif principal la disposition de l'art. 1er de la loi du 4 mars 1831, qui a réduit à trois les cinq membres dont avaient été composées les cours d'assises par les art. 252 et 253 du Code d'instruction criminelle. Le gouvernement a pensé que, dans les siéges où la suppression était proposée, le nombre des magistrats ne devait plus être aussi considérable, puisqu'au lieu de quatre juges qui devaient être pris autrefois dans le tribunal, pour former la cour d'assises, il n'y en avait plus que deux, aux termes de la loi du 4 mars 1831.

C'est de la base même donnée à cet article que la commission a tiré ses argumens contre son adoption. « Dès que la réduction qui vous est proposée, a dit le rapporteur de la commission, est fondée sur le maintien de la loi du 4 mars 1831, et en vue de la fixation à toujours du nombre de trois juges pour composer les cours d'assises, votre commission a été amenée à discuter cette importante question, d'où peut dépendre la dignité de la jus-

douze, et formera à l'avenir trois chambres.

En conséquence, il sera augmenté d'un vice-président, de deux juges, de deux juges-suppléans, d'un substitut et d'un commis greffier (1).

7. Le nombre, la durée des audiences et leur affectation aux différentes natures d'affaires, seront fixés, dans chaque tribunal, par un réglement qui sera soumis à l'approbation du garde des sceaux (2).

8. Dans les tribunaux où il sera formé une chambre temporaire, les juges-suppléans qui feront partie de cette chambre, comme juges ou substituts, recevront, pendant toute sa durée, le même traitement que les juges (3).

9. Dans le cas où la peine de la suspension aura été prononcée contre un juge pour plus d'un mois, un des juges-suppléans sera appelé à le remplacer, et il recevra le traitement de juge.

10. Tout juge-suppléant qui, sans motifs légitimes, refuserait de faire le service auquel il serait appelé, pourra, après procès-verbal constatant sa mise en demeure et son refus, être considéré comme démissionnaire (4).

11. Dans tous les cas où les tribunaux de

---

tice, sa force, son autorité et la garantie des droits les plus sacrés des citoyens. Elle n'a pas cru sortir de ses attributions, ni s'exposer au reproche d'affaiblir le respect dû à la loi, en supposant que celle du 4 mars 1831 pût être modifiée, puisqu'elle a été précédée, dans cette carrière, par une sorte de cri général, puisque l'abrogation a été demandée par la majorité des cours royales, et que la cour de cassation a proposé, dans ce but, un article additionnel que le gouvernement s'était lui-même approprié en en faisant un article de son projet rectifié. » — Voici cet article : « Les cours « d'assises seront tenues par cinq magistrats. — La « loi du 4 mars 1831 est abrogée. — En conséquence, les art. 252 et 253 du Code d'in« struction criminelle seront rectifiés ainsi qu'il « suit, etc. »

L'article, faiblement soutenu par le gouvernement, a néanmoins été adopté, mais sans qu'il soit rien préjugé à la question d'existence de la loi de 1831.

Il faut observer que la réduction ne s'opérera que par voie d'extinction ; c'est ce qui a été reconnu lors du rejet de l'art. 15 du projet. « Dans la loi votée l'année dernière sur le tribunal de la Seine, a dit M. Vivien, on a prononcé la réduction de quatre juges. Eh bien ! la loi a porté que cette réduction serait opérée par voie d'extinction ; je crois que les termes de l'art. 5 suffisent. »

Par ce motif, on a écarté une disposition portant que, jusqu'à ce que les réductions fussent opérées, on ne pourvoirait qu'à une nomination sur deux vacances.

(1) Voy. la note sur l'art. 4.

(2) L'article du gouvernement portait que le réglement serait soumis à la Cour royale, et il ajoutait : « La délibération relative à cet objet « sera immédiatement obligatoire, après avoir été « ainsi approuvée ; mais il en sera donné connais« sance au garde des sceaux, qui statuera définiti« vement, s'il ne partage pas l'avis de la Cour « royale. »

La commission a proposé la suppression de cette disposition, par la raison qu'elle laisserait subsister une sorte de confusion entre les pouvoirs des cours royales et les attributions du ministre de la justice.

Cet article modifie l'art. 16 de la loi du 27 ventôse an 8, en ce qu'il substitue à l'approbation du gouvernement celle du garde des sceaux.

Voyez aussi l'arrêté du 6 floréal an 10, portant réglement pour le tribunal de la Seine, et le décret du 30 mars 1808.

A la Chambre des Pairs, on a demandé au garde des sceaux comment il ferait exécuter ce réglement.

Il a répondu : « Que, dans les réglemens des tribunaux soumis au garde des sceaux, il y a quelque chose de laissé au sentiment du devoir que possède la magistrature ; qu'il est certain que le réglement peut n'être pas exécuté par un tribunal, mais ce sera un cas très rare. Il sera toujours exécuté sans avoir besoin de recourir à une mesure disciplinaire. Il y a une contrainte morale que nous avons cru suffisante. Il y a, du reste, les principes généraux sur la discipline des magistrats. Quand ils manquent à leurs devoirs, il y a recours devant la Cour royale. Mais ce n'est pas ici une loi de discipline que nous vous proposons. »

Voyez la loi de ventôse an 8, art. 16 ; la loi du 20 avril 1810 sur l'organisation des tribunaux.

(3) M. Debelleyme a proposé d'accorder le bénéfice de cette disposition aux *juges-suppléans qui rempliraient temporairement les fonctions de juges d'instruction*, et de l'étendre au tribunal de la Seine. Mais on a prétendu que le tribunal de la Seine était régi par une loi spéciale ; et, sur ce motif, qui, comme on le voit, ne répond pas aux considérations graves présentées par M. Debelleyme, la Chambre a rejeté la sage et équitable disposition qu'il avait proposée.

(4) Voyez la loi du 20 avril 1810, art. 48.

Ces mots : *Sans motifs légitimes*, et *sa mise en demeure*, n'existaient pas dans le projet. Ils ont été introduits dans l'article sur la proposition de la commission.

La commission de la Chambre des Pairs a cru que cet article n'allait pas assez loin dans les garanties qu'il donne aux juges-suppléans, et que ses prévisions laissaient quelque chose à désirer pour les préserver d'un acte arbitraire et passionné.

« Ainsi, a dit le rapporteur, le projet n'indique pas par qui le procès-verbal de mise en demeure doit être dressé, et pourtant cet acte est d'une telle importance pour le sort du juge-suppléant, que votre commission a pensé qu'il fallait lever toute équivoque, en déterminant avec netteté quel est le magistrat dont il doit émaner, exclure l'idée de l'intervention de tout autre fonctionnaire.

« D'un autre côté, votre commission a craint que, par une décision précipitée, le juge-suppléant fût mis dans l'impossibilité de se défendre et d'éclairer la religion du ministre, soit sur la réalité du refus qu'on lui impute, soit sur la légitimité de ses motifs. »

première instance statuent en assemblée générale, l'assemblée devra être composée, au moins, de la majorité des juges en titre.

Les juges-suppléans n'auront voix délibérative que lorsqu'ils remplaceront un juge.

Dans tous les autres cas, ils auront voix consultative (1).

12. Les dispositions des art. 1er et 2 de la présente loi ne s'appliqueront pas aux demandes introduites avant sa promulgation (2).

13. L'art 5, titre IV, de la loi du 16-24 août 1790, sur la compétence des tribunaux civils de première instance, est abrogé (3).

27 AVRIL = 4 MAI 1838. — Loi relative à l'assèchement et à l'exploitation des mines (4). (IX, Bull. DLXIX, n. 7373.)

En conséquence de ces craintes, la commission proposait d'ajouter que le procès-verbal serait *rédigé par le magistrat qui présidera le tribunal*; qu'en outre de sa mise en demeure et de son refus, il constaterait *les excuses qu'il invoque*; enfin, qu'il ne serait considéré comme démissionnaire qu'*un mois après la notification qui lui aura été faite dudit procès-verbal*. Cette dernière disposition était puisée dans l'art. 48 de la loi de 1810.

Cet amendement a été rejeté comme inutile, sur l'observation du garde des sceaux que le procès-verbal serait incontestablement dressé par le président du tribunal; qu'il est inutile de parler des excuses, car le procès-verbal doit tout dire; qu'enfin, il est bien entendu que le ministre prendra le temps nécessaire pour s'éclairer, car l'article ne dit pas *sera réputé*, mais *pourra être réputé démissionnaire*. Or, que ce mot *pourra* fait assez entendre que l'autorité publique, que le ministre prendra le temps de s'éclairer sur la valeur du procès-verbal.

Il a été reconnu dans la discussion à la Chambre des Pairs, par M. le garde des sceaux, qu'il faudrait une ordonnance royale pour retirer au juge-suppléant ses fonctions.

(1) L'article du projet portait seulement : « Dans « tous les cas où les tribunaux de première instance « statuent en assemblée générale ou autrement, « les juges-suppléans n'auront voix délibérative que « lorsqu'ils remplaceront un juge. »

Le président a demandé si le § 2 se réfère aux assemblées générales ou simplement à l'exercice du pouvoir judiciaire.

On a répondu : « Aux assemblées générales. »

« Alors, c'est une innovation, » a repris le président.

« Oui, a-t-on dit, mais c'est un principe de droit commun. »

(2) Voy. la note sur l'art. 2.

(3) On a dit que, par suite d'un amendement adopté (l'art. 3), la loi de 1790 ne pouvait être rapportée que sauf une modification à cet article.

Mais on a répondu que cela n'a pas besoin d'être exprimé, que la loi se coordonne; que cet article aura son effet, et que l'abrogation prononcée est subordonnée aux conséquences de l'art. 3.

Deux amendemens proposés successivement ont été rejetés; l'un, de M. Portalis, était ainsi conçu : « Les juges-suppléans auront droit, par rang d'an« cienneté, à la moitié des places de juges qui de« viendront vacantes dans les tribunaux près des« quels ils exercent leurs fonctions. »

Le second a été proposé par M. Liadières :

« A dater de la promulgation de la présente loi, « nul ne pourra exercer de fonctions dans la magis« trature s'il n'a passé préalablement par les divers « degrés de la hiérarchie judiciaire. »

La Chambre a refusé d'en entendre le développement, et son auteur l'a retiré, en se réservant de le reproduire dans une autre occasion.

(4) Présentation à la Chambre des Pairs le 25 janvier 1837 (Mon. du 26); rapport par M. le comte d'Argout le 31 mars (Mon. du 1er avril); discussion le 10 avril (Mon. du 11); le 11 (Mon. du 12), le 12 (Mon. du 13), le 13 (Mon. du 14); adoption le 14 (Mon. du 15), à la majorité de 77 voix contre 22.

Présentation à la Chambre des Députés le 26 avril (Mon. du 27); rapport par M. Sauzet le 29 juin (Mon. du 30 juin et du 2 juillet).

Présentation à la Chambre des Députés le 15 janv. 1838 (Mon. du 16); rapport par M. Sauzet le 26 février (Mon. du 27 et du 5 mars); discussion le 20 mars (Mon. du 21); adoption le 21 (Mon. du 22), à la majorité de 242 voix contre 37.

Présentation à la Chambre des Pairs le 30 mars (Mon. du 31); rapport par le comte d'Argout le 16 avril (Mon. des 16 et 17); discussion et adoption le 20 (Mon. du 21), à la majorité de 102 voix contre 5.

Déjà, dans la session de 1837, le projet de la loi actuelle avait été présenté aux chambres; il fut discuté et adopté par la Chambre des Pairs. La clôture de la session arrêta le vote de la Chambre des Députés.

La rédaction présentée cette année par le gouvernement n'a fait que reproduire l'ancien projet adopté en 1837, et la sanction des Chambres n'y a apporté que des changemens sans importance.

Pour bien connaître les motifs de la loi et le but que le gouvernement a voulu atteindre, il est nécessaire de remonter à la première proposition. C'est surtout dans le discours de présentation du ministre du commerce que l'on trouve un exposé lucide des circonstances qui ont éveillé la sollicitude du gouvernement; la connaissance de ces faits révèle l'esprit de la loi et en fait apprécier sainement les dispositions.

Dans la séance de la Chambre des Pairs, du 25 janvier 1837, M. le ministre du commerce et des travaux publics s'exprimait ainsi :

« Messieurs, depuis quelques années une inondation souterraine s'étend de proche en proche dans l'intérieur du bassin houiller de Rive-de-Gier, et amène successivement l'abandon de la plus grande partie des mines qu'il renferme.

« Cette circonstance, grave en elle-même, acquiert un haut degré d'importance, quand on considère l'influence funeste qu'elle peut exercer sur l'avenir de l'industrie manufacturière du centre, du midi et de l'est de la France, si l'on ne s'empresse d'en combattre les effets.

« On sait sur quelle vaste étendue de notre territoire les mines de Rive-de-Gier et celles de Saint-Etienne qui sont contiguës, répandent aujourd'hui leurs produits.

« Les unes et les autres, renfermées dans un espace resserré qui s'appuie à deux grands fleuves et que traversent des chemins de fer, donnent lieu à une extraction annuelle de plus de huit millions de

Art. 1er. Lorsque plusieurs mines situées dans des concessions différentes seront at-

quintaux métriques de houille. La production entière du royaume est à peine triple en ce moment de cette quantité.

« Vers l'ouest, les mines de Saint-Etienne versent leurs produits dans le bassin de la Loire, dans les départemens que traversent les canaux de Briare et de Loing, et dans la vallée de la Seine jusqu'à Paris et même un peu au-delà ; sur le versant opposé, les mines de Rive-de-Gier ont des débouchés encore plus étendus que leur ouvrent le chemin de fer dirigé vers Lyon, le canal de Givors, la navigation du Rhône et celle d'une partie des canaux du Midi, la navigation de la Saône, celle du canal de Bourgogne et du canal du Rhône au Rhin.

« Si donc l'on est fondé à dire que le bon aménagement et la conservation des mines de houille sont devenus l'une des premières conditions du développement du travail, on doit reconnaître combien il importe de veiller à la conservation de ce combustible si précieux dans l'intérêt des parties de notre territoire où l'industrie manufacturière est alimentée avec la houille extraite des mines de la Loire, et de prévenir ou d'arrêter les causes de l'inondation qui s'étend successivement de mine en mine, et qui menace aujourd'hui la totalité du bassin de Rive-de-Gier.

« A la fin de 1832, une commission d'ingénieurs fut spécialement chargée de faire connaître la situation des exploitations de Rive-de-Gier, envisagée sous ses différentes faces, et de rédiger un projet général d'épuisement ; son travail, terminé dans le courant de 1833, est accompagné de plans et de devis estimatifs ; il renferme l'indication des moyens à employer pour faire cesser la plus grande partie des infiltrations de la surface, et des dispositions à prendre pour ramener l'épuisement des eaux à trois centres principaux autour desquels un certain nombre d'exploitations viendrait se grouper.

« L'administration avait appelé les concessionnaires des mines à faire choix de syndics qui pussent être consultés par la commission, et concourir au succès de ses recherches ; depuis, ces mêmes concessionnaires ont reçu une communication officielle des projets, et quelques-uns d'entre eux, agissant au nom de tous, mais sans fournir aucune justification du mandat qui leur aurait été donné, ont cru devoir manifester leur opposition aux mesures que l'administration avait projetées. Ils reconnaissent que *l'intervention de la puissance publique dans l'exploitation des substances minérales est un droit et quelquefois même un devoir* ; ils ne blâment précisément aucune des dispositions du projet des ingénieurs, seulement ils se refusent à reconnaître, quant à présent, l'opportunité de l'ensemble des mesures proposées. Ils se plaignent à la fois du morcellement du territoire houiller de Rive-de-Gier, en un trop grand nombre de concessions, et se constituent les défenseurs du fractionnement des entreprises formées dans l'intérieur d'une même concession ; ils signalent, comme un grand mal, la multiplicité des orifices de mines au jour, et ils arrivent à cette conclusion inattendue, qu'il vaut mieux tolérer l'ouverture de nouveaux puits d'extraction que de tirer parti des puits aujourd'hui inondés ; ils reconnaissent, enfin, que l'esprit d'isolement compromet l'existence de leur industrie, et ils demandent l'ajournement indéfini du concours d'efforts que le gouvernement réclame. Ces contradictions sont manifestes, et un tel système d'opposition ne saurait empêcher l'effet des mesures auxquelles il y a lieu de recourir dans l'intérêt général.

« Dans le cours de l'année 1833, quelques-uns des opposans se montraient disposés à penser que quelques efforts isolés allaient avoir pour résultat, sinon d'assécher les mines inondées, du moins d'empêcher l'inondation de franchir les limites dans lesquelles elle se trouvait alors enfermée ; mais ces prévisions ne se sont pas réalisées. En 1834, de nouvelles mines importantes ont été envahies par les eaux ; d'autres sont maintenant en péril ; enfin, le nombre des anciens chantiers d'exploitation diminue chaque jour davantage.

« Cette marche progressive du mal est un juste sujet de crainte pour les consommateurs de houille ; leurs plaintes se sont souvent fait entendre, et l'intervention prompte de l'administration est vivement réclamée par une partie considérable des exploitans des mines du bassin de Rive-de-Gier.

« Considérée dans son ensemble, l'opération de l'assèchement des mines de Rive-de-Gier deviendra à la fois plus coûteuse et moins profitable, à mesure qu'elle aura été différée plus long-temps ; plus coûteuse, parce que la masse des eaux à élever au jour s'accroît sans cesse, et parce que les éboulemens qui auront lieu avec le temps dans l'intérieur des mines inondées empêcheront, sur certains points, d'atteindre des massifs de houille encore intacts qui dès lors seront probablement soustraits sans retour à la consommation.

« Mais le retard prolongé qu'on apporterait à l'exécution des travaux d'épuisement convenablement coordonnés, n'aurait pas seulement pour effet de compromettre l'avenir de l'industrie sur un territoire étendu ; il perpétuerait, en outre, et rendrait de plus en plus imminens les dangers auxquels les ouvriers mineurs de Rive-de-Gier sont maintenant exposés. Nous voulons surtout parler de ceux qui travaillent souterrainement dans des chantiers où le seul obstacle opposé à une irruption violente des eaux n'est qu'un massif de rochers, parfois de médiocre épaisseur, et dont la rupture peut, d'un moment à l'autre, s'opérer sous l'énorme poids qui le presse. Sur quelques points, ces massifs, ou digues intérieures, d'une épaisseur de quelques mètres, supportent des colonnes d'eau de plus de cent mètres de hauteur.

« Des accidens de cette nature ont eu lieu, quelque soin qu'on ait pris de les prévenir, et bien que par mesure de police souterraine on ait prescrit l'abandon des champs d'exploitation les plus immédiatement menacés.

« Dans des circonstances aussi graves, l'administration, pénétrée du devoir que lui impose le titre 5 de la loi du 21 avril 1810, a examiné, en premier lieu, si la persistance qu'elle mettrait dorénavant à agir par ses conseils auprès des concessionnaires de Rive-de-Gier, peut présenter quelque chance de succès ; et, en second lieu, si, à défaut du concours libre de ces concessionnaires, pour opérer, dans une vue d'ensemble, l'assèchement de tout ou partie des mines inondées, les lois et réglemens existans donnent la force nécessaire pour vaincre les résistances.

« Sur le premier point, on doit faire observer que la complication des intérêts qui divisent la

teintes ou menacées d'une inondation commune qui sera de nature à compromettre

propriété souterraine dans le département de la Loire, est la véritable cause de l'inutilité des efforts tentés jusqu'ici par l'administration : or, cette cause continue à subsister. La nécessité de l'association est avouée par tout le monde, mais il y a une impossibilité presque absolue à ce que les exploitans des mines, abandonnés à leur propre volonté, s'entendent sur des bases d'après lesquelles ils doivent concourir à une œuvre commune. Des mesures nouvelles et efficaces sont donc devenues indispensables.

« L'art. 7 de la loi du 21 avril 1810 prononce une interdiction formelle contre tout morcellement, non autorisé, de concession, et semble ainsi avoir attaqué, dans sa source même, l'une des principales causes de l'anarchie que présentent les exploitations de la Loire ; mais, indépendamment de la difficulté qu'on éprouve en pareille matière, à constater les contraventions, celles-ci ne sauraient, dans tous les cas, donner lieu qu'à l'application, toujours tardive et généralement peu redoutée, des peines portés au titre 10 de la loi précitée.

« L'art. 45 de la même loi détermine le mode d'après lequel doivent être fixées les indemnités que les concessionnaires de mines peuvent avoir à se payer entre eux, lorsque, par l'effet du voisinage, les eaux pénètrent d'une exploitation dans une autre; ces dispositions s'appliquent à un réglement d'intérêts privés, et ne sauraient être non plus d'aucun secours pour obtenir, dans une vue d'intérêt général, la réunion d'efforts que la situation des mines de Rive-de-Gier rend aujourd'hui si nécessaire. Le droit d'intervention dans l'industrie souterraine est plus particulièrement encore écrit dans l'art. 49 de la loi de 1810, et réservé à l'administration « lorsque la sûreté publique est compromise, ou que les exploitations restreintes, mal dirigées ou suspendues, laissent des craintes sur les besoins des consommateurs. » Mais cet article, qui semble donner à l'administration une sorte de pouvoir discrétionnaire, peut s'appliquer à des concessionnaires isolés. Il ne suffirait pas, sans doute, pour que le gouvernement pût obliger les concessionnaires à se réunir, à s'associer et à exercer en commun des efforts qui, divisés, se perdraient évidemment sans résultat utile.

« De nouvelles dispositions législatives paraissent donc indispensables, et il serait difficile d'en contester l'opportunité à une époque où la houille est devenue l'agent le plus actif et le plus précieux de la production, et où la disette de ce combustible deviendrait une véritable calamité publique.

« Ajoutons, messieurs, que l'institution de la propriété souterraine repose essentiellement sur une dérogation au droit commun, qui consiste à exiger du propriétaire de la surface, le sacrifice de la faculté d'exploiter (s'il n'est lui-même concessionnaire) les mines que son sol recèle ; mais un pareil sacrifice, commandé au nom de l'intérêt général, deviendrait une véritable déception, et prendrait un caractère d'iniquité, le jour où des concessionnaires pourraient se jouer de leurs titres et priver à leur gré la société des richesses minières dont l'extraction leur a été confiée.

« Les considérations qui précèdent ont dicté le projet que nous venons soumettre à vos délibérations. Vous remarquerez que s'il a été commandé par les circonstances qui se manifestent dans le bassin de Rive-de-Gier, ce projet de loi cependant s'applique à tous les bassins houillers où les mêmes résultats pourront se produire : il deviendra une partie essentielle de la législation sur les mines. » (Mon. du 26 janvier 1837, p. 170.)

Le projet, dans sa rédaction, ne s'écartait point de ces bases.

La commission de la Chambre des Pairs adopta le principe de la loi, mais il lui parut que le projet ne résolvait pas toutes les difficultés, qu'il ne donnait pas des moyens suffisans d'action à l'administration ; qu'il laissait à certains concessionnaires des facilités pour en éluder les prescriptions.

« En effet, disait M. *le comte d'Argout*, il a été, en quelque sorte calqué sur les lois du 14 floréal an 11 et du 16 janvier 1807 : ces lois régissent les desséchemens, les polders et les associations de propriétaires qui veulent entreprendre des travaux pour se garantir des ravages d'un torrent ou d'une rivière.

« Mais ces cas présentent une différence qui mérite d'être signalée, les intérêts sont identiques ; il y a accord entre les parties intéressées ; on possède des bases fixes d'imposition et des moyens certains de recouvrement. La tâche du gouvernement est facile : elle se borne à sanctionner une association préexistante et volontaire, et à régulariser son action.

« Mais dans l'espèce dont nous nous occupons, il faut, au contraire, contraindre à une association des propriétaires qui ne veulent point s'associer ; il faut forcer des intérêts rivaux à marcher de concert et à exécuter des travaux que déjà ils ont refusé d'accomplir. Il faut par conséquent pourvoir à tous les cas de mauvais vouloir, d'inertie et de résistance. Au lieu de procéder par voie de permission et d'approbation, il faut procéder par voie d'injonction et de coërcition, en attachant à chacune de ces injonctions une sanction qui n'offre aucun échappatoire.

« D'un autre côté, comment faire une loi qui puisse prévoir tous les cas et réglementer tous les détails ? La chose serait impossible.

« Pour concilier et pour résoudre ces difficultés, il nous a semblé que la loi devait s'attacher à ces trois points principaux :

1° Bien régler la série des opérations que devra accomplir cette association forcée, soit qu'elle agisse comme assemblée délibérante, soit qu'elle agisse par l'intermédiaire d'un syndicat ;

« 2° Déterminer les autorités et les juridictions qui exerceront un pouvoir réglementaire, qui arrêteront le système des travaux, qui statueront lorsqu'il y aura contravention ou résistance ;

« 3° Environner ces décisions de précautions convenables, afin de donner aux propriétaires des garanties rassurantes. »

La rédaction du projet du gouvernement fut modifiée d'après ces sages réflexions.

La modification apportée au projet consiste surtout dans la dépossession de la mine prononcée contre le concessionnaire qui ne voudrait pas participer aux frais des travaux d'assèchement.

Cette sanction énergique, mais véritablement nécessaire, trouva dans la Chambre des Pairs une vive opposition.

Ce système fut cependant maintenu. Il se trouve dans la loi actuelle.

leur existence, la sûreté publique ou les besoins des consommateurs, le gouvernement

Toutefois, les reproches de rétroactivité et d'injustice qu'on lui avait faits dans la Chambre de Pairs furent reproduits avec plus de force lors de la discussion qui eut lieu, en 1837, dans le sein de la commission de la Chambre des Députés. Ils donnèrent lieu à l'examen des questions de savoir si le concessionnaire d'une mine pouvait être forcé de l'exploiter; si, au cas de refus, il pouvait être dépossédé de sa concession.

Dans son rapport du 2 juillet 1837 (*), M. Sauzet exposa tous les argumens qu'on avait fait valoir pour et contre, et donna à la question une solution affirmative.

Les raisons qui déterminèrent la commission à adopter ce système sont clairement résumées dans le dernier rapport de M. Sauzet.

« Ce système est fort simple, dit l'orateur. Lorsqu'une inondation envahit ou menace plusieurs concessions, les propriétaires menacés doivent s'unir pour conjurer le danger commun. Les principes mêmes de la société civilisée appellent cette association. Le projet de loi en fait un devoir. Il en organise le système et les moyens.

« Si un concessionnaire refuse de payer sa part des travaux communs, il est censé abandonner la propriété que la loi ne lui avait transmise que grevée de la charge d'exploitation. Les enchères s'ouvrent, et un autre concessionnaire lui succède, en lui payant le prix de l'adjudication et en se soumettant vis-à-vis de l'Etat aux conditions substantielles de toute concession.

« Telle est l'économie du projet. Il repose sur deux principes.

« Le premier, c'est qu'un danger commun doit appeler une résistance commune. Il ne saurait être permis à un seul de compromettre, par l'égoïsme ou l'apathie, le salut des intérêts de tous.

« Le second dérive de la nature même des mines. Concédées gratuitement par l'Etat pour être exploitées, elles doivent suivre la loi de leur destination. Le concessionnaire qui s'y refuse abdique avec la condition de sa propriété le droit que la société lui avait conféré sous la foi de sa promesse.

« Il est aisé de saisir l'importance de ces idées fondamentales.

« Leur application pratique à la situation des mines se justifie aussi facilement par les faits.

« Quand une inondation menace un ensemble de mines, les forces d'un seul ne peuvent vaincre de tels obstacles; cependant celui qui n'est point envahi ne songe pas qu'il est menacé; ceux qui ne sont envahis qu'en partie abandonnent les portions inondées, et exploitent les couches supérieures. Souvent même la hausse du combustible, déterminée par la suspension des travaux, procure aux exploitations restantes un bénéfice momentané, parce qu'il économise la main-d'œuvre et prépare à de moindres produits des gains plus considérables. On ne saurait se faire une idée de toutes les spéculations que les intérêts privés du moment s'efforcent de combiner pour laisser se perpétuer et s'aggraver un état de choses si dangereux pour les mines.

« Cependant le mal gagne; les couches inférieures abandonnées deviennent tout-à-fait inexploitables, et, pour n'avoir pas résisté à temps, on voit arriver le moment où l'on ne peut plus résister du tout. Alors ceux-là mêmes dont l'inertie ou les calculs ont retardé le remède, comprennent le besoin d'y recourir; quelques bénéfices passagers ne peuvent compenser pour eux la perte de leurs concessions : mais il est trop tard, le mal a passé toute mesure, et l'épuisement est devenu impossible.

« L'Etat voit ainsi disparaître et périr un des principaux élémens de sa prospérité; la production houillère s'arrête. Toutes les autres perdent leur aliment nécessaire; la hausse du combustible compromet les premiers besoins des populations et aggrave toutes les conditions de l'industrie nationale vis-à-vis de l'étranger. La société enfin est menacée d'un mal immense; car, dans l'état actuel du commerce européen, la perte d'un bassin houiller est une calamité pour une nation.

« Les pouvoirs publics seraient coupables s'ils laissaient dépérir entre leurs mains le droit protecteur qui garantit les richesses minérales du pays.

« Une telle faute ne saurait être commise dans un siècle où les trésors de l'industrie sont si appréciés, dans un pays que son activité merveilleuse appelle si heureusement à les féconder. Elle démentirait surtout la haute mission de cette nouvelle législature.

« Cette législature semble particulièrement appelée à régler les grands intérêts matériels du pays. Les canaux, les chemins de fer, les routes, tout le système de nos travaux publics lui est soumis. En même temps, les lois qui concernent l'organisation des sociétés commerciales sont présentées à ses méditations. La tâche serait incomplète si les besoins de la législation des mines ne fixaient aussi ses regards. Faciliter la production, encourager l'association, tel est, sans contredit, le double but d'un gouvernement qui comprend le devoir de protéger la prospérité commerciale.

« Les mines touchent de près à ces deux principes, et le projet de loi se rattache également à l'un et à l'autre, car il impose à chaque concessionnaire le devoir de produire conformément à son titre; et il soumet tous les concessionnaires ensemble à la nécessité d'une collaboration commune contre des dangers communs.

« Inutilement parlerait-on de progrès et de perfectionnement dans l'industrie. Sans la conservation de nos richesses souterraines, ce ne seraient là que de vaines paroles, que des espérances trompeuses et passagères. Sans la protection efficace de la loi, point d'avenir pour les mines; et sans avenir pour les mines, point d'avenir pour l'industrie.

« Des considérations si décisives ont rencontré pourtant des objections.

« Ces objections se sont appuyées sur un principe sacré, le droit de propriété.

« Le nom seul de la propriété nous commandait un sérieux examen. On ne saurait lui porter trop de respect, lui garantir trop de sécurité. Toutes les forces du pays ne se développent, toutes ses industries ne grandissent qu'avec le respect absolu et presque superstitieux du droit de propriété.

« Si la loi proposée porte atteinte au droit de propriété, son but est manqué, car elle veut assurer le développement de nos richesses, et en violant la propriété, elle en tarirait la première source.

« Heureusement votre commission n'a rien

(*) Mon. du 2 juillet 1837, suppl. A., 3e col., *in fine*.

pourra obliger les concessionnaires de ces mines à exécuter en commun et à leurs frais

---

trouvé de fondé dans de telles appréhensions : elles ne résistent pas à l'examen des principes.

« Les adversaires du projet soutiennent que la concession des mines laisse au concessionnaire la liberté d'exploiter ou de n'exploiter pas. Il ne doit compte à personne de sa propriété; il peut la féconder ou la perdre, suivant son caprice : l'Etat la lui donna, il est vrai; il la lui donna sans doute dans l'intérêt public ; mais en la conférant il a perdu le droit de veiller à ce grand intérêt; le concessionnaire en est devenu le souverain arbitre.

« Ils appuient cette opinion sur l'art. 7 de la loi du 21 avril 1810, qui fait de la mine une propriété de droit commun dont la transmission et l'expropriation sont régies par les règles ordinaires du Code civil.

« Ce raisonnement repose sur une confusion.

« Sans doute le concessionnaire qui use suivant son titre est protégé comme tous les citoyens ; sa propriété est aussi sacrée que toutes les autres; et il a droit contre les perturbateurs de sa jouissance à la protection des lois communes.

Mais la condition de sa propriété et de sa jouissance, c'est sa fidélité à la loi dont il la tient. S'il viole la foi de son contrat, il ne peut plus en réclamer le bénéfice ; ce n'est pas même là un principe du droit spécial, c'est un axiome du droit commun.

« Ces vérités sont évidentes; elles dérivent nécessairement de la cause et de la condition vitale des concessions. Aussi, dans l'impossibilité de nier ces déductions logiques, on a attaqué le principe, on a contesté le point de départ. On a prétendu que la concession n'imposait pas la condition d'exploiter; que le concessionnaire était maître d'user, ou d'abuser à son gré, de son titre, de perdre même irrévocablement les mines, sans que la société pût se plaindre d'une conduite qui n'était que l'exercice légitime du droit de proprité.

« Ce système serait désastreux s'il était vrai; mais il a le mérite d'être conséquent. Il pose franchement la seule question de la loi. Cette question résolue, toutes les difficultés s'aplanissent.

« Si le système est vrai, la loi proposée doit être repoussée sans examen. Si, au contraire, le concessionnaire est forcé, par son titre, à exploiter, il faut bien que l'Etat puisse le contraindre à remplir le devoir qu'il lui imposa en concédant. Sil refuse de faire les travaux, il faut bien que l'Etat les fasse pour lui; et s'il ne veut ni les faire, ni les payer, il faut bien que sa propriété en réponde, et change de mains pour assurer l'exécution de la loi.

« Telle est précisément la marche du projet; toute la question est donc de savoir si la concession est faite à charge d'exploiter, ou si l'Etat, en concédant, se dépouille de tout droit sur les mines.

« Or, cette dernière prétention peut-elle être sérieusement soutenue?

« La nature même des mines, qui s'épuisent sans se reproduire ; leur importance pour la société, qui ne peut ni s'en passer ni les remplacer, l'origine du droit qui les constitue, tout cela impose à un état bien réglé l'obligation de conserver son droit souverain sur les mines.

« L'exemple des autres peuples, les antécédens de notre propre législation se réunissent pour prouver que l'Etat n'a jamais renoncé à cette nécessité de protection sociale.

« La loi de 1810 elle même repose sur cette idée. Si elle enlève aux propriétaires de la surface le tréfonds, que la loi de 1791 et le Code civil leur conféraient par droit d'accession, ce n'est que pour garantir la bonne exploitation qu'elle consacre cette dérogation au droit commun ; elle réserve à l'Etat la délimitation de la concession et le choix du concessionnaire, pour que l'un et l'autre puissent être déterminés dans l'intérêt général des mines. Le législateur aurait-il donné aux concessionnaires, gratuitement choisis, le droit capricieux qu'il a enlevé aux premiers et véritables propriétaires? Il est impossible de le penser. Une concession n'est pas un caprice de faveur ou de munificence; elle est un acte de haute administration. En échange de ce qu'il donne, l'Etat reçoit du concessionnaire la promesse d'une exploitation persévérante. Cette promesse doit être efficacement garantie : un contrat qui n'engagerait que d'un côté serait une monstruosité législative. »

Malgré ces raisons, les premiers débats se sont renouvelés dans la Chambre des Députés avec beaucoup de vivacité.

On s'est surtout appuyé pour combattre le système, adopté par le gouvernement, sur les termes de l'art. 7 de la loi de 1810. On a soutenu que l'art. 49 ne réduisait point la loi à un simple réglement, comme on l'avait dit. Enfin on a argumenté des discussions auxquelles donna lieu cette loi depuis 1806 jusqu'à sa confection définitive.

En faveur du système, on a répondu que, bien que cette loi de 1810 ait constitué dans la personne du concessionnaire une propriété incommutable de droit commun, elle avait apposé à cette incommutabilité une condition : la condition d'exploiter et de produire conformément à l'intérêt public.

« Pour bien comprendre l'esprit de la loi de 1810, a dit M. Sauzet, il faut se pénétrer de deux choses : d'abord de la nature des mines, et ensuite de la législation antérieure que la loi de 1810 a eu pour but de compléter et de modifier tout ensemble.

« Quant à la nature des mines, est-il possible que la société se dessaisisse du droit de protection et de surveillance d'intérêt général qu'elle peut abandonner impunément sur la propriété ordinaire? La nature a-t-elle fait les mines comme les autres propriétés vis-à-vis de la société? Non, ni en elles-mêmes, ni quant à l'origine du droit qui les constitue. Les autres propriétés, par leur étendue, par la possibilité de remplacement, par la reproduction de leurs fruits, par la facilité qu'on a de réparer les fautes de l'exploitation ont pu être et rester patrimoniales. Elles ont précédé la loi civile; la loi civile ne les fait pas, ne les crée pas, elle les reconnaît et les déclare.

« Telle n'est pas la situation des mines : occupant un espace limité, s'absorbant et s'anéantissant par leurs propres fruits, condamnées à ne pas se reproduire, tellement organisées que les vices de leur exploitation peuvent devenir irréparables, elles sont pour la société un besoin tellement impérieux qu'il ne se peut pas que la société abdique le droit de les surveiller, car elles sont une condition de son existence; et, dans ce siècle plus que dans tout autre, les mines tiennent de près à la vie et à la prospérité des nations.

« Ce qui est vrai quant à la nature des mines ne l'est pas moins quant au droit qui les constitue.

Les propriétés de droit commun ne doivent rien à l'État; elles ne lui doivent que la protection et la garantie dont il les environne. Elles n'ont rien reçu de l'État, elles n'ont rien à lui donner en retour; et le jour où la propriété privée cède devant l'intérêt public, c'est à la charge par l'État d'une indemnité. Il n'en est pas de même pour les mines, et nous allons voir à quel titre aujourd'hui elles appartiennent à leurs propriétaires. En recherchant ce titre, je n'ai pas pour but, messieurs, d'effacer ce caractère bienfaisant de patrimonialité qui assure la perpétuité du droit et permet aux intérêts de se créer, de grandir, d'attendre l'avenir, et qui constitue ainsi le principe le plus conservateur de la propriété. Non, messieurs, c'est afin de savoir quelles sont les charges inhérentes à la propriété d'une mine.

« Dans l'ancien droit, les mines étaient domaniales; l'assemblée nationale les a trouvées en cet état. Il y avait des abus, la révolution en a fait justice, mais le principe était debout; l'autorité souveraine veillait au dépôt des richesses nationales. L'assemblée nationale, sur la parole de Mirabeau, et ce fut la dernière de cette bouche éloquente, décréta que les mines étaient à la disposition de la nation, en ce sens seulement que la nation seule pouvait concéder le droit d'exploiter les mines et le droit de surveiller leurs produits. Du reste, quant à la propriété, la loi de 1791 appliqua aux mines le droit commun, c'est-à-dire qu'elle proclama le principe que la propriété du sol emporte la propriété du dessous.

« Le propriétaire de la surface fut reconnu propriétaire de la mine par droit d'accession, tellement qu'il dut avoir la préférence pour toute concession demandée, et que ce ne peut être que sur son refus formel, et même après sa mise en demeure, qu'il fut possible d'accorder la mine à un autre. Certes, messieurs, je ne crois pas que jamais le droit de propriété ait été reconnu avec tant de force sur cette matière, qui ne doit être réglementée qu'avec la réserve la plus scrupuleuse des droits de l'État.

« Cependant, même en faveur du propriétaire des mines qui l'était par droit d'accession, c'est-à-dire de ce propriétaire natif à qui la loi n'avait rien donné, qui tenait cette propriété de son sol même, la loi ne prononçait qu'un droit limité. Elle ne lui donnait pas la propriété de la mine avec le droit d'en user et d'en abuser; et, aux termes de la loi de 1791, il y eût eu déchéance prononcée par voie administrative contre le concessionnaire qui, dans un délai fixé, ne commencerait pas les travaux nécessaires ou les discontinuerait après les avoir entrepris.

« Et ce n'était point seulement pour le concessionnaire étranger, pour le favori de la loi, c'est-à-dire pour l'homme à qui la mine était donnée par la main libérale du législateur et à titre gratuit, mais même pour le propriétaire primitif, le propriétaire natif, essentiel, dans lequel la loi avait fait résider le droit de la propriété primitive.

« Cependant la loi de 1791 porta des fruits amers : elle avait trop fait pour la propriété privée. Elle permit de morceler ainsi le tréfonds, à l'exemple de la surface; et comme les couches souterraines n'avaient dans leur distribution aucun rapport avec la surface, il en résulta le gaspillage des mines, par le nombre indéfini des exploitations, des frais immenses sans utilité, et aussi l'impossibilité des aménagemens convenables, lesquels ne pouvaient s'établir dans des espaces aussi restreints.

« On comprit le mal, il fut immense; et on l'a dit avec raison, si cette loi n'a pas permis de tout détruire, cela est dû à ce que d'autres occupations, à cette époque, avaient suspendu, paralysé les besoins de l'industrie; car, s'ils avaient parlé comme ils parlent aujourd'hui, s'il eût fallu produire autant et avec le désordre que permettait la loi du temps, il est à croire que la loi de 1810 n'aurait plus rien trouvé à réglementer.

« Enfin la loi de 1810 vint : et quel fut son esprit? Messieurs, le voici. On dit : Il n'y a pas de plus grand danger que cet isolement des mines, il faut pouvoir les réunir; il n'y a rien de plus compromettant que de laisser à chaque propriétaire de mines la propriété de son tréfonds; car il se peut qu'on soit obligé de donner la concession à un homme incapable. Alors, qu'a-t-on fait? Voyez quel a été le langage de la loi de 1810. Elle a dit : « L'État va dépouiller le propriétaire de la surface; « il va lui enlever sa propriété native, parce qu'il « pourrait en abuser, parce qu'il serait à même d'en « user contre l'intérêt de la société. » Elle a décidé que la mine pourrait être indifféremment concédée au propriétaire de la surface et au propriétaire étranger, suivant la décision discrétionnaire de l'administration.

« Pourquoi cela? pourquoi? dans quel intérêt? Afin d'assurer une bonne exploitation qui était compromise avec le droit laissé au maître de la surface; c'est afin de l'assurer, cette bonne exploitation, que la loi de 1810 a détaché la propriété de la mine de la propriété de la surface, et qu'elle en a fait une propriété particulière appelée *concession*, que le législateur, par l'organe de l'autorité exécutive, était appelé à donner à celui qui réunissait les meilleures conditions d'exploitation.

« Voilà le but de la loi de 1810...... »

« Ne vous laissez donc point entraîner, a dit l'orateur en terminant, par ces alarmes vertueuses dans leur origine, mais irréfléchies dans leurs conséquences, qui tendraient à vous faire considérer le droit de propriété comme compromis. Où sont d'ailleurs les abus à craindre?

« Ah! s'il s'agissait de retirer capricieusement une concession pour la donner à un favori nouveau, je comprendrais l'intérêt et le danger de la question; mais ce n'est pas d'une révocation capricieuse qu'il s'agit; il y aura au contraire des formalités préalables, des garanties nombreuses, et la plus forte de toutes les garanties, la garantie de la concurrence et de la publicité. L'État ne gagnera pas, et ce qui restera du prix de la concession appartiendra au concessionnaire, parce que l'État administre et ne spécule pas.

« Cette loi ne présente donc pas d'inconvéniens réels, mais en revanche elle est un grand bienfait; elle est un bienfait impatiemment attendu par des populations souffrantes, par notre industrie nationale. Messieurs, n'abdiquez pas le droit de protection nationale; ceux-là mêmes qui s'en plaindraient aujourd'hui le regretteraient un jour, lorsque, après avoir agi avec la capricieuse indépendance d'un droit sans limites, ils se verraient réduits à l'impuissance et à l'isolement. La société le regretterait plus qu'eux, car vous l'auriez con-

arrêter les progrés de l'inondation (1). L'application de cette mesure sera pré-

damnée à la décadence. Vous ne vous préparerez pas ces regrets, messieurs: le gouvernement a fait son devoir en éveillant votre sollicitude; vous ferez le vôtre en adoptant la loi. » (Mon. du 21 mars 1838, 2e supp.) Voy. l'art. 6 et les notes.

Enfin, on a attaqué l'opportunité et l'utilité de la loi entière. On a dit que c'est à l'occasion d'un fait spécial qu'on avait présenté une loi générale; que cependant ce fait spécial n'avait point la gravité qu'on lui attribuait; qu'en effet, il n'y avait d'inondé qu'une portion des mines de Rive-de-Gier, dont la situation était d'ailleurs très améliorée, grâce à une association considérable de capitaux, qui feraient plus par la réunion des intérêts que les lois les plus rigoureuses; que dès lors la loi n'avait plus le mérite de l'à-propos, puisque cette association s'occupait avec succès d'opérer le dessèchement des mines inondées, but que voulait atteindre la loi présentée.

Il n'a pas été difficile au gouvernement de repousser ce reproche. En effet, par cela que le fait était spécial, et quoique le mal fût limité, la sollicitude du gouvernement ne devait pas rester inactive dans une telle matière, qui touche à de si grands intérêts; il fallait un remède, parce que le mal pouvait se renouveler là même où il aurait été détruit et sur beaucoup d'autres points encore.

« Je sais bien, a dit M. *le ministre du commerce*, que ce projet vous a été présenté à l'occasion d'un fait particulier qui s'est manifesté dans le riche bassin de Rive-de-Gier; mais, comme on l'a dit, ce n'est qu'avec les circonstances, avec les faits, qu'une bonne législation peut marcher, et le gouvernement serait justement taxé d'imprudence si, lorsqu'un besoin se fait sentir, lorsque des faits graves et patens se signalent, il n'avisait aux moyens de remédier au mal, soit à l'égard du fait lui-même, soit à l'égard des faits semblables qui pourraient se manifester.

« Eh bien! l'administration n'a pas failli ultérieurement à ses devoirs, n'a pas mérité le reproche d'imprudence. Dès qu'elle a été provoquée par les faits, dès que ces faits lui ont signalé le danger, dès qu'il lui a été clair qu'elle n'y pouvait remédier que par une loi, elle vous a présenté une loi.

« L'inondation s'était manifestée en 1832; l'administration a usé de tous ses efforts pour déterminer les propriétaires à dessécher leurs mines, pour leur montrer les conséquences funestes, et dans l'intérêt général et dans leur intérêt d'avenir, d'un mal qui tendait sans cesse à s'accroître, pour leur faire sentir qu'il était urgent d'en arrêter les ravages: les efforts de l'administration ont été inutiles, les exhortations des gens de l'art ont été vaines, et, il faut le dire, l'intérêt du moment conseilla aux propriétaires de mines de ne rien faire; car, en résultat, l'exploitation se continuait; en remontant vers le sol, l'extraction devenait moins coûteuse, la hausse de prix profitait tout entière aux exploitans, et enfin, si la production n'était pas en rapport avec la consommation, les bénéfices des exploitans n'avaient pas diminué; loin de là, ils s'étaient accrus.

« Mais, dit-on, il y a eu augmentation dans la production nonobstant l'inondation; dès lors, de quoi se plaint l'administration?

« Elle se plaint de deux choses:

« Premièrement, il y a eu augmentation dans la production, malgré l'inondation, cela est vrai; mais si l'inondation avait cessé, l'augmentation de production aurait été plus considérable, et cette augmentation, se trouvant en rapport avec les besoins de la consommation, il y aurait eu baisse de prix, but des efforts du gouvernement, et cette baisse de prix n'a pas eu lieu.

« D'un autre côté, les exploitans, en abandonnant le fonds de la mine, en cédant les parties inférieures à l'inondation et en remontant vers les parties supérieures, compromettent l'avenir de la mine; ils agissent contrairement à toutes les règles de l'art, qui sont les règles de l'intérêt à venir des richesses houillères du pays; et c'est là, vous le comprenez à l'instant, messieurs, un malheur immense, plus grave peut-être que le premier, car il engage l'avenir.

« Ainsi, si les conseils de l'administration avaient été écoutés, on aurait eu une production plus importante et aussi plus intelligente, un résultat de baisse pour le présent et de sécurité pour l'avenir. La résistance des exploitans a compromis tout cela. Devions-nous, messieurs, dans cet état de choses, rester spectateurs impassibles du mal, et nous croiser les bras en présence des résultats désastreux de la conduite coupable des exploitans?

« On nous dit qu'aujourd'hui les exploitans s'entendent, que des travaux sont ordonnés, qu'un remède va être apporté: je le veux bien; mais qui a produit ce changement; qui a déterminé cette résolution des exploitans? Qui, messieurs! La loi, la loi présentée, la loi que vous discutez en ce moment, et qui, même avant d'être votée, produit déjà ses effets. C'est parce qu'on a la certitude que vous ne refuserez pas à l'administration les moyens de contrainte dont elle a besoin qu'on s'empresse de faire ce qu'elle avait inutilement demandé depuis plusieurs années.

« Ainsi, le fait invoqué est une nouvelle preuve de l'utilité de la loi, de son efficacité, de sa nécessité. » (Mon. du 21 mars, 2e supp.)

Qu'on ne s'étonne pas si j'ai donné avec une certaine étendue l'analyse de la discussion sur le principe même de la loi.

Elle met en évidence des doctrines économiques qu'il importe de reproduire et de faire triompher. La propriété n'est point constituée, elle n'est point environnée de garanties dans l'intérêt exclusif de ceux entre les mains de qui elle réside; il faut reconnaître que c'est dans l'intérêt public qu'elle est établie, que c'est dans la vue de la production, en prenant ce mot dans son acception la plus large, qu'elle doit être organisée. Placer les instrumens de travail dans la main de ceux qui sont les plus capables de s'en servir, tel est le problème qu'il faut résoudre par les réglemens sur la propriété. Sans doute la première condition pour arriver à ce but, c'est de donner aux propriétaires l'assurance que leur droit sera reconnu et respecté; que, sous de vains prétextes, ils ne seront pas dépouillés de la chose qui leur appartient; mais aussi il faut reconnaître que lorsqu'une propriété est placée entre des mains incapables d'en tirer le parti convenable; lorsque leur inertie ou leur impuissance peut avoir pour résultat de priver le pays entier de produits nécessaires à sa prospérité agricole ou industrielle, le droit de quelques individus doit céder devant l'intérêt de la masse.

(1) La rédaction du 1er §, adoptée l'année der-

cédée d'une enquête administrative à laquelle tous les intéressés seront appelés, et dont les formes seront déterminées par un réglement d'administration publique.

2. Le ministre décidera, d'après l'enquête quelles sont les concessions inondées ou menacées d'inondation qui doivent opérer, à frais communs, les travaux d'assèchement.

Cette décision sera notifiée administrativement aux concessionnaires intéressés. Le recours contre cette décision ne sera pas suspensif.

Les concessionnaires ou leurs représentans, désignés ainsi qu'il sera dit à l'article 7 de la présente loi, seront convoqués en assemblée générale, à l'effet de nommer un syndicat composé de trois ou cinq membres pour la gestion des intérêts communs.

Le nombres des syndics, le mode de convocation et de délibération de l'assemblée générale, seront réglés par un arrêté du préfet.

Dans les délibérations de l'assemblée générale, les concessionnaires ou leurs représentans auront un nombre de voix proportionnel à l'importance de chaque concession.

Cette importance sera déterminée d'après le montant des redevances proportionnelles acquittées par les mines en activité d'exploitation, pendant les trois dernières années d'exploitation, ou par les mines inondées, pendant les trois années qui auront précédé celle où l'inondation aura envahi les mines.

La délibération ne sera valide qu'autant que les membres présens surpasseraient en nombre le tiers des concessions, et qu'ils représenteraient entre eux plus de la moitié des voix attribuées à la totalité des concessions comprises dans le syndicat.

En cas de décès ou de cessations des fonctions des syndics, ils seront remplacés par l'assemblée générale dans les formes qui auront été suivies pour leur nomination

3. Une ordonnance royale rendue da la forme des réglemens d'administration publique, et après que les syndics auront été appelés à faire connaître leurs propositions, et les intéressés leurs observations, déterminera l'organisation définitive et les attributions du syndicat, les bases de la répartition, soit provisoire, soit définitive, de la dépense entre les concessionnaires intéressés, et la forme dans laquelle il sera rendu compte des recettes et des dépenses.

Un arrêté ministériel déterminera, sur la proposition des syndics, le système et le mode d'exécution et d'entretien des travaux d'épuisement, ainsi que les époques périodiques où les taxes devront être acquittées par les concessionnaires.

Si le ministre juge nécessaire de modifier la proposition du syndicat, le syndicat

---

nière par la Chambre des Pairs, portait seulement : « Lorsque plusieurs mines situées dans des concessions différentes seront atteintes ou menacées d'une inondation commune, le gouvernement pourra, etc. »

Ainsi, l'intervention du gouvernement était toujours possible. On a craint qu'il n'usât arbitrairement d'une pareille faculté, et on a cherché à la restreindre dans de justes bornes. Il ne suffira donc pas, d'après la nouvelle rédaction introduite dans la loi, pour que le gouvernement ait le droit d'intervenir, qu'il y ait inondation et inondation commune à plusieurs concessions, il faudra encore cette circonstance que l'inondation « soit de nature à compromettre leur existence, la sûreté publique ou les besoins des consommateurs. »

M. *le baron de Morogues* a regretté qu'on ne pourvût pas en même temps aux moyens de prévenir aussi en commun les désastres résultant de l'incendie ; il a proposé de rendre la loi applicable aux cas d'incendie comme aux cas d'inondation. Son amendement consistait à dire : « Lorsque plusieurs mines, situées dans des concessions différentes, seront atteintes ou menacées d'une inondation commune ou d'un incendie commun, le gouvernement, etc. »

M. le rapporteur a fait remarquer que le cas d'incendie se trouvait déjà réglé d'une manière suffisante par le décret du 3 janvier 1813 ; que dès lors l'amendement était superflu.

Cette objection était loin d'être péremptoire, car le décret de 1813 oblige bien les mines voisines à donner des secours à la mine incendiée ; il donne bien le droit aux officiers de police de faire des réquisitions pour obtenir les moyens d'étouffer l'incendie ; mais ces mesures ne sont pas aussi efficaces que celles de la loi actuelle.

M. le ministre des travaux publics a senti la nécessité de l'amendement, mais il a cru devoir en nier l'opportunité. « Pour les premiers travaux à faire, a-t-il dit, le décret de 1813 est suffisant. Nous ne disons pas toutefois qu'il ne puisse pas être complété, qu'il ne soit pas utile même de le faire ; mais nous pensons qu'il y aurait quelque inconvénient à venir compliquer la loi spéciale aux cas d'inondation, que nous discutons en ce moment, par des dispositions particulières aux cas d'incendie. Vous sentez, sans entrer dans les détails, que les mesures à prendre dans les deux cas ne peuvent pas être les mêmes. Je crois donc que pour faire une loi aussi bonne que possible, il faut se borner à examiner ce qu'on doit faire en cas d'inondation, sauf au gouvernement à profiter des lumières qui viennent de lui être fournies, et à examiner avec plus de soin si la législation de 1813 suffit, et s'il ne serait pas convenable de la compléter par des dispositions spéciales. Je crois donc que M. le baron de Morogues doit retirer son amendement, et le gouvernement promet d'examiner si la législation actuelle suffit sous tous les rapports. »

L'amendement a été retiré. (Mon. du 12 avril 1837, 1er supp., p. 809, 1re et 2e col.)

sera de nouveau entendu. Il lui sera fixé un délai pour produire ses observations.

4. Si l'assemblée générale, dûment convoquée, ne se réunit pas, ou si elle ne nomme point le nombre de syndics fixé par l'arrêté du préfet, le ministre, sur la proposition de ce dernier, instituera d'office une commission composée de trois ou de cinq personnes, qui sera investie de l'autorité et des attributions des syndics.

Si les syndics ne mettent point à exécution les travaux d'assèchement, ou s'ils contreviennent au mode d'exécution ou d'entretien réglé par l'arrêté ministériel, le ministre, après que la contravention aura été constatée, les syndics préalablement appelés, et après qu'ils auront été mis en demeure, pourra, sur la proposition du préfet, suspendre les syndics de leurs fonctions, et leur substituer un nombre égal de commissaires.

Les pouvoirs des commissaires cesseront de droit à l'époque fixée pour l'expiration de ceux des syndics. Néanmoins le ministre, sur la proposition du préfet, aura toujours la faculté de les faire cesser plus tôt.

Les commissaires pourront être rétribués ; dans ce cas, le ministre, sur la proposition du préfet, fixera le taux des traitemens, et leur montant sera acquitté sur le produit des taxes imposées aux concessionnaires (1).

5. Les rôles de recouvrement des taxes réglés en vertu des articles précédens seront dressés par les syndics, et rendus exécutoires par le préfet.

Les réclamations des concessionnaires, sur la fixation de leur quote-part dans lesdites taxes, seront jugées par le conseil de préfecture, sur mémoires des réclamans, communiqués au syndicat, et après avoir pris l'avis de l'ingénieur des mines.

Les réclamations relatives à l'exécution des travaux seront jugées comme en matière de travaux publics.

Le recours, soit au conseil de préfecture, soit au conseil d'Etat, ne sera pas suspensif (2).

6. A défaut de paiement dans le délai de deux mois à dater de la sommation qui aura été faite, la mine sera réputée abandonnée ; le ministre pourra prononcer le retrait de la concession, sauf le recours au

---

(1) Il faut remarquer que les commissaires peuvent être pris parmi les concessionnaires.

Cette interprétation résulte du retranchement fait à l'ancienne rédaction de la disposition qui obligeait le ministre à composer sa commission de personnes étrangères aux concessions comprises dans le syndicat. L'exclusion de commissaires pris parmi les concessionnaires était fondée sur ce motif qu'il régnait très peu d'harmonie dans la plupart des associations, qu'il était donc à craindre que si l'administration choisissait dans leur sein quelques membres pour leur conférer les pouvoirs de syndics, on augmentât beaucoup l'irritation, les rivalités et les dissentimens qui régnaient parmi eux.

Ce motif n'a pas été trouvé suffisant par la Chambre des Députés. Elle a pensé que cette interdiction pouvait restreindre d'une manière fâcheuse les choix de l'autorité.

M. *d'Argout*, dans son dernier rapport à la Chambre des Pairs, a justifié cette modification en disant « que dans plusieurs circonstances, il serait difficile de trouver sur les lieux des commissaires réunissant les qualités requises et n'ayant aucun intérêt direct ou indirect dans les exploitations. A capacité égale, des commissaires étrangers aux localités peuvent rendre de moins utiles services, sans compter qu'un salaire plus considérable devrait leur être attribué à raison du déplacement. La responsabilité morale des choix devant peser sur le gouvernement, pourquoi ne lui donnerait-on pas la plus grande latitude possible pour opérer ses nominations? Enfin, les concessionnaires ne demeurent-ils pas les maîtres d'éviter des choix qui ne seraient pas de leur gré, puisque la loi leur confère le droit de nommer eux-mêmes les syndics, et que ce n'est que sur leur refus que l'administration intervient? »

(2) On a objecté contre le dernier paragraphe qu'en décidant que le recours ne sera pas suspensif, on le rendait illusoire, dans le cas où il y a contestation sur l'urgence des travaux ou sur le mode adopté pour leur exécution.

« Je demande à quoi servira le recours, a dit M. *Mermilliod*, lorsque les travaux seront faits, et qu'il n'y aura plus de remède s'ils sont trouvés mauvais.

M. *Fulchiron*. « Il y aura des indemnités. »

M. *Mermilliod*. « Ce ne sera pas le gouvernement qui les paiera. »

M. *Vivien*. « Je crois qu'on ne peut adresser à cette disposition qu'un seul reproche : c'est qu'elle est inutile ; car elle ne crée aucun droit nouveau ; elle consacre le principe administratif d'après lequel toute décision rendue, soit par un préfet, soit par un conseil de préfecture, est exécutoire, et jamais le recours dont elle peut être l'objet n'a le caractère suspensif. Il peut arriver, dans certaines circonstances, qu'il y eût un préjudice irréparable à ce que la décision fût exécutée. Dans ce cas, il appartient au conseil d'état d'ordonner la suspension, et c'est ce qu'il fait dans les cas extraordinaires où l'exécution aurait des conséquences irrémédiables. C'est le pouvoir dont il pourra user dans le cas dont nous nous occupons, selon les circonstances. Il n'y a donc rien à dire ; il faut s'en rapporter au droit commun et aux principes administratifs. »

M. *Vivien* a fait allusion à l'art. 3 du décret du 22 juillet 1806. Cette observation montre combien sont utiles dans les discussions parlementaires ces hommes qui, comme M. Vivien, à la hauteur des vues, joignent la connaissance parfaite de la législation. On ne veut pas se persuader que, pour concourir utilement aux travaux législatifs, il faut avoir quelques connaissances spéciales antérieure-

roi en son conseil d'Etat, par la voie contentieuse (1).

La décision du ministre sera notifiée aux concessionnaires déchus, publiée et affichée à la diligence du préfet.

L'administration pourra faire l'avance du

---

ment acquises. Cependant chaque jour l'avantage qu'ont dans la discussion certaines capacités devrait faire comprendre cela.

(1) En 1837, la Chambre des Pairs a vu naître et se combattre trois systèmes dans son sein : le premier, présenté et soutenu par sa commission, est celui qui a prévalu : M. *Portalis* soutenait le second ; il reconnaissait, comme le premier, la faculté de retirer la concession faute de remplir la condition voulue; mais il pensait que ce retrait ne devait pas s'opérer par voie administrative exclusivement ; il considérait la concession comme ayant créé une véritable propriété, et il faisait intervenir les tribunaux dans ce qu'il considérait comme une expropriation.

Après avoir cherché à établir qu'il ne s'agissait pas d'une concession d'exploitation, mais d'une propriété incommutable, d'une concession devenue, aux termes de la loi, une propriété semblable à toutes les autres, une propriété susceptible d'hypothèques conventionnelles, d'hypothèques légales, d'hypothèques judiciaires qu'il n'était pas possible d'éteindre sans porter une grave atteinte à des droits antérieurs, M. *Portalis* a soutenu que la résiliation de la concession devait être attribuée à la juridiction judiciaire et non à la juridiction administrative.

« Votre commission, a dit l'orateur, veut que cette dépossession ait lieu par voie administrative (*) : c'est ici que nous différons. Je pense que, lorsqu'il s'agit d'une expropriation, elle ne peut s'opérer que par autorité de justice ; c'est là une maxime de droit public, une règle constitutionnelle dont il ne faut pas se départir.

« Que l'administration conserve ce qui lui appartient, et que les tribunaux conservent ce qui leur appartient aussi dans l'intérêt public et dans l'intérêt de la sécurité des personnes et des propriétés, qui est inséparable de l'intérêt public. »

Ce système, qui s'appuyait sur un principe contraire à celui de la commission, tout en arrivant à un résultat à peu près identique, a été combattu sous le point de vue des principes et sous celui des intérêts.

Pour les intérêts, a-t-on dit, il importe que la décision soit prompte, car le mal est grand et rapide. La société ne peut attendre les lenteurs d'une procédure de saisie-immobilière; elle ne saurait être exposée ni à en subir les frais, ni à les imposer aux concessionnaires, dont le refus ou l'inertie annonce suffisamment l'abandon. Il s'agit de richesses nationales à sauver, de pertes incalculables à prévenir, de vastes industries à préserver d'une paralysie mortelle.

Les principes ne sont pas moins contraires à l'emploi des formes judiciaires. Celui de qui une propriété procède a toujours le droit de la reprendre quand les conditions du contrat sont violées, sans recourir, comme un créancier ordinaire, à l'expropriation forcée. Seulement il demande la résolution aux tribunaux, parce que l'origine de son droit ne saurait permettre une révocation administrative. Mais ici ce n'est pas comme créancière seulement que l'administration procède, ce n'est pas seulement parce qu'on ne lui paie pas des travaux qu'elle exproprie, c'est parce que le refus de ce paiement constitue le refus d'exploitation, et, par conséquent, la violation des conditions sous lesquelles l'Etat lui-même a concédé. L'origine du droit, la forme de sa création, la nature des vérifications à faire et des questions à résoudre, l'appréciation nécessairement discrétionnaire des intérêts publics qu'il s'agit de protéger, tout appelle une décision indépendante et souveraine de l'autorité administrative. (Mon. du 2 juillet 1837, supp. B.)

M. le baron *Mounier* combattait ce système et celui de la commission ; il pensait qu'il fallait s'en tenir au projet du gouvernement. Selon lui la législation générale sur les mines ne devait pas être changée pour un fait spécial; la loi à faire devait se borner à pourvoir au cas particulier qui lui avait donné naissance, à établir les mesures les plus propres à assurer l'exécution des conditions imposées aux concessionnaires, à les obliger, en cas d'inondation des mines, à réunir leurs efforts pour les dessécher. Or, le projet du gouvernement atteindrait ce résultat.

« Messieurs, disait l'orateur en terminant, je crois qu'il est de la sagesse de la Chambre de ne pas improviser ainsi des dispositions de loi; je crois qu'il faut rejeter les amendemens et de M. le comte Portalis et celui de la commission, par la raison qu'ils sont complétement étrangers à la loi; que c'est lorsqu'il s'agira de réviser la loi de 1810, s'il en est besoin, que nous pourrons voir ce qu'il y a lieu d'y introduire dans le sens du projet de 1813. Ce projet de 1813, si nos souvenirs sont fidèles, était un petit code en dix ou douze articles. Aujourd'hui, n'allons pas au-delà du but. Le gouvernement nous a demandé les moyens d'arriver à l'acquittement des taxes; et qu'a-t-il dit? Que quand la taxe établie ne serait pas payée, on poursuivrait le débiteur comme en matière de contributions directes. Les contributions se paient, pourquoi les taxes ne se paieraient-elles pas? Permettez-moi, messieurs, de vous le dire, n'y aurait-il pas quelque analogie entre cet article et un article de loi qui dirait : Tout individu qui n'acquittera pas sa contribution directe sera exproprié?

« Je demande le maintien du projet du gouvernement, et je repousse les propositions de la commission. » (Mon. du 13 avril 1837.)

Ce système du gouvernement, qu'il avait d'ailleurs lui-même abandonné, aussitôt qu'avait paru celui de la commission, était ainsi formulé dans l'art. 5 du projet : « Les taxes réglées en vertu des deux articles précédens seront recouvrées, et les réclamations jugées comme en matière de contributions directes. »

Il en resultait bien une certaine force d'action contre les concessionnaires récalcitrans. Du moment que le gouvernement avait un privilége sur les mines par l'effet de cette disposition, il pouvait bien forcer au paiement des taxes; mais il lui aurait fallu presque toujours saisir la mine à défaut des fruits. Et, forcé de procéder par voie ordinaire, une pareille opération aurait eu de

(*) Mon. du 13 avril 1835, p. 870, 1re col.

montant des taxes dues par la concession abandonnée, jusqu'à ce qu'il ait été procédé à une concession nouvelle, ainsi qu'il sera dit ci-après.

A l'expiration du délai de recours, ou, en cas de recours, après la notification de l'ordonnance confirmative de la décision du ministre, il sera procédé publiquement, par voie administrative, à l'adjudication de la mine abandonnée. Les concurrens seront tenus de justifier des facultés suffisantes pour satisfaire aux conditions imposées par le cahier des charges (1).

Celui des concurrens qui aura fait l'offre la plus favorable sera déclaré concessionnaire, et le prix de l'adjudication, déduction faite des sommes avancées par l'Etat, appartiendra au concessionnaire déchu ou à ses ayans-droit. Ce prix, s'il y a lieu, sera distribué judiciairement et par ordre d'hypothèque.

Le concessionnaire déchu pourra, jusqu'au jour de l'adjudication, arrêter les effets de la dépossession, en payant toutes les taxes arriérées et en consignant la somme qui sera jugée nécessaire pour sa quote-part dans les travaux qui resteront encore à exécuter (2).

---

grands inconvéniens, la lenteur n'eût pas été le moindre.

M. *d'Argout*, dans son premier rapport à la Chambre des Pairs, signalant, pour appuyer le système de la commission, toutes les difficultés qui entraveraient l'exécution de cette mesure, s'exprimait ainsi : « Le projet donnait-il tous les moyens de vaincre de persévérantes résistances? Si les concessionnaires refusent de payer, qu'aurait-on fait? S'il s'agissait d'un champ, d'un bien rural quelconque, on saisirait les récoltes, car, conformément à la loi du 12 novembre 1808, les récoltes sont affectées par privilége au paiement de l'impôt ou des taxes assimilées à un impôt. Mais quel est la récolte d'un puits inondé? Saisirait-on soit les meubles des concessionnaires, soit les récoltes de leurs autres biens? Il est très douteux que ce moyen fût praticable et légal, mais il est certain qu'il serait insuffisant, puisqu'il ne saurait être appliqué ni aux concessionnaires qui ne possèdent pas d'autres biens saisissables, ni aux sociétés anonymes auxquelles des concessions ont été accordées. D'un autre côté, si un ou plusieurs concessionnaires refusent paiement, comment suppléer à ce déficit? Répartirait-on le montant de leurs taxes sur les autres concessionnaires? Cela serait injuste et d'ailleurs imprudent. Personne ne peut payer pour autrui. S'il suffit de résister pour s'exonérer du fardeau, au premier exemple donné, le refus deviendra général. Alors tout s'arrête, tout s'interrompt; tout ce qui aura été accompli jusqu'à ce moment demeure non avenu et le but se trouvera manqué.

« Il faut donc aller jusqu'à la dépossession du concessionnaire; sans cela, point de loi efficace. C'est ce que la commission vous propose d'autoriser par un article nouveau, qui deviendrait l'article 6. » (Mon. du 1er avril 1837, 1er supp., p. 751.)

Ces raisons justifient parfaitement la disposition sous le point de vue pratique. On a déjà vu qu'en droit, les principes sur lesquels elle est appuyée sont inattaquables.

(1) Lors de la première discussion à la Chambre des Pairs, M. *Villemain* demanda dans quel délai devrait être faite l'adjudication; s'il n'y en aurait qu'une.

M. *Legrand, commissaire du roi*, répondit, quant au délai, que le gouvernement avait demandé qu'il n'en fût pas fait mention, dans l'intérêt même du concessionnaire; que les opérations multipliées qui précèdent l'enchère rendaient la fixation d'un délai impossible.

Quant à la double adjudication, il fit observer que la manière dont il serait procédé, en rendait une suffisante.

(2) On a demandé, au cas où le concessionnaire s'obstinerait à refuser sa part des frais et s'exposerait par-là à la dépossession, si ses créanciers, et notamment ceux qui auraient hypothèque sur la mine auraient la faculté, en payant de leurs deniers la part des frais dus par leur débiteur, de conserver la concession.

« L'amendement, a répondu M. *Teste*, n'irait pas, à mon avis, jusqu'où va l'article, et l'addition proposée serait une restriction. Ce qu'on demande d'insérer dans la loi au profit des créanciers hypothécaires seulement, existe au profit de tous les ayans-cause du concessionnaire déchu. Cela résulte du principe général qui autorise les créanciers à exercer les droits de leurs débiteurs, à faire, au lieu de celui-ci, ce que le débiteur aurait la faculté de faire.

« Nous n'avons pas cru nécessaire de répéter dans la loi spéciale dont il s'agit ce qui est écrit partout; je ne sais pas comment l'administration ferait pour repousser des offres qui lui seraient faites au lieu et place du concessionnaire déchu, je ne dis pas seulement par des créanciers inscrits sur la mine, mais encore par tout autre ayant-cause du concessionnaire.

« Ainsi, l'article, tel qu'il est conçu, laisse cette faculté ouverte; et qu'on ne dise pas que nous faisons une loi exorbitante du droit commun dans laquelle ne pourront pas venir s'intercaler les dispositions du droit commun auquel elle se réfère. La loi sur les mines est une loi spéciale; mais toutes les fois qu'elle dit que le concessionnaire déchu pourra arrêter l'effet de la dépossession en consignant le montant des avances et des travaux, ce que la loi dit du concessionnaire, elle le dit de tous ceux qui auront intérêt à la conservation de la chose.

« L'amendement est inutile, il aurait pour effet de restreindre, au lieu que la disposition que nous proposons laisse agir le droit commun. »

Cette interprétation, acceptée par le gouvernement et par la commission, par la Chambre entière, puisqu'elle n'a soulevé aucune objection, me semble trop absolue. En effet, il en résulte que l'individu le plus étranger aux connaissances indispensables que le gouvernement exige de ceux à qui il fait des concessions, pourrait devenir exploitant, détenteur d'une mine. Or, il est certain qu'il est dans l'esprit de la loi que tout

S'il ne se présente aucun soumissionnaire, la mine restera à la disposition du domaine, libre et franche de toutes charges provenant du fait du concessionnaire déchu. Celui-ci pourra, en ce cas, retirer les chevaux, machines et agrés qu'il aura attachés à l'exploitation, et qui pourront être séparés sans préjudice pour la mine, à la charge de payer toutes les taxes dues jusqu'à la dépossession, et sauf au domaine à retenir, à dire d'experts, les objets qu'il jugera utiles.

7. Lorsqu'une concession de mine appartiendra à plusieurs personnes ou à une société, les concessionnaires ou la société devront, quand ils en seront requis par le préfet, justifier qu'il est pourvu, par une convention spéciale, à ce que les travaux d'exploitation soient soumis à une direction unique, et coordonnés dans un intérêt commun.

Ils seront pareillement tenus de désigner, par une déclaration authentique faite au secrétariat de la préfecture, celui des concessionnaires ou tout autre individu qu'ils auront pourvu des pouvoirs nécessaires pour assister aux assemblées générales, pour recevoir toutes notifications et significations, en général, pour les représenter vis-à-vis de l'administration, tant en demandant qu'en défendant.

Faute par les concessionnaires d'avoir fait, dans le délai qui leur aura été assigné, la justification requise par le paragraphe premier du présent article, ou d'exécuter les clauses de leurs conventions qui auraient pour objet d'assurer l'unité de la concession, la suspension de tout ou de partie des travaux pourra être prononcée par un arrêté du préfet, sauf recours au ministre, et, s'il y a lieu, au conseil d'Etat, par la voie contentieuse, sans préjudice, d'ailleurs, de l'application des art. 93 et suivans de la loi du 21 avril 1810 (1).

8. Tout puits, toute galerie, ou tout autre travail d'exploitation, ouvert en contravention aux lois ou réglemens sur les mines, pourront aussi être interdits dans la forme énoncée en l'article précédent, sans préjudice également de l'application des art. 93 et suivans de la loi du 21 avril 1810 (2).

9. Dans tous les cas où les lois et réglemens sur les mines autorisent l'administra-

---

concessionnaire soit capable d'exploiter et de bien exploiter. Si « elle n'admet à concourir à l'adjudication que des personnes qui justifient des facultés suffisantes pour exécuter les travaux » (rapport de M. Sauzet, du 29 juin 1837), on doit nécessairement en conclure que jamais, dans aucun cas, cette condition ne peut être éludée, parce qu'elle repose sur une considération d'intérêt général, parce que les mêmes raisons qui l'ont fait imposer pour le cas prévu par la loi, subsistent pour le cas actuel.

Je crois donc qu'à défaut par les créanciers de justifier des garanties exigées pour une bonne exploitation, ou même d'être agréés par le gouvernement, ils ne pourraient invoquer d'autre droit que celui que leur accorde le 5e paragraphe de l'article.

C'est dans ce sens limité que la disposition du paragraphe suivant a été expliquée à la Chambre des Pairs lors de la discussion qui eut lieu dans son sein en 1837.

On demandait quel serait le sort des hypothèques qui porteraient sur la mine.

« Ce paragraphe, dit M. *Villemain*, veut-il dire que, s'il y avait des hypothèques sur l'entreprise, ces hypothèques resteront à la charge du concessionnaire, et que la mine sera vendue comme étaient vendus les biens nationaux, libres et quittes de toutes charges et hypothèques? »

M. *le commissaire du roi.* « Oui sans doute. »

M. *Villemain.* « Ma question prévoyait la réponse; mais je n'étais pas fâché que la réponse éclatât. Eh bien! je demande s'il n'y a pas là quelque chose d'exorbitant. »

M. *le président.* « Il me semble qu'il résulte du paragraphe qui vient d'être voté (paragraphe 5) que les droits hypothécaires sont réservés, car le prix de la vente sera remis, déduction faite des frais avancés par le domaine au concessionnaire déchu ou à ses ayans-droit. »

M. *Villemain.* « Mais s'il n'y a pas vente, c'est là la gravité de la question, et c'est ce qui me faisait désirer qu'on votât paragraphe par paragraphe; car je crois qu'on arrivera à l'impossibilité ou à l'injustice qui est l'impossibilité pour une assemblée comme la vôtre. »

M. *le ministre des travaux publics.* « S'il y a adjudication, il y aura un prix d'adjudication; et ce prix appartiendra au concessionnaire ou à ses créanciers, soit hypothécaires, soit chirographaires; mais la mine passera en la possession du nouvel adjudicataire franche et libre des hypothèques, qui ne pouvaient grever que le concessionnaire; si, au contraire, il n'y a aucune adjudication, c'est que très probablement les travaux effectués n'ayant pas augmenté la valeur de la mine, il n'y a rien à remettre au concessionnaire ni aux créanciers. Dans ce cas, la nouvelle concession que pourra faire le gouvernement aura pour effet de faire passer la mine aux mains du nouveau concessionnaire libre de toutes les charges et hypothèques qui pouvaient les grever. Ce sont là les principes qui règlent les adjudications en justice. Toute adjudication en justice purge au profit du nouveau propriétaire l'immeuble de toutes les hypothèques qui grevaient le précédent propriétaire. » (Mon. du 14 avril 1837, 1er supp., p. 886.)

On a proposé d'ajouter après le mot *arriérées* les mots *en capital et intérêts.*

M. *le ministre des travaux publics* a répondu que c'était de droit; qu'il était par conséquent inutile de le dire dans cette loi.

(1, 2) « Les articles 7, 8 et 9, a dit M. *Sauzet* dans son rapport, sont destinés à fortifier par une sanction plus précise les règles posées déjà par la loi de 1810 et les décrets postérieurs. »

tion à faire exécuter des travaux dans les mines aux frais des concessionnaires, le défaut de paiement, de la part de ceux-ci, donnera lieu contre eux à l'application des dipositions de l'art. 6 de la présente loi (1).

10. Dans tous les cas prévus par l'art. 49 de la loi du 21 avril 1810, le retrait de la concession et l'adjudication de la mine ne pourront avoir lieu que suivant les formes prescrites par le même art. 6 de la présente loi.

10=12 MAI 1838. — Loi sur les attributions des conseils généraux et des conseils d'arrondissement (2). (IX, Bull. DLXIX, n. 7378.)

---

(1) Voy. les notes 1 et 2 à la page précédente.

(2) Présentation à la Ch. des Députés, en 1829 et en 1831.

Présentation à la Chambre des Pairs, le 10 janvier 1837 (Mon. du 11); rapport par M. le baron Mounier, le 4 mars (Mon. du 5); discussion le 9 mars (Mon. du 10), le 10 (Mon. du 11), le 11 (Mon. du 12), le 13 (Mon. du 14); adoption le 14 mars (Mon. du 15), à l'unanimité par 90 votans.

Reprise du projet à la Chambre des Députés, le 15 janvier 1838 (Mon. du 16); rapport par M. Vivien, le 19 février (Mon. du 22); discussion le 1er mars (Mon. du 2), le 2 (Mon. du 3), le 5 (Mon. du 6), le 6 (Mon. du 7), le 7 (Mon. du 8); adoption le 8 (Mon. du 9), à la majorité de 248 voix contre 7.

Présentation à la Chambre des Pairs, le 21 mars (Mon. du 22); rapport par le baron Mounier, le 10 avril (Mon. du 11); discussion et adoption le 23 avril (Mon. du 24), à la majorité de 113 voix contre 7.

Voy. édit de juin 1787; lois du 22 décembre 1789; instruction du 8 janvier 1790, placée à la suite de la loi précédente; constitution du 3=14 septembre 1791, chap. 4, sect. 11; constitution du 5 fruct. an 3, art. 174 et suiv.; constitution du 22 frim. an 8; loi du 28 pluv. an 8; arrêtés du 16 vent. an 9, du 2 vend. an 11; sénatus-consulte du 16 therm. an 10, tit. 3; charte de 1830, art. 69; lois du 22 juin 1833, sur l'organisation des conseils généraux et d'arrondissement; du 20 avril 1834, sur l'organisation du conseil général de la Seine; du 18 juillet 1837, sur les attributions des conseils municipaux.

Des vues pleines de sagesse et franchement exposées ont présidé aux travaux législatifs dont j'ai ici à rendre compte. Les deux Chambres ont senti que l'indépendance des corps délibérans n'était pas exclusive de la puissance de l'autorité exécutive, et qu'il ne fallait pas trop accorder aux uns, si l'on voulait sincèrement l'existence de l'autre.

Le rapport de M. *Vivien*, en retraçant l'histoire de la législation sur la matière, apprécie avec autant de sagacité que de justesse les différens systèmes qui se sont succédé depuis 1789; et il indique par là l'esprit à la fois libéral et gouvernemental dans lequel a été conçue la présente loi.

« La loi du 22 décembre 1789, dit-il, investit les assemblées administratives des départemens de pouvoirs fort étendus; la répartition de l'impôt, son assiette même, les mesures relatives au soulagement du malheur, à la propagation de l'instruction, à l'encouragement de l'agriculture et de l'industrie, à la conservation des propriétés de l'Etat, à la police, les intérêts les plus chers de la nation, en un mot, furent confiés à leur vigilance et remis en leurs mains. Le gouvernement presque entier leur était ainsi délégué.

« Mais, en même temps, les droits de l'autorité royale et son pouvoir suprême étaient constatés; elle planait sur tous les corps intermédiaires pour régler leur marche, pour leur imprimer une action uniforme et normale.

« Les principes qui servaient de base à ce système nouveau, sont exposés avec une grande fermeté dans les instructions que l'assemblée elle-même joignit à la loi du 22 décembre.

« Le principe constitutionnel, y est-il dit, sur « la distribution des pouvoirs administratifs, est « que l'autorité descende du roi aux administra- « tions de département, de celles-ci aux adminis- « trations de district..... L'Etat est un; les dépar- « temens ne sont que des sections du même tout; « une administration uniforme doit donc les em- « brasser tous dans un régime commun. Si les « corps administratifs, indépendans, et en quel- « que sorte souverains dans l'exercice de leurs « fonctions, avaient le droit de varier à leur « gré les principes et les formes de l'administra- « tion, la contrariété de leurs mouvemens par- « tiels, détruisant bientôt la régularité du mou- « vement général, produirait la plus fâcheuse « anarchie. »

« La loi de 1789, tout en reconnaissant l'autorité nécessaire du pouvoir central, ne l'avait pourtant pas armé de droits assez étendus; la constitution de 1791 combla cette lacune en conférant au roi le droit d'annuler les actes des administrations de département contraires aux lois ou aux ordres qu'il leur aurait adressés, et en lui permettant dans des cas extrêmes de les suspendre de leurs fonctions.

« La tourmente révolutionnaire qui entraîna la plupart de ces administrations hors de leur sphère légale, devait naturellement les rendre suspectes. La constitution de l'an 3, dans ses impuissans efforts pour rétablir l'ordre et la liberté, prononça leur destruction.

« L'administration se compose de deux élémens distincts : la pensée et l'exécution, ou, en d'autres termes, la délibération et l'action. La loi du 22 décembre avait consacré ce partage en divisant les assemblées administratives en deux sections, un conseil et un directoire, et en remettant au premier le soin de délibérer et au second celui d'agir. La constitution de l'an 3 vint confondre ce que la nature des choses ordonne de séparer :

TITRE Ier. — *Des attributions des conseils généraux* (1).

Art. 1er. Le conseil général du département répartit, chaque année, les contributions directes entre les arrondissemens, conformément aux règles établies par les lois.

Avant d'effectuer cette répartition, il statue sur les demandes délibérées par les con-

---

elle supprima les conseils de département et ne laissa subsister qu'une seule autorité qu'elle appela administration de département et qu'elle composa de cinq membres à l'image du pouvoir central. Elle détruisait ainsi une des bases essentielles du système de l'Assemblée constituante et elle conservait en même temps ce que ce système contenait de vicieux en remettant l'action à une autorité collective. En effet, si la délibération appartient essentiellement à plusieurs, l'action doit être le fait d'un seul; elle veut de la rapidité, de l'unité; elle doit offrir la garantie d'une responsabilité réelle et directe. Une autorité collective ne satisfait à aucune de ces conditions. L'Assemblée constituante avait méconnu ce principe, et la constitution de 1795, en supprimant les conseils délibérans et en laissant à des assemblées l'action administrative, privait à la fois le pouvoir de toute vigueur et les citoyens de toutes garanties.

« La loi du 28 pluviôse an 8, corollaire de l'acte constitutionnel du 22 frimaire précédent, vint compléter l'œuvre de l'Assemblée constituante, en plaçant l'exécution entre les mains d'un seul agent; elle créa les préfets et rétablit les conseils de département; mais, par une de ces alternatives qui, depuis cinquante ans, ont tour à tour en France donné la prépondérance soit à l'ordre contre la liberté, soit à la liberté contre l'ordre, le nouveau gouvernement qui s'établit alors détruisit les garanties que la constitution de 1791 avait voulu assurer aux citoyens. Il obtint ce résultat, moins encore en réduisant les attributions des conseils généraux qu'en s'attribuant le droit de nommer tous leurs membres; ces assemblées purent encore rendre des services au pays, il serait injuste de méconnaître le bien qu'elles ont fait, mais sans l'élection qui seule les rattachait au peuple dont elle les faisait sortir, les conseils généraux ne pouvaient ni inspirer la confiance, ni exercer un pouvoir réel.

« Leurs attributions avaient été notablement amoindries en l'an 8. Ils avaient cessé d'être préposés aux mesures concernant les impôts, à la conservation des propriétés nationales, à la direction des travaux publics; le pouvoir central, il faut le reconnaître, avait pu, à bon droit, reprendre ces diverses branches du service public, mais ses conquêtes nouvelles ne s'étaient pas arrêtées là. Depuis cette époque, la part des conseils généraux dans l'administration départementale s'est successivement agrandie; la nécessité, plus impérieuse que tous les mauvais vouloirs, a forcé de recourir à leur intervention pour la solution des questions nombreuses; mais la restauration après l'empire se garda bien de rendre aux citoyens le droit d'élire leurs membres; elle éprouvait contre le pays toute la défiance dont elle le savait animé contre elle, et le brusque retrait des projets de loi présentées en 1828 ne témoigna que trop de son antipathie contre toutes les institutions qui étaient de nature à laisser à l'opinion publique une occasion de se former et un moyen de se produire.

« La révolution de 1830 devait nécessairement rendre à l'administration départementale la vie qui lui avait été enlevée par la constitution de l'an 8. L'art. 69 de la Charte du 9 août a promis à la France *des institutions départementales fondées sur un système électif*, et la loi du 22 juin 1833 a déjà commencé l'accomplissement de cet engagement en rendant à l'élection populaire le droit de composer les conseils généraux; il nous reste à déterminer leurs attributions. C'est l'objet du projet de loi déjà présenté à plusieurs reprises par le gouvernement et qui, après avoir subi des modifications dans le sein de la Chambre des Pairs, vous a été proposé au commencement de cette session.

Je me permettrai d'ajouter ici seulement des réflexions analogues à celles que j'ai présentées à l'occasion de la loi sur les attributions des conseils municipaux.

Les circonscriptions pour lesquelles sont créés les conseils généraux et dans lesquelles ils exercent leurs fonctions, sont capricieusement formées; elles manquent de vérité. La force des choses plus puissante que la division établie en 1790, résiste à cette création de quatre-vingt-six fractions territoriales jouissant des mêmes droits, régies par les mêmes autorités et munies des mêmes institutions. Ce fractionnement était nécessaire, lorsqu'il fut fait, parce qu'il s'agissait alors de renverser un système, d'en briser les ressorts, d'en arracher les racines, de détruire les choses et les dénominations d'un régime vieux et mauvais; mais aujourd'hui ce remède héroïque n'est plus nécessaire, il n'y a plus de danger à rentrer dans la vérité, et il y aurait beaucoup d'avantages sous le rapport administratif, sous le point de vue économique et industriel, et même dans un intérêt politique, à admettre des divisions et subdivisions fondées sur la vérité des faits. On a beau dire que Draguignan et Marseille sont des chefs-lieux de département, et placer dans chacune de ces villes un préfet et un conseil général, il reste toujours que la ville de Draguignan n'a aucune influence, et que celle de Marseille en a une immense. On peut en dire autant de Bordeaux et de Mont-de-Marsan, de Toulouse et de Tarbes, etc., etc. A la vérité certaines villes acquerraient, comme chefs-lieux de grandes provinces, une influence encore plus grande que celle qu'elles ont naturellement; et, sous ce rapport, le pouvoir central aurait peut-être sur elles une action moins directe et moins décisive; mais ces métropoles ainsi constituées, rendraient au gouvernement, en appui et en secours efficaces, dans certaines occasions graves, bien plus qu'elles ne lui enlèveraient en pouvoir sur la marche ordinaire des affaires.

(1) Le législateur qui a des ordres à donner, des règles à établir et point de théorie à exposer, s'est borné à placer dans la loi l'énumération des différentes attributions confiées aux conseils généraux et aux conseils d'arrondissement; mais, malgré leur variété et leur nombre, ces attributions se rattachent à quelques idées générales, que les jurisconsultes doivent s'efforcer de saisir et de mettre en évidence, afin de rendre plus facile l'intelligence de la loi et d'en mieux fixer les dispositions dans la

seils d'arrondissement en réduction du contingent assigné à l'arrondissement (1).

2. Le conseil général prononce définitivement sur les demandes en réduction de contingent formées par les communes, et préalablement soumises au conseil d'arrondissement (2).

3. Le conseil général vote les centimes additionnels dont la perception est autorisée par les lois (3).

---

mémoire des administrés et des administrateurs.

On peut dire avec M. *Vivien*, que les attributions des conseils généraux sont toutes rattachées aux intérêts du département, mais que ce caractère commun, ce trait caractéristique qu'on retrouve toujours en elles, n'empêche point qu'elles ne se subdivisent en trois classes distinctes. Tantôt, en effet, les conseils généraux agissent comme *délégués du pouvoir législatif*, par exemple lorsqu'ils font la répartition des impôts; tantôt comme représentans légaux du département, notamment lorsqu'ils lui imposent des centimes facultatifs, lorsqu'ils règlent la gestion de ses biens, lorsqu'ils font connaître ses besoins et ses vœux; ils agissent quelquefois comme conseils du pouvoir central, par exemple, lorsqu'ils donnent leur avis sur les changemens de circonscription. Dans l'exercice de ces différentes fonctions le conseil général agit avec plus ou moins d'indépendance et de pouvoir. On peu indiquer, en peu de mots, les principales nuances qui existent dans l'efficacité et la force obligatoire de ses actes.

Quelquefois il est juge absolu et souverain (voy. art. 1, 2 et 3); quelquefois ses décisions sont obligatoires, mais soumises au contrôle de l'autorité centrale (voy. art. 4); enfin, souvent il ne donne que de simples avis qui n'ont qu'une autorité morale (voy. art. 6).

Si l'on veut bien, en parcourant les dispositions de la loi, se rappeler ces idées et ces distinctions, on verra qu'elles offrent dans l'application une véritable utilité.

(1) Les décisions du conseil général, en cette matière, ne sont soumises à aucun recours. Ce pouvoir souverain qui lui est ainsi conféré avait paru à la commission de la Chambre des Pairs présenter de graves inconvéniens; mais, reconnaissant que l'opération de la répartition entre les arrondissemens était une délégation du pouvoir législatif, elle avait proposé de porter le recours devant les chambres, et, afin d'empêcher que des réclamations trop nombreuses ne leur fussent adressées, elle avait jugé convenable de dire dans la loi, que les Chambres ne pourraient être appelées à statuer que sur la proposition du gouvernement.

On a fait remarquer qu'il ne fallait pas multiplier les recours au pouvoir législatif; que, d'ailleurs, la solution qu'il donnerait arriverait toujours tardivement.

M. le comte *Tascher*, voulant ouvrir une voie contre les décisions des conseils généraux qui violeraient les lois, et ne pas recourir dans ce but aux trois élémens du pouvoir législatif, avait proposé l'amendement suivant :

« La décision du conseil général est définitive, sauf le recours au Roi qui prononce par une ordonnance royale, le conseil d'Etat entendu. »

Il a été rejeté comme attribuant au pouvoir royal seul la connaissance de difficultés dont la solution appartient essentiellement à l'autorité législative.

On avait aussi proposé d'admettre un recours à des arbitres nommés par les parties.

Mais cette mesure présentait des inconvéniens graves; elle n'a pas trouvé d'appui. Ainsi la décision du conseil est souveraine.

M. *Vivien*, dans son rapport à la Chambre des Députés, a développé les raisons qui devaient faire admettre cette disposition. Toutefois il a reconnu que ce pouvoir suprême pourrait avoir des inconvéniens; « mais ces inconvéniens, a-t-il dit, ont leurs limites dans l'obligation de se soumettre aux règles établies par les lois, dans le droit qui appartiendrait au gouvernement de refuser l'exécution des actes par lequel le conseil général serait sorti de ses attributions et aurait excédé ses pouvoirs, et si ce système a quelques inconvéniens, l'admission d'un recours quelconque en amènerait de bien plus graves. »

Ces paroles doivent être expliquées.

Dans quel but réclamait-on qu'un recours fût ouvert contre les décisions des conseils généraux? C'était afin de pouvoir obtenir la réforme d'une répartition qui, régulière d'ailleurs et faite conformément aux lois, ne serait pas équitable.

Certainement M. *Vivien* n'a pas entendu dire que, dans ce cas, le gouvernement a le droit d'intervenir et de contrôler les actes et les décisions des conseils; il suppose seulement qu'un conseil *est sorti de ses attributions, a excédé ses pouvoirs*; et c'est pour cette hypothèse qu'il rappelle le droit du gouvernement, écrit dans l'art. 14 de la loi du 22 juin 1833, d'annuler les actes entachés d'excès de pouvoirs.

Donc, il n'y a aucun recours, aucune garantie contre la décision d'un conseil général, qui, en e renfermant dans le cercle de ses attributions, en procédant avec la plus parfaite régularité, fait une injuste et inégale répartition des contributions entre les différens arrondissemens.

Sous ce rapport, les communes sont mieux traitées que les arrondissemens. Voy. les notes sur l'article suivant.

Voy. au surplus la loi du 3 frimaire an 7, art. 25 et suiv.

Le conseil d'Etat avait déjà décidé plusieurs fois que les décisions des conseils généraux, pour la répartition des impôts, étaient souveraines. Voy. arrêts du conseil du 26 décembre 1834 et du 14 juin 1837 (Recueil de Macarel et Deloche, année 1834, p. 856, et année 1837, p. 239).

(2) Les réclamations des communes jouissent de deux degrés de juridiction; elles sont appréciées en première instance par les conseils d'arrondissement; elles sont portées ensuite devant les conseils de département.

(3) Cet article ne posait pas dans le projet le principe du vote des centimes additionnels par le conseil général aussi sèchement qu'il le fait ici. Il portait : « Le conseil général vote les centimes additionnels spécialement affectés par les lois générales à diverses parties du service public. Il vote aussi les centimes additionnels extraordinaires, dont la perception est autorisée par des lois spéciales. »

Le principe était encore développé par une disposition qui ne se retrouve pas dans la loi; elle était conçue en ces termes :

« Le conseil général vote :

« 1° Les dépenses à faire au moyen des centimes additionnels affectés, par la loi des finances, aux dépenses variables des départemens;

« 2° Les dépenses à faire au moyen de centimes additionnels facultatifs dont il fixe le nombre dans les limites déterminées par les lois des finances. »

La Chambre des Députés a, sur la proposition de sa commission, modifié l'article 3 comme on le voit dans la rédaction actuelle, et supprimé la disposition qui le précédait, par le motif qu'il suffisait d'établir dans la loi le principe de la nécessité du vote du conseil général, sans entrer dans les détails.

« C'est au conseil général, a dit M *le rapporteur*, qu'il appartient de voter ces divers centimes : ce vote est absolu, et le gouvernement ne peut y suppléer que dans des cas tout-à-fait spéciaux et en vertu de lois formelles, comme, par exemple, la loi sur l'instruction primaire, qui autorise à imposer d'office les centimes destinés à pourvoir à cette dépense. En règle générale, le vote du conseil général est nécessaire. Il nous a paru suffisant d'insérer ce principe dans la loi, sans entrer dans les détails que contenait le projet du gouvernement. »

Un membre de la chambre a craint que la rédaction de l'article ne fût pas assez claire, en ce qu'elle paraissait s'appliquer non pas seulement aux centimes additionnels départementaux, mais encore aussi aux centimes communaux. Il a proposé, en conséquence, pour empêcher cette confusion, d'ajouter à l'article un paragraphe additionnel portant : « Cette disposition n'est pas applicable aux centimes additionnels communaux. »

M. *le rapporteur* a répondu que cette addition était inutile, parce qu'il est évident que quand on donne aux conseils généraux le droit de voter des centimes additionnels, dont la perception est autorisée par les lois, cela ne peut s'appliquer qu'à ceux dont la perception est autorisée pour les départemens, et non pas à ceux dont la perception est autorisée pour les communes.

« Puisque cela est bien entendu, a dit l'auteur de la proposition, et qu'il ne peut pas y avoir de difficultés, je retire mon amendement. »

Il y a plusieurs espèces de centimes additionnels; on en trouve l'énumération dans l'art. 10 de la présente loi. Ainsi il y a des centimes *additionnels*, des centimes *additionnels facultatifs*, des centimes *additionnels extraordinaires*, des centimes *additionnels spéciaux*; mais le sens de ces différentes expressions n'est pas parfaitement clair, et il est nécessaire d'en donner une explication précise.

Voici d'abord comment M. *Vivien* a dans son rapport analysé la législation sur cette matière :

« Lors de leur formation, les départemens n'avaient point été considérés comme ayant une existence à part, ils n'étaient aux yeux de la loi qu'une division administrative. L'assemblée constituante avait remis aux assemblées administratives le soin d'ordonner les dépenses et de percevoir les contributions publiques dans chaque département (loi du 22 décembre 1789); mais ce n'était qu'un mandat dont elle les investissait, et ces dispositions ne donnaient point lieu à un budget départemental proprement dit.

« La loi du 28 messidor an 4 a mis certaines dépenses à la charge des départemens en affectant à leur acquittement un nombre déterminé de sous additionnels au principal de la contribution ; mais ces dépenses étaient vraiment une charge de l'Etat, et le régime nouveau avait moins pour but de créer des ressources financières distinctes aux départemens que de soulager le budget de l'Etat, et de diminuer en apparence le poids des charges publiques.

« Les lois des 15 frimaire an 6 et 11 frimaire an 7, confirmèrent ces dispositions.

« Les départemens eurent ainsi leur budget; mais, même après le rétablissement des conseils généraux, le gouvernement conserva toute autorité sur le réglement des dépenses qui devaient y prendre place.

« Les lois des 28 ventôse an 13 et 28 avril 1816, ont créé un système nouveau en autorisant les conseils généraux à établir des impositions facultatives dans la limite qu'elles déterminaient et à les employer aux dépenses qu'ils jugeraient convenables de couvrir avec cette ressource. Les départemens se sont trouvés, dès lors, à côté du premier budget, annexe et complément de celui de l'Etat, en possession d'un autre budget, dont la recette et la dépense dépendaient des votes de leurs conseils généraux, et qui était véritablement départemental.

« Outre les recettes et les dépenses dont nous venons de parler, des lois particulières ont permis aux départemens de s'imposer des centimes spéciaux pour les dépenses du cadastre, de l'instruction primaire, des chemins vicinaux de grande communication, etc. Enfin, certains départemens ont été autorisés, par des lois spéciales, à s'imposer des centimes extraordinaires pour des dépenses également extraordinaires.

« Les dépenses qui figuraient dans le budget créé en l'an 4, avaient été postérieurement divisées en deux catégories: les dépenses communes à plusieurs départemens et fixes, lesquelles étaient entièrement réglées et soldées par le gouvernement, et les dépenses que, par opposition, on nommait variables; lesquelles ont été, depuis 1816, soumises au vote du conseil général, et ont tiré leur nom de la mobilité de leur quotité.

« Les centimes destinés à y faire face, et votés par la loi même de finances, ont reçu une qualification analogue à celle des dépenses qu'ils devaient payer, et se sont, selon leur affectation, appelés centimes fixes ou variables.

« Par la loi de finances de 1817, les dépenses et les centimes fixes ont été effacés des budgets départementaux et transférés au budget de l'Etat où ils sont plus convenablement portés : il ne reste donc plus pour le budget, qui se compose des centimes votés par la loi de finances, que les dépenses et les centimes variables, qualification qui n'a plus de sens, depuis que les centimes et les dépenses fixes, par opposition auxquels elle avait été adoptée, ont passé au budget de l'Etat. »

M. Mounier avait déjà présenté les mêmes idées dans son rapport à la Chambre des Pairs en 1837. Pour les réduire à leur plus simple expression, il faut donc dire que les centimes *additionnels fixes* sont votés par les Chambres ; que ces centimes sont affectés en partie aux dépenses fixes, en partie aux dépenses variables, et enfin à la formation d'un fonds commun destiné à subvenir aux dépenses variables que certains départemens ne peuvent couvrir ni avec la part des centimes additionnels qui y est consacrée, ni avec les centimes additionnels facultatifs dont il va être parlé ;

Que les centimes *additionnels facultatifs* sont votés par les conseils généraux dans les limites fixées par la loi de finances;

4. Le conseil général délibère (1),

1° Sur les contributions extraordinaires à établir et les emprunts à contracter dans l'intérêt du département;

2° Sur les acquisitions, aliénations et échanges des propriétés départementales;

3° Sur le changement de destination ou d'affectation des édifices départementaux;

4° Sur le mode de gestion des propriétés départementales (2);

Qu'ils sont destinés à faire face aux dépenses variables des départemens;

Que les centimes *additionnels extraordinaires* sont votés par les conseils généraux dans les limites fixées par certaines lois spéciales pour des besoins également spéciaux; que tous les ans il y a une foule de lois de cette espèce. (Voir notamment *suprà*, p. 156, lois du 4 avril 1838 qui autorisent douze départemens et un arrondissement à s'imposer de centimes additionnels);

Qu'enfin les centimes *additionnels spéciaux* sont votés par les conseils généraux dans les limites fixées par certaines lois pour subvenir à des services qu'elles organisent; telles sont les lois du 21 juin 1833 sur l'instruction primaire, et du 21 juin 1836 sur les chemins vicinaux.

La loi du 25 mars 1817, art. 52, 53, 54 et 55, détermine les dépenses départementales fixes et les dépenses variables, établit le fonds commun et en indique l'objet; elle autorise enfin le vote des centimes facultatifs. (Voy. arrêté du 2 vendémiaire an 11, rapporté par Fleurigeon, tome 1er, p. 120; voy. aussi lois du 25 mai 1818, art. 67 et suiv.; du 17 juillet 1819, art. 25 et suiv.; du 23 juillet 1820, art. 33 et suiv.; du 31 juillet 1821, art. 28 et suiv.; du 1er mai 1822, art. 17 et suiv.) — A compter de 1823, les dépenses ne sont plus énumérées. (Voy. dans la loi du 10 mai 1823 et les lois de finances de chaque année, le tableau qui indique le nombre de centimes additionnels et facultatifs.)

(1) La force obligatoire des délibérations est incontestable, sauf l'approbation exigée par l'art. 5.

M. *le rapporteur* a fait sur cet article une observation générale qu'il est utile de recueillir. C'est que la nomenclature qu'il comprend n'a rien de limitatif. « Il y a, a-t-il dit, un certain nombre d'objets qui ne sont pas compris dans cet article, sur lesquels les conseils généraux sont naturellement et nécessairement appelés à délibérer. Par conséquent, de ce qu'une nature de délibération n'y serait pas comprise, il ne faut pas conclure que le conseil général n'aurait pas droit de s'en occuper. » (Mon. du 3 mars, p. 460, 2e col.)

(2) La commission de la Chambre des Députés, en reconnaissant que les départemens sont propriétaires, avait cru devoir admettre une distinction entre les propriétés affectées à un service public (voyez décret du 1er avril 1811) et celles qui sont utiles et productives de revenus.

« Les propriétés destinées à un service public, a dit M. *Vivien* dans son rapport, sont placées, tant pour les actes de disposition que pour le mode même de possession, sous la double autorité du département comme propriétaire, et de l'Etat comme gardien des intérêts généraux; c'est d'ailleurs la condition des droits conférés aux départemens sur ces propriétés; mais celles qui sont utiles, productives de revenu, selon les termes employés dans un cas analogue par la loi du 21 mai 1836, celles-là ne sont soumises à l'autorité centrale que pour ce qui concerne les actes de propriété; les dispositions relatives à la jouissance doivent appartenir en propre au département, c'est-à-dire au conseil général, ce sera lui qui réglera le mode de gestion, son titre de propriétaire lui en donne le droit. Il est, à cet égard, dans la même position que les conseils municipaux à l'égard des biens de la commune, et nous l'investissons de l'autorité que la loi du 18 juillet 1837 a remise à ces conseils; nous n'avons même pas ajouté à cette disposition la faculté d'annulation conférée à l'autorité supérieure par la loi municipale. Outre la difficulté d'organiser le mode d'exercice de cette faculté à l'égard des conseils généraux, il nous a paru que ces assemblées offraient assez de garanties de lumières et de prudence, pour que cette précaution fût inutile. D'ailleurs, il s'agit de biens qui ne sont jamais l'objet d'une jouissance en nature, et à l'occasion desquels des intérêts privés ne peuvent être lésés; et l'exécution de la décision étant remise au préfet, celui-ci serait toujours fondé à ne point obtempérer aux dispositions qui sortiraient des limites de la simple gestion. Une raison pratique vient encore à l'appui de notre système: le projet ne donnait au conseil général qu'un droit de délibération sur la gestion des propriétés du département; une décision définitive ne pouvait, par conséquent, résulter que du concours de la volonté du conseil général et du gouvernement; en cas de dissentiment, le projet ne déterminait point laquelle des deux volontés devait prévaloir; que serait devenue la gestion pendant ces conflits? Il fallait pourtant qu'elle fût réglée; le droit remis au conseil général prévient ces embarras.

Cette proposition a été combattue. On a fait remarquer que si depuis 1811, les départemens ont possédé quelques biens, des édifices publics dont l'Etat était embarrassé, ils en ont été investis à titre onéreux et à la charge que ces édifices seraient consacrés à des services publics et entretenus aux frais des départemens; que ce n'était d'ailleurs, à vrai dire, qu'un démembrement des propriétés de l'Etat, qui passait aux mains des départemens à certaines conditions de services généraux.

Depuis trente ans, a dit *le ministre de l'intérieur*, un ordre de choses existe par suite duquel la propriété départementale a été constituée; aucune plainte, aucune réclamation n'ont été faites, pourquoi donc la commission a-t-elle voulu innover à l'ancien système? C'est qu'elle y a en effet attaché une question de principe. C'est sous le rapport des principes que nous attaquons l'amendement.

M. *le ministre* reproduisant le principal argument de la commission que, puisqu'on a donné au conseil municipal le droit de régler la gestion des propriétés communales, on devait donner au conseil général le même droit sur les propriétés départementales, s'est, pour le repousser, fondé sur la différence qui existe dans la nature de ces deux propriétés.

« Quant à la question de propriété, a-t-il dit, je prie la Chambre d'y faire la plus grande atten-

5° Sur les actions à intenter ou à soutenir au nom du département, sauf les cas d'urgence prévus par l'article 36 ci-après;

6° Sur les transactions qui concernent les droits du département;

7° Sur l'acceptation des dons et legs faits au département;

8° Sur le classement et la direction des routes départementales (1);

9° Sur les projets, plans et devis de tous

---

tion. Il ne s'agit nullement ici d'une propriété du genre de celle qu'on appelle communale. Les propriétés communales sont de leur nature permanentes, tandis que la propriété départementale n'est absolument qu'un accident.

Remontant à l'origine de celle-ci, M. *le ministre* a montré qu'elle se rapporte au domaine public, en sorte que, sous ce rapport, elle diffère essentiellement des propriétés communales. De là il a tiré la conséquence que la propriété départementale n'est point une propriété du genre de la propriété communale qui n'est pas, à vraiment parler, une propriété privée, mais seulement une propriété transitoire, accidentelle qui est renfermée entre son origine et le moment possible où elle reviendra à un service public.

« En prenant la question sous ce point de vue, je ne comprends pas, a dit l'orateur, comment on viendrait donner au département un droit égal à celui que possède la commune; je dis plus, ce n'est pas même un droit égal à celui que vous avez reconnu aux communes, c'est un droit supérieur qu'on vous demande d'attribuer aux conseils généraux.

L'article de la commission a été rejeté et le paragraphe du projet a été reproduit.

M. *Vivien* a fait observer qu'il ne devait pas être adopté en entier. « Il parle de l'emploi des revenus, a-t-il dit. Or, c'est un objet qui figure dans le budget; et quant au mode de jouissance des produits, je ne comprends pas trop le sens de cette proposition.

Sur cette observation, on a retranché les mots *mode de jouissance des produits*. On a dit : « Sur la gestion des propriétés départementales productives de revenus. » Enfin M. le ministre a proposé de supprimer les mots *productives de revenus*, en disant qu'il n'y avait pas d'inconvénient à ne pas définir la propriété départementale.

M. *Chegaray*. « Il résulterait de cette rédaction que le conseil général pourrait délibérer sur le mode de gestion des prisons et des casernes. »

M. *le rapporteur*. « Mais oui! il peut délibérer sur cela. »

M. *le ministre de l'intérieur*. « Il y a des propriétés qui ne sont pas productives de revenus, et sur lesquelles cependant il est bon que le conseil général délibère. Je citerai, par exemple, les pépinières. Eh bien! les pépinières ne sont pas toutes productives de revenus. »

M. *Dufaure*. « Si! elles le sont toutes. »

M. *le ministre*. « Je vous demande pardon, et je le sais parfaitement bien, comme administrateur. Il y a des pépinières qui sont productives de revenus et d'autres qui ne le sont pas. Il faut que le conseil général puisse délibérer sur les propriétés productives de revenus, et sur celles qui ne le sont pas. »

Un membre a demandé quelle autorité ferait cesser le désaccord existant entre le conseil général et le préfet.

Cette question a nécessité le renvoi à la commission.

M. *le rapporteur*, avant de répondre, a proposé un changement de rédaction; il a demandé qu'on dît : *sur le mode de gestion*, au lieu de *sur la gestion*.

« Il est évident, a-t-il dit, que le conseil général ne peut avoir de délibération à prendre que sur le mode et non pas sur la gestion elle-même. Il y avait à choisir entre trois espèces de pouvoirs que le conseil général avait à exercer : il pouvait avoir le droit de décider ou le droit de délibérer, ou la faculté de donner un avis. La commission vous avait proposé d'accorder aux conseils généraux le droit de décider; cette proposition ayant été rejetée par la Chambre, il reste à choisir entre le droit de délibérer et la faculté de donner un avis. Nous avons pensé que réduire le conseil général à donner un simple avis, c'était méconnaître son importance, et qu'il fallait lui conserver le droit de délibérer.

Arrivant à la question soulevée, il a répondu : « Nous avons pensé qu'il ne fallait pas donner le droit de décider à aucune autorité exclusivement; que la décision définitive devait résulter de l'accord qui ne manquera pas de s'établir entre le conseil général et le ministre; seulement, il convient de déterminer le sort des biens pendant le dissentiment qui pourra s'élever entre le préfet et le conseil général. »

En conséquence, il a proposé un article additionnel dans ce sens.

L'amendement au paragraphe et l'article additionnel ont été adoptés.

Voy. l'art. 30.

(1) La Chambre des Pairs avait cru convenable d'ajouter *ainsi que sur les chemins vicinaux de grande communication*; elle avait été déterminée par l'observation de M. le duc Decazes que la présente loi étant postérieure à celle du 21 mai 1836 sur les chemins vicinaux, si on ne reproduisait pas la disposition qui donne aux conseils généraux le droit de délibérer sur la direction des chemins vicinaux, on pourrait croire que cette disposition était abrogée, et que l'attribution avait été retirée aux conseils généraux.

La Chambre des Députés a retranché cette addition par le motif que le conseil général avait, en vertu de la loi du 21 mai 1836, des pouvoirs plus grands en cette matière que ceux que lui attribuait l'amendement de la Chambre des Pairs.

« Il nous a paru inutile et dangereux, a dit M. *Vivien* dans son rapport, d'insérer dans la loi une nomenclature en dehors de laquelle le conseil général serait déclaré sans action. Nous n'entendons lui enlever aucune des attributions que d'autres lois ont pu lui conférer; les dispositions de notre projet énoncent ses principaux pouvoirs sans en limiter le nombre. »

Il importe de faire remarquer qu'en parlant des chemins vicinaux, on aurait ôté aux conseils généraux une partie des droits que leur confère la loi du 21 mai 1836. En effet, aux termes du présent article ils n'auraient eu que le pouvoir de *délibérer*, sauf l'approbation de l'autorité supérieure sur la formation et la direction des chemins, tandis

les autres travaux exécutés sur les fonds du département;

10° Sur les offres faites par des communes, par des associations ou des particuliers, pour concourir à la dépense des routes départementales ou d'autres travaux à la charge du département (1);

11° Sur la concession, à des associations, à des compagnies ou à des particuliers, de travaux d'intérêt départemental;

12° Sur la part contributive à imposer au département dans la dépense des travaux exécutés par l'Etat et qui intéressent le département (2);

13° Sur la part contributive du département aux dépenses des travaux qui intéressent à la fois le département et les communes;

14° Sur l'établissement et l'organisation des caisses de retraite ou autre mode de rémunération en faveur des employés des préfectures et des sous-préfectures (3);

15° Sur la part de la dépense des aliénés et des enfans trouvés et abandonnés qui

---

que, d'après la loi de 1836, art. 7, ils sont investis du droit de *décider*.

Il a été également expliqué plusieurs fois, dans la discussion, à la Chambre des Pairs, que les attributions conférées aux conseils généraux par la loi du 21 mai 1836, subsistaient tout entières; M. le rapporteur et M. le ministre de l'intérieur l'ont formellement déclaré. (*Mon.* du 10 mars 1837.)

A cette occasion, on a cru devoir signaler une difficulté que pouvait faire naître l'application de la loi du 21 mai 1836.

Cette loi confère, a-t-on dit, aux conseils généraux, non pas seulement le droit de délibérer sur le classement des chemins vicinaux de grande communication, mais encore le droit de décider. En sorte que, s'il arrivait, lorsqu'il s'agit d'un chemin vicinal de grande communication qui intéresse deux départemens, que les deux conseils généraux adoptassent une ligne différente, il y aurait conflit. On a demandé quelle autorité pourrait la faire cesser.

M. *le ministre de l'intérieur* a ainsi posé la question: « Faut-il que ce genre de décisions prises par les conseils généraux soit soumis à l'approbation du ministre de l'intérieur, ou à une ordonnance royale? Est-il indispensable de limiter le pouvoir qu'on a voulu donner dans ce cas aux conseils généraux?

« Nous ne le croyons pas, a-t-il dit; toutes les fois que l'intérêt général du pays peut être mis en péril, plus ou moins, par la délibération d'un conseil général, nous comprenons que, dans ce cas, l'autorité supérieure intervienne. Mais de quoi s'agit-il ici? de la direction de chemins vicinaux qui peuvent importer beaucoup aux départemens, mais qui n'importent pas à la circulation générale du royaume.

« Eh bien! lorsque deux départemens ont pris des délibérations qui ne s'accordent pas, le conflit n'a pas de suite, car les conseils généraux ne peuvent correspondre entre eux. Mais la discussion s'établit entre les préfets représentant les conseils généraux; alors on se livre à de nouveaux travaux, on examine de nouveau, on essaie de faire revenir l'un ou l'autre conseil général sur sa délibération. C'est une transaction entre deux départemens, dans laquelle nous croyons qu'il n'est pas indispensable que l'autorité supérieure intervienne, parce que, en définitive, je le répète, il ne s'agit pas ici des intérêts généraux dont la garde et le maintien soient réservés à l'administration générale. »

On a demandé si par le mot *direction* on entendrait seulement les deux points extrêmes, le point de départ et le point d'arrivée, ou si le conseil statuerait sur le tracé.

M. *le ministre de l'intérieur* a répondu que le tracé est une mesure purement administrative, d'un autre ordre que celles qui sont l'objet de la disposition; qu'il arrive bien souvent qu'on a demandé des avis aux conseils généraux sur les tracés, mais que la loi a prétendu seulement indiquer les points généraux de la question, c'est-à-dire le classement d'abord et ensuite la direction générale.

(1) M. *Feutrier* a désiré que l'on rappelât les dispositions de la loi du 16 septembre 1807; il a manifesté la crainte que si elle n'était pas expressément mentionnée, l'obligation qu'elle impose dans certains cas aux communes et aux arrondissemens ne fût considérée comme ayant cessé d'exister. M. *d'Argout* a répondu que l'on n'avait point l'intention de porter atteinte à cette loi, et que tout le monde était d'avis qu'elle devait rester en vigueur; que, d'ailleurs, elle ne parlait point du concours des conseils généraux; que cependant ils avaient toujours été consultés et que l'on continuerait à agir comme par le passé; il a d'ailleurs cité le décret du 16 décembre 1811, qu'il a déclaré devoir aussi continuer à recevoir son exécution. V. loi du 16 septembre 1807, articles 28 et suiv., et décret du 16 décembre 1811, tit. 5, et notamment art. 18 et suiv. V. ci-après, art. 35.

(2) Dans le cas où un département devrait contribuer à l'exécution de travaux sur un département voisin, ce sera la base d'une transaction entre les deux départemens. Le département qui pourra être appelé à contribuer sera maître de déterminer d'une manière absolue la somme pour laquelle il pourra contribuer dans les travaux qu'il s'agira d'effectuer.

« Nous entendons laisser à cet égard, a ajouté M. *le rapporteur*, toute la latitude qui résulte de la nature des choses au consentement qui sera donné par les conseils généraux. »

(3) On a demandé si l'intention de la disposition était d'exclure les veuves des employés.

M. *le rapporteur* a répondu que la loi devait être muette à cet égard, parce que c'était là une question qui devra être ultérieurement examinée, et qu'il ne convenait pas, quant à présent, de préjuger; qu'ainsi, les termes de l'article n'excluent pas les mesures qui pourront être prises par certains départemens, s'ils entendent comprendre dans leur système de pourvoir les veuves des employés, comme aussi ils ne décident pas qu'elles pourront être pensionnées.

sera mise à la charge des communes, et sur les bases de la répartition à faire entre elles (1) :

16° Sur tous les autres objets sur lesquels il est appelé à délibérer par les lois et réglemens.

5. Les délibérations du conseil général sont soumises à l'approbation du roi, du ministre compétent ou du préfet, selon les cas déterminés par les lois ou par les réglemens d'administration publique.

6 Le conseil général donne son avis,

1° Sur les changemens proposés à la circonscription du territoire du département, des arrondissemens, des cantons et des communes, et à la désignation des chefs-lieux ;

2° Sur les difficultés élevées relativement à la répartition de la dépense des travaux qui intéressent plusieurs communes ;

3° Sur l'établissement, la suppression ou le changement des foires et marchés ;

4° Et généralement sur tous les objets sur lesquels il est appelé à donner son avis en vertu des lois et réglemens, ou (2) sur lesquels il est consulté par l'administration.

7. Le conseil général peut adresser directement au ministre chargé de l'administration départementale, par l'intermédiaire de son président, les réclamations qu'il aurait à présenter dans l'intérêt spécial du département, ainsi que son opinion sur l'état et les besoins des différens services publics, en ce qui touche le département.

8. Le conseil général vérifie l'état des archives et celui du mobilier appartenant au département.

9. Les dépenses à inscrire au budget du département sont (3) :

1° Les dépenses ordinaires pour lesquelles il est créé des ressources annuelles au budget de l'Etat ;

2° Les dépenses facultatives d'utilité départementale ;

3° Les dépenses extraordinaires autorisées par des lois spéciales ;

4° Les dépenses mises à la charge des départemens ou autorisées par des lois spéciales.

10. Les recettes du département se composent.

1° Du produit des centimes additionnels aux contributions directes affectés par la loi de finances aux dépenses ordinaires des départemens, et de la part allouée au département dans le fonds commun établi par la même loi (4) ;

2° Du produit des centimes additionnels facultatifs votés annuellement par le conseil général, dans les limites déterminées par la loi de finances (5) ;

3° Du produit des centimes additionnels extraordinaires imposés en vertu de lois spéciales (6) ;

4° Du produit des centimes additionnels affectés par les lois générales à diverses branches du service public (7) ;

5° Du revenu et du produit des propriétés du département non affectées à un service départemental ;

6° Du revenu et du produit des autres propriétés du département, tant mobilières qu'immobilières ;

7° Du produit des expéditions d'anciennes pièces ou d'actes de la préfecture déposés aux archives ;

8° Du produit des droits de péage autorisés par le gouvernement au profit du département, ainsi que des autres droits et perceptions concédés au département par les lois.

---

(1) La répartition, a dit M. *Vivien*, se compose de deux choses : le principe en vertu duquel elle s'opère et l'opération matérielle. Le conseil général fixe le principe, détermine la base ; puis l'administration, rentrant dans son rôle et remplissant les attributions qui lui appartiennent, fait la répartition conformément aux bases arrêtées par le conseil.

M. *Fumeron d'Ardeuil* a soutenu que les choses ne se passaient pas ainsi et que le conseil faisait lui-même la répartition ; mais M. *le ministre de l'intérieur* a déclaré que l'on procédait comme l'avait indiqué M. Vivien.

(2) Il y avait dans le projet du gouvernement : « *et* sur lesquels il est consulté par l'administration », d'où il résultait que l'avis du conseil général ne pouvait être demandé que dans les cas prévus par les lois et réglemens.

On a trouvé ce système trop restrictif. « Si on l'adoptait, disait M. *Mounier*, rapporteur de la commission de la Chambre des Pairs, il arriverait que, dans un très grand nombre de cas, l'administration supérieure serait privée des lumières qu'elle tire des avis des conseils généraux ; car les lois et les réglemens ont bien déterminé certains cas où elle est obligée de provoquer ces avis ; mais tous les jours il se présente des circonstances nouvelles qui n'ont pu être prévues par les lois et réglemens, où l'administration est heureuse de s'éclairer de ces avis. »

Ces considérations ont fait modifier la première rédaction, malgré la résistance qu'a cru devoir opposer M. Villemain.

(3) Le projet portait : « Les dépenses à la charge du département sont *obligatoires* ou *facultatives*. » On n'a pas voulu maintenir cette rédaction afin qu'elle ne donnât point à penser que le département pouvait être forcé de supporter les dépenses déclarées obligatoires, qui, dans l'état actuel, sont payées avec les centimes additionnels et qui sont plutôt réellement des charges de l'Etat que des charges départementales. V. notes sur l'art. 12.

(4, 5, 6, 7) V. notes sur l'art. 3.

11. Le budget du département est présenté par le préfet, délibéré par le conseil général, et réglé définitivement par ordonnance royale.

Il est divisé en sections (1).

---

(1) Le projet établissait deux budgets distincts dans chaque département ; la Chambre des Pairs avait adopté ce système en 1837. La Chambre des Députés l'a repoussé. Les motifs qui l'ont déterminée sont développés dans le rapport de M. *Vivien*, où sont également exposées les bases du mode de comptabilité consacré par la loi.

« Il nous paraît préférable, y est-il dit, de réunir toutes les recettes et dépenses dans un seul budget : il se composera de sections distinctes, soumises à des règles propres à chacune ; mais les formes administratives seront simplifiées par cette réunion.

« Quant au fond même de ce budget plusieurs systèmes se présentaient.

« On aurait pu confondre ensemble toutes les recettes, quelle que fût leur origine ; puis réunir également toutes les dépenses, en donnant seulement au gouvernement le droit d'exiger que celles qui doivent nécessairement être faites, fussent inscrites au budget par le conseil général ; c'est le mode établi par la loi du 18 juillet 1837, pour les budgets communaux.

« Mais deux obstacles s'opposaient à l'adoption de ce système. D'abord, il tendait à embarrasser l'administration dans la répartition du fonds commun. Ce fonds, comme la Chambre le sait, se compose d'un certain nombre de centimes centralisés au trésor, et dont le ministre dispose au profit de ceux des départemens qui ne peuvent, avec leurs centimes votés par la loi de finances, suffire au paiement des dépenses qualifiées en ce moment de dépenses variables. Pour la distribution du fonds commun, il faut établir une division entre les centimes, ainsi qu'entre les dépenses. Si les centimes facultatifs venaient se confondre avec ceux qui sont votés par la loi de finances, l'allocation de la part à faire à chaque département sur le fonds commun exigerait des calculs très compliqués, et ne pourrait s'effectuer qu'à l'aide d'opérations très minutieuses.

« D'un autre côté, les centimes spéciaux et extraordinaires ont une destination fixe et nécessaire ; c'est la condition de leur établissement, et elle ne peut être violée.

« Il n'a donc pas été possible d'adopter un système qui se recommandait par une grande simplicité, mais qui contrariait les faits actuels et aurait exigé des modifications dans diverses parties de la législation.

« En restant dans les termes du régime présent, nous avons d'abord reconnu, par les raisons déjà déduites, que les centimes spéciaux et extraordinaires ne devaient être l'objet d'aucune disposition nouvelle, et qu'il convenait seulement de consacrer en termes explicites l'obligation, pour le conseil général, de respecter les affectations qui s'y rattachaient.

« Restaient deux natures de recettes et de dépenses dont il fallait régler le sort, savoir : d'une part, les centimes votés par la loi de finances et les centimes facultatifs ; d'autre part, les dépenses variables, selon leur nom actuel, et les dépenses facultatives.

« Un principe puisé dans la nature de ces diverses recettes et dépenses domine les dispositions à prendre à leur égard.

« Les centimes établis par la loi de finances appartiennent à l'Etat plus qu'au département ; le conseil général est étranger à leur création ; ils ne diffèrent en rien des autres impôts votés par les Chambres ; ils font partie des contributions générales du royaume.

« Les centimes facultatifs, au contraire, sont tout entiers la propriété du département ; la loi de finances ne s'en occupe que pour autoriser le conseil général à les voter ; ils pourraient n'être pas imposés au département, ils ne doivent donc profiter qu'à lui et il a droit, par l'organe de ses représentans, d'en régler l'emploi.

« Les dépenses qui doivent être imputées sur ces deux natures de centimes ont également un double caractère. Les unes intéressent l'Etat autant que le département ; elles font, à vrai dire, partie des dépenses générales du royaume, et si elles n'étaient pas imputées sur les budgets départementaux, elles devraient l'être sur celui que vous votez chaque année. Les autres n'ont qu'une utilité relative et circonscrite au département même.

« Ce double caractère est déjà reconnu en partie par la distinction des dépenses en dépenses variables et facultatives ; mais cette distinction n'est point parfaitement satisfaisante ; les dépenses variables comprennent plusieurs objets qui sont réellement facultatifs pour le département.

« La loi nouvelle doit rétablir la vérité des choses et consacrer une classification qui impute sur les centimes facultatifs toutes les dépenses qui sont également facultatives, et qui réunisse ensemble et désigne clairement toutes celles auxquelles les centimes de la loi de finances et le fonds commun doivent faire face. Les budgets départementaux seront ainsi plus clairs, plus logiques, si l'on peut ainsi dire, et il deviendra plus facile ensuite de déterminer les droits respectifs de l'Etat et du département sur le vote de chacune des sections.

« C'est le système du projet de loi qui appelle obligatoires les dépenses imputables sur les centimes votés par la loi de finances ; nous avons conservé cette dénomination, quoiqu'elle nous paraisse moins juste ici que dans la loi municipale à laquelle elle a été empruntée ; car elle a pour but d'indiquer le droit pour le gouvernement de contraindre le département à l'acquittement de ces dépenses, et les centimes dont il s'agit ne devant en aucun cas s'appliquer à d'autres objets, le fonds commun devant au contraire suppléer à leur insuffisance, le département n'a aucun intérêt à n'y point porter toutes celles qui doivent être ainsi couvertes ; il aurait plutôt à gagner à en élever le nombre et l'importance.

« Pour nous, cette expression désigne toutes les dépenses qui doivent être imputées sur les centimes appelés jusqu'ici centimes variables et sur le fonds commun. Nous les considérons moins encore par rapport à l'obligation qui pèse sur le département qu'eu égard à la nature des recettes qui doivent y faire face. C'est dans cet esprit que nous avons

12. La première section comprend les dépenses ordinaires suivantes (1) :

1° Les grosses réparations et l'entretien des édifices et bâtimens départementaux;

2° Les contributions dues par les propriétés du département;

3° Le loyer, s'il y a lieu, des hôtels de préfecture et de sous-préfecture (2);

4° L'ameublement et l'entretien du mobilier de l'hôtel de préfecture, et des bureaux de sous-préfecture;

5° Le casernement ordinaire de la gendarmerie (3);

6° Les dépenses ordinaires des prisons départementales (4);

7° Les frais de translation des détenus, des vagabonds et des forçats libérés (5);

8° Les loyer, mobilier et menues dé-

---

examiné la nomenclature comprise dans l'article 12 du projet. »

(1) C'est la nomenclature des dépenses *obligatoires*; la combinaison des différens articles leur imprime évidemment ce caractère, c'est sous cette dénomination qu'elles ont été désignées dans les deux chambres, notamment par M. *Mounier*, dans son rapport, en 1837, à la Chambre des Pairs. — Voy. notamment l'art. 16, qui appelle *facultatives* les dépenses comprises dans la deuxième section, par opposition à celles que renferme la première. Voy. *suprà*, notes sur l'art 9. J'y ai indiqué le motif qui a empêché de se servir du mot *obligatoires*.

(2) La disposition de ce paragraphe tranche la question de savoir si les sous-préfets doivent être logés aux frais des départemens.

On a demandé si, par l'expression *hôtel*, on entendait qu'il dût y avoir une maison spéciale construite pour le sous-préfet.

M. le rapporteur a répondu que ce n'était pas là du tout le sens dans lequel la commission avait employé le mot hôtel; qu'elle avait voulu seulement désigner l'appartement occupé par le sous-préfet.

On a insisté. « Il y a deux questions, a-t-on dit : la première est celle de savoir si on augmentera ainsi, indirectement, le traitement des sous-préfets, en leur accordant un logement; la seconde question est celle de savoir s'il faut un hôtel pour les sous-préfets. Il ne faut pas d'ambiguité : mettez qu'ils auront une indemnité de logement, si vous voulez, mais ne parlons pas de créer des hôtels. »

La réponse de M. le rapporteur explique parfaitement le sens et la portée de la disposition. « Nous avons donné, a dit M. *Vivien*, une explication qui, je crois, suffit pour que l'on soit persuadé qu'il ne s'agit pas de construire des hôtels, comme on paraît le craindre. (Non! non!) Aussi je ne prends la parole que pour repousser cette proposition d'accorder aux sous-préfets une indemnité de logement; nous ne voulons pas cela; nous ne voulons pas qu'ils puissent avoir un logement à leur guise; nous entendons qu'il y ait un logement pour le sous-préfet, quel qu'il soit; car, si on ne décide pas qu'il aura un logement, voici ce qui peut arriver : dans certains arrondissemens, le sous-préfet peut avoir un logement loué par lui; il quitte ses fonctions, il garde son logement ou résilie son bail. Le nouveau sous-préfet envoyé pour le remplacer n'aura aucun endroit où il puisse exercer ses fonctions. Nous entendons donc qu'il y ait un logement déterminé, public, officiel, indépendant de toute mutation, qui pourrait se faire dans le personnel des sous-préfets. En conséquence, on ne remplirait pas le but de la commission en accordant une indemnité de logement; c'est le logement même qu'il faut donner. »

Le paragraphe a été adopté dans le sens de ces explications.

Dans son rapport à la Chambre des Pairs, M. *Mounier* a cru que l'expression *s'il y a lieu* nécessitait une explication. « On pourrait, a-t-il dit, en inférer que le conseil général est autorisé à examiner *s'il y a lieu* de procurer un logement aux préfets et aux sous-préfets, et, par conséquent, de s'y refuser, s'il trouvait qu'il n'y a pas lieu de le faire; mais tel n'est pas le sens légal de la disposition.... Il est bien entendu que les bâtimens nécessaires au service des préfectures et des sous-préfectures doivent être fournis par les départemens, et que, par conséquent, *il y a lieu* d'insérer au budget le prix du loyer de ces bâtimens, toutes les fois qu'ils ne sont pas au nombre des dépenses départementales. »

(3) M. *Daguenet* voulait qu'on ne mît à la charge du département que les frais de casernement de la gendarmerie permanente et habituellement nécessaire pour les besoins de la police administrative et judiciaire; que les dépenses pour le casernement des brigades temporaires et provisoires rendues nécessaires par des circonstances extraordinaires fussent à la charge de l'Etat; en conséquence, il proposait d'ajouter à ce paragraphe, *sauf celui des brigades et des corps provisoires*. La Chambre n'a pas adopté cette proposition. On a soutenu que l'on ne devait pas comprendre dans les frais de casernement *l'indemnité de literie*. Le *ministre de l'intérieur* a insisté, au contraire, pour que, conformément à ce qui se pratique actuellement, cette indemnité fût placée au nombre des dépenses départementales. La Chambre, par son silence, a manifesté l'intention de maintenir l'usage existant.

(4) M. *Lavielle* proposait de supprimer de la nomenclature des dépenses départementales la nourriture des détenus, lorsque leur détention à titre de peine étant expirée, ils ne sont plus retenus que pour le paiement des amendes prononcées au profit d'administrations fiscales. L'examen de cette proposition a été renvoyée à la discussion du budget.

(5) La commission demandait le retranchement de ce paragraphe et du 12°, par le motif que ces frais appartenaient spécialement à la police générale, et qu'ils devaient à ce titre être transportés au budget du ministre de l'intérieur.

Les considérations développées par M. le ministre pour le maintien de ces deux paragraphes en expliquent le sens et l'étendue. « Le paragraphe 7, a-t-il dit, est relatif aux frais de translation des détenus. Or, je pense que ce mot de *détenu* doit être entendu en ce sens qu'il s'agit seulement des condamnés qui seraient transportés dans les prisons départementales; car, pour ce qui est des prévenus ou accusés, il est pourvu aux frais de leur translation par les frais de justice criminelle; et, quant aux condamnés conduits au bagne, il existe un service particulier que je suis au moment d'établir

penses des cours et tribunaux, et les menues dépenses des justices de paix;

9° Le chauffage et l'éclairage des corps de garde des établissemens départementaux;

10° Les travaux d'entretien des routes départementales et des ouvrages d'art qui en font partie;

11° Les dépenses des enfans trouvés et abandonnés, ainsi que celles des aliénés, pour la part afférente au département, conformément aux lois;

12° Les frais de route accordés aux voyageurs indigens (1);

13° Les frais d'impression et de publication des listes électorales et du jury;

14° Les frais de tenue des colléges et des assemblées convoqués pour nommer les membres de la Chambre des Députés, des conseils généraux et des conseils d'arrondissement;

15° Les frais d'impression des budgets et des comptes des recettes et dépenses du département;

16° La portion à la charge des départemens dans les frais des tables décennales de l'état civil;

17° Les frais relatifs aux mesures qui ont pour objet d'arrêter le cours des épidémies et des épizooties (2);

18° Les primes fixées par les réglemens d'administration publique pour la destruction des animaux nuisibles (3);

---

d'une manière spéciale pour les maisons centrales.

« Ainsi il s'agit seulement des personnes qui auraient été condamnées, et qui sont conduites aux prisons départementales.

« Nous avons cru qu'il était d'abord nécessaire de parler de ce cas, parce que le paragraphe précédent porte que les dépenses ordinaires des prisons départementales sont à la charge du département. Jusqu'ici nous avons imputé sur ce fonds la translation des détenus, et je dois avant d'aller plus loin, demander à la commission si c'est sur ce fonds qu'elle entend, comme nous, que les translations des détenus, appartenant aux départemens, s'effectueront toujours. »

M. *le rapporteur*. « Le rapport le dit. »

« Ah! alors, a continué *le ministre*, ce sera dit au procès-verbal de la Chambre, et je ne puis que désirer que cela y soit. Il n'y a donc aucune difficulté à cet égard. »

Quant aux vagabonds et aux voyageurs indigens que concerne le paragraphe 12, M. le ministre de l'intérieur a soutenu que, supprimer ce paragraphe, c'était tendre à la centralisation; qu'ainsi les affaires qui, dans le projet, ne devaient pas venir à Paris, y viendraient, au contraire, si la suppression proposée était adoptée. Qu'enfin ce serait rendre le vagabondage beaucoup plus facile et les voyageurs indigens plus multipliés.

« Pour ma part, a dit l'orateur en se résumant, je crois qu'un des inconvéniens de la suppression proposée, c'est non seulement de renvoyer plus d'affaires au centre, alors que nous en avons déjà trop, mais encore de rendre le crédit bien moins discutable, et d'ouvrir la voie aux crédits supplémentaires, ce que, je pense, la Chambre ne voudra pas faire. »

Les deux paragraphes ont été maintenus.

(1) Voy. la note sur le paragraphe 7.

(2) M. *de Morogues* a demandé qu'on ajoutât à ce paragraphe les dépenses qui ont pour objet de prévenir les autres calamités publiques et notamment celles qui sont destinées à prévenir les inondations; il a dit d'ailleurs que le sens du mot *épidémie* n'est pas bien fixé depuis que les médecins, distinguant les maladies *endémiques* des maladies *épidémiques*, n'ont pu s'accorder pour convenir à laquelle de ces deux classes de maladies appartiennent le choléra et la peste.

M. *le rapporteur* a répondu que les discussions élevées dans le monde savant portaient seulement sur la question de contagion ou de non contagion; que l'expression d'épidémie a trouvé sa signification générale administrative et historique; que la peste et le choléra, même dans le langage des médecins, sont encore des épidémies.

Que, quant aux travaux nécessaires pour s'opposer aux inondations, il y a, à cet égard, une législation toute spéciale.

Le paragraphe qui portait ce numéro dans le projet, était ainsi conçu : « Les dépenses de l'instruction publique mises par la loi à la charge des départemens. »

Le retrait de cette disposition a été précédé d'explications qu'il est utile de connaître. « Nous n'entendons pas, a dit M. *Vivien* dans son rapport et dans la discussion, retirer à la dépense de l'instruction primaire le caractère qui lui a été donné par la loi de 1833; mais d'après cette loi et la pratique qu'elle a reçue au ministère de l'intérieur, ce n'est pas sur les centimes variables, c'est-à-dire sur les centimes votés par la loi de finances, que cette dépense est imputée; elle a été portée ou sur les centimes facultatifs ou sur les centimes spéciaux autorisés par la loi de 1833. Nous entendons qu'elle reste ainsi appliquée; et, comme nous nous occupons dans l'article que nous discutons en ce moment des dépenses qui pourraient être portées par la loi des finances sur le chapitre des centimes et sur le fonds commun, nous n'avons pas voulu y comprendre la dépense dont il s'agit ici, pour la faire payer à l'aide de deniers qui jusqu'ici n'y ont pas été consacrés. »

M. *Fumeron d'Ardeuil*. « Ces dépenses formeront une section particulière dans l'intention de la commission. »

M. *le ministre de l'intérieur*. « Nous adhérons à la suppression proposée. »

M. *le ministre de l'instruction publique*. « Sous le bénéfice, bien entendu, des explications qui ont été données par M. le rapporteur. »

M. *le rapporteur*. « Il y a encore une autre observation à ajouter à celles que j'ai faites, c'est que si on laissait cette dépense dans l'article, elle pourrait venir prendre sa part dans le fonds commun ordinaire; or, la loi sur l'instruction primaire a créé un fonds spécial pour l'instruction primaire, et nous ne voulons pas qu'elle puisse prendre sa place à la fois dans les deux fonds communs. »

(3) Les lois du 11 ventôse an 3 et du 10 messi-

12° Les dépenses de garde et conservation des archives du département (1).

13. Il est pourvu à ces dépenses au moyen,

1° Des centimes affectés à cet emploi par la loi de finances;

2° De la part allouée au département dans le fonds commun;

3° Des produits éventuels énoncés aux nos 6, 7 et 8 de l'art. 10.

14. Les dépenses ordinaires qui doivent être portées dans la première section, aux termes de l'art. 12, peuvent y être inscrites, ou être augmentées d'office, jusqu'à concurrence du montant des recettes destinées à y pourvoir, par l'ordonnance royale qui règle le budget.

15. Aucune dépense facultative ne peut être inscrite dans la première section du budget.

16. La seconde section comprend les dépenses facultatives d'utilité départementale.

Le conseil général peut aussi y porter les autres dépenses énoncées en l'art. 12 (2).

17. Il est pourvu aux dépenses portées

---

dor an 5 accordaient pour la destruction de ces animaux des primes beaucoup plus fortes que celles qui s'accordent aujourd'hui; cette dernière loi n'a jamais été expressément révoquée.

Mais une circulaire ministérielle du 25 septembre 1817 fixe les primes de la manière suivante: 18 fr. pour une louve pleine, 15 fr. pour une louve non pleine, 12 fr. pour un loup, 3 fr. pour un louveteau.

Il a été entendu que la fixation de ces primes appartient à l'administration.

Les mots *et les autres frais* qui se trouvaient dans le projet ont été supprimés. « Ces mots, disait la commission dans son rapport, nous ont paru trop peu précis et susceptibles de prêter à l'arbitraire et d'autoriser des dépenses inutiles. »

(1) Le projet contenait, sous le n° 20, un paragraphe ainsi conçu: « Les dettes départementales liquides et exigibles, ainsi que les obligations résultant envers l'Etat ou envers un tiers, d'engagemens régulièrement contractés au nom du département. »

Le rapport s'exprimait ainsi sur cette disposition:

« Le numéro 20 de l'art. 12 comprend les dettes départementales liquides et exigibles et les engagemens contractés par le département: nous maintenons cette disposition, mais il convient dès à présent d'indiquer et de faire comprendre une distinction que nous avons établie, dans les articles suivans, à l'égard de ces dettes.

« Elles peuvent avoir été contractées pour faire face à des dépenses obligatoires. C'est le caractère, pour prendre un exemple, des dettes comprises aujourd'hui au chapitre 10 des budgets départementaux sous le titre de *dépenses appartenant aux exercices antérieurs*, et nous présumons que ce sont ces espèces de dettes que le projet a surtout en vue.

« Elles peuvent au contraire avoir pour causes des dépenses facultatives.

« Les premières seront imputées sur les centimes correspondant aux dépenses obligatoires, et si le conseil général les omettait, elles y seraient inscrites d'office. Les autres ne peuvent y être comprises, par application des principes déjà exposés et qui s'opposent à l'imputation de dépenses facultatives sur des ressources exclusivement destinées aux dépenses obligatoires.

« Le département n'en sera pas moins tenu d'y faire face; il y appliquera les ressources destinées aux dépenses facultatives, et s'il refusait de le faire, une disposition que votre commission ajoute au projet, porte qu'une contribution spéciale pourra être établie par une loi. »

La commission proposait seulement la suppression du mot *régulièrement*.

Devant la Chambre, elle a modifié son premier projet. Son rapporteur en a expliqué les motifs. « La commission, a-t-il dit, propose, sous le n° 21 (20 de la loi actuelle) dans les amendemens qui ont été distribués hier, un article spécial sur les dettes départementales. Nous pourrons discuter cet article quand viendra son tour; mais, dès à présent, je puis expliquer que nous n'avons pas voulu maintenir d'une manière générale, parmi les dépenses ordinaires, les dettes départementales. Ces dettes ne peuvent être considérées comme ordinaires que quand elles se rattachent à une dépense ordinaire; quand elles ont été contractées pour faire face à une dépense facultative, elles ne peuvent pas, pour cela, rentrer dans le budget ordinaire. Nous avons cru que cette distinction était nécessaire; elle se trouve insérée dans l'art. 21 (20, sur lequel la Chambre délibérera ultérieurement. »

Voy. l'art. 20.

Le § 21 du projet a aussi été supprimé. Il portait: « Et généralement toutes les dépenses qui seront mises à la charge du département par les lois. » La commission s'était bornée d'abord à effacer les mots *qui seront*. Elle en a demandé la suppression totale par suite de son nouveau système. Elle a dit à la Chambre, par l'organe de son rapporteur, qu'elle l'avait adopté quand les dépenses avaient le caractère des dépenses obligatoires, qu'il pouvait être alors convenable de mettre à la suite de la nomenclature des dépenses obligatoires toutes celles qui pouvaient être ultérieurement mises par la loi à la charge du département; mais que, du moment qu'elle se bornait à faire une nomenclature des dépenses ordinaires, elle croyait qu'il était inutile de mentionner que toutes les dépenses qui, plus tard, seraient considérées comme ordinaires, pourraient y être insérées. Que tous les ans, la loi du budget, en réglant les dépenses départementales, détermine quelles sont celles qui doivent entrer dans la classe des dépenses ordinaires; que cette nomenclature suffira, et qu'il est inutile d'y pourvoir à l'avance par une disposition insérée dans la loi.

M. *le ministre de l'intérieur* a ajouté qu'il avait fait faire avec soin le relevé des dépenses obligatoires, et qu'il n'en avait trouvé aucune qui ne fût pas prévue par l'article de la commission.

Le paragraphe n'a pas été mis aux voix.

(2) La deuxième disposition de cet article est ainsi justifiée dans le rapport de M. *Vivien*:

« La commission s'est demandée si, avec le nouveau système qu'elle adoptait, les centimes faculta-

dans la seconde section du budget, au moyen des centimes additionnels facultatifs et des produits énoncés au n° 5 de l'art. 10.

Toutefois, après épuisement du maximum des centimes facultatifs, employés à des dépenses autres que les dépenses spéciales, et des ressources énoncées au paragraphe précédent, une portion du fonds commun dont la quotité sera déterminée chaque année par la loi de finances pourra être distribuée aux départemens, à titre de secours, pour complément de la dépense des travaux de construction des édifices départementaux d'intérêt général et des ouvrages d'art dépendant des routes départementales.

La répartition du fonds commun sera réglée annuellement par ordonnance royale insérée au Bulletin des lois (1).

18. Aucune dépense ne peut être inscrite d'office dans cette seconde section,

---

tifs et les produits des biens possédés à titre privé pourront, quand le conseil général l'aura décidé, être appliqués à des dépenses obligatoires. La spécialité rigoureuse que nous voulions introduire, et le désir de donner une forme simple et claire aux budgets des départemens, conseillaient d'interdire cette possibilité. Mais, s'il convient à un département d'employer ses centimes facultatifs à la confection plus rapide d'un travail que les centimes non facultatifs ne permettraient d'achever qu'en un temps plus long; s'il lui plaît de doter plus largement quelque branche du service, pourquoi l'en empêcher? Il peut employer cette partie de ses ressources à des dépenses de pure convenance, d'une utilité seulement locale, pourquoi ne pourrait-il pas l'affecter à des objets d'un intérêt général? La loi déclare ces ressources et ces dépenses facultatives; la faculté qu'elle laisse ainsi au département ne doit avoir pour limites que l'utilité commune et le bon ordre; or, l'une et l'autre doivent profiter de semblables allocations. Il appartiendra seulement au gouvernement, en réglant le budget, de renfermer dans de justes bornes les votes de ce genre qui auraient été émis par le conseil. »

(1) Cet article (nouveau) de la commission se bornait au premier paragraphe.

Une longue discussion sur les principes qui règlent le fonds commun a fait éclore les deux autres.

M. *le ministre de l'intérieur* a établi que, dans le système de la loi de 1821, le fonds commun aidait les départemens, non seulement pour les dépenses obligatoires, prévues par l'art. 12, mais encore subvenait aux dépenses nécessitées par les loyers et contributions des hôtels de préfecture, des maisons de secours, etc.; et que non seulement on pouvait faire figurer dans le budget variable l'entretien ordinaire, mais encore les travaux d'un ordre supérieur, comme les travaux de grosses réparations, et les constructions nouvelles.

Ce système était formulé par le deuxième paragraphe de l'art. 15 du projet du gouvernement: Le permier budget comprend « les dépenses variables et extraordinaires, ainsi que les ressources « destinées à y pourvoir. » Et l'expression *variables* comprenait non seulement les dépenses obligatoires, reconnues par l'art. 12 du projet, mais celles qui n'étaient pas obligatoires, et qui, dans la loi de 1821, avaient reçu la qualification de dépenses variables.

Le système de la commission consistait à n'appliquer le fonds commun qu'aux dépenses ordinaires.

Ainsi, la différence qui existait entre ces deux systèmes était que le projet du gouvernement appliquait le fonds commun à quatre ordres de dépenses: les dépenses de construction d'édifices départementaux, de construction de routes départementales, d'établissement de dépôt de mendicité, et des dépenses d'encouragemens et de secours; au lieu que la commission voulait que le fonds commun n'y fît pas face, et qu'elles ne pussent être imputées que sur les autres ressources du département.

La question était donc de savoir si le fonds commun s'appliquerait aux dépenses de la première section seulement.

Elle a été tranchée par l'amendement de M. *Dessauret*, introductif des deuxième et troisième paragraphes.

Le résultat et l'objet de cette addition se trouvent parfaitement expliqués dans le rapport de M. *Mounier*:

« Personne, dans cette enceinte, n'ignore que, sur les centimes additionnels, imposés, chaque année, pour les dépenses départementales, un certain nombre sont réunis, et forment un fonds commun dont le Gouvernement dispose pour aider aux départemens où les autres centimes ne produiraient pas une somme équivalente aux dépenses nécessaires. Toutefois, si ce supplément de fonds ne pouvait s'appliquer qu'aux dépenses ordinaires, il en résulterait bien que le service public serait assuré, même dans les départemens les moins riches; mais il en résulterait aussi que les départemens où les cinq centimes facultatifs ne donnent qu'un produit insignifiant, ne pourraient entreprendre aucun de ces grands travaux d'amélioration qui augmentent la prospérité des départemens plus étendus, plus peuplés et plus favorisés par la nature ou par l'industrie et le commerce.

« Pour remédier à l'inégalité de cette distribution, la Chambre des Députés a voulu qu'une portion du fonds commun, déterminée chaque année par la loi des finances, fût distribuée aux départemens qui auraient épuisé leurs centimes facultatifs, afin de les aider dans la construction d'édifices d'intérêt général, ou d'ouvrages d'art dépendant des routes départementales (art. 17, § 2).

« Il nous paraîtrait superflu de développer plus longuement le but et l'effet d'une disposition qui sera sans doute sanctionnée par vos suffrages.

« La répartition du fonds commun entre les départemens sera réglée par une ordonnance royale, insérée au Bulletin des lois (art. 17, § 3).

« Elle sera faite, par conséquent, avec toute la maturité désirable, et la publication qui lui sera donnée permettra aux réclamations fondées de se faire entendre, de même qu'elle préviendra d'injustes suppositions ou de fausses préventions. »

Au surplus, M. *Legrand* demandait que le fonds commun pût aussi être affecté à l'*achèvement* des routes départementales. Sa proposition a été rejetée.

et les allocations qui y sont portées par le conseil général ne peuvent être ni changées ni modifiées par l'ordonnance royale qui règle le budget (1).

19. Des sections particulières comprennent les dépenses imputées sur des centimes spéciaux ou extraordinaires. Aucune dépense ne peut y être imputée que sur les centimes destinés par la loi à y pourvoir.

20. Les dettes départementales contractées pour des dépenses ordinaires seront portées à la première section du budget, et soumises à toutes les règles applicables à ces dépenses.

Les dettes contractées pour pourvoir à d'autres dépenses seront inscrites par le conseil général dans la seconde section; et dans le cas où il aurait omis ou refusé de faire cette inscription, il y sera pourvu au moyen d'une contribution extraordinaire établie par une loi spéciale (2).

21. Les fonds qui n'auront pu recevoir leur emploi dans le cours de l'exercice seront reportés, après clôture, sur l'exercice en cours d'exécution, avec l'affectation qu'ils avaient au budget voté par le conseil général, et les fonds restés libres seront cumulés avec les ressources du budget nouveau, suivant la nature de leur origine.

22. Le comptable chargé du recouvrement des ressources éventuelles est tenu de faire, sous sa responsabilité, toutes les diligences nécessaires pour la rentrée de ces produits.

Les rôles et états de produits sont rendus exécutoires par le préfet, et par lui remis au comptable.

Les oppositions, lorsque la matière est de la compétence des tribunaux ordinaires, sont jugées comme affaires sommaires.

23. Le comptable chargé du service des dépenses départementales ne peut payer que sur des mandats délivrés par le préfet dans la limite des crédits ouverts par les budgets du département.

24. Le conseil général entend et débat les comptes d'administration qui lui sont présentés par le préfet,

1° Des recettes et dépenses, conformément aux budgets du département;

2° Du fonds de non valeurs;

3° Du produit des centimes additionnels spécialement affectés, par les lois générales, à diverses branches du service public.

Les observations du conseil général sur les comptes présentés à son examen sont adressées directement, par son président, au ministre chargé de l'administration départementale.

Ces comptes, provisoirement arrêtés par le conseil général, sont définitivement réglés par ordonnances royales.

25. Les budgets et les comptes du département définitivement réglés sont rendus publics par la voie de l'impression (3).

26. Le conseil général peut ordonner la publication de tout ou partie de ses délibérations ou procès-verbaux.

Les procès-verbaux, rédigés par le secrétaire et arrêtés au commencement de chaque séance, contiendront l'analyse de la discussion : les noms des membres qui ont pris part à cette discussion n'y seront pas insérés (4).

27. Si le conseil général ne se réunissait pas, ou s'il se séparait sans avoir arrêté

---

(1) M. *Villemain* a demandé quelle était la différence entre les mots *changées* et *modifiées*. M. *le rapporteur* a répondu : « En langage de comptabilité, *changer*, c'est transporter une allocation à une autre destination ; *modifier*, c'est diminuer ou augmenter une allocation. »

M. *Vivien* a dit, dans son rapport : « Le gouvernement a peu d'autorité sur la section des dépenses facultatives. Il peut refuser son approbation à celles qui lui paraissent mauvaises; mais il n'a le droit ni d'en inscrire d'office aucune, ni de changer celles qu'il maintient, c'est-à-dire de les porter d'un chapitre dans un autre, ni enfin de les modifier, c'est-à-dire de les réduire ou de les augmenter. »

(2) Voyez la note sur le § 19 de l'art. 12.

(3 et 4) Une longue discussion s'est élevée dans la Chambre des Pairs, sur la question de savoir ce qui devait être imprimé aux frais du département, et l'on a également examiné si, en déterminant les actes et les pièces qui devaient être imprimés, on entendait défendre d'une manière absolue l'impression des discussions ou des opinions individuelles. Il a été reconnu, et notamment par M. *Molé*, président du conseil, que chaque membre d'un conseil général a le droit, conformément à l'art. 7 de la Charte, de faire imprimer à ses frais les discours qu'il a prononcés dans le cours d'une discussion.

Il faut remarquer que l'article voté par la Chambre des Pairs autorisait l'impression des budgets et des comptes, et *du résultat des délibérations*. On a rappelé d'ailleurs que plusieurs conseils de départemens, et notamment celui de la Gironde, ont fait imprimer leurs procès-verbaux; que la dépense a été placée parmi les dépenses facultatives et approuvées par le gouvernement. Toutefois, M. *Mounier*, rapporteur, a cité un arrêté du 19 floréal an 8, qui défend d'imprimer les actes des conseils généraux.

La Chambre des Députés a voulu tracer avec précision la règle à suivre à cet égard; et il faut convenir qu'elle l'a fait avec beaucoup de sagesse; qu'elle a permis de publier tout ce qu'il peut être utile de connaître, et qu'elle a écarté tout ce qui ne serait porté à la connaissance du public que pour satisfaire l'esprit de parti ou l'amour propre des orateurs.

On a proposé de dire qu'il y aurait des sessions extraordinaires toutes les fois que le gouvernement le jugerait nécessaire. M. *Vivien*, rapporteur, a déclaré que cela était de droit; que toutes les fois que le roi juge convenable de réunir un conseil général, il le fait, sans que sa prérogative puisse être limitée en rien. Voyez art. 12 de la loi du 22 juin 1833.

la répartition des contributions directes, les mandemens des contingens assignés à chaque arrondissement seraient délivrés par le préfet, d'après les bases de la répartition précédente, sauf les modifications à porter dans le contingent en exécution des lois.

28. Si le conseil ne se réunissait pas, ou s'il se séparait sans avoir arrêté le budget des dépenses ordinaires du département, le préfet, en conseil de préfecture, établirait d'office ce budget, qui serait réglé par une ordonnance royale (1).

29. Les délibérations du conseil général relatives à des acquisitions, aliénations et échanges de propriétés départementales, ainsi qu'aux changemens de destination des édifices et bâtimens départementaux, doivent être approuvées par une ordonnance royale, le conseil d'Etat entendu.

Toutefois, l'autorisation du préfet, en conseil de préfecture, est suffisante pour les acquisitions, aliénations et échanges, lorsqu'il ne s'agit que d'une valeur n'excédant pas vingt mille francs (2).

30. Les délibérations du conseil général relatives au mode de gestion des propriétés départementales sont soumises à l'approbation du ministre compétent.

En cas d'urgence, le préfet pourvoit provisoirement à la gestion.

31. L'acceptation ou le refus des legs et donations faits au département ne peuvent être autorisés que par une ordonnance royale, le conseil d'Etat entendu.

Le préfet peut toujours, à titre conservatoire, accepter les legs et dons faits au département : l'ordonnance d'autorisation qui intervient ensuite, a effet du jour de cette acceptation (3).

32. Lorsque les dépenses de constructions, de reconstructions ou réparations des édifices départementaux sont évaluées à plus de cinquante mille francs, les projets et les devis doivent être préalablement soumis au ministre chargé de l'administration des communes (4).

33. Les contributions extraordinaires que le conseil général voterait pour subvenir aux dépenses du département ne peuvent être autorisées que par une loi.

34. Dans le cas où le conseil général voterait un emprunt pour subvenir à des dépenses du département, cet emprunt ne peut être contracté qu'en vertu d'une loi.

35. En cas de désaccord sur la répartition de la dépense de travaux intéressant à la fois le département et les communes,

---

(1) Un membre de la chambre des députés proposait de dire : « Si le conseil ne se réunissait pas, *quoique dûment convoqué*, etc. »

La portée et le but de cet amendement étaient ainsi expliqués : « Il est arrivé, disait-on, que, par des circonstances fortuites, dans un cas d'épidémie, par exemple, on a demandé de retarder la convocation du conseil général. Il pourrait arriver que ce retard durât plusieurs mois. Eh bien! en pareil cas, croit-on que le préfet pourrait être substitué au droit qu'a le conseil de régler le budget du département? Quant à moi, ajoutait l'orateur, je pense que cette déchéance n'est prononcée contre le conseil général, et que ce pouvoir exorbitant n'est accordé au préfet que quand le conseil général ne répond pas à l'appel qui lui est fait de se réunir, et de délibérer sur les intérêts départementaux. »

M. *le rapporteur* a répondu que la commission entendait la disposition dans ce sens, mais que l'amendement était néanmoins inutile, attendu qu'il était évident que le conseil général ne pourrait être frappé par l'article, qu'autant que la non réunion aurait été précédée d'une convocation régulière.

On avait ajouté que le budget ainsi réglé ne pourrait comprendre que les dépenses ordinaires. Mais cette disposition a été supprimée, comme surabondante et exprimant une incontestable vérité.

(2) M. *Tripier* a fait remarquer qu'il était difficile d'appliquer la disposition aux échanges dans lesquels la valeur des immeubles n'est pas déterminée.

M. *le rapporteur* a répondu que jamais aucun échange n'a lieu sans une expertise préalable contradictoire, qui servira à déterminer si l'autorisation doit être donnée par ordonnance royale ou par arrêté du préfet en conseil de préfecture.

(3) Voy. art. 56 de la loi municipale de 1837.

(4) Dans le projet adopté par la Chambre des Pairs, il y avait un second alinéa ainsi conçu : « Les changemens qui porteraient sur l'ensemble de la disposition du projet, ou qui augmenteraient la dépense totale de plus d'un dixième, ne seront exécutés que sur une nouvelle délibération du conseil général. »

On voulait par-là laisser au ministre de l'intérieur le droit de modifier les projets ; mais ce droit ne lui était accordé qu'autant que la dépense totale ne serait pas augmentée d'un dixième ; et même lorsque l'augmentation était au-dessous de cette quotité, on ne lui permettait pas de donner une autre forme au projet général.

M. *de Morogues* a fait remarquer que, dans les cas d'urgence, il fallait bien autoriser les modifications au plan arrêté par le conseil général, sans attendre la nouvelle réunion du conseil.

Mais M. *le ministre de l'intérieur* et M. *le rapporteur* ont déclaré que la disposition n'avait pas pour objet de régler ce qu'il y aurait à faire dans le cas d'urgence. « Pour les cas d'urgence, a dit *le ministre*, il est impossible de les régler par une loi. « C'est le préfet qui, sans aucune autorisation et « sous sa responsabilité, peut prendre sur lui d'y « pourvoir. »

Alors M. *de Morogues* a proposé un article additionnel autorisant le préfet à prendre les mesures conservatrices, nécessaires dans les circonstances urgentes.

M. *d'Argout* a déclaré que dans les cas d'urgence on pratique toujours ce que l'amendement proposait. Mais il a pensé qu'il était utile de ne pas en établir le droit, parce qu'un préfet, dans l'intervalle des sessions et sous un prétexte d'urgence, pourrait

il est statué par ordonnance du roi, les conseils municipaux, les conseils d'arrondissement et le conseil général entendus (1).

36. Les actions du département sont exercées par le préfet, en vertu des délibérations du conseil général et avec l'autorisation du roi en son conseil d'Etat.

Le département ne peut se pourvoir devant un autre degré de juridiction qu'en vertu d'une nouvelle autorisation (2).

Le préfet peut, en vertu des délibérations du conseil général, et sans autre autorisation, défendre à toute action.

En cas d'urgence, le préfet peut intenter

---

employer en réparations à des édifices certaines allocations.

(1) M. *Barthélemy* a fait remarquer que le système d'impositions forcées comme moyen de subvention pour les travaux d'utilité publique, intéressant des communes, des arrondissemens et le département entier, avait été établi par la loi du 16 septembre 1807 et par le décret du 16 décembre 1811; mais que ces actes législatifs avaient été considérés par l'administration elle-même comme tacitement abrogés par les lois du 25 mars 1817, du 15 mai 1818 et du 17 juillet 1819, qui, dans la nomenclature des dépenses départementales n'énoncent point ces dépenses mixtes.

M. *le rapporteur* a reconnu que dans aucun cas l'ordonnance royale ne pourrait autoriser la perception de centimes additionnels; qu'il faudrait pour cela une loi. Il a ajouté « qu'il considérait la loi de 1807 comme encore existante; qu'il y a dans cette loi des dispositions qui sont appliquées tous les jours et qui sont les seules règles pour des parties importantes de l'administration; qu'ainsi on ne peut pas dire que la loi de 1807 est abrogée, mais qu'elle doit, bien entendu, être appliquée comme le décret de 1811, dans les limites du droit constitutionnel; qu'à cet égard, ce qui regarde les départemens et les arrondissemens ne sort pas du principe constitutionnel, puisque, d'après la loi de 1807, les arrondissemens ne doivent être imposés que par des lois spéciales, lorsqu'il s'agit d'intérêts importans pour les arrondissemens en particulier.

« Qu'il en est de même du décret de 1811; que ce décret contient des dispositions importantes sur la classification et l'entretien des routes; qu'une partie de ces dispositions continuent toujours d'être en vigueur; qu'elles n'ont point été modifiées ou abrogées par les lois postérieures; qu'il serait a désirer qu'on remaniât ces dispositions, pour qu'on ne fût plus obligé de rechercher les règles à suivre dans des actes qui ne sont pas toujours d'accord avec le régime constitutionnel; qu'ainsi deux articles établissaient que lorsque le gouvernement jugeait qu'un travail pouvait intéresser plusieurs communes, après avoir entendu le conseil général, il fixait par un décret la part que chacune d'elles devait supporter, et percevait ensuite les centimes additionnels; que ces dispositions ont été abrogées; qu'aujourd'hui les communes ne peuvent être taxées d'office que dans les cas spéciaux prévus par la loi; que l'article en discussion ne permettra pas de faire plus que ne fait en ce moment l'administration; que lorsqu'un travail intéresse évidemment plusieurs communes, qu'elles le reconnaissent toutes, mais qu'elles sont en désaccord sur la quote-part de chacune, il faut bien un moyen de prononcer; que les préfets ont été naturellement appelés à intervenir, mais que ce pouvoir ne leur était conféré par aucun texte de loi, et qu'il a paru utile de le régulariser; que toutefois, comme à la suite de la répartition, il peut être inscrit au budget des communes une dépense obligatoire, et qu'en cas d'insuffisance des revenus, il peut en résulter une contribution extraordinaire, la Chambre a voulu, lors de la discussion de la loi municipale, que la question fût résolue par une ordonnance royale, et cette règle doit à plus forte raison s'appliquer quand il s'agit de répartir une dépense entre un département, des arrondissemens et des communes.

(2) Ce paragraphe a été combattu par plusieurs membres de la Chambre, qui soutenaient que la disposition était absurde.

« Je ne comprends pas, a dit M. *Dufaure*, que, lorsque le préfet n'a agi qu'en vertu de la double autorisation qui lui aura été donnée successivement et par le conseil général et par une ordonnance du roi, cette autorisation ne lui suffise pas pour se pourvoir devant tous les degrés de juridiction. Je ne comprends pas qu'on mette cette restriction au pouvoir qui lui avait été accordé. »

M. *le rapporteur* a déclaré que la commission désirait surtout que la question fût résolue par la loi, le projet étant muet. Il a d'ailleurs fait valoir pour l'affirmative, l'analogie de ce cas avec celui prévu par une disposition identique de la loi municipale. Il a dit ensuite qu'elle était justifiée par cette raison que, nonobstant l'autorisation donnée pour intenter le procès, il pourrait arriver que, sur le vu du jugement rendu après une instruction, on reconnût qu'on devrait abandonner le procès. Qu'il pouvait donc être opportun dans cette circonstance que l'administration intervînt de nouveau pour décider si elle autorisait la continuation du procès.

M. *Dufaure* a observé que le conseil général ne se réunissait qu'une fois par an. Faudra-t-il, a-t-il dit, attendre sa réunion pour se pourvoir en appel? c'est complétement impossible.

Cette objection a fait impression; aussi, peu de membres ont pris part au vote; et lorsque M. le président l'a annoncé affirmatif, M. *Dufaure* s'est écrié : « Vous vous trompez, monsieur le président! C'est *rejeté* que vous voulez dire. »

M. *le président*. « Non, c'est *adopté!* »

Un membre de la droite. On a donc compté *pour* les membres qui ne se sont pas levés. »

M. *Béchard*. « Si l'on a adopté, on a adopté une chose qui ne s'observe pas même pour les communes. »

M. *Dufaure*. « C'est une absurdité. »

Malgré ces réclamations, la question reste bien tranchée, et je crois, malgré quelques rares inconvéniens qui peuvent résulter de l'exécution de la disposition, qu'il n'était guère possible de la résoudre négativement en présence du principe consacré dans la loi municipale. La qualité des parties intéressées est la même, leur pouvoir sous ce rapport ne pouvait être différent, c'eût été une inconséquence.

toute action ou y défendre, sans délibération du conseil général, ni autorisation préalable.

Il fait tous actes conservatoires ou interruptifs de la déchéance.

En cas de litige entre l'Etat et le département, l'action est intentée ou soutenue au nom du département par le membre du conseil de préfecture le plus ancien en fonctions (1).

37. Aucune action judiciaire, autres que les actions possessoires, ne peut, à peine de nullité, être intentée contre un département qu'autant que le demandeur a préalablement adressé au préfet un mémoire exposant l'objet et les motifs de sa réclamation.

Il lui en est donné récépissé (2).

L'action ne peut être portée devant les tribunaux que deux mois après la date du récépissé, sans préjudice des actes conservatoires.

Durant cet intervalle, le cours de toute prescription demeurera suspendu (3).

---

(1) On avait proposé de confier à un membre du conseil général le soin de suivre les actions que le département pourrait avoir à intenter, ou sur lesquelles il aurait à se défendre contre l'Etat; car on a unanimement reconnu qu'il était impossible de laisser au préfet le droit de plaider comme représentant l'Etat, contre le préfet représentant le département.

Mais on a reconnu que le membre du conseil général qui aurait la mission de représenter le département devant les tribunaux, exercerait ainsi ses pouvoirs en dehors du temps de la session du conseil général, et cela a paru présenter des inconvéniens; d'ailleurs, pour les actes conservatoires, pour les actions possessoires qui requièrent célérité, comment le conseil général aurait-il pu charger l'un de ses membres d'agir, lorsque rien ne lui révélait la nécessité d'une poursuite?

Ces considérations ont déterminé à charger le membre le plus ancien du conseil de préfecture de défendre le département contre l'Etat.

A la vérité on a fait remarquer que les membres du conseil de préfecture sont étrangers à l'administration; qu'ils peuvent ignorer la nécessité de faire des actes conservatoires ou de former des demandes urgentes. Mais on a répondu que le préfet les avertirait; et qu'il engagerait gravement sa responsabilité, s'il ne donnait pas avis au membre du conseil de préfecture de l'urgence des mesures à prendre ou des demandes à former. Cela est évident. On n'a pas voulu que le préfet pût plaider en même temps pour et contre le département; mais il reste toujours chargé de la surveillance de ses intérêts, et, s'il négligeait de donner au membre du conseil de préfecture l'avis dont on vient de parler, il serait compromis tout comme s'il avait négligé d'agir lui-même, dans le cas où il en a le droit.

M. le baron *Feutrier* a fait une importante observation sur cet article; il a montré qu'il attribuait aux tribunaux ordinaires la connaissance des contestations qui pourraient s'élever entre l'Etat et le département, à l'occasion des propriétés de celui-ci, et il a soutenu que c'était devant la justice administrative que tous les procès de ce genre auraient dû être portés, car la propriété attribuée aux départemens n'est qu'un démembrement de la propriété de l'Etat, qu'un moyen de subvenir à certains services publics.

M. *le ministre de l'intérieur*, en reconnaissant la justesse de ces observations, a pensé que, puisque en fait la propriété départementale était reconnue, il fallait soumettre à la juridiction des tribunaux les discussions qui pourraient naître à son sujet.

La nécessité de l'autorisation pour intenter les procès est la preuve manifeste que ces procès doivent être portés devant les tribunaux, car l'autorisation n'est point nécessaire pour plaider devant la justice administrative.

(2) *Immédiatement.* Ce mot se trouvait dans le projet; il a été supprimé par la commission de la Chambre des Pairs; mais il est évident, comme l'a dit M. le rapporteur, en répondant à M. *Villemain*, qui se plaignait de la suppression, qu'à l'instant même où l'on remet le mémoire, il est donné un récépissé (Mon. du 14 mars 1837).

Voy. art. 51, loi du 18 juillet 1837.

(3) Dans un premier amendement à l'article du projet, la commission restait dans les termes de la loi sur les attributions municipales. Elle disait, comme cette loi: « La présentation du mémoire interrompra la prescription et toutes déchéances. »

Mais on a fait deux objections qu'on n'avait pas faites contre la loi municipale et qui ont motivé la nouvelle rédaction du paragraphe. On a dit qu'il pourrait arriver que la présentation du mémoire ne fût pas suivie d'une instance; qu'alors elle ne devrait pas interrompre la prescription. En second lieu, que ce mémoire, n'étant pas signifié au département, mais seulement remis aux mains du préfet, il n'y a pas d'acte extrajudiciaire, d'acte formel qui mette le département en demeure.

« Dans cette situation, a dit M. *le rapporteur*, il nous a paru que nous étions bien plus dans les termes du Code civil, en établissant une simple suspension de prescription au lieu de l'interruption. »

L'effet de la nouvelle rédaction est que, pendant deux mois, la prescription est seulement *suspendue*, et qu'elle ne sera *interrompue* que dans le cas où l'action judiciaire serait intentée à l'expiration de ce délai.

Je crois que la première proposition de la commission était plus en harmonie avec les principes et plus rationnelle. La disposition actuelle ne peut être bonne en droit et juste en fait que dans les cas où il y aura instance en suite du mémoire. En effet, comme l'a fort bien dit un membre de la Chambre, la suspension d'une prescription n'est jamais conditionnelle, l'interruption, au contraire, peut l'être et l'est très souvent.

Or, du moment qu'il y a ici la condition de poursuivre ou de ne pas poursuivre, il est évident qu'il doit y avoir *interruption* et non pas seulement *suspension* de la prescription.

« N'est-il pas évident, s'écriait le même orateur, que la présentation du mémoire doit produire ici le même effet qu'une tentative de conciliation ou une demande en justice, c'est-à-dire *interrompre sous la condition* que l'action sera poursuivie? N'est-il pas évident que, si le demandeur ne donne pas de suite à sa réclamation, les deux mois qui se sont écoulés depuis la présentation d'un mémoire, dont il a reconnu l'injustice par l'inaction qui a suivi, ne doivent pas être perdus pour la prescription?

38. Les transactions délibérées par le conseil général ne peuvent être autorisées que par ordonnance du roi, le conseil d'Etat entendu.

TITRE II. — *Des attributions des conseils d'arrondissement.*

39. La session ordinaire du conseil d'arrondissement se divise en deux parties : la première précède et la seconde suit la session du conseil général.

40. Dans la première partie de sa session, le conseil d'arrondissement délibère sur les réclamations auxquelles donnerait lieu la fixation du contingent de l'arrondissement dans les contributions directes.

Il délibère également sur les demandes en réduction de contributions formées par les communes (1).

---

que celle-ci ne doit point être considérée comme suspendue pendant ce délai, mais comme n'ayant au contraire jamais cessé de courir? »

M. le président a répondu à ces objections si vraies qu'il n'avait entre les mains que la rédaction de la commission et qu'il n'en pouvait mettre d'autre aux voix.

L'indifférence de la Chambre a adopté le paragraphe tel qu'il est.

(1) M. *Brun de Villeret* avait proposé un article additionnel ainsi conçu :

« Un employé des contributions indirectes sera chargé, par le directeur, dans chaque arrondissement, de fournir au conseil, pendant la session, tous les renseignemens dont il aura besoin pour prononcer sur les demandes en dégrèvement formées par les communes. »

M. le ministre de l'intérieur a formellement promis que tous ces renseignemens seraient fournis par les sous-préfets.

A la suite de cet article, le projet du gouvernement en contenait deux ainsi conçus :

« Le conseil d'arrondissement délibère sur la « part que l'arrondissement devrait supporter dans « la dépense des travaux qui lui seraient utiles. »

« Les contributions extraordinaires, délibérées « par le conseil d'arrondissement, en exécution de « de l'article précédent, ne peuvent être autorisées « par la loi que si elles ont été votées par le conseil « général. »

Le droit enlevé aux conseils d'arrondissement par la suppression de ces deux articles avait été, après une longue et profonde discussion, reconnu juste et utile par la Chambre des Pairs. Le gouvernement avait adopté ce système en présentant le projet de loi à la Chambre des Députés.

M. *le ministre de l'intérieur* disait : « Une seule difficulté un peu grave s'est élevée relativement aux attrbutions des conseils d'arrondissement : il s'agissait de savoir s'ils jouiraient du droit de voter des impositions pour des dépenses qui intéressaient spécialement l'arrondissement.

« Nous devons dire d'abord que ce droit leur a été expressément attribué par la loi du 16 sept. 1807 et le décret du 16 décembre 1811, pour l'amélioration des routes, l'ouverture des canaux de navigation, le perfectionnement des cours des rivières navigables et la construction des ponts. Nous devons ajouter que les lois spéciales ont, dans ces dernières années, autorisé des arrondissemens à s'imposer pour des dépenses du genre de celles qui viennent d'être énoncées, et même d'une autre nature.

« Mais des esprits sages ont demandé, sinon qu'on renonçât complétement aux impositions spéciales d'arrondissement, au moins qu'on les restreignît sévèrement aux cas prévus par la loi du 16 sept. 1807 et le décret du 16 décembre 1811. L'extension du système de ces impositions leur a paru dangereux, en ce qu'il tendrait à relâcher les liens qui doivent unir les arrondissemens au département, et même à affaiblir l'unité nationale, en créant un nouveau centre d'intérêts spéciaux, dans un état, qui, à côté de l'intérêt national, a déjà si fortement constitué l'intérêt municipal et départemental. Enfin, la faculté de demander des impositions spéciales a paru contraire aux intérêts des arrondissemens eux-mêmes. On a craint que ceux d'entre eux qui se trouveraient vis-à-vis des autres parties des départemens, dans une position spéciale soit par rapport à leur industrie, soit par rapport à leur configuration topographique, ne pussent obtenir des conseils généraux les moyens de satisfaire à leurs besoins, qu'autant qu'ils consentiraient à des sacrifices particuliers, souvent au-dessus de leurs forces.

« Nous avons pensé qu'il pouvait être utile d'accorder aux arrondissemens le droit d'accorder des impositions spéciales pour toutes espèces de dépenses ; qu'il n'y avait pas lieu de restreindre ce droit aux cas prévus par la loi de 1807 et le décret de 1811 ; et que, pour éviter l'inconvénient très réel de fractionner l'intérêt départemental, et de mettre les arrondissemens en opposition avec l'agrégation dont ils font partie, il suffirait d'établir que les contributions extraordinaires, délibérées par les conseils d'arrondissemens, pour les dépenses dont il s'agit, ne pourraient être autorisées par la législature, que si elles avaient été votées par le conseil général. »

L'opinion exprimée par la commission des députés a changé les convictions du ministre. Il a pensé avec elle que les deux lois sur lesquelles il avait appuyé sa proposition n'étaient plus en vigueur aujourd'hui ; il a soutenu que maintenir le principe posé par le projet ce serait créer des individualités et s'exposer à voir naître de graves inconvéniens.

Quoi qu'il en soit, voici de quelle manière les motifs de suppression ont été développés par M. *le rapporteur* de la commission :

« Après avoir réglé les attributions du conseil général, sur lesquelles nous nous sommes suffisamment expliqués, le projet s'occupe de celles des conseils d'arrondissement.

« Ces conseils, dont nous avons déjà dit quelques mots, ne sont, à proprement parler, investis que d'attributions purement facultatives, ils préparent les délibérations du conseil général en donnant leur avis sur les divers objets dont il doit être saisi. Le seul pouvoir réel en possession duquel ils soient, c'est celui d'effectuer entre les communes la répartition du contingent assigné à l'arrondissement. Mais, dans l'exercice même de ce pouvoir, ils sont subordonnés au conseil général ; car, comme nous l'avons vu, les communes peuvent réclamer contre le contingent qui leur a été assigné : leur réclamation est portée devant le conseil général, qui pro-

41. Le conseil d'arrondissement donne son avis,

1° Sur les changemens proposés à la circonscription du territoire de l'arrondissement, des cantons et des communes, et à la désignation de leurs chefs-lieux;

2° Sur le classement et la direction des chemins vicinaux de grande communication (1);

3° Sur l'établissement et la suppression, ou le changement des foires et des marchés;

4° Sur les réclamations élevées au sujet de la part contributive des communes respectives dans les travaux intéressant à la fois plusieurs communes, ou les communes et le département;

5° Et généralement sur tous les objets sur lesquels il est appelé à donner son avis en vertu des lois et réglemens, ou sur lesquels il serait consulté par l'administration.

42. Le conseil d'arrondissement peut donner son avis,

---

nonce définitivement; le conseil d'arrondissement est tenu de se conformer à sa décision; et, s'il refusait, le préfet, en conseil de préfecture, devrait faire la répartition, conformément aux résolutions du conseil général.

« On comprend très bien que les attributions du conseil d'arrondissement n'aient point un caractère plus sérieux. L'arrondissement n'a aucune existence propre comme agglomération de citoyens; il n'est qu'une division purement administrative; malgré le décret du 9 avril 1811, il n'a point de propriétés; les bâtimens destinés au service public et les routes situées sur son territoire sont au département; il n'a rien à lui.

« Le projet de loi, tout en reconnaissant ces principes, propose d'admettre l'arrondissement à établir des centimes, en vertu de la délibération de son conseil et du vote du conseil général sanctionné par une loi, pour contribuer à la dépense des travaux qui lui seraient utiles.

« Cette proposition a pris sa source dans la loi du 16 septembre 1807 et le décret du 16 déc. 1811, qui admettent, en effet, que les arrondissemens concourent, par des contributions spéciales, à certains travaux.

« Il nous a paru d'abord que ces deux lois avaient cessé, en ce point du moins, d'être en vigueur; elles permettaient d'établir ces sortes de contributions sans le vote du conseil d'arrondissement, et elles ne pourraient plus recevoir leur exécution sous le régime actuel, qui n'admet aucun impôt, sans le concours des corps électifs préposés au soin de délibérer sur l'établissement des charges publiques.

« En examinant la question en elle-même, votre commission a pensé qu'il ne convenait point d'autoriser l'établissement de centimes qui seraient levés sur l'arrondissement. Les centimes divers déjà autorisés par la législation sont assez nombreux; l'Etat, le département, la commune ont chacun les leurs, en permettre à l'arrondissement, ce serait exposer les contribuables à une surcharge qui pèserait encore sur la propriété foncière, qui épuiserait la matière imposable, et provoquerait sans doute de nombreuses réclamations.

« Par cette autorisation, on donnerait à l'arrondissement une existence et une individualité qu'il n'a pas en ce moment. Il est vrai que, d'après le projet, le vote du conseil général devrait intervenir, et que, dans la pensée de ses rédacteurs, l'arrondissement ne serait pas propriétaire des routes, ponts, canaux ou autres ouvrages à la confection desquels il aurait pris part en supportant la dépense. Mais ce régime ne serait pas exempt d'injustice, et l'on peut craindre que, par une conséquence forcée, on ne fût conduit plus tard à reconnaître à l'arrondissement un droit de propriété sur des constructions faites à ses frais.

« Le projet a cru que la nécessité du vote du conseil général serait une barrière contre l'abus; mais nous n'avons pas pu partager cette opinion. Le conseil général doit chercher avant tout à alléger les charges du département; il serait peu disposé à rejeter des propositions qui, en définitive, procureraient cet allégement; il accepterait volontiers les offres d'un arrondissement désireux de s'imposer pour contribuer à une dépense qui, par sa nature, devrait peser tout entière sur le département, et il serait bientôt entraîné, par des vues d'économie et même de justice, à exiger que tout arrondissement qui réclamerait des travaux sur son territoire, s'imposât à son tour pour partager la dépense.

« Nous savons qu'on avait surtout en vue l'utilité de l'arrondissement, qui pourrait, par le moyen proposé, obtenir la confection plus rapide de certains travaux; mais cette considération n'a point changé notre opinion. D'abord, nous ne mettons point en balance un fait accidentel et exceptionnel, et les inconvéniens du régime qu'on veut créer, mais surtout nous ne croyons pas à l'existence de ces intérêts d'arrondissement qu'on suppose. Ce n'est jamais l'arrondissement tout entier, considéré dans son ensemble, que les travaux à effectuer intéressent. Ils ne concernent et ne touchent toujours qu'un certain nombre des communes dont la réunion constitue cette circonscription administrative. Supposez, par exemple, des travaux faits à une rivière, à un canal, à un pont, etc., les communes desservies par ce moyen de communication en profiteront seules, et souvent les communes voisines, quoique situées dans le même arrondissement, loin d'y trouver de l'avantage, éprouveront un préjudice en raison du changement d'habitudes que de nouveaux ouvrages pourront entraîner. A qui donc doit-il être ordonné ou du moins permis de contribuer aux dépenses à faire? Aux communes qui doivent en profiter. La loi le permet, elle autorise les communes à prendre part à des travaux qui les intéressent; elle les y contraint dans certains cas. Par ce moyen, ceux qui profitent réellement de la dépense en sont seuls chargés; la répartition ainsi faite est conforme à la justice, et les travaux ne sont pas arrêtés par le défaut de concours de la part de ceux qui y sont intéressés.

« Ces considérations nous ont déterminés à rejeter les art. 34 et 35 du projet du gouvernement. »

(1) On a fait remarquer que c'était surabondamment qu'on rappelait ici l'attribution des conseils d'arrondissement, qu'on aurait pu s'en dispenser, comme on s'en était dispensé pour les conseils généraux. V. notes sur l'art. 4, § 8.

1° Sur les travaux de routes, de navigation et autres objets d'utilité publique qui intéressent l'arrondissement (1);

2° Sur le classement et la direction des routes départementales qui intéressent l'arrondissement;

3° Sur les acquisitions, aliénations, échanges, constructions et reconstructions des édifices et bâtimens destinés à la sous-préfecture, au tribunal de première instance, à la maison d'arrêt ou à d'autres services publics spéciaux à l'arrondissement, ainsi que sur les changemens de destination de ces édifices.

4° Et généralement sur tous les objets sur lesquels le conseil général est appelé à délibérer, en tant qu'ils intéressent l'arrondissement.

43. Le préfet communique au conseil d'arrondissement le compte de l'emploi des fonds de non valeurs, en ce qui concerne l'arrondissement.

44. Le conseil d'arrondissement peut adresser directement au préfet, par l'intermédiaire de son président, son opinion sur l'état et les besoins des différens services publics, en ce qui touche l'arrondissement.

45. Dans la seconde partie de sa session, le conseil d'arrondissement répartit entre les communes les contributions directes.

46. Le conseil d'arrondissement est tenu de se conformer, dans la répartition de l'impôt, aux décisions rendues par le conseil général sur les réclamations des communes.

Faute par le conseil d'arrondissement de s'y être conformé, le préfet, en conseil de préfecture, établit la répartition d'après lesdites décisions.

En ce cas, la somme dont la contribution de la commune déchargée se trouve réduite est répartie, au centime le franc, sur toutes les autres communes de l'arrondissement.

47. Si le conseil d'arrondissement ne se réunissait, pas ou s'il se séparait sans avoir arrêté la répartition des contributions directes, les mandemens des contingens assignés à chaque commune seraient délivrés par le préfet, d'après les bases de la répartition précédente, sauf les modifications à apporter dans le contingent en exécution des lois (2).

---

30 MAI=2 JUIN 1838. — Loi concernant le transport des correspondances par les paquebots français du Levant (3). (IX, Bull. DLXXIII, n. 7406.)

Article unique. Des ordonnances royales, insérées au Bulletin des lois, détermineront le prix du port des lettres, journaux, gazettes et imprimés de toute nature qui seront transportés par les paquebots français du Levant. Les dispositions des lois des 4 juillet 1829 et 2 juillet 1835 sont abrogées en ce qu'elles ont de contraire à la présente.

11=12 MAI 1838. — Loi qui ouvre un crédit extraordinaire pour compléter l'organisation des

---

(1) Quoique les travaux intéressent l'arrondissement seul, cependant son vote ne suffit pas pour que les Chambres autorisent une imposition extraordinaire; il faut toujours que le conseil général soit consulté et émette un avis favorable à l'établissement de l'imposition. Cela a été bien expressément reconnu dans une discussion qui a occupé une séance presque entière à la Chambre des Pairs (voyez le Moniteur du 15 mars 1837). A cette occasion on a aussi unanimement admis que l'arrondissement n'était qu'une division administrative; qu'il n'était point propriétaire; que les travaux ou les édifices qu'il aurait faits avec ses propres deniers n'en seraient pas moins la propriété du département.

A considérer la nature même des choses, il n'y a point de raison pour refuser à l'arrondissement une existence distincte, une capacité et des droits qu'on attribue au département; car l'arrondissement se compose des mêmes élémens que le département; il n'y a de différence que dans l'étendue. Mais on compliquerait l'organisation et la comptabilité administrative, en multipliant ainsi les circonscriptions ayant leurs biens personnels, leurs recettes et leurs dépenses spéciales, leurs comptes et leurs budgets particuliers.

Récemment j'ai été consulté sur la validité d'un legs fait à un comice agricole situé dans un chef-lieu d'arrondissement. Ce comice n'étant pas au nombre des établissemens d'utilité publique reconnus par la loi, j'ai répondu que le legs était caduc. Il paraît qu'on avait imaginé de soutenir, pour le faire valoir, qu'il était fait à l'arrondissement, et même qu'un rapport favorable à ce système avait été préparé dans les bureaux du ministère de l'intérieur; mais un examen plus attentif a fait repousser cette proposition qui avait pour effet d'attribuer à l'arrondissement une existence et une capacité qu'il n'a point.

(2) M. *Chegaray* a proposé un article final ainsi conçu : « L'art. 26 actuel de la présente loi est « applicable aux délibérations et aux procès-ver- « baux des conseils d'arrondissement. »

Cette proposition n'a pas été adoptée.

(3) Présentation à la Chambre des Députés le 16 mars (Mon. du 17); rapport par M. Reynaud le 12 avril (Mon. du 13); discussion le 16 (Mon. du 17); adoption le 17 (Mon. du 18), à la majorité de 217 voix contre 16.

Présentation à la Chambre des Pairs le 2 mai (Mon du 3); rapport par le marquis Barthélemy, le 14 mai (Mon. du 15); adoption le 18 (Mon. du 19), à la majorité absolue.

L'objet de cette loi est de diminuer le tarif fixé par la loi du 4 juillet 1829 et la loi du 2 juillet 1835, et de rétablir, pour les paquebots de la Méditerranée, la disposition du § 2 de l'art. 4 de la loi du 14 floréal an 10. Voy. ces différentes lois

armes spéciales dans les divisions territoriales de l'intérieur (1). (IX, Bull. DLXX, n. 7379.)

Art. 1er. Un crédit extraordinaire de quatre millions quatre cent quatre mille huit cent quarante-trois francs (4,404,843 fr.) est ouvert au ministre de la guerre, au titre de l'exercice 1838, pour compléter l'organisation des armes spéciales dans les divisions territoriales de l'intérieur.

Ce crédit extraordinaire demeure réparti, ainsi qu'il suit, entre les chapitres spéciaux de la première section du budget de la guerre, savoir : chap. VIII, solde et entretien des troupes, 496,025 fr.; chapitre IX, habillement et campement, 97,234 fr.; chapitre XI, transports généraux, 53,882 f.; chapitre XII, remonte générale, 2,939,240 fr.; chapitre XIII, harnachement, 104,390 fr.; chapitre XIV, fourrages, 714,072 fr.; somme égale, 4,404,843 fr.

2. Il sera pourvu aux dépenses extraordinaires autorisées par le précédent article au moyen des ressources accordées par la loi de finances du 20 juillet 1837 pour les besoins de l'exercice de 1838.

20=26 MAI 1838. — Loi concernant les vices redhibitoires dans les ventes et échanges d'animaux domestiques (2). (IX, Bull. DLXXI, n. 7384.)

---

(1) Présentation à la Chambre des Députés le 24 fév. (Mon. du 25); rapport par M. Allard, le 27 mars (Mon. du 28); discussion le 9 avril (Mon. du 10; adoption le 10 (Mon. du 11), à la majorité de 221 voix contre 177.

Présentation à la Chambre des Pairs, le 16 av. (Mon. du 17); rapport par le marquis Laplace, le 2 mai (Mon. du 3); discussion le 7 (Mon. du 8); adoption le 8 (Mon. du 9), à la majorité de 99 voix contre 7.

(2) Présentation à la Chambre des Pairs le 15 janvier 1838 (Mon. du 16); rapport par le marquis de Laplace le 10 février (Mon. du 11); discussion le 17 (Mon. du 18); adoption le 19 (Mon. du 20), à la majorité de 109 voix contre 13.

Présentation à la Chambre des Députés le 5 mars (Mon. du 6); rapport par M. Lherbette le 24 avril (Mon. du 25); discussion le 26 (Mon. du 27); adoption le 27 (Mon. du 28), à la majorité de 180 voix contre 58.

Retour à la Chambre des Pairs le 2 mai (Mon. du 3); rapport par le marquis de Laplace le 10 (Mon. du 11); adoption le 14 (Mon. du 15), à la majorité de 97 voix contre 3.

La nécessité de cette loi se faisait sentir depuis long-temps. L'interprétation diverse donnée par les tribunaux aux articles du Code civil qui règlent les garanties pour vices redhibitoires, la diversité des usages locaux, tant sur les caractères constitutifs des vices redhibitoires que sur la durée de la garantie avaient fait naître et favorisaient des abus qui ne devaient pas être tolérés plus long-temps.

Ces abus et leurs causes ont été signalés avec la plus grande clarté par M. le ministre du commerce, dans son exposé des motifs. Il s'est exprimé en ces termes :

« Le Code civil, en posant, dans l'art. 1625, le principe de la garantie du vendeur à l'égard de l'acquéreur, signale entre autres, comme donnant lieu à la garantie, *les défauts cachés de la chose vendue, ou les vices redhibitoires*, et dans son art. 1641, il ajoute que les défauts cachés qui donnent ouverture à l'action en garantie sont ceux « qui rendent la chose vendue impropre à l'usage auquel « on la destine, ou qui diminuent tellement cet « usage, que l'acheteur ne l'aurait pas acquise, ou « n'en aurait donné qu'un moindre prix, s'il les « avait connus. »

« Enfin l'art. 1648 déclare « que l'action résultant des vices redhibitoires doit être intentée par « l'acquéreur dans un bref délai, suivant la nature « des vices redhibitoires et l'usage des lieux où la « vente a été faite. »

« Le Code ne spécifie donc dans les articles précités, ni les défauts cachés, qui dans le commerce des animaux domestiques, peuvent entraîner une action en garantie, ni les délais dans lesquels cette action doit être intentée.

« Aussi ses dispositions incomplètes font-elles naître de nombreuses contestations judiciaires. Les tribunaux civils et les tribunaux de commerce sont divisés sur leur application.

« Les uns décident que l'art. 1641 doit être exécuté dans sa généralité, nonobstant la nature des vices, la différence des délais et la diversité des usages locaux; les autres jugent au contraire que le principe général de l'art. 1641 est modifié par les dispositions plus restrictives de l'art. 1648. Enfin, ils ne s'accordent point sur l'interprétation que doit recevoir ce dernier article, ni sur la question de savoir s'il se réfère à l'usage des lieux seulement pour la fixation des délais, ou s'il y renvoie également pour déterminer quels sont les vices redhibitoires.

« Un autre inconvénient, c'est que parmi ces vices dont il est souvent si difficile d'apprécier les caractères, il en est qui, dans certaines localités, sont considérés comme redhibitoires, et qui dans d'autres n'entraînent aucun recours.

« La durée de la garantie n'est pas moins variable que la nature des vices; elle se modifie suivant les départemens, quelquefois aussi suivant les communes limitrophes. La diversité des usages locaux qui régissent les contrats de vente de cette nature donne donc sans cesse lieu à des doutes sur l'étendue qu'ils peuvent avoir ou la sécurité qu'ils peuvent offrir.

« On ne peut méconnaître que la législation actuelle ne favorise, par l'incertitude de ses dispositions, la fraude et la mauvaise foi, qu'elle n'apporte ainsi des entraves aux relations commerciales, et qu'en abandonnant aux tribunaux l'appréciation de circonstances aussi diverses, elle ne leur laisse une trop grande latitude pour leurs décisions, et ne substitue souvent l'arbitraire aux principes fixes et invariables qui devraient leur servir de règle.

« C'est pour remédier aux abus qui résultent de cet état de choses, que le gouvernement a reconnu la nécessité de préparer un projet de loi sur une matière qui intéresse à un si haut degré le commerce et l'agriculture.

« A cet effet, dès 1834, une circulaire avait été

Art. 1er. Sont réputés vices redhibitoires et donneront seuls ouverture à l'action ré-

adressée aux préfets pour leur soumettre plusieurs questions propres à éclairer l'administration sur les usages suivis dans leurs départemens, et sur les dispositions qu'il leur paraîtrait utile d'introduire dans la loi qui devait intervenir.

« De l'examen des réponses des préfets, comparées aux avis des trois écoles vétérinaires d'Alfort, de Lyon et de Toulouse, qui avaient été aussi consultées, est résulté un projet de loi qui vient d'être communiqué aux conseils généraux et aux conseils d'arrondissement dans leur dernière session. C'est ce projet, modifié d'après les nouveaux documens transmis par soixante-quinze départemens, et pour la rédaction définitive duquel nous avons appelé le concours d'hommes spécialement versés dans cette matière, que nous avons l'honneur de soumettre à vos délibérations.

« Il a pour objet d'établir une législation uniforme sur la matière, d'énumérer les vices cachés à l'égard desquels l'acheteur doit être garanti par le vendeur, et de fixer les délais dans lesquels ce dernier peut exercer son action, en proportionnant toutefois leur durée à la nature des vices.

« L'uniformité de la législation se trouve surtout consacrée par les art. 1 et 2 du projet.

« En admettant le principe de la garantie, reconnu par l'art. 1641 du Code civil, ils disposent que l'action qui en résulte ne sera plus intentée que pour les mêmes vices et dans les mêmes délais, sans distinction des lieux où les ventes auront eu lieu.

« L'art. 1er contient la nomenclature des vices réputés redhibitoires, et détermine quels sont les animaux dont la vente peut entraîner la garantie.

« Mais cette nomenclature devait-elle être limitative, ou ne devait-elle comprendre que les vices qui donnent le plus ordinairement ouverture à l'action redhibitoire, de sorte que les défauts qu'elle n'aurait pas mentionnés ne fussent pas moins l'objet de cette action en vertu du principe général de l'art. 1641 du Code civil?

« Les conseils généraux se sont presque tous prononcés pour que l'application du principe général du Code civil fût bornée aux seuls vices dénommés dans l'art. 1er du projet. Ils ont reconnu, en effet, qu'étendre au-delà ce principe, ce serait multiplier les procès et en accroître les difficultés; que ce ne serait point parer aux inconvéniens qui existent. En effet, les experts seraient appelés, non seulement à constater l'existence des vices allégués, mais encore à décider si les tribunaux devraient les considérer comme redhibitoires; les experts deviendraient ainsi appréciateurs de la question de droit, que les juges doivent seuls résoudre.

« Pour composer cette nomenclature, il a paru convenable :

1° De ne pas s'écarter du principe des art. 1641 et 1642 du Code civil, et par conséquent de n'y comprendre que les défauts cachés « que l'acheteur ne peut reconnaître au moment de la vente, et qui rendent l'animal impropre à l'usage auquel il est destiné, ou qui diminuent tellement cet usage que l'acheteur ne l'aurait pas acquis, ou n'en aurait donné qu'un moindre prix s'il les avait connus. »

« 2° De n'admettre que des vices ou défauts réputés redhibitoires par les anciens usages et la science vétérinaire, et signalés par la plupart des départemens, comme se reproduisant le plus ordinairement dans le commerce des animaux domestiques. »

Le caractère restrictif de la loi a été également proclamé par les rapporteurs des commissions des deux Chambres.

« L'action redhibitoire, a dit M. *Lherbette*, rapporteur de la commission de la Chambre des Députés, n'aura plus lieu que pour des cas déterminés et dans des délais partout les mêmes. Les tribunaux n'auront plus, pour admettre ou pour rejeter une action en redhibition, à examiner l'apparence, la gravité, l'incurabilité, la fréquence, l'incubation, les effets du vice allégué; questions délicates. Est-il, oui ou non, compris dans la nomenclature de la loi? L'action a-t-elle été, oui ou non, intentée dans les délais légaux? Voilà les seules questions, questions simples, qu'ils auront à résoudre. »

Il importe, d'ailleurs, pour qu'on ne se méprenne pas sur la portée de cette loi, de rappeler ce qu'a dit M. *le rapporteur* à la Chambre des Députés sur les limites dans lesquelles elle doit être circonscrite.

« Elle n'a trait, a-t-il dit, qu'à la détermination des cas redhibitoires, des délais pendant lesquels l'action peut être intentée, et de quelques formes économiques et abréviatives de procédure. Elle ne déroge à aucun des autres points de droit civil ou de procédure relatifs à la vente, pas plus qu'aux lois de police sanitaire. Ainsi, il n'y est question que des ventes volontaires; celles faites par autorité de justice demeurent, comme par le passé, affranchies des cas redhibitoires (art. 1649 Code civil). Elle ne s'occupe pas non plus des questions de compétence; et votre commission n'a pas cru devoir non plus s'en occuper, malgré les réclamations qui se sont élevées contre l'effet de l'action récursoire en garantie, par laquelle le vendeur peut être distrait du tribunal de son ressort ou de sa juridiction. Cet inconvénient n'est pas spécial à ce genre d'affaires; il a lieu dans toutes, et ce ne serait pas ici le lieu d'opérer une réforme générale de la procédure. Nous ferons en outre observer, à l'égard du changement de ressort, que le palliatif se trouve dans l'art. 181 du Code de procédure, qui permet au juge de l'admettre ou de le refuser, selon les circonstances; et à l'égard du changement de juridiction que la jurisprudence, d'après les principes bien entendus de la législation, paraît ne pas s'y prêter. (Arrêts de la Cour royale de Paris des 14 juill. 1825 et 5 mai 1837. Voy. Sirey-Devilleneuve, 37. 2. 211 et les notes de cet arrêtiste.)

« On sent enfin que la loi actuelle ne réglera que les marchés où la convention ne sera pas intervenue expresse ou tacite; que la convention peut évidemment dispenser de la garantie, pour des cas redhibitoires, ou l'étendre jusqu'à des cas non redhibitoires de plein droit (Code civil, art. 1134). Nous laissons de côté les questions d'interprétation des conventions; par exemple, celles de savoir ce qu'il faudra décider, quand l'animal aura été vendu comme sain et net; quand il l'aura été pour la boucherie et non pour le travail; quand, dans une vente en bloc de divers objets et d'animaux, ou seulement de plusieurs animaux ou d'un attelage, se trouveront quelques animaux redhibitoires; si la clause de non garantie affranchit de redhibition le vendeur qui a connu les vices cachés

sultant de l'article 1641 du Code civil, dans les ventes ou échanges (1) des animaux domestiques ci-dessous dénommés, sans distinction des localités où les ventes et échanges auront eu lieu, les maladies ou défauts ci-après, savoir (2) :

Pour le cheval, l'âne et le mulet, la fluxion périodique des yeux, l'épilepsie ou le mal caduc, la morve, le farcin, les maladies anciennes de poitrine ou vieilles courbatures (3), l'immobilité, la pousse, le cornage chronique, le tic sans usure des dents, les hernies inguinales intermittentes, la boiterie intermittente pour cause de vieux mal.

---

qu'ignorait l'acheteur ; si l'énonciation de telles qualités l'y soumet même, sans l'insertion de la clause de garantie ; si les délais spéciaux de la loi sur les cas redhibitoires de plein droit s'appliquent aux cas qui ont été l'objet d'une garantie conventionnelle. »

Pour la solution de ces diverses questions, voyez ma continuation de Toullier (t. 1, n. 389 et suiv., et notamment 397 et suiv.).

(1) La commission de la Chambre des Députés avait proposé de ne pas admettre l'action redhibitoire dans le cas d'échange, à moins que le prix des objets échangés ne fût déterminé. Sa proposition n'a pas été accueillie.

Mais il importe de résoudre une difficulté sur laquelle s'appuyait la commission, pour justifier sa proposition. M. le rapporteur faisait remarquer que, lorsque l'action redhibitoire est admise dans une vente, le vendeur restitue à l'acheteur le prix qu'il a reçu de lui, et la résolution du contrat s'opère sans trouver d'obstacle; lorsqu'au contraire, il s'agit d'un échange, celui qui se plaint d'avoir reçu un animal vicieux n'a pas toujours la possibilité de reprendre celui qu'il a donné, si, par exemple, il n'existe plus, ou s'il a déjà passé en d'autres mains que celles de l'échangiste. « Dans ce cas, disait M. *Lherbette*, que ferez-vous restituer au demandeur en redhibition ? »

« La valeur, a répondu M. *le ministre du commerce.* »

Et voici comment M. *Gillon* a développé cette réponse :

« On insiste pour savoir ce qui arrivera après l'échange rompu par le juge, si l'échangiste condamné ne peut rendre l'animal bien portant qu'il avait reçu. Il arrivera la chose la plus simple et la plus juste. L'équité veut qu'on regarde l'échange comme ayant compris deux animaux de valeur égale. En conséquence, l'animal qu'on ne peut restituer est supposé mériter le même prix que vaudrait l'animal malade ou vivant, si ce dernier n'était pas infecté du mal qui a donné lieu à l'action redhibitoire. On l'estimera donc comme s'il était purgé ; et c'est ce prix d'estimation qui sera payé à l'échangiste qui a obtenu la rupture de l'échange. »

Ce procédé pourra, en effet, être mis en usage ; mais les juges auront le droit d'en employer d'autres ; et, au lieu de faire estimer l'animal malade, pour arriver à connaître le prix de celui avec lequel a eu lieu l'échange, ils pourront, ou faire estimer ce dernier, s'il existe encore, quoiqu'étant dans d'autres mains, ou prendre pour base de leur décision le prix moyennant lequel il aura été vendu, s'il l'a été. En un mot, ils ordonneront la restitution de la valeur de l'animal donné en échange, et ils détermineront cette valeur, par les moyens qu'ils croiront les plus sûrs.

(2) « Il existe, a dit M. *le ministre du commerce* en présentant le projet à la Chambre des Députés, d'autres défauts qui n'ont pas été compris dans la nomenclature du projet, parce qu'ils ne rentrent pas dans les principes posés par les art. 1641 et 1642 du Code civil.

« Ainsi, dans la première catégorie ne figurent, ni la *mauvaise denture*, ni la *rétivité*, ni la *méchanceté*, ni l'*amaurose*.

La *mauvaise denture* est visible, soit à l'inspection de la mâchoire, soit à la maigreur du corps, la *rétivité* et la *méchanceté* peuvent être reconnues dans les essais d'usage qui précèdent le marché. Quant à l'*amaurose*, défaut d'ailleurs très rare, un examen attentif peut la faire apercevoir au moment de la vente.

« La deuxième catégorie ne comprend pas *l'habitude de se téter*, parce que l'acheteur peut, par des procédés simples et faciles, empêcher l'animal de s'y livrer.

« Dans la troisième catégorie ne se trouvent, ni le *piétin*, ni la *gale*, ni la *pourriture*, ni le *tournis*.

« Les trois premières de ces maladies peuvent être reconnues, quand elles sont développées, et se guérir, lorsqu'elles sont à leur début.

« Le *tournis*, qui d'ailleurs se manifeste rarement, n'affecte en général qu'un petit nombre d'individus dans les troupeaux, et seulement ceux de l'âge de six à dix-huit mois.

« *L'épilepsie* n'est pas non plus considérée comme vice redhibitoire, pour l'espèce du porc, parce qu'elle n'empêche pas l'engraissement et ne nuit pas à la qualité de la viande.

« Enfin la *rage* et le *charbon* ne sont point mis au nombre des vices redhibitoires. La longue incubation de la première de ces maladies, et l'éruption soudaine de la seconde ne permettent pas de constater si elles ont pris naissance chez le vendeur plutôt que chez l'acheteur. »

La ladrerie, qui avait d'abord été admise comme vice redhibitoire, pour les porcs, a été supprimée de la nomenclature, à cause de la facilité qu'il y a à reconnaître l'existence de cette maladie, et aussi à cause de la difficulté de constater l'identité des animaux qui en sont atteints.

(3) La commission de la Chambre des Députés avait proposé une disposition additionnelle ainsi conçue : « L'action rédhibitoire ne pourra être intentée relativement aux vieilles courbatures, pour le cheval, l'âne et le mulet, et relativement à la pommelière, pour le bœuf, qu'autant que l'animal sera mort dans les délais de la garantie. »

M. *le ministre du commerce* a combattu la proposition ; il a fait remarquer que l'animal peut être atteint de la maladie au moment de la vente ; que les symptômes peuvent se manifester dans les délais, et la mort n'arriver qu'après leur expiration ; qu'en pareil cas, si l'on adoptait le système de la commission, l'action redhibitoire ne serait pas admissible, quoique cependant le vice fût caché au moment du contrat, et qu'il eût le caractère déterminé par la législation pour être réputé redhibitoire.

Pour l'espèce bovine, la phthisie pulmonaire ou pommelière (1), l'épilepsie ou mal caduc, les suites de la non délivrance, le renversement du vagin ou de l'utérus, après le part chez le vendeur (2).

Pour l'espèce ovine, la clavelée : cette maladie reconnue chez un seul animal entraînera la redhibition de tout le troupeau. La redhibition n'aura lieu que si le troupeau porte la marque du vendeur (3). Le sang-de-rate : cette maladie n'entraînera la redhibition du troupeau qu'autant que, dans le délai de la garantie, la perte constatée s'élèvera au quinzième au moins des animaux achetés (4). Dans ce dernier cas, la redhibition n'aura lieu également que si le troupeau porte la marque du vendeur (5).

2. L'action en réduction du prix, autorisée par l'article 1644 du Code civil, ne pourra être exercée dans les ventes et échanges d'animaux énoncés dans l'art. 1er ci-dessus (6).

A la vérité, le ministre a ajouté qu'après la mort de l'animal, on procédera à l'autopsie, et que l'on vérifiera si la maladie était ancienne ou récente, pour en conclure si l'action redhibitoire était bien ou mal fondée.

On s'est emparé de cette explication, et l'on a soutenu qu'il faudrait nécessairement attendre la mort de l'animal, qui pourrait survenir après plusieurs mois, et laisser ainsi en suspens le sort du procès.

Cet inconvénient n'existe pas réellement.

Pour que l'action redhibitoire soit accueillie, il faudra, comme l'a dit le ministre, que les symptômes de la maladie se soient déclarés dans les délais; que dans les délais également l'action ait été formée; mais il ne faut rien de plus. La mort de l'animal surviendra ensuite plus tôt ou plus tard; si elle est assez prompte pour qu'on puisse vérifier, au moyen de l'autopsie, la nature et la date de la maladie, on mettra ce moyen en œuvre; si, au contraire, l'animal, quoique malade, survit long-temps au commencement du procès, les gens de l'art s'expliqueront sur son état, et décideront s'il est ou s'il n'est pas atteint de la maladie réputée *vice redhibitoire*.

(1) Voy. la note précédente.

(2) On a demandé que les suites de la non délivrance, le renversement du vagin ou de l'utérus après le part chez le vendeur, ne fussent pas compris au nombre des vices redhibitoires, et l'on a donné pour cela un motif singulier.

« Les mots après le part chez le vendeur, sont, a dit M. *Enouf*, une extension énorme de la garantie; car qu'il soit vendu une vache pleine de trois mois, pour que le vice redhibitoire puisse paraître après le part chez l'acheteur, on sait qu'il faut qu'il s'écoule six mois; or pouvez-vous rendre un vendeur six mois responsable ? »

Je ne crois pas qu'on ait à craindre une pareille conséquence; car ce n'est que lorsque le part a eu lieu chez le vendeur que les accidens indiqués peuvent constituer un vice redhibitoire. Il n'est donc pas possible que la responsabilité du vendeur se prolonge jusqu'au terme de la gestation, lorsque la vente a eu lieu pendant son cours.

(3) On a vivement critiqué cette mesure, à cause de l'impossibilité de rendre la marque incontestable. Il est impossible d'admettre la disposition, disait-on : la marque sera faite avec de la craie ou avec un fer; dans le premier cas, elle disparaîtra facilement; dans le second cas, s'il arrive que le troupeau soit vendu plusieurs fois il en résultera non seulement que la dernière marque sera très difficile à distinguer, mais en outre la toison éprouvera une détérioration sensible. L'une et l'autre marque pourront d'ailleurs être facilement imitées par l'acheteur de mauvaise foi qui voudra se défaire d'animaux viciés à lui appartenant, en les introduisant dans le troupeau qui lui aura été vendu, et en faisant annuler le contrat. On a conclu que la disposition, quelque bonne qu'elle fût en théorie, était impraticable.

Il fallait néanmoins établir de quelque manière l'identité des bêtes vendues, et les membres de la Chambre qui ont attaqué la preuve d'identité proposée, n'en ont point mis de meilleure en avant.

M. *le rapporteur* a fait remarquer que la loi n'exige pas que le vendeur adopte une marque invariable, mais qu'il suffit que la marque quelconque qu'il emploie soit reconnue sienne au moment de la vente.

(4) Dans le cas où trois ou quatre bêtes, plus ou moins, seraient viciées, la redhibition aura-t-elle lieu à leur égard, lorsque d'ailleurs le quinzième du troupeau ne sera pas atteint ?

M. *le commissaire du roi* a répondu affirmativement à cette question : « Si quelques-uns seulement, a-t-il dit, des animaux du troupeau sont atteints du sang-de-rate, la redhibition n'aura lieu qu'à leur égard. »

M. *le ministre* a paru cependant vouloir éviter une explication catégorique, quoique la question fût bien précisée. Mais la réponse de M. le commissaire du roi me semble donner la vraie solution.

(5) Voy. la note 3.

Dans le cas où deux chevaux ou deux bœufs auraient été achetés à la paire, pour être attelés ensemble, le vice redhibitoire de l'un d'eux donne-t-il lieu à la résiliation du marché tout entier ?

La Chambre a décidé l'affirmative, en rejetant un amendement exprès dans le même sens, par le motif que la disposition proposée était de droit commun.

Une distinction a néanmoins été faite qu'il ne faut pas perdre de vue. « Il est évident, a dit M. *le ministre*, que si j'achète deux chevaux pour les ateler ensemble, l'un d'eux étant atteint d'un vice redhibitoire, je serai fondé à demander au tribunal la résolution du contrat tout entier, et il ne me paraît pas douteux que la vente des deux chevaux soit annulée.

« Mais vous sentez qu'il peut y avoir telles circonstances où la résolution ne doive pas être ainsi étendue, quand même les deux chevaux auraient été achetés ensemble et plus ou moins pareils. C'est une question d'interprétation de contrat, qui doit nécessairement être laissée à l'appréciation des tribunaux. »

(6) M. *Lherbette*, rapporteur de la commission de la Chambre des Députés, a exposé ainsi les motifs de cette disposition :

« L'action estimatoire ou en diminution de prix juste dans les marchés de choses inanimées

3. Le délai pour intenter l'action redhibitoire (1) sera, non compris le jour fixé pour la livraison (2), de trente jours pour le cas de fluxion périodique des yeux et d'épilepsie

---

ne l'est pas dans ceux d'animaux. Le vendeur a pu connaître plus facilement les vices des premiers, et plus de droits dès lors doivent être concédés contre lui à l'acquéreur; l'estimation de ces choses qui ont un prix marchand est aussi plus facile; en outre la conservation n'a donné lieu qu'à peu de frais entre les mains de l'acquéreur, et ne donnera dès lors ouverture qu'à une faible répétition; la reprise n'en est pas non plus une cause de dépense pour le vendeur. Mais, à l'égard des animaux, les vices souvent difficile à connaître ont pu être ignorés du vendeur, le prix est parfois idéal; la conservation toujours onéreuse, la répétition de frais considérable, la reprise de l'animal embarrassante et coûteuse. Les premières raisons rendent l'action redhibitoire moins équitable, les dernières font que le vendeur peut être amené plus facilement à composition par un acheteur de mauvaise foi, et forcé de laisser pour un prix inférieur l'animal dont il peut faire cas pour des qualités qu'on n'appréciera pas dans l'estimation. Cette action serait souvent plus funeste au vendeur que l'action redhibitoire elle-même. Votre commission a donc cru devoir la supprimer en matière de vente d'animaux. »

(1) J'ai examiné dans mon Traité de la vente (continuation de Toullier, tome 1, n. 406) si l'action devait être intentée dans les délais fixés par l'usage, ou s'il suffisait que le vice fût constaté dans ces délais. Je me suis prononcé pour ce dernier système; mais la loi nouvelle tranche la question en sens contraire d'une manière formelle.

(2) Avant cette loi, et sous l'empire du Code, on doutait si le délai devait courir du jour de la vente ou du jour de la livraison. J'ai établi dans mon Traité de la vente (continuation de Toullier, t. 1er, n. 405) que le délai devait courir du jour de la vente. Mon opinion a été citée dans la discussion à la Chambre des Députés. Mais M. le rapporteur l'a combattue en lui opposant celle de M. Troplong, et en disant que des législateurs devaient se déterminer non par des autorités, mais par des raisons. Ainsi, dans sa pensée, il est raisonnable de faire de la livraison le point de départ des délais dans lesquels doit être intentée l'action redhibitoire, et voici sur quoi il se fonde; je reproduis exactement ses paroles: « La loi accorde à l'acheteur le droit d'intenter une action en redhibition, à raison de tel ou tel vice; il ne peut connaître ce vice qu'après la livraison, c'est donc seulement du jour de la livraison que doit courir le délai pour intenter l'action redhibitoire. » Cette argumentation se présente trop naturellement à l'esprit pour qu'elle ne m'ait point frappé. Aussi ai-je pris soin de montrer qu'elle n'était que spécieuse, et que des raisons plus puissantes devaient faire courir les délais du jour de la vente. Qu'il me soit permis de reproduire ici le passage dans lequel j'ai traité la question.

« Si la vente, ai-je dit, n'a pas été immédiatement suivie de la tradition, l'acheteur paraît fondé à dire que c'est seulement à compter de la tradition que le délai a pu courir contre lui; car c'est seulement depuis qu'il a eu la chose en sa possession qu'il a pu s'apercevoir de ses défauts. C'est sans doute cette considération qui a déterminé plusieurs coutumes et beaucoup d'auteurs à faire partir de la tradition seulement le délai dans lequel l'action doit être intentée. Là où la coutume est formelle et l'usage constant, il faut les respecter; mais on ne doit pas les convertir en règle générale et se laisser entraîner par cet argument que l'acheteur, à qui la chose n'est pas délivrée, est hors d'état d'en connaître les vices.

« Qu'on ne perde pas de vue le motif qui a fait admettre un délai pour se plaindre des vices redhibitoires et qui a déterminé à en varier la durée; qu'on n'oublie pas, d'un autre côté, que les vices d'une chose n'autorisent l'action en résolution que lorsqu'ils existaient au moment de la vente; que la chose vendue est aux risques et périls de l'acheteur du jour du contrat, bien que la délivrance n'ait pas eu lieu: et l'on sentira que la tradition ne doit pas être le point de départ de la prescription.

« Supposons qu'entre la vente et l'époque de la tradition fixée par la convention des parties, il y ait un intervalle de temps plus long que le délai accordé pour l'exercice de l'action redhibitoire, ou au moins égal; supposons, en outre, qu'aucun vice ne se soit manifesté au moment de la tradition, et que quelques jours après il en apparaisse un, si l'acheteur réclame et prétend que son action est encore recevable, puisqu'il ne s'est pas écoulé depuis la tradition un temps suffisant pour prescrire, le vendeur répondra que si la tradition eût été faite au moment de la vente, l'action serait prescrite; que l'intervalle laissé entre la vente et la tradition ne doit avoir aucune influence sur la durée de l'action; qu'il n'y a pas possibilité de prétendre que si l'acheteur eût possédé la chose, il eût, avant l'expiration du délai fatal, reconnu l'existence du vice, puisque le délai était échu avant aucune manifestation.

« Admettons maintenant que le jour où la tradition a été faite, les signes du mal ou du vice fussent déjà apparens, il restera une ressource à l'acquéreur; il pourra refuser la chose vicieuse, et il ne sera contraint à la recevoir qu'autant que le vendeur repoussera la responsabilité, en prouvant que déjà le délai de la prescription était expiré lorsque le vice s'est révélé.

« Enfin, il faut présenter une troisième hypothèse, celle où la tradition aura précédé l'expiration du délai de la prescription; dans ce cas, l'acheteur devra redoubler d'attention et de célérité, d'abord pour reconnaître les signes du mal, puis pour former sa demande en justice.

« Sans doute, quelques inconvéniens résultent pour l'acheteur et pour le vendeur lui-même, de ce que la tradition n'a pas suivi immédiatement la vente, mais les parties ne peuvent imputer qu'à elles-mêmes les conséquences de leur convention, et il n'est pas permis de chercher à prévenir ce qu'elles ont de fâcheux, en accordant arbitrairement des prolongations de délais, qui feraient souvent peser sur le vendeur la responsabilité des vices qui n'existaient pas à l'époque de la vente.

« Il est, au surplus, évident que si les parties avaient entendu subordonner la perfection de la vente à la tradition, la doctrine que j'ai cherché à établir serait sans application. Tout ceci me paraît

ou mal caduc; de neuf jours pour tous les autres cas.

4. Si la livraison de l'animal a été effectuée ou s'il a été conduit, dans les délais ci-dessus, hors du lieu du domicile du vendeur, les délais seront augmentés d'un jour par cinq myriamètres de distance du domicile du vendeur au lieu où l'animal se trouve (1).

5. Dans tous les cas (2), l'acheteur, à peine

résulter d'un arrêt de la Cour de cassation, du 17 mars 1829 (Sirey, 29. 1. 139; Dalloz, 29. 1. 360) qui, malgré son laconisme, indique toutes les idées que j'ai développées. »

Certainement je n'ai pas transcrit ce long fragment de mon ouvrage pour me donner la vaine satisfaction de montrer que j'avais prévu les raisonnemens qui ont paru décisifs à M. le rapporteur de la commission de la Chambre des Députés, et que je les avais réfutés; qu'en un mot, j'avais raison et que la loi a tort. Mon intention a été de donner les moyens d'appliquer, selon les vrais principes, la nouvelle disposition telle qu'elle est faite.

Le projet disait que le délai serait, non compris le jour de la livraison, de trente jours, etc.

D'après cette rédaction, qu'il y eût ou non convention sur l'époque de la délivrance, c'était du lendemain de cette délivrance que devait courir le délai. Cependant M. le rapporteur avait reconnu que si la livraison était retardée par la faute de l'acheteur, le délai courait du jour de la vente, et il croyait trouver la justification de cette distinction dans l'art. 1138 Cod. civ.

Cet article ne me paraît point offrir d'une manière positive la solution de la difficulté; il déclare que le consentement transmet la propriété, et, qu'en conséquence, les risques sont à la charge de l'acheteur du jour du contrat, encore qu'il n'y ait pas eu livraison, à moins que le vendeur ne fût en demeure de livrer. L'on sait d'ailleurs que malgré la mise en demeure du vendeur, les risques pèsent sur l'acheteur, lorsqu'il est certain que la chose eût péri chez lui, comme elle a péri chez le vendeur. (Cod. civ., art. 1302).

Ce sont là des principes généraux incontestables; mais il reste à en faire l'application au cas où il s'agit de vices redhibitoires. Il faut voir comment ils se combinent avec la règle qui exige impérieusement que l'action en résolution de la vente résultant de ces vices soit formée dans un délai déterminé.

Il est évident que si le vice est antérieur à la vente, le vendeur en est responsable; mais s'il est postérieur, malgré la mise en demeure du vendeur, il doit être aux risques de l'acheteur, si toutefois il est certain que le vice se serait manifesté chez l'un comme chez l'autre.

Voyons maintenant ce que la rédaction du texte jette de lumières sur la difficulté.

Elle suppose qu'il y a un jour fixé pour la livraison, et, pour ce cas, elle ne fait courir les délais que de ce jour. Mais s'il n'y a point de jour fixé, il faudra appliquer les règles générales et décider que les délais seront comptés du jour de la vente, à moins que le vendeur ne soit en demeure, et encore, dans ce cas, celui-ci pourra faire remonter le point de départ au jour de la vente, s'il démontre que ce n'est point parce qu'il a négligé de faire la livraison que le vice s'est développé, et qu'il eût également pris naissance chez l'acheteur.

J'avoue qu'il est impossible à l'acheteur de former sa demande avant d'avoir reconnu l'existence du vice et qu'il ne peut la reconnaître que lorsqu'il a reçu la livraison; mais j'ai prévu cette difficulté, et, dans le passage de mon Traité de la vente, j'ai montré comment elle doit être résolue.

(1) Le sens de cet article n'est point parfaitement clair, si l'on s'en tient au texte; mais les débats qui l'ont précédé ne laissent aucun doute sur l'interprétation qu'il faut lui donner.

Il suppose d'abord que la livraison est faite hors du domicile du vendeur, et dans ce cas il n'accorde point pour faire constater les vices un délai plus long que celui qui est fixé par l'art. 3; il dit seulement que pour donner l'assignation, le délai sera augmenté d'un jour par cinq myriamètres entre le lieu de la livraison et le domicile du vendeur. Il faut bien en effet que l'acheteur ait le temps d'aller lui-même ou d'écrire pour faire assigner son vendeur.

L'article prévoit aussi le cas où l'acheteur, après avoir conclu son marché, se met en route et conduit l'animal à une distance plus ou moins grande du domicile du vendeur. Si, dans la route ou au terme du voyage, le vice redhibitoire se manifeste, l'acheteur doit le faire constater sur-le-champ. Aux termes de l'art. 5, si les délais prescrits par l'art. 3 étaient expirés, la constatation serait inutile; mais si elle est faite en temps opportun, il faut bien que l'acheteur ait le temps d'aller ou d'écrire au lieu du domicile du vendeur, pour faire donner l'assignation. Sans doute il résulte de là que les vendeurs seront, dans les cas prévus, sujets à des réclamations, même après l'expiration des délais de neuf jours ou de trente jours; on a fait remarquer que les acheteurs pourront quelquefois s'emparer de la disposition de l'article, pour placer les vendeurs dans une position difficile, en les obligeant à venir reprendre l'animal vicieux à une grande distance, ce qui entraîne des frais considérables, ou à passer par les conditions qui leur seront imposées. Ces inconvéniens n'ont pas paru assez graves pour refuser une augmentation de délais à raison des distances, suivant l'usage ordinaire.

(2) Ainsi, ce n'est pas seulement dans le cas prévu par l'article 4 que l'acheteur doit provoquer la nomination d'experts; c'est *dans tous les cas*, comme le dit le texte, et comme cela a été formellement reconnu dans la discussion à la Chambre des Pairs. La commission avait proposé de rédiger l'article de la manière suivante: « Dans ce cas », ce qui restreignait la disposition à l'hypothèse dont parle l'article 4: mais M. le *ministre des travaux publics* a demandé qu'on rétablît ces mots: *dans tous les cas*, qui se trouvaient dans le projet. « Nous avons cru, a-t-il dit, l'expertise utile dans tous les cas, que l'animal soit conduit ou non hors du lieu où il a été vendu. Une action est intentée en justice: d'abord il y a le délai de l'assignation, puis le délai de l'instruction. Il arrivera souvent que l'affaire ne viendra à l'audience que quatre ou cinq mois après la vente. C'est un très grave inconvénient: vainement vous auriez les délais de garantie, si l'expertise n'a lieu que bien long-temps après ces mêmes délais. Le projet de loi a eu ce but de

d'être non recevable, sera tenu de provoquer, dans les délais de l'article 3, la nomination d'experts chargés de dresser procès-verbal ; la requête sera présentée au juge de paix du lieu où se trouvera l'animal. Ce juge nommera immédiatement, suivant l'exigence des cas, un ou trois experts, qui devront opérer dans le plus bref délai (1).

6. La demande sera dispensée du préliminaire de conciliation, et l'affaire instruite et jugée comme matière sommaire (2).

7. Si, pendant la durée des délais fixés par l'article 3, l'animal vient à périr, le vendeur ne sera pas tenu de la garantie, à moins que l'acheteur ne prouve que la perte de l'animal provient de l'une des maladies spécifiées dans l'article 1er (3).

---

faire établir l'état de l'animal aussitôt que le vice de l'animal se manifeste, et dans le délai de la garantie. Il faut nommer immédiatement l'expert ; il faut qu'il dresse procès-verbal ; que cette pièce reste au procès pour être livrée plus tard à l'appréciation des magistrats. Vous sentez que cette sage mesure doit s'étendre à tous les cas, et qu'au lieu de se servir des expressions restrictives de la commission, il convient d'employer des expressions plus générales. »

M. *le rapporteur* de la commission à la Chambre des Pairs a donné son assentiment à l'explication du ministre.

Ces mots, « Dans tous les cas », ont soulevé une autre question dont la solution mérite d'être conservée.

On a fait observer que ces mots s'appliquaient à tous les cas énumérés dans l'art. 1er, parmi lesquels sont des maladies contagieuses ; or, a-t-on dit, des réglemens de police ordonnent d'enfouir le plus promptement possible les animaux morts de mal contagieux. Il y aura donc contrariété entre l'article et les réglemens de police. La puissance de ceux-ci prédominera-t-elle sur la disposition actuelle, ou bien celle-ci sera-t-elle hors de l'empire des premiers ?

« Il est bien entendu, a répondu *le ministre du commerce*, que cet article ne peut faire obstacle à l'exécution des réglemens de police ; le premier besoin est sans contredit celui de la salubrité publique. Par conséquent, toutes les fois qu'un animal devra être enfoui parce qu'il était atteint d'une de ces maladies, il faudra nécessairement que les réglemens de police s'exécutent ; l'action sera ensuite intentée sur la connaissance de ce fait. »

Voyez la note sur l'art. 7.

(1) M. *Séguier* a fait remarquer que, selon les règles ordinaires de la procédure, les tribunaux doivent nommer trois experts, et que lorsqu'ils se bornent à en nommer un, c'est du consentement exprès des parties.

Il a demandé que la loi actuelle s'expliquât formellement à ce sujet ; mais M. *le ministre du commerce* a dit que dans l'intention du projet le juge de paix aurait le droit de ne nommer qu'un seul expert, si cela lui paraissait convenable.

M. *le rapporteur* de la commission de la Chambre des Pairs a dit qu'il reconnaissait la justesse de l'observation du ministre ; que s'il n'y a pas possibilité de trouver sur les lieux trois experts, il n'en sera nommé qu'un seul.

Cependant il a ajouté : L'expertise ordonnée par un tribunal ne peut se faire que par trois experts ; comme le tribunal saisi de l'action en garantie s'en rapportera le plus souvent à l'expertise provoquée par le juge de paix, peut-être vaudrait-il toujours mieux que celle-ci fût faite autant que possible par trois experts.

M. *Gillon*, M. *le ministre du commerce*, M. *le rapporteur*, M. *le président* de la Chambre des Députés se sont accordés à reconnaître que toutes les formalités prescrites par le code de procédure en matière d'expertise seront observées ; qu'ainsi les experts prêteront serment et qu'ils présenteront leur rapport au juge de paix qui les aura commis ; que c'est ce magistrat qui les taxera. On aurait pu croire que par suite le procès-verbal serait déposé au greffe de la justice de paix, mais tout le monde s'est accordé à dire que la minute de ce procès-verbal serait remise à la partie qui l'aurait requise.

M. *le président de la Chambre* a donné pour raison que ce procès-verbal est un acte conservatoire, qu'on ne sait pas où le procès sera porté.

M. *Gillon* a fait remarquer qu'il importait que cette dérogation aux règles ordinaires fût bien constatée dans la discussion, et il a ajouté que rien de l'expertise ne sera notifié à la partie poursuivie que quand elle recevra assignation en nullité de la vente ou de l'échange.

(2) Il doit être bien entendu que cet article ne reçoit application qu'autant qu'il s'agit d'un cas où le préliminaire de conciliation est exigé. Ainsi, lorsque la demande n'excédera pas 200 fr., ou lorsque le défendeur sera commerçant, elle devra être soumise au juge de paix dans le premier cas, et au tribunal de commerce dans le second. Et pour ces cas il était superflu de dire que le préliminaire de conciliation était inutile.

(3) On est revenu à la question soulevée lors de la discussion de l'article 5, et elle a reçu ici une solution qui fait disparaître ce qu'il y avait de vague dans la réponse de M. le ministre du commerce.

On a demandé : Si, l'acheteur ayant le droit de prouver que la perte de l'animal provient de l'une des maladies spécifiées dans l'article 1er, il sera obligé, dans le cas de mort par suite de maladie contagieuse, de s'adresser au juge de paix pour faire dresser procès-verbal, et s'il faudra, pour intenter son action en redhibition, qu'il remplisse toutes les formalités susceptibles d'entraîner des longueurs contraires aux réglemens de police.

M. *le rapporteur* a répondu que lorsque, d'après les réglemens de police, l'autorité locale aurait fait enfouir l'animal avant que les experts eussent constaté la nature de la maladie, l'acheteur pourrait invoquer le procès-verbal d'enfouissement de l'animal, ou toute autre preuve quelconque pour établir que le cas de mort était un de ceux prévus par l'art. 1er.

« Ainsi, a-t-il dit, il faut faire une distinction : l'animal peut mourir d'une des maladies comprises dans les cas redhibitoires, alors une action redhibitoire est intentée. L'animal peut aussi mourir d'une maladie contagieuse qui n'est pas comprise dans les vices redhibitoires ; alors ce sont

8. Le vendeur sera dispensé de la garantie résultant de la morve et du farcin pour le cheval, l'âne et le mulet, et de la clavelée pour l'espèce ovine, s'il prouve que l'animal, depuis la livraison, a été mis en contact avec des animaux atteints de ces maladies.

27 AVRIL=4 MAI 1838.—Loi portant qu'il sera fait un appel de quatre-vingt mille hommes sur la classe de 1837. (IX, Bull. DLXIX, n. 7371.)

Art. 1er. Il sera fait un appel de quatre-vingt mille hommes sur la classe de 1837.

2. La répartition de ces quatre-vingt mille hommes entre les départemens du royaume sera faite, en 1838, par une ordonnance royale, proportionnellement au nombre des jeunes gens inscrits sur les listes de tirage de la classe appelée.

Si, par suite de circonstances extraordinaires, le nombre des jeunes gens inscrits sur les listes de tirage de quelques cantons ou départemens ne peut être connu dans le délai qui aura été déterminé par une ordonnance du roi, le nombre sera remplacé, pour les cantons ou départemens en retard, par la moyenne des jeunes gens inscrits sur les listes de tirage des dix classes précédentes.

Le tableau général de la répartition sera inséré au Bulletin des lois et communiqué aux chambres.

3. La sous-répartition du contingent assigné à chaque département aura lieu, en 1838, entre les cantons, proportionnellement au nombre des jeunes gens inscrits sur la liste du tirage de chaque canton.

Elle sera faite par le préfet, en conseil de préfecture, et rendue publique par voie d'affiches, avant l'ouverture des opérations des conseils de révision.

Dans le cas où les listes de tirage de quelques cantons ne seraient pas parvenues en temps utile au préfet, il sera procédé, pour la sous-répartition, à l'égard des cantons en retard, de la manière indiquée au deuxième paragraphe de l'article 2 ci-dessus.

4. Les jeunes soldats qui feront partie du contingent appelé seront, d'après l'ordre de leurs numéros de tirage, et aux termes de l'article 29 de la loi du 21 mars 1832, partagés en deux classes de quarante mille hommes chacune, composées, la première, de ceux susceptibles d'être mis en activité immédiatement; la seconde, de ceux qui seront laissés dans leurs foyers, et ne pourront être mis en activité qu'en vertu d'une ordonnance royale.

5. Pour la classe de 1838, toutes les opérations du recrutement qui se rapportent aux tableaux de recensement et au tirage au sort prescrits par la loi du 21 mars 1832 pourront avoir lieu au commencement de l'année 1839, et avant le vote de la loi annuelle du contingent.

---

les réglemens sanitaires qu'il faut interroger, et il y a lieu, comme je l'ai dit, non plus à l'action redhibitoire, mais à deux actions, l'une en dommages-intérêts de la part de l'acheteur, s'il a éprouvé des dommages, l'autre en police correctionnelle, à la poursuite du ministère public, pour violation des réglemens de police sanitaire.

« Je ferai remarquer que l'action du ministère public peut avoir lieu dans les deux cas, soit que le vice contagieux fût redhibitoire, soit qu'il ne le fût pas. Les réglemens de police ne distinguent pas. »

Ces paroles de M. le rapporteur ont fait naître dans mon esprit un doute grave; il a dit que, si l'animal vient à périr d'une maladie contagieuse qui ne constitue pas un vice redhibitoire, l'acheteur ne pourra pas demander la résolution de la vente; mais qu'il pourra selon les circonstances avoir une action en dommages-intérêts, si par exemple le contact de l'animal a occasioné la perte d'autres animaux avec lesquels il s'est trouvé.

Il me semble bien extraordinaire que l'acheteur ait l'action en dommages-intérêts et qu'en même temps il n'ait pas l'action en résolution.

L'action en dommages-intérêts suppose qu'au moment de la vente l'animal était atteint de la maladie dont il est mort; or cela autorise l'acheteur à demander la résolution du contrat.

Dira-t-on que la loi établit une présomption *et de jure* que les maladies autres que celles qu'elle qualifie *vices redhibitoires* sont survenues après la vente, dès que l'acheteur n'en a pas reconnu l'existence au moment du contrat. S'il en est ainsi, il est impossible que l'acheteur ait une action en dommages-intérêts; car le vendeur ne peut être responsable d'une maladie survenue depuis qu'il a cessé d'être propriétaire.

En un mot, il faut reconnaître que l'acheteur qui ne peut demander la résolution de la vente, ne peut pas demander des dommages-intérêts, ou admettre que l'acheteur a la faculté de prouver qu'une maladie qui n'est point classée parmi les vices redhibitoires affectait réellement l'animal qu'il a acheté, au moment de la vente. Or, il me semble que cette faculté accordée à l'acheteur serait entièrement opposée à l'intention de la loi nouvelle, dont le but est de prévenir les discussions, d'empêcher les procès, en déclarant ce qui peut être considéré comme vice redhibitoire et en repoussant toute réclamation pour des défauts non compris dans la nomenclature qu'elle établit.

Quant à l'action du ministère public, elle est évidemment indépendante des règles établies dans l'intérêt des parties contractantes; et toutes les fois qu'il sera établi que, contrairement aux réglemens de police, il y a eu vente d'animaux atteints de maladies contagieuses, les peines seront appliquées par les tribunaux de justice répressive.

25 MAI=6 JUIN 1838. — Loi sur les justices de paix (1). (IX, Bull. DLXXIV, n. 7415.)

(1) Présentation à la Chambre des Députés le 6 janvier 1837 (Mon. du 7 et du 8) ; rapport par M. Renouard le 29 mars (Mon. du 30) ; discussion le 13 avril (Mon. du 14), le 14 (Mon. du 15) ; adoption le 17 (Mon. du 18), à la majorité de 264 voix contre 57.

Présentation à la Chambre des Pairs le 8 mai (Mon. du 9) ; rapport par M. de Gasparin le 19 juin (Mon. du 20) ; discussion le 24 (Mon. du 25) ; adoption le 27 (Mon. du 28), à la majorité de 100 voix contre 4.

Reprise du projet le 15 janvier 1838 (Mon. du 16) ; rapport par M. de Gasparin le 31 janvier (Mon. du 1er février) ; discussion et adoption le 5 (Mon. du 6), à la majorité de 84 voix contre 13.

Présentation à la Chambre des Députés le 15 février (Mon. du 16) ; rapport par M. Amilhau le 6 avril (Mon. du 7 et du 9) ; discussion le 23 avril (Mon. du 24), le 24 (Mon. du 25) ; adoption le 25 (Mon. du 26), à la majorité de 199 voix contre 35.

Retour à la Chambre des Pairs le 28 avril (Mon. du 29) ; rapport par M. de Gasparin le 10 mai (Mon. du 11) ; adoption le 14 (Mon. du 15), à la majorité de 100 voix contre 3.

Voy. lois des 16-24 août 1790, tit. 3 ; 18-26 octobre 1790, tit. 3 ; 6-27 mars 1791, 26 ventôse an 4.

La loi actuelle faisait partie du projet sur l'organisation judiciaire présenté à la Chambre des Députés, dans la session de 1835. On a pensé que la division des matières conduirait à une plus grande perfection dans les améliorations à introduire dans chaque partie ; c'est ainsi qu'on a fait une loi distincte pour les tribunaux de première instance ; qu'une autre est préparée pour les tribunaux de commerce, et que celle-ci règle ce qui est relatif aux justices de paix.

Elle apporte de véritables améliorations, cela est incontestable. L'extension d'une juridiction toute conciliatrice, procédant sans frais et sans formes inutiles, est un véritable bienfait, surtout pour la classe pauvre des citoyens que des adversaires riches pourraient effrayer en les menaçant d'un long et dispendieux procès, pour leur arracher des concessions injustes d'ailleurs. Les contestations seront diminuées par l'influence de l'action conciliatrice des juges de paix. Une foule de petites discussions seront terminées sans que les parties soient obligées de dépenser plus que la valeur des choses objet du débat.

De vives attaques ont cependant été dirigées tant contre l'esprit du projet dans son ensemble que contre la plupart de ses dispositions en particulier ; et, il faut bien le reconnaître, au nombre de ces observations critiques il en est que les Chambres auraient dû honorer d'un examen plus attentif.

Le premier reproche qu'on ait fait au projet de loi a consisté à l'accuser d'inconstitutionnalité, en ce qu'il soumet à la compétence de juges amovibles des affaires qui, jusque-là, avaient été jugées par des juges inamovibles. Il faut repousser, a-t-on dit, toute atteinte qu'on voudrait porter à cette inamovibilité des magistrats, parce qu'on pourrait être entraîné tôt ou tard à franchir entièrement une barrière qui est la sauvegarde des plaideurs.

On a exprimé ensuite la crainte que la loi nouvelle ne dénaturât l'institution des justices de paix. Le juge de paix restera-t-il, s'est-on demandé, ce que l'avait fait l'assemblée constituante, l'homme de paix ou le conciliateur tout d'abord, et seulement, dans quelques cas exceptionnels, le juge ou plutôt l'arbitre des parties? N'arrivera-t-il pas que son caractère de médiateur sera étouffé par celui de juge?

D'un autre côté, a-t-on ajouté, du moment qu'il sera appelé à prononcer sur des intérêts d'une certaine importance, il se trouvera exposé à l'influence des passions de ses justiciables, par la raison qu'il ne pourra pas laisser ignorer son vote comme les juges des tribunaux ordinaires. Or, il faut craindre de l'exposer, sans défense, à l'animosité de ceux dont il aura blessé les intérêts ou froissé l'amour-propre ; il faut craindre aussi qu'il ne sache pas se garantir des piéges que la cupidité lui tendra sous toutes les formes. Il y a donc danger à confier des attributions importantes à un juge unique livré à ses seules lumières, exposé au ressentiment de ses justiciables, et ayant à se défendre des exigences des hommes riches et puissans.

Loin de reconnaître la nécessité de rapprocher les justiciables de leurs juges, on a prétendu que ce rapprochement ne ferait qu'augmenter les procès par la facilité qu'il fournirait de trouver le juge en quelque sorte sous sa main, et dans le premier mouvement de la colère. Que de querelles de voisinage, a-t-on dit, de futiles discussions que l'éloignement du prétoire, et, par suite, le calme de la réflexion auraient apaisées, deviendront la source de débats!

Il arrivera encore, a-t-on ajouté, que, dans des affaires de quelque gravité, les parties appelleront des avocats des barreaux des siéges des tribunaux et des cours royales, ce qui entraînera des frais considérables. Ou bien elles seront à la merci d'une foule de praticiens sans capacité et sans garanties, qui souvent accuseront le juge de partialité, inspireront à leurs crédules cliens une haine injuste contre le juge et lui enlèveront la confiance des justiciables, dont il est si important qu'il soit investi.

Le juge de paix deviendra par l'adoption du projet le juge du peuple qui ne possède pas d'immeubles. Il y aura ainsi deux justices, l'une pour le riche, l'autre pour le pauvre, et celle-ci offrira toujours moins de garanties. Or, le prolétaire et le propriétaire ont les mêmes droits à une bonne justice.

Le ministère public ne pourra plus exercer sa surveillance sur les intérêts des femmes mariées, des mineurs et des différentes classes d'incapables.

Enfin, du moment qu'on étend la compétence des juges de paix, il faut exiger d'eux, non plus seulement, comme lors de la création de leur juridiction, qu'ils apportent dans l'exercice de leurs fonctions les simples lumières de la raison, mais qu'ils soient capables de rechercher les textes applicables, de les interpréter et de les appliquer aux faits. On a demandé en conséquence, que les candidats aux justices de paix fussent soumis à des conditions de capacités.

A ces nombreuses observations on a répondu :

Que l'extension de la compétence des juges de paix ne mérite pas le reproche d'inconstitutionnalité ; car, à raison de la diminution de v[illegible] du numéraire, elle ne fait autre chose, en réalité, que rétablir cette compétence dans ses limites primitives;

Que la loi nouvelle n'enlève point au juge de paix son caractère de conciliateur que lui avait imprimé la loi de 1790, qu'elle le lui conserve pour toutes les affaires, à l'exception de quelques-unes de peu de valeur pour lesquelles, conformément au système adopté par l'assemblée constituante, il devient juge.

M. *de Gasparin*, rapporteur de la commission de la Chambre des Pairs, après avoir rapporté une partie des motifs de la loi de 1790, a dit que parmi les questions qui furent alors posées, on eut à s'expliquer sur celle de savoir si les juges de paix devaient avoir une compétence contentieuse, s'ils ne devaient pas se borner au rôle d'arbitres et de conciliateurs, et il a rappelé la solution qu'elle reçut à cette époque dans les termes suivans :

« Les juges de paix, outre le rôle qu'ils doivent jouer dans tous les cas, et à quelque tribunal que la cause doive se porter, comme médiateurs et conciliateurs, doivent avoir une juridiction contentieuse pour les causes mobilières et personnelles d'une valeur minime fixée provisoirement à un maximum de 50 fr. Leur refuser cette juridiction, ce serait manquer entièrement le but, les dépouiller de toute autorité, de tout caractère de pouvoir et de crédit qui s'y rattache; ils ne seraient plus alors que des donneurs de conseils infructueux, et ne rempliraient qu'une formalité sans importance. D'ailleurs, il importait au bien général que les petits procès fussent anéantis dès leur origine, n'occasionassent pas des frais disproportionnés à leur valeur et n'obligeassent pas les citoyens à des déplacemens coûteux. » (Mon. du 20 juin 1837, page 1575, première colonne.)

« Deux autres questions qui se rattachent à celle-ci furent résolues dans le même sens et par des motifs tout aussi puissans. Elles étaient ainsi posées : »

« Dans le cas où l'on créerait pour les juges de paix un premier degré de juridiction, devrait-on leur attribuer une compétence à charge d'appel?

« En fixant, d'après la valeur des demandes pour les causes personnelles et mobilières, une compétence aux juges de paix, faudrait-il en outre, leur attribuer la connaissance d'autres genres d'actions qui dépendent de l'appréciation seule des faits? »

Ces différentes solutions démontrent parfaitement que le second reproche n'est pas fondé.

M. *Persil* répondait d'ailleurs que retirer la connaissance de certaines affaires aux tribunaux de première instance était un bien et non un mal. « Nos tribunaux, disait-il, sont un peu arriérés; la justice s'y fait attendre, et en leur retirant la connaissance de quelques affaires, ils marcheront plus vite. Il en résultera ce double avantage : devant les juges de paix, la justice sera expéditive, tout ce qui se présente est ordinairement jugé dans la même journée; devant les tribunaux, il y aura moins d'affaires, et au lieu de plaider un an ou dix-huit mois, on verra finir son affaire en six mois ou plus tôt.

« Un autre avantage très considérable, c'est qu'on plaidera pour de petits intérêts devant les juges de paix sur les lieux, et à très bon compte. Aujourd'hui, le malheureux qui a une contestation pour une somme de 55 fr., par exemple, court grand risque de la voir dissipée, s'il y a appel de la décision. Il aura gagné son procès, mais il n'en aura pas moins perdu ses 55 fr. de capital en perte de temps, en frais de voyage, en frais d'avocat. Est-ce là de la justice, messieurs? Non. Il faut, comme on l'a dit, une justice plébéienne, une justice qui soit dans la main du peuple, de manière que, quand un débiteur ne veut pas payer son créancier, on puisse l'amener chez le juge et le faire condamner sur-le-champ. Voilà comment les choses doivent se passer dans un pays bien organisé. »

Quant à la nécessité d'exiger des garanties de capacité des juges de paix, M. *le garde des sceaux* a déclaré dans son discours de présentation à la Chambre des Députés, que cette question a été plusieurs fois agitée, soit dans le sein de la commission spéciale à laquelle la préparation du projet avait été confiée, soit dans le sein des chambres ou de leurs commissions, et que toujours un examen attentif avait démontré qu'une telle innovation entraînerait plus d'inconvéniens qu'elle n'offrirait d'avantages; que le juge de paix doit, surtout dans les campagnes, être plus influent encore, s'il se peut, par l'ascendant qu'exercent une position sociale élevée et une considération établie que par l'étude du droit; que de vrais jurisconsultes consentiraient rarement à se contenter dans les cantons ruraux des modestes avantages que procure une justice de paix; qu'il faudrait donc choisir, ou parmi ceux qui n'auraient rapporté des écoles de droit qu'un titre dépourvu de science véritable, ou parmi de jeunes légistes qui n'accepteraient que comme un moyen d'avancement des fonctions qui demandent, pour être bien remplies, d'être long-temps confiées à la même personne, afin qu'elle acquière sur les justiciables ce crédit qui résulte de l'habitude de vivre parmi eux, c'est-à-dire, la connaissance de leurs intérêts, de leur caractère et même de leurs passions.

Lors de la dernière discussion à la Chambre des Députés, M. *le garde des sceaux* a ajouté : « On voudrait que les juges de paix fussent pris parmi les licenciés en droit; on voudrait les garanties de légiste, de jurisconsulte. Je dois le dire, cette pensée serait entièrement subversive de l'institution.

« Je ne dis pas que l'on ne puisse recourir aux jurisconsultes et aux légistes pour faire d'excellens juges de paix, mais je dis qu'il ne faut pas être condamné à ne recourir qu'à eux. Il faut reconnaître que tout homme de bon sens et expérimenté, tout individu doué des lumières que donnera le bon sens et l'expérience, peut faire un bon juge de paix. Et, pour mon compte, je serais disposé à écarter celle des attributions qui ne se contenterait pas de garanties de cette nature.

« Je proteste donc d'avance contre tout amendement qui aurait pour but d'établir que les juges de paix ne seraient pris que dans une classe déterminée. »

Enfin, dans le rapport de M. *Renouard* à la Chambre des Députés, en 1837, la question est discutée au moyen des renseignemens fournis par la statistique.

« On peut affirmer, disait l'orateur, que géné-

Art. 1er. Les juges de paix connaissent de toutes actions (1) purement personnelles ou (2) mobilières, en dernier ressort, jusqu'à la valeur de cent francs, et, à charge

ralement la composition personnelle des justices paix est très satisfaisante. On peut le prouver par des faits.

« La dernière publication des états statistiques sur l'administration de la justice civile en France, est celle qui rend compte des travaux de 1834. On y trouve, pour les affaires civiles dont le juge de paix connaît à l'audience comme juge, sans parler des affaires portées devant lui pour satisfaire au préliminaire de la conciliation, qu'il a été introduit 410,844 affaires par citation, et 80,953 par comparution volontaire. Sur ces affaires, 75,268 ont été terminées par abandon de procès, et 199,817 par arrangement à l'audience; des jugemens par défaut en ont terminé 68,844, et des jugemens contradictoires 139,343. Le nombre des jugemens frappés d'appel n'a été que de 3,734. Sur ce nombre, 1,450 ont été confirmés, et 1,045 infirmés en tout ou en partie. Quant aux affaires portées en conciliation, 38,454 ont été conciliées, sur un chiffre total de 97,558.

« Il résulte, comme on le voit, de ces documens, que la justice rendue par les tribunaux de paix est active, paternelle, acceptée par les parties, qui se pourvoient rarement devant les juridictions supérieures, et que ces juridictions, devant lesquelles ne sont portées que les affaires qui offrent des doutes, n'en ont qu'un petit nombre à réformer. »

Telle est l'analyse exacte des objections qu'a fait naître le projet de loi et des réponses qu'elles ont reçues. Sur cet exposé, l'on doit reconnaître que la somme des avantages qui résulteront des réformes introduites dans cette matière, l'emporte de beaucoup sur les inconvéniens qu'on a signalés, qui, d'ailleurs, existent depuis long-temps, et sont, pour la plupart, inséparables de toute institution judiciaire.

De toutes les questions dont je viens de parler, la plus importante peut-être est celle de savoir s'il convient d'exiger des juges de paix quelques garanties de savoir et de capacité. Je ne comprends pas, je l'avoue, comment elle peut paraître douteuse. C'est une vieille erreur de croire que le bon sens ordinaire, accompagné d'intentions pures, suffit à un juge de paix. En 1790, au moment où l'on faisait tant de grandes et bonnes choses, on était, il faut le reconnaître, sous l'empire de quelques illusions généreuses. Notamment, l'institution des juges de paix apparaissait avec un caractère tout paternel, tout patriarcal. Il semblait que les passions des justiciables devaient céder sans effort à l'action du juge; que, d'un côté, il n'y avait que candeur, simplicité, soumission, et, de l'autre, vertu et bienfaisance; on était disposé à croire qu'aux champs il n'y a ni haine, ni ruse, et que le magistrat n'aurait qu'à faire parler la vérité et la justice pour étouffer les contestations. S'il en eût été ainsi, on aurait dû s'abstenir de tracer des formes, de poser des règles; il eût fallu dire que le juge de paix déciderait *ex æquo et bono*, ou qu'il ferait ses efforts pour concilier là où il n'aurait point de juridiction. Mais, malgré les préoccupations de l'époque, on sentait la nécessité d'organiser les tribunaux de paix avec quelque régularité, de déterminer les bornes de leur compétence, de racer les formes de leur procédure ; dès lors, on aurait dû reconnaître la nécessité de connaissances spéciales pour les juges de paix. D'ailleurs, depuis 1790, leur juridiction, surtout leur juridiction non contentieuse, s'est singulièrement accrue; en sorte qu'aujourd'hui plus que jamais quelques garanties devraient être exigées. Sans doute, le grade de licencié en droit ne démontre pas que celui qui l'a obtenu est un jurisconsulte consommé; mais il donne la certitude que l'on connaît au moins de vue les principales lois qui nous régissent, qu'on a quelques aperçus sur la législation et sur la jurisprudence; qu'on est familiarisé avec les expressions usitées dans la langue du droit; que l'on a au moins feuilleté les auteurs, et qu'au besoin on est capable d'y faire des recherches. En vérité, il est difficile de comprendre comment un homme qui n'est pas ainsi initié aux premiers élémens de la science, peut faire les actes les plus faciles et les plus simples comme juge de paix. Aussi, arrive-t-il souvent que les greffiers exercent une grande influence sur la solution des difficultés, du moins lorsqu'il s'agit de celles qui se présentent en dehors de l'audience.

Alors même que les juges de paix agissent comme conciliateurs, il ne leur suffit pas d'avoir de bonnes intentions et un jugement sain pour parvenir au but qu'ils doivent se proposer. S'ils ignorent le droit, ils sont incapables de saisir, surtout promptement, les questions de fait et de droit que présente le procès naissant; ils ne peuvent donc exprimer une opinion raisonnée, faire sentir à chacune des parties ce que ses prétentions ont d'injuste ou d'illégal. Il faut qu'ils se tiennent dans des généralités. Ils sont condamnés à débiter des lieux communs sur les inconvéniens des discussions judiciaires, et certes ce sera une grande merveille, si, de cette façon, ils réussissent souvent à rapprocher des parties aveuglées sur la nature et l'étendue de leurs droits.

Que, si l'on ne veut pas astreindre aux études un peu dispendieuses qui ont lieu dans les écoles de droit, du moins qu'on exige un stage dans le cabinet d'un avocat, d'un avoué ou d'un notaire; que l'on assujettisse au moins à subir un examen devant le président du tribunal ou tel autre fonctionnaire de l'ordre judiciaire. En un mot, on se trompe, si l'on croit que les juges de paix sont, en général, assez éclairés pour bien exercer leurs fonctions, et il y a quelques mesures à prendre pour améliorer l'institution sous ce rapport.

(1) La loi du 16-24 août 1790, titre 3, art. 9, employait le mot *causes* au lieu du mot *actions* dont se sert la loi nouvelle. M. Carré (Juridiction des juges de paix, tome 2, page 140) explique le motif pour lequel la loi de 1790 s'est servie d'une expression qui n'est pas consacrée par la législation moderne : « C'est, dit-il, parce que ce mot, dans la coutume de Normandie, était synonyme d'*actions*, ce qui porta le savant jurisconsulte Thouret, rédacteur de la loi de 1790, à y faire entrer une expression qui lui était familière, comme avocat au parlement de Rouen. »

(2) La loi du 16-24 août 1790, titre 3, art. 9, en attribuant aux juges de paix la connaissance des causes *personnelles et mobilières*, semblait exiger la réunion de deux qualités dans les affaires qui leur étaient soumises, pour qu'elles fussent de leur

d'appel, jusqu'à la valeur de deux cents francs (1).

2. Les juges de paix prononcent, sans appel, jusqu'à la valeur de cent francs,

---

compétence. On pouvait croire qu'il fallait que les actions fussent à la fois *personnelles et mobilières;* qu'en conséquence, le juge de paix était incompétent pour statuer sur une action *mobilière*, mais *réelle.* La loi nouvelle ne permet plus de s'arrêter à une pareille difficulté, puisqu'elle attribue aux juges de paix la connaissance des actions *personnelles ou mobilières.* Il est donc certain aujourd'hui qu'une action *réelle et mobilière* peut être compétemment portée devant le juge de paix; *à fortiori* les *actions mixtes et mobilières* sont soumises à leur juridiction. M. Carré, tome 2, page 143 et suiv., admet que, même sous l'empire de la loi de 1790, les juges de paix devaient connaître des actions *réelles et mobilières.*

(1) En 1837, la commission de la Chambre des Pairs avait proposé d'ajouter à l'article 1er un paragraphe ainsi conçu :

« Cette juridiction s'étendra aussi aux affaires « commerciales dans les limites de la compétence « ci-dessus, dans les lieux où le tribunal de première « instance remplit les fonctions de tribunal de « commerce. »

M. *le garde des sceaux* déclara qu'il adhérait à la proposition avec d'autant plus d'empressement, que la contrainte par corps ne pouvait être prononcée dans les limites de la somme à laquelle était fixée la compétence. M. le *commissaire du roi* fit remarquer que l'amendement lui paraissait d'autant plus juste, que la connaissance des affaires commerciales n'était attribuée aux juges de paix que dans les localités où les tribunaux civils remplissaient les fonctions de tribunaux de commerce.

« La commission, dit enfin M. *le rapporteur*, a été fortement préoccupée de l'état des choses présenté par plusieurs pétitionnaires, et qui est à la connaissance d'un grand nombre de ses membres; je veux parler de cette espèce de fléau qui s'attache aux habitans des campagnes; cette plaie de l'usure qui cherche à enlever les habitans des campagnes à la juridiction habituelle des justices de paix, pour les traîner devant des tribunaux éloignés. On fait souscrire à un simple paysan un billet à ordre, qu'on fait revêtir de l'endossement d'un négociant, ce qui rend le billet à ordre passible du tribunal de commerce. On enlève ainsi à la connaissance du juge de paix une cause purement personnelle, et on entraîne le débiteur réel devant le tribunal de commerce, ce qui l'expose à des frais considérables et l'oblige à des déplacemens ruineux.

« Ces motifs l'ont décidée à passer par dessus des considérations d'un ordre secondaire. En effet, quoique les raisonnemens qui peuvent être opposés soient fondés en droit, ils ne doivent pas empêcher l'adoption du paragraphe proposé par la commission, parce qu'on doit être pleinement rassuré sur le nombre des affaires dont il pourra être fait appel. »

En 1838, au contraire, la commission de la Chambre des Députés a repoussé la proposition. Et voici comment s'est exprimé M. *le rapporteur* : « On veut mettre un frein à la cupidité ou à l'exigence des hommes qui exploitent les petites fortunes, en modifiant le titre. Ils font choix de la juridiction; et depuis que la contrainte par corps n'existe plus au-dessous de 200 francs, il n'y a point de motifs pour s'opposer à cette proposition. Voilà le système : votre commission le repousse. Pour obvier à quelques cas exceptionnels, il tend à dénaturer complétement les deux institutions. Celle des justices de paix, en obligeant le juge à recourir à des connaissances pratiques et usuelles, et à suivre l'esprit et les opérations du négoce, et la juridiction commerciale en la constituant tribunal de deuxième degré, chargé de prononcer sur des jugemens, des nullités, des appels et des questions d'évocation qui doivent lui demeurer étrangers. En un mot, de deux justices spéciales et d'exception, on fait deux tribunaux ordinaires. Dans l'application, combien d'obstacles doivent se présenter? Respectons l'ordre des juridictions, et rejetons une innovation imprudente qui, à travers quelques avantages douteux, offre d'immenses inconvéniens. »

A la Chambre des Pairs, MM. *Portalis, Séguier* et *de Bastard* ont parlé dans le même sens.

« Il y aura donc, disait notamment M. *Portalis*, deux ordres de juridiction dans les affaires commerciales, et le commerce sera privé, dans certains cas, de cette juridiction consulaire qui lui est si nécessaire et si précieuse. De plus, par une singulière anomalie, les juges de paix seront incompétens pour les affaires commerciales dans les arrondissemens où il n'existe pas de tribunaux de commerce proprement dits, et ne le seront pas dans les arrondissemens où il en existe. Mais, si l'attribution qu'on propose de leur donner est utile, elle doit être universelle; si elle ne l'est pas, elle ne doit leur être accordée en aucun cas. On ne peut établir deux ordres de juridiction alternatifs sur la même matière.

« Ce n'est pas contre l'extension de la compétence que je m'élève, c'est contre le changement de nature de la juridiction. Dans l'état actuel des choses, c'est le tribunal de commerce qui juge en dernier ressort toutes les affaires commerciales jusqu'à 1,000 fr. Ces affaires ne subissent qu'un seul degré de juridiction. Or, qu'arrivera-t-il dans les affaires où il s'agit d'une valeur au-dessus de 100 fr. ou au-dessous de 1,000 fr.? On les portera d'abord devant le juge de paix, et ensuite elles seront soumises au second degré de juridiction. De plus, les tribunaux de commerce deviendront les tribunaux d'appel, chose pour laquelle ils ne sont point institués. C'est, il me semble, dénaturer l'institution toute spéciale de la juridiction commerciale.

« M. le commissaire du roi a dit qu'il y aura très peu d'appels. C'est une chose dont je m'occupe peu; toutefois il me semble qu'on ne peut conclure de ce qui s'est passé sous l'empire d'une loi, ce qui se passera sous l'empire d'une autre. Ce que je vois, c'est qu'on introduit un deuxième degré de juridiction là où il n'y en avait qu'un; et, ce qu'il y a de singulier, c'est qu'on ne l'établit pas dans tous les cas. Là où il y a un tribunal de commerce, le juge de paix ne connaîtra pas des affaires commerciales en premier ressort; là où il n'y a pas de tribunal de commerce et où il est remplacé par le tribunal de première instance, le juge de paix en connaîtra.

« La dérogation que l'on veut établir dans l'ordre actuel n'est nullement motivée; je ne vois pas pourquoi on veut établir un nouveau système de juridiction pour les plus petites affaires et sans aucune utilité. »

Malgré le respect dû aux lumières et à l'expérience des magistrats qui se sont opposés à la disposition, je n'hésite pas à dire qu'elle eût été un bienfait véritable. L'anomalie qu'on a cru qui en résulterait n'existe pas réellement; tout au contraire, en plaçant les juges de paix, relativement à la juridiction commerciale, dans la position où ils sont déjà relativement à la juridiction civile, on aurait rendu plus générale et plus simple la base sur laquelle est posée cette institution.

Il était indifférent que les tribunaux de commerce devinssent ainsi accidentellement juges d'appel; les tribunaux civils, malgré la qualification explicite de tribunaux de première instance, ne jugent-ils pas sans inconvéniens les appels des jugemens des juges de paix?

Quant à l'inquiétude fondée sur l'ignorance des juges de paix en matière de commerce, elle n'a pu être conçue que par des personnes étrangères à la pratique des affaires. Les contestations pour des sommes moindres que 200 fr. n'ont pas la plupart du temps un véritable caractère commercial; et il est assez singulier que l'on doute à cette occasion de la capacité des magistrats à qui est confié le soin de juger en matière possessoire, c'est-à-dire, à qui sont soumises les questions que les jurisconsultes les plus habiles considèrent comme extrêmement ardues. Enfin si, en général, les juges de paix ne sont pas initiés, comme les juges de commerce, à la connaissance des usages commerciaux, ils ont sur ceux-ci l'avantage de quelques notions de législation et de jurisprudence; et, en somme, si l'on excepte les tribunaux de commerce de quelques grandes villes, je crois que les lumières des juges de paix offrent autant de garanties que celles des honorables négocians qui siégent dans les tribunaux de commerce, alors même qu'il s'agit d'affaires commerciales.

La commission de la Chambre des Députés avait proposé en 1837 d'attribuer aux juges de paix les demandes en reconnaissance d'écriture. Elle avait en conséquence introduit dans la loi un article sous le n. 2, ainsi conçu : « Les juges de paix connaissent, dans les limites de l'article précédent, des demandes en reconnaissance d'écriture, sauf application de l'art. 14 du Code de procédure civile à tous les cas où l'une des parties déclarera vouloir s'inscrire en faux, déniera l'écriture ou déclarera ne pas la reconnaître. »

Cette disposition fut repoussée par le motif que s'il n'est question que de l'incident qui se présente devant le juge au moment où l'action lui est soumise, l'art. 14 du Code de procédure y a pourvu; que s'il s'agit, au contraire, de faire du juge de paix un tribunal de première instance chargé d'authentiquer les actes et de conférer hypothèque, lorsque les parties sont d'accord, elles peuvent se présenter devant un officier public chargé de retenir leurs conventions; et que, dans le cas où le défendeur est absent, ou refuse de reconnaître, il serait également dangereux d'autoriser à rendre un jugement qui suppléerait à son silence.

Inutilement la commission fit remarquer qu'il ne s'agissait point de *vérification d'écriture*; mais *d'une simple reconnaissance*; ce qui était tout différent.

M. *le garde des sceaux* combattit la proposition même sous ce point de vue, et il en fit prononcer le rejet.

« Le projet de loi discuté aujourd'hui a surtout pour but, a-t-il dit, de simplifier la procédure et d'économiser les frais. L'article que l'on vous propose a une tendance toute contraire; il multiplie les procédures, et par cela même il multiplie les procès et les frais, le tout sans aucune utilité. Quand on assigne une personne devant un juge, c'est sans doute pour qu'elle ait la faculté de contester. Mais, d'après le projet de la commission, il n'y a pas de contestation possible. On cite en reconnaissance d'écriture; si l'on conteste, il faut s'en aller devant un autre juge. Alors, c'est donc un acte en reconnaissance qu'on demande au juge de paix; on prend le juge de paix pour un notaire. Mais cela ne rentre pas dans l'institution des juges de paix.

« Maintenant j'ai dit que l'article est complétement inutile, j'ajoute qu'il est frustratoire, car à quelle époque citera-t-on en reconnaissance d'écriture? Il ne peut y en avoir que deux : avant l'exigibilité ou après l'exigibilité du titre : je maintiens que, dans les deux cas, cela n'est utile à rien, si ce n'est à dénaturer les conventions des parties; que c'est céder à une vieille routine qui existe encore dans les tribunaux où l'on cite en reconnaissance d'écriture avant l'échéance de la dette.

« Autrefois on avait intérêt à citer en reconnaissance d'écriture avant l'échéance de la dette, parce qu'on pouvait prendre une inscription : mais depuis que la loi de 1807 a supprimé la faculté de prendre inscription avant l'échéance, il en résulte que la demande en reconnaissance d'écriture est sans utilité... Je me trompe, elle va directement contre ce que les parties se sont proposé; elle a pour objet de changer le titre. Vous vous étiez contenté d'un acte sous signature privée, vous saviez que vous n'aviez qu'un billet, l'écriture n'en était pas avouée, l'objet de cette vieille routine est précisément de changer le titre; car le lendemain du jour où vous aurez signé un acte sous signature privée, aux termes de la loi de 1807, un individu pourra vous assigner à ses frais devant le tribunal de paix pour voir dire que la signature sera reconnue.

« Sans doute on peut le faire devant les tribunaux de première instance. Puisque la loi existe, je n'ai rien à dire; mais vouloir introduire dans les justices de paix cette procédure en reconnaissance d'écriture qui n'y existe pas encore, je dis que c'est une chose inutile et frustratoire, car elle est sans intérêt pour les parties, qui n'ont plus la faculté de prendre inscription avant l'échéance, et de plus contraire à leurs conventions, car les parties ont voulu faire un acte sous signature privée, et non faire un acte authentique.

« Mais c'est surtout pour le cas où on la demandera après l'échéance que j'insiste, car alors elle aura pour objet de faire des frais, ce que nous voulons éviter. Quand le porteur d'un titre pourra demander la reconnaissance de l'écriture, on fera deux procès. Les magistrats qui siégent dans cette enceinte ont parlé de praticiens mal famés qui s'établiraient près du siége des juges de paix. Eh bien! ces hommes, chassés de leur corporation, ne manqueront pas de faire deux procès au lieu d'un. On citera devant le juge de paix en reconnaissance d'écritures, premier procès; puis on citera pour le paiement, second procès.

« Je le répète, cet amendement est inutile en fait ; il dénaturerait les conventions des parties. Je demande donc le rejet de cet article, contre lequel ont protesté la plupart des Cours royales. » V. Mon. du 15 avril 1837.

On trouve dans le rapport de M. *Amilhau*, fait en 1838, à la Chambre des Députés, la solution des quatre questions suivantes.

1° Devait-on ajouter à la compétence fixée par cet article les affaires immobilières d'une minime importance, et dont la valeur serait déterminée par le chiffre de l'impôt ?

2° Convenait-il de donner aux juges de paix le droit de prononcer sur les partages des petites successions purement mobilières ou même des successions immobilières d'un très mince intérêt ?

3° Devait-on donner aux juges de paix le pouvoir d'autoriser les femmes et les mineurs à procéder devant eux ?

4° Enfin, fallait-il, suivant la jurisprudence actuelle, renvoyer à des tribunaux supérieurs les demandes d'une valeur indéterminée, encore que l'intérêt appréciable fût d'une valeur minime ?

Voici comment s'est exprimé M. le rapporteur.

« On avait proposé d'ajouter à cette compétence, les affaires immobilières d'une minime importance, et dont la valeur serait déterminée par le chiffre de l'impôt ; mais votre résolution sur la loi relative aux tribunaux de première instance a rendu notre tâche facile sur ce point. Il ne faut pas vouloir régler par approximation ce qui est indéfini de sa nature, et limiter des intérêts qui sont variables dans leur étendue, dans leurs rapports et dans les diverses circonstances qui modifient la propriété. La difficulté de la solution pouvait d'ailleurs être ajoutée aux inconvéniens de cette mesure, et c'était, dans toutes les discussions, présenter à la fois deux litiges : procès sur la compétence, procès sur le fond.

« On a proposé, en outre, de donner aux juges de paix le droit de prononcer sur les partages des petites successions purement mobilières, ou des successions immobilières dont le chiffre est tellement minime qu'il serait absorbé par les premiers actes de la procédure ordinaire. Les juges de paix ont, dans la prérogative de la conciliation, dans la faculté que le législateur a laissée aux parties d'étendre indéfiniment leur compétence, ou de compromettre, en nommant des arbitres volontaires, tous les moyens propres à déterminer ces déplorables contestations. Ils manqueraient à leur premier devoir, si dans ces circonstances spéciales ils n'usaient de tous les moyens pour arrêter les plaideurs qui courent à une ruine certaine. Mais si leurs efforts sont impuissans, on ne peut, sans renverser tous les principes, leur donner compétence pour suivre les actions les plus compliquées avec les incidens et les difficultés qui en sont la conséquence. Lorsque la succession s'ouvre, sa valeur est indéterminée, il faudrait commencer par en faire l'appréciation. Le juge de paix devra prononcer sur les actes de dernière volonté, et juger les questions de préciput et de réserve, de legs et de substitutions, qui ont divisé les cours, et reçu dans la Cour de cassation elle-même des décisions contraires. En réduisant la question aux successions mobilières, on ne change pas les difficultés. On ne peut donc admettre ce système sans dénaturer complétement l'institution.

« Dans le cours des actions intentées en justice, des femmes, des mineurs ne peuvent procéder sans une autorisation dévolue en ce moment aux tribunaux de première instance. Doit-on changer cette règle qui tient à des principes d'ordre public, et déférer au juge de paix, dans des cas speciaux, le pouvoir d'autoriser ? Nous ne l'avons pas pensé. Si les époux vivent en bonne intelligence, l'autorisation est de droit ; mais lorsque les époux sont divisés, le refus du mari est souvent le précurseur de débats domestiques et de séparations légales. Ce n'est plus le mince intérêt du litige qui est en question, c'est l'harmonie des familles, la conservation de la fortune des femmes et des mineurs, et dès lors le débat est trop grand pour cette juridiction.

« C'est la demande qui doit être la véritable règle de la compétence ; mais lorsqu'elle porte sur une valeur indéterminée, faut-il suivre la jurisprudence jusqu'à ce moment consacrée, et renvoyer à des tribunaux d'un ordre supérieur, quoique l'intérêt appréciable soit d'une valeur minime ? Les cours ont été divisées sur cette question : selon les unes, c'est l'importance de la demande et la valeur de l'objet en litige qui doit fixer la compétence du juge. Cette valeur est toujours connue quand il s'agit d'une somme d'argent ; si c'est une chose indéterminée qui soit en discussion, personne mieux que le demandeur n'est à même de l'évaluer, et pour prévenir tout abus on ajoute l'option donnée au défendeur de livrer la chose réclamée, ou de payer le montant de l'évaluation. Selon les autres cours, et votre commission partage cet avis, on laisse, par ce système, le demandeur maître de la compétence ; en cas de défaut d'évaluation, aucune sanction pénale n'est possible. Cette facilité ne tendrait qu'à multiplier les incidens : il faut que les droits du défendeur soient garantis comme ceux du demandeur. On sait que les questions de compétence sont susceptibles d'appel, et dès lors on établirait dans tous les procès deux degrés de juridiction. Ces motifs ont déterminé à conserver la règle adoptée jusqu'à ce moment. »

Je ne conteste pas la force des raisons qui ont déterminé la commission ; mais il est un point sur lequel il m'est impossible d'adopter la solution qu'elle a donnée à la difficulté qui lui était soumise ; je pense qu'il eût été très utile de permettre aux juges de paix d'autoriser les femmes mariées et les mineurs à procéder devant eux dans certaines circonstances, sans l'accomplissement des formalités ordinaires.

Les motifs qui auraient dû lui faire confier ce pouvoir sont indiqués dans un écrit de M. Rouillon, juge de paix du XIe arrondissement de Paris, page 20 et suiv.

« Il est de règle constante, y est-il dit, que les femmes en puissance de mari, lorsqu'elles figurent en instance comme défenderesses, si elles ne sont pas assistées de leur mari, peuvent être autorisées par le tribunal ou par le juge devant lequel elles sont assignées ; mais lorsqu'elles veulent elles-mêmes intenter une action en justice, si elles ne sont pas autorisées de leur mari, elles ne peuvent l'être que par le tribunal de première instance, en suivant la forme prescrite par l'art. 861 et suivans du Code de procédure. Cette distinction résulte des dispositions des art. 218 et 219 du Code civil, combinés avec les dispositions du Code de procédure ; après avoir été quelque temps contestée, elle se trouve aujourd'hui définitivement adoptée par les tribunaux, depuis un arrêt de la Cour de cassation, en date du 17 août 1813.

« A l'égard des mineurs non émancipés, on sait qu'ils sont placés dans un état d'incapacité légale, et qu'ils doivent être représentés par leurs tuteurs, même pour les actes de simple administration.

« Ces règles prévoyantes et protectrices, s'il s'agit d'intérêts sérieux, peuvent pourtant aller contre le but qu'on s'est proposé, lorsqu'il s'agit de ces contestations de peu d'intérêt qui se reproduisent si souvent; et c'est ici qu'il faut interroger scrupuleusement les faits, pour savoir quelles dispositions peuvent être nécessaires dans une loi spéciale sur les justices de paix.

« Il est toujours dans les cités populeuses, ou dans les villes d'industrie, un grand nombre d'individus sans fortune, éloignés des personnes sous l'autorité desquelles ils se trouvent placés pour tous les actes de la vie civile; ils ont quitté leurs familles pour aller chercher au loin des moyens d'existence, ou pour apprendre un métier, comme domestiques, comme ouvriers ou apprentis. Dans ces classes ouvrières, il se trouve aussi nombre d'individus sans parens, et qui, à raison de leur position précaire, n'ont pas eu la pensée ou les moyens de réunir un conseil de famille. Ces personnes, que nos lois placent dans un état d'incapacité légale, sont pourtant émancipées de fait, car tous les jours elles agissent, elles traitent seules, dans l'exercice de leur petite industre, à raison de leur logement, de leur nourriture ou de leur entretien. Les obligera-t-on, à raison de ces contestations qui s'élèvent et qui se décident chaque jour, à remplir toutes les conditions prescrites pour que les parties puissent agir régulièrement en justice? Demandera-t-on à une malheureuse domestique, à un ouvrier, mineurs, de réunir un conseil de famille, ou de faire venir de cent lieues une procuration, pour obtenir un juste salaire qui est nécessaire pour leur subsistance du moment, ou pour réclamer leurs effets qu'on leur retient injustement? On les met alors dans l'impossibilité de pouvoir obtenir justice, et dans la position la plus fâcheuse, car si la voix conciliatrice du juge de paix ne peut parvenir à se faire entendre, il se trouvera toujours des gens de mauvaise foi qui ne manqueront pas de leur opposer leur défaut de qualité pour agir en justice!

« Cette situation existe également dans les classes ouvrières pour des femmes en puissance de mari; dans ces classes pauvres, combien de femmes mariées sont séparées de fait de leur mari, surtout dans nos villes populeuses où l'on remarque un déplorable relâchement dans les mœurs et dans les liens de famille; il faut pourtant que ces épouses, qui sont en état de dépendance légale, quoique privées d'une protection réelle, puissent se suffire à elles-mêmes; si elles se trouvent dans la nécessité de recourir au juge de paix, pour obtenir le prix de leur travail, il faut bien qu'elles puissent avoir l'autorisation nécessaire, sans être obligées de recourir aux formalités lentes et dispendieuses du Code de procédure!

« On se tromperait au surplus, si l'on pensait que ces observations s'appliquent uniquement aux personnes des classes pauvres; cette nécessité d'autorisation spéciale et immédiate de la part du juge se présente assez souvent, même pour les personnes les plus aisées; elle existe notamment pour ces jeunes gens de famille réunis en grand nombre dans certaines villes, comme à Paris, pour leurs études, et qui, livrés à eux-même, loin de leurs familles, peuvent avoir à soutenir des contestations pour les engagemens relatifs à leur logement, à leur nourriture et à leur entretien. Enfin, d'après les nouvelles attributions conférées aux juges de paix par l'art. 2 du projet de loi, cette nécessité pourra aussi se présenter pour ces contestations qui s'élèvent en cours de voyage, et dans lesquelles peuvent figurer des mineurs, des femmes en puissance de mari, voyageant en l'absence de leurs familles.

« La loi concernant la juridiction des tribunaux de paix, réclame donc une disposition particulière, qui confère au juge le pouvoir indispensable pour pouvoir rendre la justice à tous ceux qui se trouvent dans la nécessité de paraître devant lui, pour ces contestations qui demandent une prompte décision. L'urgence des intérêts indique donc suffisamment le besoin de modifier ici les règles d'autorisation; la nature même de ces contestations, qui sont de peu de conséquence, garantit aussi que cette dérogation en droit commun peut être admise sans inconvénient.

« Pour renfermer dans de sages limites le pouvoir à conférer, à cet égard, aux juges de paix, il convient d'ailleurs de ne leur donner le droit d'autorisation que dans les cas de nécessité absolue; c'est pourquoi on propose que les juges de paix ne puissent autoriser les femmes en puissance de mari, et les mineurs non émancipés qu'en cas d'absence du mari, des père et mère ou tuteur et seulement pour les actions purement personnelles ou mobilières. Ce pouvoir d'autorisation, ainsi limité, peut être confié sans danger aux magistrats qui sont les surveillans naturels de l'intérêt des familles, et il faciliterait l'accès auprès des tribunaux de paix, de ceux qui ont plus particulièrement besoin de la protection de la justice.

« L'article additionnel pourrait être ainsi conçu :

« Dans les instances sur actions purement personnelles ou mobilières, dans les cas prévus par les art. 1, 2 et 5, § 3, de la présente loi, les juges de paix pourront, par simple ordonnance mise au bas d'une cédule d'assignation, ou par le jugement même, donner autorisation spéciale aux femmes en puissance de mari, aux mineurs non émancipés, à l'effet d'ester devant le tribunal de paix et de poursuivre l'exécution du jugement, lorsque les maris, pères et mères, ou tuteurs, ne seront pas sur les lieux, ou lorsque les mineurs se trouveront sans tuteur. »

Si, après avoir lu ce passage, on se reporte aux argumens de la commission, on reconnaît que les inconvéniens graves que présente l'état de choses actuel n'ont pas même été aperçus par elle; et que la loi a été faite sans tenir compte des difficultés qui se révèlent chaque jour à l'audience des juges de paix.

En se fondant toujours sur l'expérience, M. Rouillon demandait que l'on attribuât aux juges de paix, dans la limite des sommes sur lesquelles ils ont le droit de statuer, la connaissance des demandes en validité ou en nullité d'offres réelles. Tous ceux qui ont été témoins des débats qui s'élèvent en justice de paix, sont convaincus que cette extension d'attributions serait extrêmement utile. On comprend combien il est fâcheux

et, à charge d'appel, jusqu'au taux de la compétence en dernier ressort des tribunaux de première instance (1) :

Sur les contestations entre les hôteliers, aubergistes ou logeurs, et les voyageurs ou locataires en garni, pour dépense d'hôtellerie et perte ou avarie d'effets déposés dans l'auberge ou dans l'hôtel (2) ;

---

que le débiteur d'une faible somme à qui on en réclame une plus considérable, reste exposé à une condamnation aux dépens, s'il n'offre pas réellement la somme par lui due; ou à un procès devant le tribunal de première instance, s'il fait des offres réelles. Je crois encore pouvoir dire qu'ici la loi n'a pas pris en considération une des situations les plus difficiles auxquelles donnent naissance les procès d'un faible intérêt.

Quelques personnes pensent, au surplus, que les juges de paix peuvent connaître de la demande en validité d'offres, lorsque la somme offerte, ou du moins lorsque la contestation dans laquelle a lieu l'offre, ne sort pas de leur compétence; mais l'opinion générale est contraire à cette doctrine, et il eût été désirable que la loi nouvelle fît cesser toute incertitude à cet égard.

Aucun texte exprès ne défend aux juges de paix de connaître de l'exécution de leurs jugemens; mais on peut voir dans M. Carré (Lois de la compétence, tome 2, page 401 et suiv.), les raisons sur lesquelles on s'est fondé pour établir cette règle. Cependant on doit reconnaître qu'il serait fort utile d'admettre ici une dérogation aux principes généraux, et de confier aux juges de paix le pouvoir de statuer sur les difficultés que fait naître l'exécution de leurs jugemens. Sans cela, les avantages que présente leur juridiction prompte, simple, économique, disparaissent souvent; car il faut, pour obtenir l'exécution de la sentence, avoir un procès long et dispendieux devant les tribunaux d'un ordre élevé.

« Cette réforme, dit M. Rouillon dans ses observations *in fine*, que réclament tant d'intérêts en souffrance, ne présente pas dans l'exécution autant de difficulté qu'on pourroit le penser; il n'est aucunement nécessaire d'attendre le moment d'une réforme générale de nos lois de procédure : tout ce qu'il y aurait à faire se réduit à établir, pour les tribunaux de paix, des règles exceptionnelles pour l'exécution des jugemens, comme on l'a fait déjà avec tant de succès pour l'instruction des affaires. La nature et le peu d'importance de ces affaires n'exigeant d'autres voies d'exécution que celles d'exécutions mobilières, il s'agit donc uniquement de placer à la suite du premier livre du Code de procédure, quelques chapitres sur l'exécution des jugemens des tribunaux de paix; ces quelques chapitres peuvent se résumer en des règles fort simples, et d'une application facile; en écartant, par ce moyen, toute cette complication de formes qui a été jusqu'ici le principal obstacle, on arriverait assurément à réaliser toutes les améliorations qui ont été dans la pensée du gouvernement, et dont le besoin se fait vivement sentir.

(1) Devant quel juge de paix seront portées les contestations prévues par cet article?

Le rapport de M. *Amilhau*, en 1838, répond ainsi à cette question : « On avait d'abord pensé qu'il fallait que, dans tous les cas, le juge de paix du lieu fût déclaré compétent. Il y avait intérêt à ce que la demande reçût solution à l'instant même. Mais votre commission n'a pas cru devoir déroger à l'ordre ordinaire des juridictions. Elle a compris que les droits de l'hôtelier étaient garantis, puisqu'en faisant une saisie-gagerie, il pouvait obliger le voyageur à intenter à l'instant son action; mais les droits du voyageur ne le sont pas, si, à chaque pas de sa course, il peut être distrait de son juge naturel; ces actions peuvent être intentées après le départ du voyageur, pour le faire condamner sans être entendu, lorsqu'il sera livré à un voyage de long cours, ou pour le faire retourner d'une extrémité de la France à l'autre. »

M. *le garde des sceaux* a ajouté que ce serait presque toujours le juge de paix de la localité qui prononcerait; qu'ainsi, dans l'usage ordinaire, le fournisseur, l'aubergiste, le carrossier retiennent les effets du voyageur qui ne veut pas payer la somme réclamée et se mettent dans la nécessité d'être assignés par le voyageur sur le lieu même; mais que s'il en est autrement, si le voyageur a continué sa route, on ne peut le forcer à venir plaider devant un juge de paix peut-être à deux cents lieues de son domicile; que, dès lors, il faut rester dans le droit commun.

Un des motifs qui a paru exercer le plus d'influence sur la détermination de la Chambre des Députés, c'est que la loi actuelle n'a pour but que de modifier la compétence à raison de la matière, et qu'il n'était pas convenable d'y introduire des modifications des règles générales sur la juridiction.

(2) Cette disposition s'applique-t-elle à tous les effets quelle que soit leur nature, que le voyageur porte avec lui?

La raison de douter est que, d'une part, le texte ne contient aucune exception; et que, d'un autre côté, les termes employés par M. le rapporteur semblent ôter au texte cette signification absolue. On lit, en effet, dans le rapport de M. *Amilhau* : « L'attribution, quant à la perte d'effets, avait d'abord excité quelques réclamations; mais on a fait remarquer qu'il ne s'agissait que des effets déposés dans l'auberge ou dans l'hôtel, qui accompagnent *ordinairement* le voyageur. »

Deux arrêts de la Cour de Paris, l'un du 2 avril 1811, et l'autre du 21 novembre 1836 (Sirey, 14. 2. 100, et 37. 2. 78) ont décidé, conformément à l'opinion de M. *Amilhau*, que les aubergistes ne sont pas responsables des valeurs considérables apportées par les voyageurs, et que ceux-ci n'ont point déclarées; que la responsabilité doit être restreinte à la somme jugée nécessaire aux voyageurs, et qui peut être considérée comme faisant partie de leur bagage.

M. Toullier, tome XI, n. 255, approuve cette jurisprudence, qui me paraît aussi fort raisonnable. Au surplus, je n'hésite pas à dire que s'il y a quelque faute à reprocher au voyageur, si, par exemple, il a négligé de renfermer ses effets dans les meubles placés dans la chambre qu'il occupe, et destinés à cet usage; s'il a laissé la clef à sa porte pendant la nuit, et qu'il ait été volé dans son sommeil, l'aubergiste ne doit pas être responsable du vol. La loi doit être entendue dans un sens favorable aux logeurs et aubergistes; car la disposition qui les déclare de plein droit responsables de toutes les pertes et avaries qui peuvent

Entre les voyageurs et les voituriers ou bateliers, pour retards, frais de route et perte ou avarie d'effets accompagnant les voyageurs (1) ;

Entre les voyageurs et les carrossiers ou autres ouvriers, pour fournitures, salaires et réparations faites aux voitures de voyage.

3. Les juges de paix connaissent, sans appel, jusqu'à la valeur de cent francs, et, à charge d'appel, à quelque valeur que la demande puisse s'élever (2) ;

Des actions en paiement de loyers ou fermages, des congés, des demandes en résiliation de baux, fondées sur le seul défaut de paiement de loyers ou fermages; des expulsions de lieux (3) et des demandes en validité de saisie-gagerie (4) ; le tout lorsque les locations verbales ou par écrit n'ex-

---

arriver dans leur maison est d'une grande sévérité. Voir, au surplus, les art. 1952 et suiv. du Code civil. Un arrêt de la Cour de Nismes, du 18 mai 1825, a jugé qu'on ne peut considérer comme logeur le propriétaire qui, pendant un temps de foire, loue, sans prendre patente, des appartemens garnis; qu'ainsi, il n'est pas responsable du vol des effets d'un voyageur logé chez lui, dans une chambre que celui-ci occupait avec d'autres voyageurs, alors même que le propriétaire aurait gardé une clef de la chambre pour y faire le service. (Dalloz, 25. 2. 238.)

(1) Voyez ma continuation de Toullier, tome IV, n. 317 et suiv. J'ai dit, n. 325, que, dans plusieurs administrations, on prend la précaution de délivrer aux expéditeurs ou voyageurs un bulletin portant qu'au cas de perte des effets, il ne sera payé, à titre d'indemnité, qu'une somme de cent cinquante francs, et que celui qui accepte *sciemment* un récépissé dans lequel est insérée une pareille mention, se soumet à la condition qu'elle exprime ; qu'il est lié par une convention tacite dont la validité et la force obligatoire sont incontestables. Un commentateur de la loi nouvelle a cru devoir contester cette doctrine. Je regrette qu'il n'ait pas indiqué les raisons sur lesquelles il fonde son opinion. Pour moi, je n'en vois aucune qui doive me faire changer d'avis.

Voyez Code civil, art. 1782 et suiv.

(2) Peu importe que la valeur du litige excède la compétence des tribunaux de première instance, c'est-à-dire 1,500 fr.

C'est ce qui résulte d'abord du texte formel et absolu de l'article, et ensuite du rejet d'un amendement ainsi conçu :

« Néanmoins, les juges de paix cesseront d'être « compétens pour statuer sur les articles ci-dessus, « lorsque les arrérages de loyer ou de fermage ex- « céderont 1,500 fr. »

On a dit, à l'appui de cet amendement, que si aucune limite n'était posée à la compétence des juges de paix, il arriverait qu'ils prononceraient sur des valeurs excédant la compétence des tribunaux de première instance en dernier ressort. — Les juges de première instance, a dit l'auteur de la proposition, ne peuvent statuer en dernier ressort que jusqu'à concurrence de 1,500 fr. Comment feront-ils, dans le cas où le litige qui leur sera soumis dépassera cette somme ?

M. *le président*. «Le juge d'appel est toujours souverain.»

M. *Martin* (de l'Isère). « Il aurait fallu faire une exception pour ce cas.»

M. *le président*. « En première instance, on juge en dernier ressort jusqu'à 1,500 fr.; mais quand le juge de première instance est juge d'appel, son caractère change, et c'est à ce caractère qu'est attribué le droit de juger au-delà.»

(3) On a proposé un amendement ainsi conçu:

« En cas d'expulsion après vente du mobilier, « ou sur procès-verbal de carence, l'expulsion sera « ordonnée par simple ordonnance rendue con- « tradictoirement par le juge de paix ou parties « duement appelées. Cette ordonnance sera exé- « cutoire par provision, et même sur minute, « comme en matière de référé. »

M. *le rapporteur* a soutenu que l'amendement ne pouvait pas être adopté, car il introduirait une disposition dont les juges de paix n'avaient pas besoin. « Le juge de paix peut, a-t-il dit, faire tout ce qu'on demande, et la disposition que vous introduiriez serait contraire au principe de l'institution.

«Dans l'état actuel des choses, le référé est admis pour les tribunaux qui ont plusieurs juges. Alors l'un d'eux prononce par provision, et, plus tard, le tribunal complet apprécie la décision et juge au fond. Mais devant la justice de paix, il n'y a qu'un seul juge, il compose tout le tribunal; il peut faire citer à bref délai, et faire exécuter sur la minute les jugemens, même par provision, et, dans ce cas, le référé, c'est le jugement que rend le juge de paix.

« Pourquoi donc une disposition qui l'autoriserait à juger en référé? Vous lui feriez prononcer d'abord provisoirement en référé, et ensuite définitivement sur le fond; vous entraîneriez nécessairement des longueurs et des frais, et ne remédieriez à aucun des inconvéniens qu'on a signalés. Lorsqu'il s'agit d'une expulsion de lieux, lorsque les faits ne sont pas bien prouvés au juge de paix, laissez-lui les moyens d'accorder des délais, de faire ce qu'il croira convenable dans l'intérêt de la justice.

« Il n'y a aucun besoin de la disposition qu'on vous propose.

M. *Debelleyme* a ajouté : « L'objet de l'amendement serait rempli, s'il était bien entendu que cette disposition s'applique aux expulsions de lieux, soit après la vente du mobilier, soit sur le procès-verbal de carence. »

M. *le rapporteur*. « Nous n'avons pas distingué, et par conséquent cela s'applique à tous les cas.»

M. *Parès*. « D'ailleurs, l'art. 12 porte : « S'il y a péril en la demeure, l'exécution provisoire pourra être ordonnée sur la minute du jugement. »

M. *Taillandier*. « D'après ces observations, et puisque l'article est ainsi entendu, je n'insiste plus pour mon amendement. »

(4) La loi, comme on le voit, donne aux juges de paix le droit de connaître des demandes en validité de saisie-gagerie. M. Rouillon, dans ses Observations, pense qu'ils ne seront pas compétens pour connaître des demandes en validité des saisies-revendications formées par le bailleur sur les effets qui garnissaient les lieux loués, et qui ont été deplacés sans son consentement. Il pense

cèdent pas annuellement, à Paris, quatre cents francs, et deux cents francs partout ailleurs (1).

Si le prix principal du bail consiste en denrées ou prestations en nature, appréciables d'après les mercuriales, l'évaluation sera faite sur celles du jour de l'échéance, lorsqu'il s'agira du paiement des fermages. Dans tous les autres cas, elle aura lieu suivant les mercuriales du mois qui aura précédé la demande. Si le prix principal du bail consiste en prestations non appréciables d'après les mercuriales, ou s'il s'agit de baux à colons partiaires, le juge de paix déterminera la compétence, en prenant pour base du revenu de la propriété le principal de la contribution foncière de l'année courante, multiplié par cinq.

4. Les juges de paix connaissent, sans appel, jusqu'à la valeur de cent francs, et, à charge d'appel, jusqu'au taux de la compétence en dernier ressort des tribunaux de première instance (2) :

1° Des indemnités réclamées par le loca-

---

que la voie de la saisie-gagerie n'est plus praticable, lorsque les meubles et effets ont cessé d'être en la possession du preneur. Il cite Pothier, du Louage, n. 261; Carré, t. 2, p. 434, un arrêt de la Cour de Rennes du 7 mars 1816. Il eût été à désirer que la loi, par une disposition formelle, eût décidé cette question; mais, dans son silence, je crois qu'il faut la résoudre en faveur de la compétence du juge de paix; car l'art. 819 permet la saisie-gagerie, soit que les meubles et effets se trouvent dans les mains du preneur, soit qu'ils aient été enlevés; et il emploie la même expression dans l'un et l'autre cas.

On a demandé si le juge de paix pouvait connaître de l'opposition formée à la saisie-gagerie fondée, par exemple, sur ce que le prix du bail serait payé. Je crois que l'on ne doit pas ici se préoccuper de l'idée que les juges de paix ne connaissent pas de l'exécution de leurs jugemens, pour leur refuser le droit de prononcer en pareille matière. La permission qu'ils donnent de saisir-gager n'est pas un véritable jugement ; d'ailleurs, la loi nouvelle les déclare compétens pour statuer sur les demandes en validité de saisie-gagerie. Evidemment, la question qui se présente au moment où le preneur soutient qu'il ne doit rien, et qu'on ne doit pas saisir-gager ses meubles, est la même que celle qui s'élève, lorsque, la saisie-gagerie étant faite, le preneur soutient qu'elle est nulle, parce qu'il n'est pas obligé par un motif quelconque au paiement des loyers ou fermages que réclame le bailleur.

On avait introduit dans le projet primitif une disposition qui étendait la juridiction du juge de paix aux saisies-arrêts. Cette disposition ne se retrouve pas dans la loi ; la révision du projet amena son exclusion. M. *le garde des sceaux*, dans son discours de présentation du projet, en 1837, s'est expliqué dans ce sens, en termes formels : « La saisie-arrêt, a-t-il dit, à la différence de la saisie-gagerie, met toujours en cause une troisième partie, outre le saisissant et le débiteur ; la suite de cette procédure nécessite une distribution entre plusieurs intéressés, lorsqu'il survient des oppositions. Statuer sur ces oppositions, prononcer sur la déclaration du tiers-saisi contre lequel est formée une demande véritablement indéterminée, ce seraient là autant d'attributions qui entraîneraient le magistrat hors des limites ordinaires de sa compétence, et qui l'appelleraient à décider des questions d'une solution souvent trop difficile. »

Mais du moins le juge de paix peut-il statuer sur la saisie-arrêt formée par un créancier sur son débiteur forain, conformément à l'art. 822 du Code de procédure civile? Il est difficile de lui accorder cette attribution que le texte repousse, puisqu'il ne parle que de la saisie gagerie.

(1) Si les parties ne sont pas d'accord sur le prix du bail, il faudra que le juge de paix ou le tribunal de première instance devant qui sera proposée l'exception d'incompétence, pour statuer, recherche à quel prix le bail a été véritablement consenti. Il me semble qu'on devra, pour y parvenir, suivre la disposition de l'art. 1716 du Code civil. Voyez les explications sur cet article, dans ma continuation du Toullier, t. III, n. 252 et s.

L'article ne s'applique pas aux baux à cheptel. « Les baux à cheptel, dit le rapport de la commission, ne sont pas compris dans nos dispositions ; leurs conditions sont trop variables, et l'introduction de races d'un grand prix pourrait donner lieu à de sérieuses difficultés, soit pour la valeur, soit pour l'interprétation des conventions. » Voy. lois du 15 germinal an 3, art. 12, et du 2 thermidor an 6.

M. *Legalle* avait proposé à la Chambre des Députés de déclarer que la disposition n'était pas applicable aux baux à convenant ou à domaine congéable.

M. *le rapporteur* a répondu : « Je crois que les baux à domaine congéable qui participent de la vente en même temps que du contrat de bail ne doivent pas être compris dans la dénomination générique de baux. Si la Chambre croyait nécessaire d'adopter l'article, elle ferait, je crois, une chose régulière pour le fond de la disposition, mais elle ferait une chose inutile, en ce sens qu'on ne peut pas, je le répète, comprendre ces sortes de baux, qui aliènent une partie de la propriété, sous la dénomination générale de baux. »

M. *Legalle* a déclaré que cette explication le satisfaisait.

(2) La loi du 16-24 août 1790, titre 3, art. 10, donnait au juge de paix le droit de connaître, *à quelque somme qu'elles pussent monter*, des demandes en indemnité formées par le preneur pour non jouissance, et des demandes en indemnité formées par le bailleur, pour cause de dégradations. On a soutenu que la loi actuelle aurait dû maintenir cette règle comme elle la maintient pour les *réparations locatives*. (Voyez l'article suivant, n. 2.)

M. *Jobard* faisait remarquer qu'en limitant la compétence des juges de paix aux demandes dont le chiffre n'excéderait pas le taux de la compétence en dernier ressort des tribunaux de première instance, on donnait les moyens aux hommes processifs de porter devant les tribunaux des contestations d'un faible intérêt, en réclamant plus de quinze cents francs d'indemnité, ou en laissant la quotité indéterminée et en demandant que l'indemnité à eux due fût fixée par experts.

« Pour ce qui est relatif aux réparations locatives,

taire ou fermier pour non jouissance provenant du fait du propriétaire, lorsque le droit à une indemnité n'est pas contesté (1);

2o Des dégradations et pertes, dans les cas prévus par les articles 1732 et 1735 du Code civil (2).

Néanmoins le juge de paix ne connaît des pertes causées par incendie ou inondation que dans les limites posées par l'article 1er, de la présente loi (3).

5. Les juges de paix connaissent également, sans appel, jusqu'à la valeur de cent francs, et, à charge d'appel à quelque valeur que la demande puisse s'élever (4) :

1o Des actions pour dommages faits aux champs, fruits et récoltes, soit par l'homme, soit par les animaux, et de celles relatives à l'élagage des arbres ou haies, et au curage, soit des fossés, soit des canaux servant à l'irrigation des propriétés ou au mouvement des usines, lorsque les droits de propriété ou de servitude ne sont pas contestés;

2o Des réparations locatives des maisons ou fermes, mises par la loi à la charge du locataire (5);

3o Des contestations relatives aux engagemens respectifs des gens de travail au jour, au mois et à l'année, et de ceux qui les emploient; des maîtres et des domestiques ou gens de service à gages; des maîtres et de leurs ouvriers ou apprentis, sans néanmoins qu'il soit dérogé aux lois et réglemens relatifs à la juridiction des prud'hommes (6);

---

a répondu M. *le rapporteur*, il n'y a aucun inconvénient à laisser la compétence telle qu'elle était fixée par la loi de 1790. Déjà le bail a commencé, il y a un fait acquis, et qui sert de point de départ; il ne s'agit que de réparations de pur entretien extrêmement minimes; mais pour l'indemnité, la somme réclamée peut être considérable; quelquefois même le bail n'a pas commencé réellement. Le juge est sans aucune base, et s'il y a une demande d'indemnité pour non jouissance, cette demande doit être portée devant le tribunal de première instance. »

(1) M. Carré (des Justices de paix, tome 2, n. 1861) se demande ce qu'il faut entendre par ces mots : *lorsque le droit à une indemnité n'est pas contesté*, et s'il suffit à un propriétaire de dire sèchement : *Je conteste le fond du droit, je ne dois point d'indemnité; mon fermier n'est pas fondé à en exiger*; ou bien, *les dégradations qu'il prétend avoir entravé sa jouissance n'existent pas?*

Il emprunte à M. *Henrion de Pansey*, chap. 29, n. 299, la réponse suivante : « Pour peu qu'on y réfléchisse, on sent que telle ne peut être l'intention de la loi. En effet ce serait lui faire dire que le fermier qui réclame une indemnité pour non jouissance citera le propriétaire devant le juge de paix; mais qu'il sera libre au propriétaire de reconnaître ou de décliner sa juridiction, selon son caprice ou son intérêt. Jamais la loi n'a parlé un pareil langage; quelle doit donc être la défense du propriétaire, pour que l'on puisse dire que le fond du droit est contesté dans le sens de la loi que nous examinons? Je crois que pour qu'il y ait lieu au déclinatoire, il faut que la défense du propriétaire soit telle qu'elle forme une fin de non recevoir contre la demande du fermier; c'est-à-dire qu'il lui réponde : Telle est la nature des engagemens que j'ai contractés envers vous, telles sont les clauses de votre bail, que quand même vous n'auriez pas joui intégralement ou que votre jouissance serait suspendue pendant un temps plus ou moins long, je ne vous dois aucun dédommagement. Alors le procès présente à juger une question d'interprétation d'actes, problème dont la solution exige le rapprochement des différentes clauses du bail et l'application des lois sur l'interprétation des conventions; et c'est ce que la loi n'a pas voulu soumettre aux juges de paix. »

Si donc le propriétaire conteste l'existence du bail, ou soutient que le bail est nul, qu'il est expiré, résilié, ou qu'il ne comprend pas l'objet cause de la réclamation, le juge de paix ne sera point compétent. (Voyez ma continuation de Toullier, tome III, n. 358.)

(2) Voyez ma continuation de Toullier, tome III, n. 450 et suiv.

(3) Voyez, sur la responsabilité du preneur, au cas d'incendie, mon Traité du louage, tome III, continuation de Toullier, n. 409 et suiv.

(4) La loi du 16-24 août 1790, titre 3, art. 10, attribuait aux juges de paix la connaissance des différentes contestations énumérées dans cet article, mais leur compétence en dernier ressort n'excédait pas 50 francs, tandis qu'elle s'élève maintenant jusqu'à 100 francs.

(5) Voyez dans ma continuation de Toullier, tome III, n. 447 et suiv., ce qu'on doit entendre par *réparations locatives*. Voyez aussi tome IV, n. 22 et suiv., 103 et suiv.

J'ai, dans ma continuation de Toullier, tome IV, n. 455, établi contrairement à l'opinion de M. Carré, que l'action pour réparations locatives ne se prescrit que par trente ans; mais j'ai eu soin de faire remarquer que lorsque le bailleur aura laissé écouler un certain temps depuis l'expiration du bail, sans exercer son action, le preneur sera accueilli avec faveur, s'il dit qu'il n'est plus possible de constater et de reconnaître si les réparations actuellement nécessaires l'étaient quand le bail a fini, ou le sont devenues depuis la prise de possession par un autre; qu'il y a même présomption que les lieux étaient en bon état à la fin du bail, que sans cela on ne les aurait pas repris sans protestation. En un mot, j'ai pensé que les tribunaux ne seront pas obligés de repousser l'action comme prescrite; mais qu'à moins de circonstances particulières, ils la rejetteront comme mal fondée, ou du moins comme dénuée des justifications nécessaires.

(6) Il ne faut pas étendre les expressions *gens de travail*, *gens de service*, etc, aux *commis*, *secrétaires*, *précepteurs*, etc. M. le rapporteur de la commission de la Chambre des Pairs s'est formellement expliqué dans ce sens.

L'opinion des auteurs était contraire à cette restriction; mais je crois avoir établi dans mon Traité du louage, continuation de M. Toullier, tome IV, n. 277 et suiv., qu'à raison des modifica-

4° Des contestations relatives au paiement des nourrices, sauf ce qui est prescrit par les lois et réglemens d'administration publique à l'égard des bureaux de nourrices de la ville de Paris et de toutes les autres villes (1);

5° Des actions civiles pour diffamation verbale et pour injures publiques ou non publiques, verbales ou par écrit, autrement que par la voie de la presse; des mêmes actions pour rixes ou voies de fait; le tout lorsque les parties ne se sont pas pourvues par la voie criminelle (2).

6. Les juges de paix connaissent, en outre, à charge d'appel (3):

1° Des entreprises commises, dans l'an-

---

tions survenues dans nos mœurs, on ne peut plus appliquer les qualifications *de domestiques ou gens de service* aux *bibliothécaires*, *précepteurs*, *intendans* ou *régisseurs*.

La commission de la Chambre des Pairs avait proposé de donner aux juges de paix la connaissance des contestations entre les chefs de maison et leurs commis; mais cette proposition a été repoussée soit à cause de l'importance des sommes qui pourraient être l'objet de ces contestations, soit à raison du caractère commercial des conventions qui interviennent entre les négocians et leurs commis.

Voyez, relativement aux prud'hommes, la loi du 18 mars 1806 et les décrets du 11 juin 1809, du 20 février 1810, du 3 août 1810.

La qualification de *gens de travail* s'applique à ceux qui louent leurs services au jour ou pour un temps déterminé, mais qui ne sont point logés et nourris dans la maison de celui pour qui ils travaillent. Tels sont les terrassiers, moissonneurs, vendangeurs, jardiniers, batteurs en grange, vignerons et en général tous les journaliers, c'est-à-dire ceux dont l'engagement peut commencer et finir dans la même journée. (Répertoire de jurisprudence, v° *Juges de paix*, § 17, n. 1. M. Henrion de Pansey, chap. 30, n. 7.)

Si, au lieu de se louer au jour ou à l'année, des gens de travail stipulent un prix proportionné à la quantité de travail qu'ils exécutent, le contrat change de caractère, ce n'est plus un louage de services, c'est un louage d'industrie. (Arrêt de la Cour royale de Bordeaux, du 24 novembre 1829, Sirey, 30. 2. 101; Dalloz, 30. 2. 174. Arrêt de la Cour de cassation, du 12 mars 1834, Sirey-Devilleneuve, 35. 1. 63; Dalloz, 34. 1. 344.)

(1) Voy. décrets des 13 prairial an 12, 25 mars 1806 et 30 juin 1806.

(2) « Déjà, a dit M. *Amilhau*, rapporteur de la commission de la Chambre des Députés, les injures, les rixes, les voies de fait étaient, quant à l'action civile, de la compétence du juge de paix. Le projet ajoute l'*injure écrite* et *la diffamation verbale*: la diffamation non publique est punie comme injure, si elle a ce caractère; si elle ne l'a pas, elle demeure impunie: nos lois n'ont pas dû la prévoir pour ne pas briser toutes les relations sociales. Ici, on entre dans une voie qui convient parfaitement à nos mœurs; on tente une grande épreuve en cherchant à civiliser les procès correctionnels; nous n'hésitons pas à penser qu'elle sera utile. Devant le juge de paix, ces sortes de discussions exciteront moins les passions; il y aura moins de publicité, moins de scandale, et, par suite, sa décision n'engendrera pas des haines implacables, et qui ont produit de fâcheux résultats. Toutes les fois que la diffamation aura un caractère de gravité et d'importance qui mériteront une répression sévère, on peut s'en reposer sur l'impression de l'homme outragé: il aura recours à la voie criminelle; et si, au contraire, elle ne tient qu'à des causes de la nature de celles qui encombrent les tribunaux ordinaires, c'est un bien d'avoir renvoyé à la justice de paix. »

M. *Parant* a demandé la suppression des mots *autrement que par la voie de la presse*. Il voulait que l'action civile, à raison d'injures commises par la voie de la lithographie ou par la voie de l'imprimerie, fût portée devant le juge de paix.

M. *Amilhau* a répondu que les injures faites par la voie de la presse ne sont, à cause de leur publicité, comparables à aucune autre; que si l'on s'occupe de la gravité du délit, il est nécessairement plus considérable que si l'injure avait été faite par des écrits à la main, il a plus de portée, prouve plus de malice et produit un plus fâcheux résultat. Il ne s'agirait pas de simples pamphlets, mais des ouvrages les plus longs, des journaux publiés chaque jour. Les juges de paix auraient sans cesse à décider si un ouvrage sérieux et de longue haleine, si un ouvrage comme celui de M. de Lamennais, par exemple, ou tel autre contient des injures. Les injures adressées par un tel moyen de publication ne peuvent être renvoyées devant un degré de juridiction aussi inférieur. »

Au surplus, il ne faut pas croire que jamais le juge de paix ne pourra connaître des actions civiles pour injures commises par la voie de la presse. « Il le pourra, a dit avec raison M. *Lavielle*, toutes les fois que l'individu qui se prétendra diffamé ou injurié voudra réduire son action civile à 100 ou 200 fr. Le juge de paix sera compétent d'après les dispositions de l'art. 1er déjà voté, qui comprend toutes actions personnelles qui n'excèdent pas ce chiffre. » — Voy. la définition de la diffamation et de l'injure dans l'art. 13 de la loi du 17 mai 1819.

(3) La loi du 16=24 août 1790, tit. 3, art. 10, autorisait les juges de paix à connaître des actions possessoires en dernier ressort jusqu'à concurrence de 50 fr., et pour des sommes plus élevées, à la charge d'appel. Mais voici l'inconvénient d'une pareille disposition. Lorsque le demandeur concluait à 50 fr. de dommages-intérêts, on pouvait penser que le juge de paix devait statuer en dernier ressort; mais, outre les dommages-intérêts, la contestation avait pour objet la possession réclamée, dont la valeur était indéterminée; d'où il résultait que le jugement du juge de paix était sujet à l'appel. La Cour de cassation a long-temps pensé que, pour décider la question du premier ou du dernier ressort, il ne fallait prendre en considération que la quotité des dommages-intérêts demandés; mais, par arrêt rendu en sections réunies, le 22 mai 1822, elle a décidé en sens contraire (Sirey, 22. 1. 375). La présente loi met un terme à toute incertitude; elle déclare que toujours la voie de l'appel sera ouverte. Il est évident, en effet, que le procès a pour but bien plus d'être maintenu

née, sur les cours d'eau servant à l'irrigation des propriétés et au mouvement des usines et moulins (1), sans préjudice des attributions de l'autorité administrative dans les cas déterminés par les lois et par les réglemens ; des dénonciations de nouvel œuvre, complaintes, actions en réintégrande et autres actions possessoires fondées sur des faits également commis dans l'année (2) ;

2° Des actions en bornage et de celles relatives à la distance prescrite par la loi, les réglemens particuliers et l'usage des lieux, pour les plantations d'arbres ou de haies, lorsque la propriété ou les titres qui l'établissent ne sont pas contestés (3) ;

3° Des actions relatives aux constructions et travaux énoncés dans l'article 674 du Code civil, lorsque la propriété ou la mitoyenneté du mur ne sont pas contestées ;

4° Des demandes en pension alimentaire n'excédant pas cent cinquante francs par

---

dans la possession, ou de la recouvrer, ce qui est une chose de valeur indéterminée, que d'obtenir la réparation du dommage qu'a pu causer le trouble.

(1) L'art. 10, tit. 3 de la loi du 16=24 août 1790 ne parlait que des *cours d'eau servant à l'irrigation des prés*. Cette disposition paraissait restrictive ; la présente loi s'applique à tous les cours d'eau, soit qu'ils servent à l'irrigation des propriétés rurales, soit qu'ils fassent mouvoir des moulins ou autres usines.

(2) L'article 10, titre 3 de la loi de 1790 ne déterminait pas les diverses espèces d'actions possessoires : la loi actuelle a cru devoir les énumérer ; mais les rédacteurs ont craint sans doute que la nomenclature ne fût pas complète, et ils ont ajouté les mots, *et autres actions possessoires*, qui mettent leur responsabilité à l'abri. Il est fâcheux que le législateur procède de cette manière ; il fait naître par là des contestations qu'un langage plus ferme préviendrait. S'il n'y a pas d'autres actions possessoires que *la complainte, la dénonciation de nouvel œuvre* et *la réintégrande*, il ne fallait pas laisser supposer qu'il peut y en avoir d'autres. Si, au contraire, on supposait qu'il peut se présenter des cas où une action soit possessoire, sans qu'elle rentre dans *les complaintes, les dénonciations de nouvel œuvre* ou *les réintégrandes*, il eût été bien utile de le dire expressément.

On sait combien de difficultés présente la matière des actions possessoires : ce n'est pas ici le lieu de les indiquer, et à plus forte raison de les résoudre ; je ne peux que renvoyer les lecteurs aux auteurs qui ont écrit des ouvrages spéciaux sur cette partie du droit, notamment à M. Henrion de Pansey et à M. Carré. Toutefois, je dois dire quelques mots d'une question importante, vivement controversée et sur laquelle la présente loi me semble jeter quelque lumière.

On a long-temps douté si la *complainte* était distincte et différente de la *réintégrande* ; si, pour intenter la seconde, il fallait avoir la possession annale exigée pour la première. La jurisprudence penchait pour la négative ; mais M. Troplong, dans son Traité de la prescription, n. 287 et suivans, a soutenu, avec beaucoup de vivacité, que l'on ne pouvait former la demande en réintégrande qu'autant que la possession annale était acquise au moment de la violence. M. de Villeneuve, dans une excellente dissertation insérée dans son Recueil, tome 37. 1. 15, a victorieusement établi, au contraire, que par cela seul qu'on est dépouillé violemment, on a le droit de se plaindre et d'exiger la restitution. Il a opposé aux argumens historiques de M. Troplong des argumens du même genre, a combattu les autorités qu'il cite par des autorités également respectables et non moins nombreuses ; il a prouvé que ce savant magistrat, et M. Henrion de Pansey lui-même, ont raisonné sur un texte inexact de l'ordonnance de 1667 ; enfin, il a trouvé dans la philosophie sociale des argumens décisifs en faveur de son système ; il a montré que la violence, sous quelque forme qu'elle se produise, doit être réprimée ; que la paix publique est intéressée à l'application rigoureuse de l'ancienne maxime : *spoliatus ante omnia restituendus*.

Un arrêt de la Cour de cassation, du 17 novembre 1835 (Sirey, 37. 1. 21), a consacré cette opinion ; la loi actuelle la confirme, puisqu'elle indique comme actions distinctes la complainte et la réintégrande, qui se confondraient, si pour l'une comme pour l'autre, la possession annale était exigée. A la vérité, l'article n'autorise les différentes actions possessoires qu'à raison des faits commis dans l'année ; mais par là il déclare que toute action possessoire est prescrite, si elle n'est pas formée dans l'année du trouble ; ce qui laisse intacte la question de savoir si, pour se pourvoir en complainte ou en réintégrande, il faut être possesseur depuis un an.

(3) On a demandé si ces mots : « Lorsque la propriété ou les titres ne sont pas contestés » s'appliquaient aux actions en bornage et à celles en distance en même temps, ou aux premières seulement, ou bien aux secondes exclusivement ?

M. *Amilhau*, rapporteur, a répondu : « L'intention de la commission, comme de toutes les commissions qui ont examiné ce projet de loi, a été d'appliquer cette disposition aux deux espèces d'actions ; ainsi, ce n'est que quand la propriété n'est pas contestée, que le juge de paix connaît des actions en bornage. »

M. *Taillandier* a demandé à la commission comment elle peut supposer qu'un procès en bornage s'établira lorsqu'il n'y aura pas contestation sur le titre. « Il est évident, a-t-il dit, que si l'on pense qu'il y aura contestation sur le titre ou la propriété, il y aura lieu à procès. »

Une voix. « Le juge de paix s'arrêtera. »

M. *Taillandier* a pensé que cela donnerait lieu à mille difficultés de compétence pour savoir s'il y a difficulté sur le titre.

M. *le rapporteur* a ajouté : « Lorsque le titre n'est pas contesté, ou que les parties ne sont pas d'accord sur le lieu du bornage, chacun remet ses titres au juge de paix, qui fait une visite de lieux, et qui ordonne que la borne sera placée à l'endroit déterminé par un expert. Si l'on conteste le titre, alors c'est une question de propriété ; il faut aller devant les tribunaux ordinaires. »

Voilà la distinction que la commission a établie.

Voyez M. Toullier, tome 3, n. 512 et suiv.

an, et seulement lorsqu'elles seront formées en vertu des articles 205, 206 et 207 du Code civil (1).

7. Les juges de paix connaissent de toutes les demandes reconventionnelles ou en compensation qui, par leur nature ou leur valeur, sont dans les limites de leur compétence, alors même que, dans les cas prévus par l'article 1er. ces demandes, réunies à la demande principale, s'élèveraient au-dessus de deux cents francs. Ils connaissent, en outre, à quelques sommes qu'elles puissent monter, des demandes reconventionnelles en dommages-intérêts fondées exclusivement sur la demande principale elle-même (2).

8. Lorsque chacune des demandes principales, reconventionnelles ou en compensation, sera dans les limites de la compétence du juge de paix en dernier ressort, il prononcera sans qu'il y ait lieu à appel.

Si l'une de ces demandes n'est susceptible d'être jugée qu'à charge d'appel, le juge de paix ne prononcera sur toutes qu'en premier ressort.

Si la demande reconventionnelle ou en compensation excède les limites de sa compétence, il pourra, soit retenir le jugement de la demande principale, soit renvoyer, sur le tout, les parties à se pourvoir devant le tribunal de première instance, sans préliminaire de conciliation (3).

---

(1) Cette disposition est excellente; elle remet aux juges de paix le soin de terminer des contestations qui n'offrent point de graves difficultés, dans lesquelles il s'agit seulement d'apprécier la position respective des parties, que personne ne peut mieux connaître que le juge local.

(2) Cet article ne s'occupe point de la question de savoir si le juge de paix statue en premier ou dernier ressort; il détermine seulement sa compétence, et il décide que, pourvu que la demande en compensation ou reconventionnelle, considérée en elle-même et isolément de la demande principale, soit de la compétence du juge de paix, il doit en connaître, quoique la réunion à la demande principale forme un litige qui, par sa valeur, serait hors de la compétence du juge de paix. Il ajoute en outre que toute demande reconventionnelle, fondée exclusivement sur la demande principale, est de la compétence du juge de paix, alors même que cette demande reconventionnelle seule serait, par sa valeur, au-dessus de sa compétence.

Ces règles sont nouvelles et contraires à la jurisprudence existante; mais elles ont été établies avec raison pour empêcher qu'on ne vînt, par des demandes en compensation ou reconventionnelles, enlever à la justice de paix des contestations qu'on a voulu lui soumettre. Au surplus, pour savoir ce qu'il faut entendre par *demandes reconventionnelles, demandes en compensation, demandes exclusivement fondées sur la demande principale*, on peut consulter les notes que j'ai placées sous l'art. 2 de la loi du 11 avril 1838, relative aux tribunaux de première instance. Voy. *suprà*, pages 208 et suiv.

(3) Cet article prévoit trois cas différens : 1° celui où chacune des demandes est dans les limites du dernier ressort; 2° celui où l'une d'elles n'est susceptible d'être jugée qu'à la charge d'appel; et 3° enfin celui où la demande reconventionnelle ou en compensation n'est pas de la compétence du juge de paix.

Il décide que, dans le premier cas, le juge prononcera en dernier ressort sur toutes les demandes; que, dans le second, il ne statuera qu'en premier ressort, même sur les demandes qui seraient susceptibles d'être jugées en dernier ressort; que, dans le troisième, le juge pourra retenir la demande principale et la juger, ou bien renvoyer le tout au tribunal de première instance.

On comprend que ce n'est pas arbitrairement et sans motifs que le juge de paix devra, dans cette dernière hypothèse, retenir la demande principale ou se dessaisir de tout. M. *le rapporteur* de la Chambre des Députés a indiqué les raisons par lesquelles il doit se déterminer à prendre l'un des deux partis. « Si, a-t-il dit, le juge croit que la demande reconventionnelle n'a été formée que pour soustraire le débiteur au paiement, pour le délivrer de la compétence, alors il prononce la condamnation sur la demande principale, pour laquelle il était compétent d'après la loi générale, et renvoie aux juges ordinaires pour la demande reconventionnelle.

« Pourquoi avons-nous introduit cette disposition dans la loi? C'est en vue des nouveaux articles votés. Lorsqu'il s'agit d'une demande en alimens, d'une demande en paiement de frais de nourrice, ou d'une demande en paiement de salaires d'ouvriers, admettez-vous que le défendeur puisse, par une demande reconventionnelle, éluder le paiement qu'on lui demande, et cela, jusqu'à ce que les tribunaux civils aient prononcé? Admettez-vous qu'il puisse obtenir un délai de trois, quatre ou cinq mois, et neutraliser une demande légitime qui a pour but un paiement nécessaire à l'ouvrier pour vivre et faire vivre sa famille, nécessaire à la nourrice pour qu'elle puisse subsister? Nous ne l'avons pas cru; nous avons pensé qu'il fallait diviser la compétence et plutôt briser un principe que de commettre une injustice; qu'il y avait lieu à prononcer sur la demande principale, et à renvoyer, pour la demande reconventionnelle ou l'exception, devant le juge ordinaire. Il n'y a à cela aucun inconvénient. »

Il est incontestable que le juge de paix ne pourrait pas même opter, et qu'il serait obligé de juger, et de juger non seulement la demande principale, mais même la demande reconventionnelle, si celle-ci était une demande en dommages-intérêts exclusivement fondée sur la demande principale; car cette demande reconventionnelle n'excéderait pas sa compétence, d'après la disposition finale de l'art. 7.

Pourrait-il, en pareil cas, statuer en dernier ressort, si la demande principale était dans les limites du dernier ressort, bien que la demande reconventionnelle ne pût être jugée qu'à la charge d'appel?

Pour l'affirmative, on peut invoquer l'art. 2 de la loi du 11 avril 1838, qui dit formellement que les tribunaux de première instance jugent en dernier ressort toute demande reconventionnelle en

9. Lorsque plusieurs demandes formées par la même partie seront réunies dans une même instance, le juge de paix ne prononcera qu'en premier ressort, si leur valeur totale s'élève au-dessus de cent francs, lors même que quelqu'une de ces demandes serait inférieure à cette somme. Il sera incompétent sur le tout, si ces demandes excèdent, par leur réunion, les limites de sa juridiction.

10. Dans les cas où la saisie-gagerie ne peut avoir lieu qu'en vertu de permission de justice, cette permission sera accordée par le juge de paix du lieu où la saisie devra être faite, toutes les fois que les causes rentreront dans sa compétence.

S'il y a opposition de la part des tiers, pour des causes et pour des sommes qui, réunies, excéderaient cette compétence, le jugement en sera déféré aux tribunaux de première instance.

11. L'exécution provisoire des jugemens sera ordonnée dans tous les cas où il y a titre authentique, promesse reconnue, ou condamnation précédente dont il n'y a point eu appel.

Dans tous les autres cas, le juge pourra ordonner l'exécution provisoire, nonobstant appel, sans caution, lorsqu'il s'agira de pension alimentaire, ou lorsque la somme n'excédera pas trois cents francs, et avec caution, au-dessus de cette somme (1).

La caution sera reçue par le juge de paix (2).

---

dommages-intérêts fondée exclusivement sur la demande principale.

Mais cette disposition exorbitante n'est point reproduite dans la loi actuelle; je ne crois pas qu'on puisse la suppléer. L'art. 7 dit bien que les demandes reconventionnelles, fondées exclusivement sur la demande principale, sont de la compétence des juges de paix, bien que leur valeur les place en dehors; mais cet article ne dit pas que, si la demande principale est susceptible d'être jugée en dernier ressort, il en sera de même de la demande reconventionnelle.

(1) La commission avait substitué à cet article la rédaction suivante : « Les jugemens des justices « de paix seront toujours exécutoires par provi- « sion, nonobstant appel; néanmoins, au-dessus « de 300 francs, l'exécution provisoire ne pourra « avoir lieu qu'en donnant caution : la caution « sera reçue par le juge de paix. »

Ce système de l'exécution de plein droit était la reproduction de l'art. 17 du Code de procédure civile.

M. *le rapporteur* l'a attaqué le premier devant la Chambre. Pour le soutenir, M. *Tesnière*, membre de la commission, disait que la disposition qu'on voulait supprimer avait déjà reçu une longue exécution sans donner lieu à aucune réclamation, aucune plainte; qu'elle était d'ailleurs en harmonie avec le principe qui dominait la loi nouvelle; que c'est une grave et dangereuse innovation que d'introduire dans les juridictions de paix une disposition empruntée aux tribunaux de première instance; qu'ainsi, en vertu de la disposition de l'art. 135 du Code de procédure civile appliquée aux justices de paix, l'exécution provisoire obligatoire des jugemens sera ordonnée lorsqu'il y aura titre authentique, promesse reconnue ou condamnation précédente, dont il n'y aura pas eu appel; que le juge de paix, simple juge du fait, deviendra appréciateur de la nature, de la valeur et de l'existence d'un acte authentique, d'une promesse reconnue ou d'un jugement dont il n'y aura pas eu appel; qu'il sera souvent obligé de trancher de graves difficultés, des questions de droit pur.

« Ainsi donc, a dit l'orateur en terminant, l'article de la commission est préférable, il a l'avantage de n'être que la consécration d'un principe qui subsiste, tandis que la disposition du gouvernement va directement contre le but de l'institution des justices de paix, qui doit éloigner toutes les complications que peuvent et que devront faire naître fort souvent les questions d'exécution provisoire. Vous voulez que les décisions soient promptes, rapides, enlever aux chicaneurs, aux hommes de mauvaise foi, les moyens d'éterniser les procès. Vous n'y parviendrez pas avec l'exécution facultative. Le juge de paix ne l'ordonnera jamais, ou bien rarement, et alors les appels se multiplieront. »

M. *le rapporteur* a répondu que l'adoption de la disposition serait une chose aussi désastreuse pour le créancier que pour le débiteur.

« Toutes les commissions qui nous ont précédés, a-t-il dit, ont émis ce sentiment.

« En effet l'exécution de plein droit est une chose qui ne doit pas être ordonnée, s'il n'y a obligation, car elle peut avoir pour effet de ruiner le créancier et le débiteur. Remarquez que cette exécution de plein droit s'applique au cas où il y a appel. Eh bien! si le jugement était infirmé, il en résulterait que celui qui aurait été dépouillé par une demande trop légèrement accueillie ruinerait à son tour son créancier présumé, en le poursuivant pour les sommes payées indûment et pour les dommages causés par cette malheureuse exécution. Ce n'est pas tout, il y a une autre objection que j'ai eu l'honneur de présenter à la commission et qui l'a frappée. En étendant la compétence des juges de paix, il peut se faire que vous leur transportiez quelques questions difficiles, et qu'ils soient arrêtés pour la solution; alors les juges de paix hésiteront à prononcer l'exécution de plein droit; ils ne voudront pas prescrire une exécution qui pourrait avoir des suites irréparables; il faut respecter les scrupules d'une conscience droite et timorée. Vous, au contraire, dans votre système, vous faites que l'exécution provisoire est dans tous les cas une règle aveugle plus meurtrière que les bienfaits de la loi ne sont utiles. Je ne demande pas qu'on montre plus de défiance que le Code de procédure pour les juges de paix; je leur attribue au contraire plus de confiance que cette législation antérieure qui était sans tempérament. Je ne veux l'exécution qu'après la décision et l'examen du juge de paix, quand il la croit indispensable pour assurer de véritables droits mis en péril par un retard calculé dans l'intention d'éluder le paiement. »

(2) On a demandé si les formalités du Code de

12. S'il y a péril en la demeure, l'exécution provisoire pourra être ordonnée sur la minute du jugement avec ou sans caution, conformément aux dispositions de l'article précédent.

13. L'appel des jugemens des juges de paix ne sera recevable ni avant les trois jours qui suivront celui de la prononciation des jugemens (1), à moins qu'il n'y ait lieu à exécution provisoire, ni après les trente jours qui suivront la signification à l'égard des personnes domiciliées dans le canton (2).

Les personnes domiciliées hors du canton auront, pour interjeter appel, outre le délai de trente jours, le délai réglé par les articles 73 et 1033 du Code de procédure civile (3).

14. Ne sera pas recevable l'appel des jugemens mal à propos qualifiés en premier ressort, ou qui, étant en dernier ressort, n'auraient point été qualifiés.

Seront sujets à l'appel les jugemens qualifiés en dernier ressort, s'ils ont statué, soit sur des questions de compétence, soit sur des matières dont le juge de paix ne pouvait connaître qu'en premier ressort.

Néanmoins, si le juge de paix s'est déclaré compétent, l'appel ne pourra être interjeté qu'après le jugement définitif (4).

15. Les jugemens rendus par les juges de paix ne pourront être attaqués par la voie du recours en cassation que pour excès de pouvoir (5).

16. Tous les huissiers d'un même canton

---

procédure pour les réceptions de caution devraient être observées. (Voy. art. 517 et 521.)

M. le rapporteur a répondu que le juge de paix recevra la caution *à l'audience*. Ainsi cette réception aura lieu le jour même où le jugement aura été rendu, ou à la plus prochaine audience indiquée par le juge de paix, sans aucune procédure et sans autres formalités.

(1) Il faut, par analogie de l'article 450 du Code de procédure, décider que l'exécution est suspendue pendant les trois jours.

(2) L'article 16 du Code de procédure fixait le délai de l'appel à trois mois ; c'est avec raison que la présente loi le réduit à un.

(3) Quant aux personnes absentes dont il est question dans l'art. 446 Code de procédure, elles continueront à jouir des délais que leur accorde cet article. Un amendement proposé en ce sens a été rejeté comme inutile. « Nous nous en sommes tenus aux termes du droit commun, a dit M. le *rapporteur*. Nous n'avons pas voulu déroger à l'article 446 du Code de procédure, que la commission connaissait très bien ; nous avons voulu seulement que le délai des distances fût indiqué, parce que, si l'on n'avait pas dit que le délai de l'appel serait augmenté en raison des distances, il en serait résulté qu'on n'aurait eu qu'un mois pour interjeter appel. »

« A l'avenir, a dit M. *Renouard* dans son rapport, il ne sera plus nécessaire que le jugement soit signifié par l'huissier de la justice de paix, ou tel autre commis par le juge. Il n'y a plus d'huissiers spécialement attachés à la justice de paix (voyez article 16), et l'on a pensé, quand la signification doit être faite à des personnes domiciliées hors du canton, que le juge de paix peut ne pas connaître les huissiers des cantons étrangers, ce qui l'expose à une désignation hasardée ; ou que si la désignation est confiée à l'un des magistrats de la résidence de l'huissier à commettre, on multiplie sans nécessité les formalités préalables et les recours aux juges. Néanmoins les jugemens par défaut continueront, conformément au droit commun, à être signifiés par des huissiers commis. »

(4) Cette disposition a été critiquée, en ce qu'elle autorise le juge de paix à statuer sur le fond, lorsqu'il s'est déclaré compétent, en sorte que lorsque le jugement du tribunal de première instance interviendra et décidera que le juge de paix n'était pas compétent, la sentence qu'il aura rendue sur le fond, et les frais qu'elle aura causés, seront inutiles. Mais M. le *rapporteur* à la Chambre des Députés a répondu que l'on n'attribuait aux juges de paix que le droit qu'ils avaient eu jusqu'à présent. « Tout juge, a-t-il dit, devant lequel une demande est formée, est le premier juge de sa compétence, c'est-à-dire de la question de savoir si la demande doit être portée devant lui. Eh bien ! dans les cas où un juge de paix aura décidé qu'une demande qui n'est pas de sa compétence devra cependant lui être soumise, nous avons admis le recours. Dans le cas où la demande sort de sa compétence, il a été mal jugé ; tandis que si l'on adoptait le système contraire, il faudrait commencer par aller devant le tribunal de première instance, pour faire juger d'abord la compétence, et ensuite, si la compétence du juge de paix était reconnue, revenir devant ce magistrat pour faire juger le fond. »

(5) La loi du 27 ventôse an 8, article 77, autorisait le pourvoi en cassation contre les jugemens rendus par les juges de paix, pour incompétence et pour excès de pouvoirs. L'article 14, faisant de l'incompétence un moyen d'appel, l'excès de pouvoir seul donnera désormais ouverture à cassation. La distinction entre l'excès de pouvoir et l'incompétence doit donc être établie, et ce n'est pas chose facile. On l'a dit dans la Chambre des Députés, et il est à regretter que les savans jurisconsultes qu'elle renferme n'aient pas pris la peine de jeter quelques lumières sur cette grave difficulté.

Je me bornerai à faire remarquer que toute décision incompétemment rendue est un excès de pouvoir ; car le juge qui statue sur ce qui n'est pas dans les limites de sa compétence, fait ce qu'il n'a pas le pouvoir de faire ; il excède son pouvoir. Mais tout excès de pouvoir n'est pas une incompétence; car un juge qui statue sur une contestation qui lui est légalement soumise, ne sort pas des bornes de sa compétence, et il peut arriver cependant que dans l'instruction ou dans le jugement, il fasse ce qu'il n'a pas le pouvoir de faire. Ainsi, un juge de paix qui, saisi d'une demande en paiement d'une somme prêtée, condamnerait le débiteur au paiement, et en outre à un emprisonnement de trois jours, commettrait un excès de pouvoir. On cite encore comme exemple d'excès de pouvoir, le cas où les juges s'immiscent dans les fonctions administratives, et

auront le droit de donner toutes les citations et de faire tous les actes devant la justice de paix. Dans les villes où il y a plusieurs justices de paix, les huissiers exploitent concurremment dans le ressort de la juridiction assignée à leur résidence. Tous les huissiers du même canton seront tenus de faire le service des audiences et d'assister le juge de paix toutes les fois qu'ils en seront requis; les juges de paix choisiront leurs huissiers audienciers (1).

17. Dans toutes les causes, excepté celles où il y aurait péril en la demeure et celles dans lesquelles le défendeur serait domicilié hors du canton ou des cantons de la même ville, le juge de paix pourra inter-

---

celui où ils prononcent par voie générale et réglementaire.

Je crois que la loi eût mieux fait de ne pas établir cette distinction, et de laisser aux tribunaux de première instance, juges d'appel des justices de paix, le soin de statuer sur les pourvois fondés sur l'excès de pouvoir, aussi bien que sur ceux ayant pour cause l'incompétence. La Cour de cassation est instituée pour maintenir l'uniformité de la jurisprudence et le respect de la loi; si l'excès de pouvoir commis par un juge de paix n'était pas réprimé par le tribunal de première instance, en se pourvoyant contre le jugement de ce tribunal, on saisirait la Cour de cassation, qui remplirait sa mission. Il est vrai que pour cela il aurait fallu déclarer que tout jugement de juge de paix vicié d'excès de pouvoir était susceptible d'appel, et que sous ce prétexte, beaucoup de jugemens en dernier ressort auraient été attaqués. Sans doute c'eût été un inconvénient; mais les tribunaux de première instance auraient repoussé ces tentatives. D'ailleurs, il est fâcheux que les parties victimes d'un excès de pouvoir soient placées dans l'alternative ou de le supporter sans se plaindre, ou d'être obligées de recourir à la Cour de cassation.

(1) La disposition de cet article déroge à la loi du 6=27 mars 1791, art. 13, à l'art. 4 du Code de procédure, et enfin à l'art. 28 du décret du 14 juin 1813, qui reconnaissaient des huissiers attachés à chaque justice de paix et qui leur attribuaient le droit exclusif de faire tous les exploits et actes de leur ministère dans les affaires dévolues à la justice de paix à laquelle ils étaient attachés.

Cette innovation est fondée sur l'augmentation des attributions des huissiers, sur l'intérêt des justiciables, sur cette considération que tous les huissiers sont égaux; qu'ils méritent une égale confiance; qu'ils sont investis du même titre, fournissent le même cautionnement, et doivent, par conséquent, avoir le même pouvoir.

La dernière disposition est expliquée et justifiée en ces termes, par le rapport de la commission: « En donnant à tous les huissiers le droit d'exploiter concurremment, et à la confiance publique une entière liberté, votre commission n'a pas entendu dépouiller le juge de paix du droit qu'ont tous les tribunaux de désigner leurs huissiers audienciers; seulement ces huissiers n'auront pas un privilége spécial pour tous les actes de cette juridiction. Il leur restera les droits d'appel des causes, et les bénéfices que la confiance du juge assure en les désignant ainsi d'avance, au choix de l'opinion publique. »

Le choix du juge de paix n'est pas restreint aux huissiers actuellement audienciers. C'est un choix *à principio*.

La sanction pénale de cette disposition, en ce qu'elle défend aux huissiers d'instrumenter hors du canton de leur résidence, se trouve dans la loi du 27 mars 1791, qui autorise le juge de paix à prononcer contre l'huissier une amende de 6 fr. Cette pénalité n'a pas été reproduite dans la rédaction de l'article pour ne pas surcharger la loi de détails minutieux et superflus. « Nous restons aux termes du droit commun, a dit M. *le rapporteur*. »

L'acte n'est pas nul pour cela. Il doit produire le même effet que s'il avait été fait par un huissier du ressort.

Dans une circulaire, du 6 juin 1838, le ministre de la justice s'exprime sur cet article de la manière suivante:

« Cette disposition déroge à l'art. 28 du décret du 14 juin 1813. L'accroissement de la compétence des juges de paix doit produire ce résultat que plus d'assignations seront données devant cette juridiction. C'est en considération de ce nouvel état de choses, que tous les huissiers dont la résidence est fixée dans le même canton, acquièrent le droit d'exploiter auprès de la justice de paix, droit qui n'appartient qu'aux seuls audienciers.

« La loi a dû dire comment cette règle s'appliquerait aux villes divisées en plusieurs justices de paix. Quoique les tribunaux de première instance puissent, en exécution de l'art. 19 du même décret, distribuer les huissiers par quartiers, il est d'usage qu'ils n'ont pas recours à cette mesure, parce que l'intérêt de ces officiers ministériels suffit pour les déterminer à fixer leur demeure là où elle doit être le plus à la portée des justiciables. Une telle distribution entraînerait, d'ailleurs, l'inconvénient, si elle devait être prise en considération dans l'exécution de la loi nouvelle, de créer les défauts de qualités et de donner lieu à des moyens de nullité qu'il est essentiel de prévenir.

« Ainsi, tous les huissiers qui résident dans les villes auront le droit d'y exploiter concurremment auprès des divers juges de paix. Telle serait, au reste, la conséquence de l'absence seule des réglemens suivant lesquels ces officiers seraient répartis par quartiers. Dans ces résidences, les juges de paix trouveront auprès du procureur du roi, du tribunal d'arrondissement, et souvent même auprès des magistrats supérieurs, tout l'appui que les circonstances peuvent rendre nécessaire, afin que leur autorité soit toujours respectée et que le nombre des huissiers qui auront droit d'instrumenter devant eux, ne trompe jamais leurs intentions conciliatrices.

« Le même art. 16 réserve au juge de paix le pouvoir de choisir des huissiers audienciers. Si ces huissiers perdent le privilége exclusif qui leur appartenait, la confiance du juge les désignera toujours, d'une manière spéciale, à la confiance du public, et la signification des jugemens par défaut leur appartiendra, en exécution de l'art. 20 du Code de procédure. Ces avantages continueront probablement à assurer au magistrat l'assistance habituelle et nécessaire d'un ou plusieurs de ces officiers ministériels. »

dire aux huissiers de sa résidence de donner aucune citation en justice, sans qu'au préalable il n'ait appelé, sans frais, les parties devant lui (1).

18. Dans les causes portées devant la justice de paix, aucun huissier ne pourra ni assister comme conseil ni représenter les parties en qualité de procureur fondé, à peine d'une amende de vingt-cinq à cinquante francs, qui sera prononcée sans appel par le juge de paix.

Ces dispositions ne seront pas applicables aux huissiers qui se trouveront dans l'un des cas prévus par l'art. 86 Code de proc. civ. (2).

---

(1) Cet article ne fait que confirmer un usage excellent et assez généralement établi; mais il était nécessaire que la loi sanctionnât ce que les juges de paix pratiquaient dans l'intérêt de leurs justiciables. En effet, un arrêt de la Cour de cassation a décidé avec raison, en 1817, qu'un juge de paix ne pouvait défendre aux huissiers de donner des citations, sans en avoir reçu de lui l'autorisation. V. arrêt du 7 juillet 1817, Sirey, 17. 1. 347.

La circulaire du 6 juin 1838 explique ainsi la disposition de cet article :

« Beaucoup de juges de paix ont introduit, dans leurs cantons, l'usage des avertissemens antérieurs aux citations en justice. Je ne vois que de l'avantage à ce que cet usage soit maintenu là où il existe, et à ce qu'il soit introduit dans les cantons où il n'a pas encore été établi. C'est afin de laisser à cet égard aux juges de paix tout le mérite de l'initiative, et de leur permettre d'apprécier les circonstances dans lesquelles la remise de ces avis serait utile ou superflue, que la loi n'en fait pas une obligation générale. Il était toutefois indispensable de leur conférer le pouvoir de défendre aux huissiers qu'aucune assignation ne fût donnée sans ce préable, et telle est la disposition de l'art. 17.

« Lorsqu'une pareille défense aura été faite, deux exceptions seulement dispenseront de l'observer : la loi a dû encore les expliquer; c'est d'abord l'éloignement du domicile du défendeur, afin de lui épargner les dépenses du déplacement; ce sont ensuite les cas d'urgence. Tantôt le magistrat lui-même en sera juge, si l'huissier a eu le temps de le consulter; tantôt, si ce temps lui a manqué, sa justification sera dans les faits mêmes qui caractériseront l'urgence, ce sera à lui de bien les apprécier et de n'engager qu'avec discernement sa responsabilité. »

(2) M. *Portalis* a proposé à la Chambre des Députés d'introduire dans la loi une disposition portant que les parties seraient tenues de comparaître en personne devant le juge de paix.

Déjà, en 1837, M. Delespaul avait exprimé le regret que le Gouvernement n'eût pas inséré dans son projet de loi un article qui obligeât les plaideurs à se présenter, sauf dans les cas d'empêchement légitime. « Vous savez tous, disait l'orateur, pourquoi le bienfait de la conciliation est devenu à peu près illusoire en France; c'est à cause de la faculté laissée aux parties de se faire représenter devant le tribunal de paix par des agens d'affaires, par des praticiens trop souvent intéressés à paralyser l'effet de la médiation du magistrat, et qui, dans le prétoire même du juge, et, dès les premiers mots qu'il prononce, l'arrêtent par cette laconique et affligeante réponse : Il n'y a pas lieu à conciliation. Le remède étant bien près du mal, puisqu'il ne s'agirait que de supprimer, hors les cas d'empêchement légitime, une faculté dont on a étrangement abusé, je regrette que, dans le projet, le Gouvernement et la commission aient cru devoir garder le silence sur un point que je regarde comme très important; car la conciliation est le but principal, la plus belle comme la plus précieuse des prérogatives de la justice de paix. »

Ces considérations doivent frapper tous les esprits justes. Elles reçoivent une nouvelle force des observations qu'a publiées sur ce sujet M. Rouillon, juge de paix du onzième arrondissement de Paris. Voici comment s'exprime ce magistrat : « On ne sait pas assez tout ce que la publicité de l'audience, qui réduit les faits à leur expression la plus vraie, tout ce que les explications contradictoires et l'impression instinctive qui se communique de l'auditoire aux parties, produisent souvent de bonnes et sages réflexions; on ne sait pas assez combien, sous l'influence de cette épreuve décisive, s'opèrent d'arrangemens à l'audience, que le juge de paix n'avait pu obtenir dans les premiers momens. »

Cette observation est aussi juste qu'heureusement exprimée. J'ai été plus d'une fois à portée d'en vérifier l'exactitude. Au surplus, la disposition additionnelle proposée par M. Portalis à la Chambre des Députés était conçue en ces termes :

« Dans les procès soumis au préliminaire de conciliation, les parties devront comparaître elles-mêmes devant le juge de paix, et sans pouvoir se faire représenter, à moins qu'il ne soit justifié qu'elles en sont empêchées par maladie ou par un éloignement de plus de cinq myriamètres.

« Faute de comparution et de justification suffisante, le juge de paix devra prononcer contre la partie défaillante l'amende portée en l'art. 56 du Code de procédure civile, et ordonner qu'elle sera réassignée à ses frais.

« Si la partie qui n'a pas comparu en personne persiste en son refus, il en sera fait mention, comme il est dit en l'art. 58 du Code déjà cité, et l'amende prononcée par le juge de paix pourra être élevée jusqu'à la somme de 50 fr. »

Le ministère et la commission ont pensé que le but de la disposition additionnelle était atteint par l'art. 53 du Code de procédure, qui porte que les parties comparaîtront en personne, hors des cas d'empêchement; que l'exécution plus sévère, à l'avenir, de cet article remplirait, et au-delà, l'objet de la disposition proposée. On est convenu de prier M. le garde des sceaux de vouloir bien inviter les juges de paix à se conformer aux dispositions de l'art. 53, c'est-à-dire d'ordonner la comparution personnelle toutes les fois qu'elle sera possible. C'est presque l'admission de l'amendement. Voyez ci-après l'extrait de la circulaire du ministre.

A l'occasion d'un amendement qui avait à peu près le même but et qui défendait d'admettre comme fondés de pouvoir d'autres personnes que celles qui seront agréées par le juge de paix, à moins que ce fût un parent ou un ami de la partie, M. le rapporteur, après avoir dit que l'amendement tendait à établir une sorte de corporation d'agréés, ce qu'on ne voulait point, a ajouté : « Quant à ce qui est relatif à la compa-

19. En cas d'infraction aux dispositions des articles 16, 17 et 18, le juge de paix pourra défendre aux huissiers du canton de citer devant lui (1), pendant un délai de quinze jours à trois mois, sans appel et sans préjudice de l'action disciplinaire des tribunaux et des dommages-intérêts des parties, s'il y a lieu (2).

---

rution personnelle, il faut qu'il soit bien entendu, et c'est la pensée de votre commission, comme c'est l'esprit du Code de procédure civile, esprit qui s'est révélé notamment dans l'art. 53 relatif à la conciliation; il faut qu'il soit bien entendu que les parties doivent, autant que c'est possible, comparaître en personne. Le juge de paix doit chercher à concilier les parties, et par conséquent, il doit faire tout ce qui sera en lui pour qu'elles se présentent. Mais ce n'est pas à dire que, s'il s'agit d'une veuve, d'un mineur, d'un malade qui ne pourra se présenter devant le juge de paix, l'obligation de comparaître en personne doive subsister. Vouloir en faire une règle absolue, et vouloir faire constater par le juge de paix les impossibilités de cette nature, ce serait aller trop loin. C'est à la prudence, à la discrétion du magistrat qu'on doit s'en rapporter en pareille circonstance. »

Je dois faire remarquer que dans ces diverses applications on a souvent confondu les affaires dont le juge de paix s'occupe comme conciliateur et celles sur lesquelles il prononce comme juge. L'article 53 du Code de procédure peut en effet être considéré comme suffisant pour obliger les parties à comparaître en conciliation; mais cette comparution n'est pas moins importante dans les affaires de compétence, et il était indispensable qu'elle fût prescrite aussi bien dans ce cas que dans l'autre; l'art. 9 du Code de procédure dispose à cet égard dans les mêmes termes que l'art. 53. Seulement on ne trouve pas dans la loi une sanction suffisante. Si l'une des parties ne veut pas comparaître en personne sur la citation en conciliation, l'amende de dix francs n'est pas une peine assez grave pour la déterminer; peut-être aurait-il fallu laisser plus de latitude au juge de paix et déterminer un *maximum* et un *minimum* entre lesquels il aurait choisi. Qu'on remarque bien d'ailleurs que l'amende de dix francs n'est prononcée que contre celui qui ne comparaît pas; et l'article 56 n'ajoute pas en personne. Il est donc douteux qu'on pût prononcer l'amende de dix francs contre celui qui comparaîtrait par un fondé de pouvoirs. Dans les matières qui sont soumises à la juridiction du juge de paix, le défaut de comparution n'est point puni d'amende; il est vrai que le juge de paix a la faculté de donner défaut contre celui qui ne se présente pas devant lui; mais cette faculté ne peut être exercée lorsque celui qui refuse de paraître en personne se fait représenter par un fondé de pouvoir.

En un mot, la comparution en personne est posée comme une obligation dans la loi, soit lorsqu'il s'agit de conciliation, soit lorsqu'il s'agit pour le juge de paix d'exercer sa juridiction; mais la loi ne donne pas le moyen d'arriver à ce but. Sans doute il ne faudrait pas pour l'atteindre confier au juge un pouvoir trop étendu, mettre dans ses mains des peines trop sévères, dont l'abus serait à craindre; mais entre ces moyens violens et une vaine proclamation des principes il y a quelque chose d'intermédiaire et de raisonnable que la loi ne fait pas. Cependant v[illegible] ce qu'on lit dans la circulaire ministérielle:

« L'art. 18 est relatif à la comparution devant le magistrat; il est dans l'esprit de l'institution des juges de paix que les parties se présentent autant que possible elles-mêmes. Les lois de l'assemblée constituante voulaient même que les plaideurs ne fussent ni représentés ni assistés par des personnes attachés à l'ordre judiciaire. Le Code de procédure a prononcé, il est vrai, par son article 9, l'abrogation de cette exclusion, souvent aussi gênante que mal fondée. Et la loi nouvelle ne s'exprime qu'à l'égard des huissiers dont le ministère consiste à servir d'intermédiaire aux deux parties, ce qui ne permet pas qu'ils se constituent les défenseurs de l'une d'elles; il est néanmoins bien essentiel de remarquer que si le procureur fondé qu'elles ont choisi ne paraît pas digne de la mission qui lui a été confiée, le juge conserve toujours le droit d'écarter cette entremise alors inutile ou contraire à ceux qui réclament justice devant lui; le droit commun veut qu'il puisse recourir à tous les moyens légaux pour éclairer sa décision.

« La comparution personnelle des parties constitue l'un de ces moyens, l'efficacité en est fréquemment décisive, soit pour discerner plus sûrement la vérité, soit afin d'arriver à une conciliation. Il ne tiendra donc qu'au juge d'ordonner s'il le croit convenable cette comparution pour le jour qu'il indiquera, comme il peut prescrire la même mesure lorsqu'il n'est appelé à connaître de l'affaire en qualité de conciliateur, puisque l'art. 53 du Code de procédure n'autorise la présence d'un fondé de pouvoir qu'en cas d'empêchement de la partie. C'est encore au magistrat qu'il appartient de décider s'il y a réellement empêchement, si l'excuse est justifiée, si la partie elle-même ne doit pas sur son ordre venir exposer ses raisons. »

(1) D'après ces mots *de citer devant lui*, et d'après la discussion, il est évident que le juge de paix ne peut interdire à l'huissier tous les actes de son ministère; il ne peut que le priver du droit de donner des citations devant lui.

(2) « La sanction des art. 16, 17 et 18, dit la circulaire du 6 juin 1838, se trouve dans l'art. 19. Elle est de deux natures: l'interdiction de donner des assignations devant le juge de paix, et l'exercice ordinaire du pouvoir disciplinaire. Sous ce dernier rapport, la loi se réfère de plein droit, et sans qu'il ait été nécessaire de le déclarer, aux art. 102 et 103 du décret du 30 mars 1808. Quant à la première sanction, la durée de l'interdiction ne peut être moindre de quinze jours, ni se prolonger au-delà de trois mois. Le juge de paix statue, à cet égard, sans appel. Plus cette dérogation à la loi générale, qui veut que les décisions disciplinaires ne soient pas définitives sans mon approbation est grave, plus les juges de paix comprendront qu'il ne faut en user qu'avec une juste réserve; mais aussi ce droit a besoin d'exister avec une étendue nécessaire pour qu'il ait une efficacité réelle.

« Lorsqu'une ville est divisée en plusieurs justices de paix, l'interdiction ne pouvant être appliquée

20. Les actions concernant les brevets d'invention seront portées, s'il s'agit de nullité ou de déchéance des brevets, devant les tribunaux civils de première instance; s'il s'agit de contrefaçon, devant les tribunaux correctionnels (1).

à toutes les juridictions de cette nature qui sont établies dans la même résidence, la peine qui aura été prononcée produira toujours l'effet moral qui est attaché à de telles décisions. Si la répression ne paraissait pas suffisante, ce serait le cas alors de recourir au pouvoir plus rigoureux qui est réservé, c'est-à-dire l'action en discipline, telle qu'elle est réglée par le droit commun. »

(1) Les motifs qui ont fait admettre cette disposition se trouvent consignés dans le rapport fait en 1837 à la Chambre des Députés par M. *Renouard*. Voici comment il s'exprime :

« Les brevets d'invention sont régis par les lois des 7 janvier 1791 et 25 mai de la même année.

« D'après ces lois, les actions en contrefaçon de brevets sont portées devant les juges de paix.

« Les actions en nullité ou déchéance des brevets sont laissées dans la juridiction ordinaire des tribunaux de première instance, et l'appel est porté devant les cours royales.

« Lorsqu'il arrive que le défendeur inculpé de contrefaçon critique le titre du breveté, les déchéances ou les nullités dont il excipe tombent sous la compétence des juges de paix, en vertu du principe de droit qui veut que le juge de l'action soit juge de l'exception.

« Une jurisprudence, d'abord controversée, mais depuis long-temps constante et invariable, a établi ces règles avec une évidence maintenant inattaquable.

« Il suit de là que presque toutes les déchéances ou nullités de brevets sont portées devant les juges de paix, car l'expérience démontre que rarement on les engage par voie principale. Dans la presque universalité des cas, on ne critique un brevet que pour repousser la poursuite du breveté.

« Or, ces sortes d'affaires, auxquelles les progrès de l'industrie donnent une importance toujours croissante, engagent des intérêts souvent considérables, et des questions de propriété d'une solution très difficile. Ce sont des matières qui excèdent visiblement les bornes ordinaires de la compétence des juges de paix.

« A ne considérer même que les actions en contrefaçon, il est incontestable qu'elles portent habituellement sur des valeurs considérables; qu'elles entraînent des expertises, des appréciations scientifiques et industrielles; qu'en un mot, ce sont de grandes et difficiles affaires,

« Votre commission a été unanime sur la convenance d'ôter cette matière à la juridiction des justices de paix.

« Une seule difficulté s'est présentée. On sait que le gouvernement s'occupe de préparer une loi nouvelle sur les brevets d'invention, et de substituer aux lois de 1791 et aux dispositions subséquentes qui les ont modifiées ou complétées, une loi en harmonie avec les besoins et les progrès de l'industrie. Cette loi devra contenir des dispositions de procédure et de compétence sur les saisies, sur les contestations de fait, sur les contrefaçons, les déchéances, les nullités, les cessions de titres. Nous nous sommes demandé s'il ne serait pas utile d'attendre cette loi générale, plutôt que de la faire précéder d'un article qui, sans aviser à toutes les mesures et précautions nécessaires, se contente de changer la juridiction.

« Cette objection ne nous a pas arrêtés. L'article du projet est susceptible d'une exécution immédiate, et nous nous sommes assurés qu'il est en parfaite harmonie avec le projet de loi sur les brevets d'invention que le gouvernement a préparé. Rien n'est plus facile que de porter les actions en contrefaçon devant les tribunaux correctionnels, qui pourront, aussi bien que les juges de paix, entendre des témoins, procéder à des enquêtes, ordonner des expertises. S'il est excipé de la nullité ou de la déchéance du brevet, il existe devant les tribunaux correctionnels une règle dont l'application faite par eux tous les jours n'occasionera aucun embarras d'exécution. Ils surseoiront à statuer sur l'action en contrefaçon et renverront les parties à se pourvoir devant les tribunaux civils pour faire statuer sur la validité du brevet, qui est le titre de propriété sur lequel est appuyée la demande. Les tribunaux civils, qui, dans l'état actuel de la législation, connaissent déjà des déchéances et nullités de brevets, lorsqu'elles sont demandées par action principale, videront cette difficulté, et prononceront sur la validité du titre. Les parties viendront ensuite faire juger, s'il y a lieu, la question de contrefaçon, par les tribunaux correctionnels.

« Toutes ces procédures sont simples et dérivent de notre droit commun.

« Sans doute, il est à désirer qu'une loi nouvelle, tout en conservant les bases actuelles de la législation sur les brevets d'invention, ne tarde pas à y introduire les améliorations que l'industrie réclame depuis long-temps. Mais avant que cette loi soit votée, un certain temps peut s'écouler encore. Rien ne s'oppose à ce que dès à présent une meilleure attribution de juridiction ne soit ordonnée par la loi sur les justices de paix. »

L'importance des intérêts qui sont débattus dans les procès relatifs aux brevets d'invention était une raison déterminante pour ôter la connaissance de ces procès aux juges de paix, d'autant que le caractère particulier de ces magistrats ne justifie pas l'attribution qu'ils avaient reçue; mais on doit regretter que la compétence relativement aux contestations de ce genre soit divisée par la présente loi entre les tribunaux civils et les tribunaux correctionnels. Il en résultera un grave inconvénient. Lorsque le breveté aura saisi le tribunal correctionnel de sa plainte en contrefaçon, le défendeur opposera presque toujours la déchéance. L'expérience apprend que c'est là le moyen de défense le plus généralement employé; il faudra que, sur cette exception, le tribunal surseoie jusqu'à ce que le tribunal civil ait prononcé sur la question de déchéance, et qu'ensuite on revienne devant les juges correctionnels pour obtenir l'application de la peine, si la déchéance n'a pas été prononcée. Ce circuit d'actions, cette involution de procédure sont nuisibles surtout dans une matière où la célérité d'une solution est un besoin impérieux, puisque le procès tient ordinairement en suspens des intérêts industriels considérables, et qui souffrent quelquefois autant d'un retard que d'une proscription absolue.

21. Toutes les dispositions des lois antérieures contraires à la présente loi sont abrogées.

22. Les dispositions de la présente loi ne s'appliqueront pas aux demandes introduites avant sa promulgation.

---

24 AVRIL=4 MAI 1838. — Loi relative à l'emprunt grec (1). (IX, Bull. DLXIX, n. 7369.)

Art. 1er. Il est ouvert au ministre des finances un crédit de neuf cent vingt-trois mille deux cent quarante-six fr. (923,246), à l'effet de pourvoir, à défaut du gouvernement de la Grèce, au paiement du semestre échu le 1er mars 1838 et du semestre à échoir le 1er septembre 1838, des intérêts et de l'amortissement de l'emprunt négocié le 12 janvier 1833 par ce gouvernement, jusqu'à concurrence de la portion garantie par le trésor de France, en exécution de la loi du 14 juin 1833 et de l'ordonnance royale du 9 juillet suivant.

2. Les paiemens qui seront faits en vertu de l'autorisation donnée par l'article précédent auront lieu à titre d'avances à recouvrer sur le gouvernement de la Grèce; il sera rendu annuellement aux chambres un compte spécial de ces avances et des recouvremens opérés en atténuation.

3. Il sera pourvu à la dépense autorisée par la présente loi, au moyen des ressour-

---

J'avais pensé que, malgré les termes formels de cet article, les tribunaux correctionnels pourraient connaître des demandes en déchéance, lorsqu'elles seraient présentées devant eux comme défenses à une plainte en contrefaçon, et je me fondais sur ce que, sous l'empire des lois antérieures, il était de jurisprudence constante (ainsi que le dit M. Renouard lui-même) que les juges de paix connaissaient des demandes en déchéance présentées exceptionnellement devant eux, quoiqu'elles fussent également attribuées aux tribunaux de première instance; je ne voyais pas pourquoi à l'avenir on n'étendrait pas la juridiction des tribunaux correctionnels, comme autrefois on étendait celles des juges de paix. Mais M. *le garde des sceaux* a, dans son discours de présentation à la Chambre des Pairs, en 1837, annoncé l'intention formelle de renfermer rigoureusement les tribunaux correctionnels et les tribunaux civils dans les limites de leurs attributions respectives. Il est donc impossible de résister en même temps à un texte formel et à une intention nettement exprimée. M. *le garde des sceaux* a, au surplus, cherché à donner une raison pour ne pas permettre aux tribunaux correctionnels ce qui était admis pour les juges de paix. « Si, a-t-il dit, le tribunal de paix connaît incidemment des actions de nullité et de déchéance de brevets, c'est qu'il est juge en matière civile. Le tribunal correctionnel n'a pas le même pouvoir. Dès qu'une question préjudicielle s'élève devant lui, sur un droit de propriété, il en renvoie la décision aux juges civils, et surseoit jusqu'à leur jugement pour statuer sur la répression du délit. L'attribution aux tribunaux correctionnels aura donc cet effet nécessaire, quoique *indirect*, sur lequel une disposition expresse était inutile, qu'à l'avenir les tribunaux de première instance prononceront autant sur les nullités et déchéances qui s'élèveront incidemment que sur celles qui feront l'objet d'une demande principale. »

Je le répète, en présence d'une volonté aussi constante, toute résistance est impossible, mais je ne peux m'empêcher de dire que la raison qui est invoquée pour justifier la disposition, me paraît faible. Le juge de paix n'est pas toujours juge civil, et certes on peut douter qu'il le fût lorsqu'il prononçait en matière de brevets d'invention, puisqu'il pouvait infliger une amende s'élevant à 3.000 livres et au double en cas de récidive. (Art. 12, loi du 31 décembre 1790 = 7 janvier 1791.)

On proposait après cet article un article additionnel qui supprimait les droits de vacations pour les juges de paix, et qui en donnait la perception aux receveurs d'enregistrement, pour le compte de l'Etat, à la charge par l'État de payer un traitement fixe aux juges de paix.

La question était grave et délicate. M. *le garde des sceaux* a déclaré qu'elle devait être examinée dans tous ses élémens et n'être résolue qu'après cet examen. Il a pris d'ailleurs l'engagement de s'en occuper.

L'amendement n'a pas été adopté.

(1) Présentation à la Chambre des Députés le 17 fév. (Mon. du 18); rapport par M. Dubois (de la Loire-Inférieure) le 21 mars (Mon. du 22 et du 24); discussion et adoption le 26 (Mon. du 27), à la majorité de 259 voix contre 30.

Présentation à la Chambre des Pairs le 2 avril (Mon. du 3); rapport par M. le duc de Broglie le 16 (Mon. du 17); discussion le 21 (Mon. du 22); adoption le 23 (Mon. du 24), à la majorité de 122 voix contre 20.

Voy. le traité du 7 mai 1832, relatif à la création du royaume grec, entre la France, l'Angleterre et la Russie; et la loi du 14 juin 1833.

On sait que lors de sa création, le royaume grec était épuisé et manquait de ressources; ce n'était donc pas assez que d'en poser les bases, il fallait encore en assurer la solidité : c'est ce que fit le traité du 7 mai 1832.

Par l'art. 13 de ce traité, les trois puissances qui y figuraient s'engagèrent à garantir au profit du roi Othon, un emprunt qui pourrait s'élever jusqu'à concurrence de 60,000,000 de fr., réalisables par série de 20,000,000 de fr. Les trois cours s'obligèrent chacune pour un tiers à l'acquittement des intérêts et du fonds d'amortissement de chaque série.

De son côté, le gouvernement de la Grèce affecta au paiement des intérêts et du fonds d'amortissement des séries réalisées, ses premiers revenus, « de telle sorte que les recettes effectives du trésor grec fussent consacrées, avant tout, au paiement desdits intérêts et dudit fonds d'amortissement

ces accordées par la loi de finances du 20 juillet 1837 pour les besoins de l'exercice 1838.

sans pouvoir être employés à aucun autre usage, tant que le service des séries réalisées de l'emprunt sous la garantie des trois cours n'aurait pas été complétement assuré pour l'année courante. »

La loi du 14 juin 1833 autorisa la garantie pour la France jusqu'à concurrence de 20 millions.

Le 1er septembre suivant le gouvernement grec contracta un emprunt de 60 millions ; les deux premières séries en furent réalisées immédiatement.

Les quatre premiers semestres des intérêts et de l'amortissement de l'emprunt furent exactement servis. Mais bientôt après, le gouvernement grec déclara que les deux premières séries émises étaient entièrement absorbées, et sollicita la réalisation de la troisième, à défaut de quoi il ne pourrait continuer le service des intérêts et de l'amortissement des deux précédentes.

La troisième série de l'emprunt ne devait être réalisée, d'après l'art. 13 du traité de 1832, qu'à la suite d'un concert préalable entre les trois cours et le roi de la Grèce.

Des conférences ouvertes dans ce but furent sans résultat.

Dans ces circonstances, quatre émissions partielles furent successivement autorisées pour faire face uniquement au service des semestres de l'emprunt pendant 1836 et 1837.

La continuation de cette mesure aurait entraîné évidemment des désastres incalculables dans les finances de la Grèce, et amené insensiblement, sans utilité aucune pour ce pays, l'épuisement des ressources que le traité de 1832 lui avaient assurées ; mais le gouvernement français, en adhérant à ce palliatif, avait pour but, comme l'a dit M. le ministre des finances, d'épargner au crédit de la Grèce l'atteinte qu'il pourrait recevoir du recours des prêteurs contre les garans. Il espérait aussi amener incessamment les cours de Londres et de Saint-Pétersbourg à adhérer aux mesures proposées par lui à la conférence de Londres tendantes à réformer le système financier de la Grèce.

En conséquence, le gouvernement français a refusé l'émission d'un million autorisée par l'Angleterre.

(1) Présentation à la Chambre des Députés le 1er déc. 1834 (Mon. du 2 et du 3) ; rapport par M. Renouard le 26 janvier 1835 (Mon. du 27 et du 31) ; discussion le 9 fév. (Mon. du 10) ; le 10 (Mon. du 11), le 11 (Mon. du 12), le 12 (Mon. du 13), le 13 (Mon. du 14), le 16 (Mon. du 17), le 18 (Mon. du 19), le 19 (Mon. du 20), le 20 (Mon. du 21), le 23 (Mon. du 24), le 24 (Mon. du 25) ; le 25 (Mon. du 26) ; adoption le 25 (Mon. du 26), à la majorité de 193 voix contre 78.

Présentation à la Chambre des Pairs le 28 mars (Mon. du 29), le 26 janvier 1836 (Mon. du 27).

2e Présentation à la Chambre des Pairs le 17 janv. 1837 (Mon. du 18), rapport par M. Tripier le 13 av. (Mon. du 14 et du 15), discussion le 8 mai (Mon. du 9), le 9 (Mon. du 10) ; adoption le 11 (Mon. du 12), à la majorité de 86 voix contre 1.

Présentation à la Chambre des Députés le 15 janv. 1838 (Mon. du 16 et du 17) ; rapport par M. Quénault le 17 mars (Mon. du 18 et du 22) ; discussion le 27 (Mon. du 28), le 28 (Mon. du 29), le 29 (Mon. du 30), le 30 (Mon. du 31), le 2 av. (Mon. du 3), le 3 (Mon. du 4), le 4 (Mon. du 5) ; adoption le 5 (Mon du 6), à la majorité de 193 voix contre 67.

Présentation à la Chambre des Pairs le 16 avril (Mon. du 17) ; rapport par M. Tripier le 10 mai (Mon. du 11 et du 12) ; adoption le 14 (Mon. du 15), à la majorité de 107 voix contre 5.

Les auteurs de cette loi ont pris pour point de départ le Code de commerce ; ils ont seulement songé à améliorer le système qu'il établit, tantôt en augmentant la rigueur de ses dispositions, tantôt en adoucissant la sévérité de ses règles, en comblant quelques lacunes, surtout en diminuant les délais, et en retranchant d'inutiles formalités. Mais la question de savoir s'il n'y aurait pas un meilleur système à substituer à celui qui existe n'a pas été même effleurée ; et personne n'a pris le soin d'expliquer les motifs qui ont fait admettre des règles spéciales pour le cas où un commerçant ne peut payer ses créanciers. Tout cela sans doute a paru incontestable, tant il a semblé évident que la déclaration de la faillite, la création d'un syndicat, la vérification et l'affirmation des créances, le concordat ou l'union, sont des mesures excellentes. Après avoir lu attentivement les dispositions de l'ancienne législation qui ont évidemment servi de type aux règles écrites dans le Code de commerce, après avoir sérieusement étudié les discussions au conseil d'État et celles qui dans trois sessions successives ont eu lieu dans les Chambres, j'avoue qu'il me reste des doutes graves sur la convenance et l'efficacité du système de législation qui régit les faillites. D'abord la juridiction attribuée aux tribunaux de commerce ne me paraît pas propre à atteindre le but qu'on se propose de sévir contre la fraude et d'accélérer la liquidation. Des magistrats consulaires n'apporteront jamais dans l'exercice de leurs fonctions la sévérité des juges civils ; ils ont d'ailleurs leurs affaires personnelles à diriger, et tout leur temps ne peut être consacré aux travaux judiciaires. Depuis long-temps, je le sais, la juridiction consulaire a été jugée la mieux adaptée aux besoins respectifs des créanciers et du failli ; et ce n'est qu'après des essais successifs que l'administration des faillites et la solution des questions qu'elles font naître, leur a été confiée. Il y a huit déclarations du roi qui, dans un intervalle de douze années, ont établi et prorogé la juridiction des juges-consuls en cette matière. Voy. déclarations des 10 et 30 juillet 1715, 7 décembre 1715, 27 novembre 1717, 5 août 1721, 3 mai 1722, 21 juillet 1726, et 7 juillet 1727 ; on en trouve le texte dans Bornier à la suite de son com-

28 MAI = 8 JUIN 1838. — Loi sur les faillites et banqueroutes (1). (IX, Bull. DLXXV, n. 7417.)

Le livre III du Code de commerce, sur les faillites et banqueroutes, ainsi que les art. 69 et 635 du même Code, seront remplacés par les dispositions suivantes.

Néanmoins les faillites déclarées antérieurement à la promulgation de la présente loi continueront à être régies par les anciennes dispositions du Code de commerce, sauf en ce qui concerne la réhabilitation et l'application des art. 527 et 528.

---

mentaire de l'ordonnance de 1673, titre des Faillites.

En présence de cette série d'actes motivés avec tant de sagesse, adoptés avec tant de prudence, et enfin maintenus par la législation moderne, il semble téméraire de proposer une modification. Cependant si l'on examine les raisons qui, il y a un siècle, déterminaient à confier aux juges-consuls la liquidation des faillites, on s'aperçoit que l'on pourrait sans aucun inconvénient, et avec plusieurs avantages certains, laisser aux tribunaux ordinaires le soin de diriger une procédure toujours fort compliquée, et de prononcer sur des questions ordinairement très difficiles. Tout le monde est aujourd'hui initié au mécanisme des opérations commerciales ; il n'est personne qui n'entende son son langage, qui ne comprenne ses procédés, et qui ne sente ses besoins. Les magistrats, comme toutes les autres classes de la société, ont participé à ce mouvement et se sont imbus des idées dominantes de l'époque ; on ne doit donc pas, comme sous le règne de Louis XV, ôter aux tribunaux ordinaires une partie de leurs attributions, dans la crainte qu'ils n'aient pas les connaissances spéciales nécessaires pour les bien remplir.

Un, deux ou plusieurs juges-commissaires, selon les localités, constamment occupés des affaires de faillite procureraient des avantages immenses sous le rapport de la célérité, de l'exactitude, d'une juste et convenable sévérité, et même de l'indépendance. Devant la juridiction civile, il n'y aurait jamais nécessité de renvoyer à d'autres juges la solution de certaines questions ; sans contester les lumières des membres des tribunaux de commerce, on peut affirmer que la solution des difficultés relatives aux priviléges, aux droits hypothécaires, serait plus juridique ; enfin les magistrats ordinaires ne seraient pas gênés par leurs relations comme peuvent l'être quelquefois les membres des tribunaux de commerce.

Au surplus, quels que soient les juges appelés à connaître des faillites, il me semble qu'il faudrait distinguer avec soin les cas dans lesquels les règles spéciales devraient recevoir leur application. J'admets que le commerçant qui ne peut payer ses engagemens, doive être traité autrement qu'un simple particulier ; mais je voudrais que ces formes extraordinaires, ces distinctions, ces priviléges, ne fussent appliqués qu'à de véritables commerçans, qu'à ceux que les chances auxquelles ils sont véritablement exposés placent en effet dans une position exceptionnelle, et qui ont véritablement quelques motifs pour réclamer des règles plus favorables que celles qui forment le droit commun. Or, n'est-il pas constant qu'on qualifie tous les jours de commerçans des gens s'occupant de quelque misérable trafic sans portée et sans chances, et qu'évidemment il n'y a aucune bonne raison pour les ranger dans la catégorie de ceux qui peuvent invoquer l'application de lois sur les faillites? Je crois donc qu'il eût été nécessaire d'indiquer les conditions auxquelles on doit reconnaître un négociant susceptible d'être mis en état de faillite.

En réclamant comme je viens de le faire plus de sévérité dans l'examen de la conduite des faillis, je n'ai pas eu l'intention de demander que la loi qui punit la banqueroute simple et la banqueroute frauduleuse, prononce des peines plus dures ; et certainement je ne veux pas qu'on remette en vigueur l'art. 12 du titre XI de l'ordonnance de 1673, portant que *les banqueroutiers frauduleux seront poursuivis extraordinairement et punis de mort.* Je voudrais seulement que la loi telle qu'elle est fût appliquée avec une juste rigueur. Les condamnations et même les poursuites pour banqueroute simple et pour banqueroute frauduleuse sont extrêmement rares ; or il est certain que presque toutes les faillites attentivement étudiées présentent les élémens du crime et du délit dont je viens de parler. Pour s'en convaincre, il suffit de savoir que dans le plus grand nombre on offre aux créanciers de misérables dividendes, quelquefois cinq pour cent ; or comment concevoir que de simples marchands, des commerçans qui par la nature de leurs opérations ne sont pas exposés à de grandes pertes, soient réduits à n'avoir rien ou presque rien à offrir à leurs créanciers, sans qu'ils aient à se reprocher quelque fraude ou du moins quelque grave négligence, et surtout des dépenses personnelles supérieures à leurs moyens?

Il serait mieux, sans doute, que quelques règles de discipline intérieure établies dans le sein des différentes branches de commerce et d'industrie, prévinssent les inconvéniens que je signale ; mais l'esprit de nos législateurs n'est pas disposé à accueillir de semblables idées. Le seul mot de *corporations* réveille des souvenirs odieux, et nous tenons maintenant pour maxime en législation qu'il faut punir les mauvaises actions, et non chercher à les prévenir en limitant la liberté personnelle. Cette doctrine, nécessaire à une certaine époque, a peut-être perdu maintenant son à-propos et sa vérité ; mais elle est encore toute puissante.

On sait que la loi actuelle a été discutée dans trois sessions successives et qu'elle a subi de graves modifications; il m'a donc paru inutile de reproduire textuellement et en tête de ces notes les discours de présentation et les rapports. Il m'a paru préférable d'en placer les fragmens sous les articles, après avoir expliqué les changemens que ces articles eux-mêmes ont éprouvés. Par ce procédé on comprend les passages des discours des ministres ou des rapporteurs, tandis qu'ils seraient à peu près inexplicables, si on les isolait de la rédaction originaire de la loi et, si on les plaçait seulement en regard du texte actuel.

Les actes de l'ancienne législation qu'on peut consulter sont les suivans : édit de Henri IV, de mai 1609 ; réglement pour la ville de Lyon, du 2 juin 1667 ; ordonnance de 1673, tit. XI ; les déclarations du roi, du 18 novembre 1702, du 13 juin 1716, du 13 septembre 1739, et enfin les différentes déclarations du roi que j'ai précedemment citées et qui attribuent aux juges-consuls la connaissance des faillites.

LIVRE III. — DES FAILLITES ET BANQUEROUTES.

TITRE Ier. — *De la Faillite.*

Dispositions générales.

Art. 437. Tout commerçant qui cesse ses paiemens est en état de faillite.

La faillite d'un commerçant peut être déclarée après son décès, lorsqu'il est mort en état de cessation de paiemens.

La déclaration de la faillite ne pourra être, soit prononcée d'office, soit demandée par les créanciers, que dans l'année qui suivra le décès (1)

---

(1) Le § 1er formait l'art. 437 du Code de commerce.

Le § 2 est tel qu'il a été proposé par le gouvernement dans le premier projet. Cette disposition est conforme à la jurisprudence. Voy. notamment arrêts de la Cour de Lyon, du 28 avril 1828, Sirey, 29. 2. 105; Dalloz, 28. 2. 217; de la Cour de Toulouse, du 10 décembre 1830, Sirey-Devilleneuve, 31. 2. 150; de la Cour de Montpellier, du 15 février 1836, Sirey-Devilleneuve, 36. 2. 318.

La faillite ne peut être déclarée au cas où les paiemens ne cessent qu'après l'ouverture de la succession, parce que, en premier lieu, l'équité ne permet pas que le caractère de failli soit attaché à la mémoire d'un négociant qui est mort sans avoir cessé ses paiemens; en second lieu, les règles du droit civil relatives aux successions seraient difficiles à combiner avec les règles particulières aux faillites (1er rapport de M. Renouard, Mon. du 31 janvier 1835, page 216, 2e col., 2e alinéa).

Lors de la dernière discussion à la Chambre des Députés, un membre a proposé le retranchement des mots : *lorsqu'il est mort*, etc., comme inutiles.

Cette proposition a donné lieu à une assez vive discussion.

On a dit, d'une part, qu'il y aurait danger à laisser subsister cette disposition; que si elle est maintenue, jamais on ne déclarera en faillite un négociant décédé, s'il n'appert que la cessation des paiemens a eu lieu avant sa mort : que c'est l'état de la jurisprudence; mais que dans l'usage on a distingué la mort naturelle de la mort volontaire, et qu'on a déclaré en faillite le négociant qui, pour ne pas survivre à la honte de cet état, s'était ôté la vie. Que cependant, si l'on insère cette disposition dans la loi, il sera constant qu'il n'y aura pas eu, dans ce cas, cessation de paiemens avant la mort, et qu'on ne pourra pas déclarer la faillite; qu'il vaut donc mieux respecter ce qui est établi en jurisprudence, et ne pas introduire sans utilité une nouvelle disposition.

Mais on a répondu que c'est une chose très grave que la déclaration d'une faillite après le décès d'un individu, que cette sorte de flétrissure prononcée sur l'état d'un homme qui n'est plus là pour se défendre; qu'il faut tout au moins que les faits qui constitueraient sa faillite, que la cessation de paiemens ait éclaté de son vivant. Ce principe est consacré par la jurisprudence, par les auteurs, en l'absence de toutes lois, parce qu'il résulte de la nature des choses, de la situation du commerçant, du respect qui est dû à sa mémoire. Que le suicide prouve qu'il y a dans le commerce beaucoup d'hommes qui préfèrent véritablement l'honneur à la vie. Il faut donc avec une grande circonspection peser ce que veulent dire ces expressions : *Un commerçant failli*, *déclaré failli*. Et c'est parce qu'on reconnaît qu'il y a un sentiment d'honneur dans les commerçans qui peut les porter à un grand malheur, à une extrémité pareille, qu'on veut que celui qui, chaque jour, par un travail constant, a payé ses créanciers, qui a péri à la peine, qui a soldé jusqu'au dernier moment, soit rétroactivement flétri de la déclaration de failli en raison d'un fait qui ne lui appartient pas et qui est venu après lui !

Un membre a persisté et demandé à quels signes on reconnaîtra qu'un négociant est décédé en état de cessation de paiemens. « Je suppose, a-t-il dit, le cas d'un négociant décédé sans qu'aucune des traites ou billets en circulation aient été protestés avant son décès : il a tout payé; il n'y avait, avant son décès, aucune dette qui n'eût été acquittée, non à caisse ouverte et à deniers comptans, mais par des transports, soit de ses meubles, soit de ses immeubles, ou par des opérations qui ne sont pas des moyens de paiement ordinaires, et que la fixation d'une époque déterminée pour la cessation des paiemens a précisément pour objet de prévenir et de réprimer. Dans ce cas, il n'y a pas état de cessation de paiemens, et aucun effet n'est resté en souffrance; les juges consulaires seront portés à le déclarer. Cependant, ces paiemens ne sont pas légitimes et ne servent le plus souvent, dans le cas que je cite, qu'à masquer et à dérober la cessation de paiemens. »

Il a été répondu par le *rapporteur* : « que le système de la commission ou plutôt du gouvernement, en rédigeant le projet de loi, a été d'exiger, pour constituer la faillite, ce qu'on appelle la cessation de paiemens, c'est-à-dire de ne plus s'attacher à un fait isolé, tel qu'un ou deux protêts, tel même que la clôture d'un magasin, qui pourrait tromper sur l'intention et le sens dans lequel cette circonstance aurait eu lieu, mais d'exiger un ensemble de circonstances, une inexécution générale des engagemens, et de le laisser à l'appréciation du tribunal commercial, qui, éclairé par la connaissance des habitudes des affaires commerciales, peut prononcer avec connaissance de cause sur cet ensemble de circonstances qui établissent la cessation des paiemens et l'inexécution des engagemens du débiteur, qui seules constituent la faillite.

« Eh bien! nous exigeons précisément pour déclarer la faillite d'un commerçant décédé le même ensemble de circonstances qui sera soumis à l'appréciation éclairée du tribunal de commerce..... et dans lequel le tribunal de commerce reconnaîtra l'inexécution générale des engagemens, à savoir, la faillite.

« Nous avons donc conservé, et nous le devions, le même principe pour le cas où il s'agit de prononcer sur la situation d'un commerçant décédé, que pour celui où il s'agit de prononcer sur la situation d'un commerçant vivant. Il y aurait eu injustice de ne pas conserver le principe dans toute sa latitude.

« D'un autre côté, le tribunal de commerce aura les mêmes élémens à apprécier ; il prononcera avec la même latitude, il n'y a donc aucun danger, il n'y a que la consécration d'un principe qui doit être respecté d'autant plus rigoureusement qu'il s'agit de l'appliquer à un commerçant décédé, et qui ne peut plus se défendre. »

Le paragraphe a été maintenu. D'après l'analyse qui précède, nul doute ne peut s'élever sur l'application.

Cette analyse révèle d'ailleurs dans quelle intention l'article indique la cessation des paiemens comme l'unique élément constitutif de l'état de faillite ; le Code de commerce, art. 441, énumérait plusieurs circonstances dont l'appréciation pouvait souvent donner lieu à des erreurs qu'on a voulu prévenir. Au surplus, un arrêt de la Cour de Bordeaux, confirmé par un arrêt de la Cour de cassation, du 24 décembre 1818, a décidé que la faillite peut être déclarée après le décès, si les paiemens ont cessé le jour même du décès, bien qu'il n'y ait eu aucune poursuite du vivant du négociant. (Sirey, 19, 1, 335 ; Dalloz, Recueil alphabétique, tom. 8, p. 34 ; Journal du Palais, t. 55, p. 471.) Un arrêt de la Cour de Douai, du 27 mai 1811, a jugé qu'un négociant qui s'est suicidé au moment de faillir, mais avant toute déclaration, tout protêt et durant le plein exercice de son commerce, ne peut être réputé mort en état de faillite. (Sirey, 12. 2. 10 ; Dalloz, Recueil alphabétique, t. 8, p. 35.) — Voy. le rapport, Mon. du 22 mars 1838, 2e supp., p. 645, 3e col., et p. 646, 1re col., et la discussion (Mon. du 28 mars 1838, 1er supp., p. 701, 3e col. et suiv.

Le troisième paragraphe n'existait pas dans le premier projet adopté par les Chambres. Il a été ajouté par la commission de 1838, en ces termes : « La déclaration de la faillite ne pourra être prononcée, soit d'office, soit sur la demande des créanciers, que dans les trois mois qui suivront le décès. »

La commission donnait pour motif de cette addition, qu'il fallait concilier le droit qu'ont les créanciers de faire déclarer la faillite d'un commerçant après son décès, avec celui de ses héritiers qui ont besoin de savoir sous quel régime la succession sera placée, avant de prendre qualité dans cette succession.

On a d'abord reproché au paragraphe un vice de rédaction. On a dit qu'on ne comprenait pas que, si le créancier demande la mise en état de faillite avant les trois mois, le tribunal ne puisse pas prononcer le jugement de mise en faillite après les trois mois révolus.

En second lieu, on a attaqué la prescription d'un délai. Deux systèmes ont été présentés, l'un n'en admettant aucun, c'est l'état de la jurisprudence ; l'autre voulant l'étendre au-delà de trois mois. Pour ce dernier système, on a dit qu'il faut aux héritiers le temps de faire inventaire, et ensuite d'opter entre l'acceptation et la répudiation de la succession ; que, pendant ce temps, les créanciers peuvent avoir l'espérance que les héritiers accepteront la succession et les paieront, soit avec les deniers de la succession, soit avec leurs propres deniers ; qu'ils n'ont donc aucune espèce d'intérêt à agir ; qu'ainsi, les mettre dans la nécessité de se prononcer dans les trois mois, c'est aller à la fois et contre l'intérêt de la famille et contre leur propre intérêt.

En conséquence, on a proposé le délai d'un an, délai qui, sans menacer les successions d'être troublées après un long temps écoulé, sans faire craindre aux héritiers de se voir inquiétés dans leur jouissance, donne cependant aux créanciers toute la latitude dont ils ont besoin pour savoir s'il leur importe de provoquer ou non la déclaration de faillite de leur débiteur.

Ces considérations ont prévalu. La rédaction a été rendue plus claire, et le délai d'un an admis. Ainsi, les juges ne pourront déclarer la faillite d'office que dans l'année ; mais, si la déclaration a été provoquée dans l'année par les créanciers, le tribunal pourra la prononcer après l'expiration de l'année. (V. Mon. du 28 mars 1838, 1er supp., p. 703, 2e col. et suiv.)

« On a quelquefois réclamé, a dit M. *Renouard* dans son rapport, la création légale d'un état intermédiaire entre la solvabilité et la faillite, et dont la destination serait d'offrir des garanties et des règles pour les simples suspensions de paiement et pour les contrats d'atermoiement qui peuvent en être la suite. Il nous a paru que toute disposition de ce genre est inadmissible. Si tous les créanciers d'un commerçant dont les paiemens sont arrêtés sont d'accord pour lui accorder du temps, l'intervention de la loi est inutile ; il n'y aura point de poursuites. Qui a terme ne doit rien : aussi n'est-ce point pour ce cas qu'on désire le secours de la loi, mais pour celui où les créanciers ne s'accordent pas tous à consentir des délais à leur débiteur. Or, pour soumettre ainsi certains créanciers à la volonté des autres, comment se dispenserait-on de les entendre, de vérifier la sincérité de leurs créances, de faire délibérer en assemblée générale, de définir la majorité, de soumettre ces décisions au contrôle de la justice ? C'est-à-dire qu'il faudrait recourir à toutes les formalités ordinaires des faillites, aux convocations, aux vérifications de créances, aux délibérations du concordat, aux homologations, afin d'arriver à rendre obligatoire pour une minorité dissidente le contrat d'atermoiement. Rien donc ne serait gagné, ni pour le temps, ni pour les frais, ni pour les formes. Tout au contraire, il faudrait recommencer ces opérations, ces dépenses, car une faillite judiciaire ne manquerait jamais de s'ouvrir, dès que l'on aurait épuisé les ressources de cette première période, qui deviendrait le préliminaire inévitable de chaque faillite. Ce que l'on demande ne tend à autre chose qu'à constituer l'état de faillite sans dessaisir le failli de l'administration de ses biens. On rétrograderait par là jusqu'au système de l'ordonnance de 1673, et à ces lettres de répit et arrêts sur séance (voy. tit. 9) auxquels les rédacteurs du Code ont eu si fort à cœur d'échapper..... Un négociant qui ne paie plus à l'échéance, cesse ses paiemens, alors même qu'il conserve l'espérance de les reprendre plus tard. Ses créanciers attendaient de lui des rentrées à jour fixe. Le défaut de paiement à l'échéance les expose au péril d'arrêter leurs paiemens à leur tour. Le commerce vit d'exactitude et de ponctualité ; le moindre retard le trouble et porte coup. De la part d'un commerçant, suspendre ses paiemens, c'est faillir ; toutes

CHAPITRE Ier. — *De la déclaration de Faillite et de ses effets* (1).

438. Tout failli sera tenu, dans les trois jours de la cessation de ses paiemens, d'en faire la déclaration au greffe du tribunal de commerce de son domicile. Le jour de la cessation de paiemens sera compris dans les trois jours.

En cas de faillite d'une société en nom collectif, la déclaration contiendra le nom et l'indication du domicile de chacun des associés solidaires. Elle sera faite au greffe du tribunal dans le ressort duquel se trouve le siége du principal établissement de la société (2).

439. La déclaration du failli devra être accompagnée du dépôt du bilan, ou contenir l'indication des motifs qui empêcheraient le failli de le déposer. Le bilan contiendra l'énumération et l'évaluation de tous les biens mobiliers et immobiliers du débiteur, l'état des dettes actives et passives, le tableau des profits et pertes, le tableau des dépenses; il devra être certifié véritable, daté et signé par le débiteur (3).

---

les précautions prises par la loi contre les faillites deviennent donc nécessaires dès que survient une cessation de paiement. » Les mêmes considérations ont été présentées par M. *Quénault* dans son rapport en 1838.

Plusieurs arrêts ont jugé que s'il y a eu des propositions d'atermoiement acceptées et qu'enfin la faillite ait éclaté, on doit considérer l'époque des propositions d'atermoiement comme l'époque de la cessation des paiemens, quoique des paiemens aient eu lieu postérieurement. V. notamment arrêt de la Cour de Bordeaux, du 9 mai 1828; Sirey, 28. 2. 313. Dalloz, 29. 2. 225.

Le Code de commerce portait, dans les articles 438 et 439 placés sous la rubrique *Dispositions générales*, art. 438 : « Tout commerçant failli qui se trouve dans l'un des cas de faute grave ou de fraude prévus par la présente loi, est en état de banqueroute. — Art. 439 : Il y a deux espèces de banqueroutes : la banqueroute simple; elle sera jugée par les tribunaux correctionnels; la banqueroute frauduleuse, elle sera jugée par les Cours d'assises. »

On a d'abord pensé que ces articles seraient plus convenablement placés au commencement du titre des banqueroutes, puis ils ont disparu. Ils ne sont pas en effet très nécessaires. L'art. 402 du Code pénal y supplée. Voyez aussi l'article 584 de la présente loi.

V. dans le Code de commerce, art. 437 et 441.

(1) L'intitulé de ce chapitre a été modifié. On lisait dans le Code de commerce, de l'*Ouverture* de la faillite. La déclaration et l'ouverture de la faillite, a dit M. *Renouard*, ont des règles distinctes que le Code ne précisait pas suffisamment. Le jugement déclaratif emporte ouverture de plein droit; mais l'ouverture peut être reportée à une époque antérieure à sa déclaration. V. art. 441.

(2) Le projet primitif ne faisait que reproduire l'ancien art. 440 du Cod. de comm. Seulement on y avait intercalé cette disposition : « *Cette déclaration devra être accompagnée du dépôt de son bilan ou état actif et passif de ses affaires.* »

La nouvelle rédaction a renvoyé le dépôt du bilan à l'article suivant, et levé toute difficulté sur la question de savoir à quel tribunal doit être faite la déclaration de faillite.

Dans la première discussion, on a dit qu'il y a des sociétés qui ne sont pas en nom collectif et qui ont cependant des associés solidaires; qu'il faudrait donc que la déclaration contînt le nom et le domicile de chacun de ces associés.

L'amendement a été repoussé par la raison que c'est seulement lorsque les associés sont solidaires et responsables, que l'indication de leurs noms est nécessaire; que lorsque ce sont de simples commanditaires, on doit faire leurs comptes dans la faillite; mais ils ne sont pas tenus envers les tiers : ils ne sont tenus que jusqu'à concurrence de ce qu'ils ont versé dans la société.

On a proposé un autre amendement, qui consistait à dire *tout commerçant* au lieu de *tout failli*. On a répondu que le négociant qui se présente pour déclarer sa faillite est réellement failli. L'amendement n'a pas eu de suite. V. art. 440 Cod. comm.

(3) La première disposition ne se trouvait pas dans l'article du projet; voy. la note sur l'art 438.

La commission l'avait d'abord rédigée ainsi : « La déclaration de faillite devra être accompagnée du dépôt du bilan. » Elle donnait pour motif de cette innovation que lorsqu'un commerçant cesse ses paiemens, il doit connaître l'état de ses affaires; que quand un individu est assez mal dans ses affaires pour avoir eu besoin, assez long-temps à l'avance, de penser au moyen de payer, il a dû dresser à part lui le compte de ses affaires et savoir l'état de ses créanciers et de ses débiteurs; qu'on n'exige donc rien d'impossible; que d'ailleurs les articles 474 et suiv. du projet, actuellement 476, ont très bien prévu le cas où le bilan n'aurait pas été préparé antérieurement à la déclaration de faillite, et où il faudrait y pourvoir ultérieurement.

On objecta que, d'abord, il est facile de déclarer qu'en règle générale, le bilan sera fait et déposé sur-le-champ, mais qu'il faut néanmoins laisser au tribunal de commerce la faculté de dispenser le failli du dépôt au moment de la déclaration, et de lui accorder un délai suffisant d'après les circonstances, parce qu'il y aurait toujours certaines maisons qui, par le développement de leurs affaires, par le nombre de leurs correspondans, par la nature du placement de leurs capitaux, par les marchandises qu'elles pourraient avoir en magasins, seraient dans l'impossibilité de dresser leur inventaire en si peu de temps.

L'article fut renvoyé à la commission qui proposa la rédaction actuelle.

Dans la séance du 2 avril, après l'adoption de l'art. 430, un membre de la Chambre a demandé que la commission expliquât le sens qu'elle avait entendu donner aux dernières expressions du nouvel article, à savoir, si la disposition du Code qui donnait au failli l'autorisation formelle de faire signer son bilan par un fondé de pouvoir était abrogée par le silence de l'article nouveau du projet.

M. *le rapporteur* de la commission a répondu « que le gouvernement et la commission ont entendu que la disposition du Code de commerce qui autorisait le failli à faire signer son bilan par

440. La faillite est déclarée par jugement du tribunal de commerce, rendu, soit sur la déclaration du failli, soit à la requête d'un ou de plusieurs créanciers soit d'office. Ce jugement sera exécutoire provisoirement (1).

441. Par le jugement déclaratif de la faillite, ou par jugement ultérieur rendu sur le rapport du juge-commissaire, le tribunal déterminera, soit d'office, soit sur la poursuite de toute partie intéressée, l'époque à laquelle a eu lieu la cessation de paiemens. A défaut de détermination spéciale, la cessation de paiemens sera réputée avoir eu lieu à partir du jugement déclaratif de la faillite (2).

---

un fondé de pouvoir, se trouve implicitement comprise dans l'article qui oblige le failli à signer son bilan, d'après le principe du droit commun qui autorise toute personne à se faire représenter dans les cas qui ne lui sont pas exclusivement personnels... » V. les art. 470 et suiv. du Code de commerce.

La sanction de cet article et du précédent se trouve dans les art. 456 et 586, 4°. Le failli qui ne déposerait pas son bilan et qui ne donnerait que des motifs sans force et sans vérité pour justifier cette infraction à la règle, encourrait les conséquences fâcheuses de l'application des art. 456 et 586. Ce sera au tribunal de commerce dans un cas et au tribunal correctionnel dans l'autre, à apprécier la puissance et l'exactitude de ses excuses. Il serait dérisoire de prétendre qu'un failli qui aurait donné des motifs absurdes ou faux aurait satisfait au vœu de la loi.

(1) Le premier projet adopté par la Chambre des Députés ajoutait : « Il sera affiché et inséré par extrait dans les journaux tant du lieu où la faillite sera déclarée que de tous les lieux où le failli aura des établissemens commerciaux, suivant le mode établi par l'art. 42 du Code de commerce. »

Cette disposition, motivée sur la nécessité de rendre plus certaine une publicité à laquelle le commerce entier est intéressé, a été transportée après l'art. 441 et forme l'art. 442.

L'art. 457 du Code de commerce prescrivait l'affiche et l'insertion dans la forme de l'art. 683 Cod. proc. civ. La Chambre des Députés a rejeté un amendement qui donnait au ministère public le droit de requérir la déclaration de la faillite. Voy. art. 441 C. comm.

(2) La rédaction du Gouvernement était : « S'il « est reconnu que la cessation de paiemens est de- « venue notoire à une époque antérieure au juge- « ment déclaratif de faillite, le tribunal pourra, « par le même jugement ou par jugement ulté- « rieur, soit d'office, soit sur la poursuite de toute « partie intéressée, reporter l'ouverture de la fail- « lite à la date de la cessation notoire de paie- « ment.

« Tout jugement relatif à la fixation d'ouver- « ture de la faillite sera affiché et publié, ainsi « qu'il est dit en l'article 441. » (C'est l'art. 442.)

La Chambre des Députés adopta une nouvelle rédaction présentée par sa commission, et ainsi conçue : « Le tribunal pourra, par le même juge- « ment, ou par jugement ultérieur, soit d'office, « soit sur la poursuite de toute partie intéressée, « reporter l'ouverture de la faillite à la date de la « cessation *notoire* de paiemens.

« Tout jugement, etc. »

Le rapporteur de la commission justifiait cette innovation en disant d'abord que, pour fixer l'époque de l'ouverture de la faillite, il ne faut pas se reporter seulement à la cessation réelle des paiemens, qu'il faut aussi que cette cessation soit *notoire*; que l'équité l'exige; car l'ouverture de la faillite ébranlant un grand nombre d'actes dans lesquels des tiers sont intéressés, il faut que la notoriété ait pu instruire les tiers du véritable état des affaires du failli. Il ajoutait ensuite que les termes de l'art. 442 du Code de commerce donnaient lieu à des débats, lorsque l'époque de l'ouverture différait de celle de la déclaration; que tant que la faillite n'est pas déclarée, le négociant, dans quelque déplorable état qu'il soit tombé, exerce de fait l'administration de ses biens; qu'un jugement pourra décider qu'il aura été en faillite réelle antérieurement à la faillite déclarée; mais que rien ne peut faire qu'il n'ait été, pendant ce temps, saisi de l'administration qu'il a effectivement exercée.

La Chambre des Pairs adopta la rédaction suivante, proposée par sa commission : « Par le ju- « gement déclaratif de la faillite ou par jugement « ultérieur rendu sur le rapport du juge-commis- « saire, le tribunal déterminera, soit d'office, soit « sur la poursuite de toute partie intéressée, l'épo- « que à laquelle a eu lieu la cessation de paiemens. « A défaut de détermination spéciale, la cessation « de paiemens sera réputée avoir eu lieu à partir « du jugement déclaratif de la faillite. »

On voit que le mot *notoire* ne s'y trouve plus.

En 1838, cette rédaction a été reproduite à la Chambre des Députés. Mais on a proposé de revenir à la première, ou du moins de rétablir le mot *notoire*, et cette proposition a donné lieu à une longue et intéressante discussion.

Le premier amendement présenté dans ce sens a été ainsi formulé : « Le tribunal pourra, soit « d'office, soit sur la proposition de toutes parties « intéressées, reporter l'ouverture de la faillite à « la date de la cessation *notoire* de paiemens. »

« C'est le mot *notoire*, a dit l'auteur de l'amendement, sur lequel j'appelle toute l'attention de la Chambre. En d'autres termes, c'est le mot *notoire* qui a disparu du projet, que je voudrais y faire rétablir. »

L'orateur, pour soutenir sa proposition, a dit qu'il fallait donner un point de départ à l'ouverture de la faillite; que, sans cela, il y aurait de grands abus à cause de la faculté laissée aux juges de reporter cette fixation à des époques très éloignées; que, soit qu'on adopte le système de nullité des actes de l'ancien projet, soit qu'on s'attache à celui du nouveau, il resterait toujours un grand nombre d'actes exposés à l'annulation; qu'il est important d'éviter qu'on aille les rechercher dans un passé de plusieurs années.

La commission a repoussé ces considérations; elle a soutenu qu'il résulterait de cette introduction du mot *notoire* une présomption légale de fraude et une déclaration de nullité contre tous les actes faits par le débiteur, à partir de la cessation de paiemens, ainsi présumée notoire à l'égard de tous les créanciers et de tous les tiers; que ce sys-

442. Les jugemens rendus en vertu des deux articles précédens seront affichés et insérés par extrait dans les journaux, tant du lieu où la faillite aura été déclarée que de tous les lieux où le failli aura des établissemens commerciaux, suivant le mode établi par l'art. 42 du présent Code (1).

443. Le jugement déclaratif de la faillite emporte de plein droit, à partir de se date, dessaisissement pour le failli de l'administration de tous ses biens, même de ceux qui peuvent lui échoir tant qu'il est en état de faillite (2).

A partir de ce jugement, toute action

---

tème devait être repoussé comme contraire à l'équité, au crédit commercial et à la vérité, parce qu'il n'existe presque jamais de notoriété générale, universelle, absolue, indépendante des lieux et des circonstances; que le principe de notoriété n'est donc pas exact; que ce serait souvent un mensonge introduit dans la loi et dans les jugemens; enfin, que cette notoriété se conçoit bien à l'égard d'une maison puissante, mais nullement à l'égard d'un petit commerçant presque inconnu; que, par cela que la notoriété est un fait non matériel, un fait complexe et composé d'élémens insaisissables et différens selon les lieux, les personnes et les circonstances, les juges ne pourraient, presque dans aucun cas, la fixer d'une manière certaine; qu'il fallait donc rejeter l'amendement.

Cette discussion a ainsi remis en présence deux systèmes, l'un admettant la nullité absolue de tout ce que le failli a fait dans l'intervalle de la cessation *notoire* de paiemens au jugement déclaratif de la faillite; l'autre consacrant la validité de tous les actes qu'on ne prouve pas être entachés de mauvaise foi, et il faut dire que le premier a été soutenu par M. *Teste* avec une élévation de pensée, une vivacité d'expression, une puissance d'argumentation, un entraînement, une chaleur, une éloquence que le sujet ne semblait pas comporter, et qui a, sur tous les bancs de la Chambre, excité une admiration véritable.

Au surplus, comme en 1835, on a proposé un *mezzo termine* consistant à mettre à la place de la nullité absolue, la simple présomption de fraude, cédant à la preuve contraire: mais, comme en 1835, la nullité absolue et la présomption de fraude ont été repoussées, on a préféré distinguer entre les actes pour maintenir les uns et annuler les autres, en laissant d'ailleurs au tribunal le droit de fixer l'époque de l'ouverture de la faillite, sans l'obliger à la placer à l'époque où serait acquise la notoriété de la cessation de paiemens.

Ce système, a-t-on dit, déjouera mieux la fraude. Ce n'est pas seulement pendant les dix jours précédant la faillite publiquement connue que la loi veillera et frappera certains actes; mais avant cette faillite *publiquement connue*, plusieurs semaines, plusieurs mois peut-être de faillite réelle, mais *latente*, se seront écoulés; le commerçant failli, prévoyant sa chute, aura pris ses mesures, avantagé les uns au détriment des autres, mis à couvert une partie de son actif; puis, prolongeant des dix jours officiels l'éclat de sa déconfiture, il aura espéré se jouer de la loi et de ses sévérités limitées. Mais la nouvelle loi veille; et, consacrant une jurisprudence qu'avaient commandée les exigences des faits, elle autorise les tribunaux, rétroagissant bien au-delà de ces dix jours, et jusqu'au premier moment où apparaîtra la fraude, à atteindre toutes les tentatives coupables, à les atteindre et à les punir. Ils n'auront même plus besoin de ces preuves générales de fraude dont on se plaint qu'il est si difficile d'administrer un corps complet; il suffira que l'on prouve que le tiers poursuivi avait connaissance de l'embarras du failli; et, pour fournir cette preuve, on aura non seulement la notoriété générale, mais les détails spéciaux du livre de la correspondance du failli, et, au besoin, des livres et de la correspondance de celui même qu'on voudra convaincre de mauvaise foi... Du jour où la faillite est déclarée, connue officiellement et affichée, où les scellés sont apposés, nul ne saurait prétexter ignorance, et tous actes faits avec le failli sont nuls. Mais antérieurement, et lorsque la cessation de paiemens n'était pas encore connue, lorsque l'on pouvait encore traiter de bonne foi avec le failli, alors, suppléant à une rigueur générale qui ne serait qu'une injustice, intervient le pouvoir discrétionnaire de la justice, qui, suivant une acception des personnes et des faits, inaccessible à un texte de loi, sévit là où la mauvaise foi apparaît, mais n'inflige pas de rigueurs légales là où apparaît une évidente bonne foi.

Ainsi, le système admis ne reconnaît, à partir du jour de la déclaration officielle de la faillite, aucun acte possible. Mais pour l'époque douteuse qui la précède, où tout se débat entre les présomptions de bonne et de mauvaise foi, il arme la justice d'un pouvoir discrétionnaire, la charge de rechercher la fraude et de la punir. V. d'ailleurs les notes sur les art. 446, 447, 448 et 449.

On a prétendu que l'art. 437 décidant que l'ouverture de la faillite d'un commerçant décédé ne pourrait être fixée à une époque postérieure au décès, il y aurait, si on laissait subsister l'art. 441, une antinomie évidente entre ces deux articles. En effet, a-t-on dit, la disposition finale de ce dernier article ne peut s'appliquer au jugement qui déclare la faillite d'un commerçant décédé, puisqu'alors l'ouverture se trouverait fixée à un temps postérieur au décès. Dans cette dernière occurrence, si donc le jugement est muet, ce ne sera pas du jour qu'il aura été rendu que datera la faillite, ce sera du jour du décès; mais encore faut-il que la loi le dise. On proposait en conséquence d'ajouter « et en » cas de faillite déclarée d'une personne décédée, « à partir du jour du décès. »

Mais on a répondu que l'art. 437 contient une exception qui subsiste indépendamment de la règle. (Mon. du 30 mars, 2e suppl., p. 731, 1re col.)

(1) Voy. la note sur l'art. 440, et l'art. 457 du Code de commerce.

(2) Ainsi se trouve décidée la question de savoir si le failli est dessaisi seulement des biens qu'il possède au moment de la faillite, mais aussi de ceux qui peuvent lui advenir. M. *Teste* l'avait soulevée en 1835, et avait annoncé que, par arrêt de la Cour de Paris du 2 février 1835, il avait été jugé que les biens présens étaient seuls compris dans le dessaisissement, Sirey-De-Villeneuve (35. 2, 347). Mais la commission avait déclaré que dans son opinion l'article s'appliquait aux biens à venir comme aux biens présens; on a jugé convenable de le dire formellement.

Lors de la dernière discussion à la Chambre des Députés, M. le président a fait cette question :

mobilière ou immobilière ne pourra être suivie ou intentée que contre les syndics (1)

Il en sera de même de toute voie d'exécution tant sur les meubles que sur les immeubles (2).

Le tribunal, lorsqu'il le jugera convenable, pourra recevoir le failli partie intervenante (3).

444. Le jugement déclaratif de faillite rend exigibles, à l'égard du failli, les dettes passives non échues.

En cas de faillite du souscripteur d'un billet à ordre, de l'accepteur d'une lettre de change ou du tireur à défaut d'acceptation, les autres obligés seront tenus de donner caution pour le paiement à l'échéance, s'ils n'aiment mieux payer immédiatement (4)

« S'il y avait un acte conservatoire à faire avant la nomination des syndics, cela n'empêcherait-il pas de le faire? »

Le rapporteur a répondu : « Le jugement même « qui déclare la faillite nomme les syndics; il n'y « a pas d'intervalle. » Voy. Cod. comm., art. 442.

(1 et 2) Il faut remarquer que la disposition analogue se trouvait placée dans l'art. 494 du Code de commerce; on a cru convenable de rapprocher celle-ci de l'article qui ôte au failli l'administration de ses biens dont elle est la conséquence.

M. *Renouard*, rapporteur, a fait remarquer que le Code de commerce (art. 494), ne comprenait dans les actions que l'on devait diriger contre les agens ou les syndics, que celles qui étaient dirigées contre a personne ou ses biens mobiliers; tandis que la présente loi embrasse aussi les actions immobilières. « Les motifs de décider sont pareils a-t-il dit, elle s'applique aussi à toutes les voies d'exécution, tant sur les meubles que sur les immeubles, afin de faire cesser des difficultés qui ont divisé la jurisprudence sur la question de savoir si, postérieurement à la faillite, la vente des immeubles pouvait être poursuivie contre le failli par tout créancier. Les tribunaux jugeront, suivant les circonstances, si la personne du failli est nécessaire, et s'il doit être reçu partie intervenante. »

Il est bien entendu que si une saisie immobilière avait été commencée contre le failli, et qu'avant la faillite elle eût été transcrite conformément aux art. 677 et 680 du Code de procédure, elle serait continuée sur les mêmes erremens, sauf la substitution des syndics au failli, sans retard des actes de la procédure.

M. *Teste* avait proposé un amendement en ce sens, qui a été rejeté comme exprimant ce qui est de droit commun.

(3) Ce n'est pas sans difficulté que ce dernier alinéa a été inséré dans la loi. La commission de la Chambre des Députés de 1835 avait demandé qu'il fût supprimé, considérant ce qui y est énoncé comme étant de droit commun. Mais M. *le garde des sceaux* et M. *Quesnault*, alors commissaire du roi, ayant formellement contesté le droit d'intervention pour le failli, la suppression du paragraphe aurait pu être entendue dans un sens diamétralement opposé à celui qu'y attachait la commission, et comme exprimant que jamais le failli ne pourrait intervenir. On voit que l'on s'est arrêté à un système mixte, en laissant au tribunal le droit d'admettre l'intervention. M. *le garde des sceaux* présentait au surplus, à l'appui de son opinion, des argumens qui paraissent fondés sur les principes rigoureux du droit; il disait que le failli étant dépouillé, sinon de ses biens, du moins de leur administration, ayant reçu de la loi des représentans légaux, il n'était pas possible qu'il vînt figurer comme partie dans les instances où il était déjà en la personne de ses syndics.

M. *Teste*, pour prouver que le failli a le droit d'ester en justice, supposait le cas où une demande en séparation de corps serait formée par sa femme contre lui, et il disait qu'évidemment, en pareille occasion, le failli défendrait lui-même à la demande; mais M. *Quesnault* a fort bien répondu qu'il ne faut pas confondre les droits attachés à la qualité de mari, de père, en un mot les droits de famille, et ceux qui sont relatifs aux biens; que le failli n'était point dépouillé des premiers, et que, par conséquent, il pouvait ester en justice pour les faire valoir; mais qu'il était dessaisi des seconds; que, par conséquent, relativement à eux, toute action devait être intentée ou suivie par les syndics.

La Chambre a été touchée de cette considération, que si, par fraude ou par négligence, les syndics sacrifiaient les intérêts du failli, il fallait lui réserver le moyen de les défendre. On aurait pu répondre qu'en droit, toutes les fois qu'un représentant légal ne remplit pas la mission qui lui est confiée, il engage sa responsabilité; qu'il est comptable de sa conduite; mais que la personne représentée n'a pas le droit d'intervenir, car elle n'est pas un tiers dans la contestation; elle ne forme avec son tuteur, son mandataire légal, qu'une seule et même personne. Voilà le langage qu'on pouvait tenir, en se tenant dans les principes; mais la Chambre a cru devoir transiger.

Plusieurs arrêts de cassation antérieurs à la loi reconnaissaient la possibilité de l'intervention. Voy. arrêt du 19 avril 1826, Sirey, 27. 1. 198.

J'examinerai dans les notes placées sous les art. 597 et 598, si les engagemens particuliers pris par le failli en faveur de certains créanciers sont valables.

(4) L'art. 448 du Code de commerce portait que l'ouverture de la faillite rendait exigibles les dettes passives non échues; qu'à l'égard des effets de commerce sur lesquels le failli se trouverait être l'un des obligés, les autres obligés ne seraient tenus que de donner caution pour le paiement à l'échéance, s'ils n'aimaient mieux payer immédiatement. »

Ainsi le principe était l'exigibilité non seulement à l'égard du failli, mais aussi à l'égard des coobligés. Toutefois, pour ceux-ci, on admettait une légère faveur, on les dispensait de payer, à la charge de donner caution.

Le projet de loi présenté par le gouvernement était fondé sur des idées toutes différentes; il proclamait que les dettes ne devenaient exigibles qu'à l'égard du failli seulement.

M. *Renouard* disait dans son rapport « qu'il était raisonnable d'admettre ce système; que, parce que les garanties des créanciers se trouvaient diminuées par la faillite de l'un des débiteurs, il ne s'en suivrait pas que les autres fussent obligés de trouver

445. Le jugement déclaratif de faillite arrête, à l'égard de la masse seulement, le cours des intérêts de toute créance non garantie par un privilége, par un nantissement ou par une hypothèque.

Les intérêts des créances garanties ne

---

tout à coup des ressources et de faire face à leurs engagemens avant l'échéance ; il ajoutait que cette obligation pouvait jeter la perturbation dans les affaires, accroître et quelquefois faire naître les crises commerciales; que c'est, d'ailleurs, le système adopté par le Code de commerce publié en Hollande, en 1830.

De cette manière, d'une part, les créanciers n'étaient point exclus, par la non exigibilité de leur titre, du droit de participer aux opérations de la faillite et aux répartitions; de l'autre, les codébiteurs et cautions du failli n'étaient point privés du bénéfice du terme.

La présente loi a adopté un terme moyen entre la disposition du Code de commerce et celle du projet.

Elle déclare d'abord l'exigibilité à l'égard du failli; quant aux autres signataires, elle distingue : ils sont privés du bénéfice du terme, si le failli est souscripteur d'un billet à ordre, et s'il est accepteur d'une lettre de change ou tireur à défaut d'acceptation. Si le failli n'est point dans cette position, si, par exemple, il est endosseur, les autres signataires conservent le bénéfice du terme. La raison sur laquelle on s'est fondé est facile à saisir ; lorsque celui qui fait faillite est précisément celui qui devait payer l'effet de commerce, il devient certain que le paiement n'aura pas lieu le jour de l'échéance; on comprend, dès lors, qu'on exige de ceux qui ont garanti ce paiement une caution qui l'assure; lorsqu'au contraire le signataire qui fait faillite n'était lui-même qu'un des garans du paiement, et que celui qui doit payer est *in bonis*; il n'y a pas lieu d'exiger de garantie extraordinaire.

Au surplus, ce n'est qu'après une longue discussion que l'article a été adopté; il n'est pas inutile d'analyser les débats qui ont eu lieu à ce sujet. D'une part, la commission proposait de s'en tenir au projet du gouvernement. Quant aux endosseurs, disait-elle, ils courent la chance qu'il peut y avoir à subir toutes les fois qu'il y a faillite.

D'autre part, M. *Laffitte* proposait de dire : « En cas de faillite de l'accepteur d'une lettre de change ou du souscripteur d'un billet à ordre, le porteur pourra exercer son recours contre le tireur de la lettre de change ou le premier endosseur du billet qui sera tenu de rembourser ou de fournir caution. »

« Vous voyez que par-là, disait l'orateur, je libère en quelque sorte tous les endosseurs intermédiaires; il n'y a alors d'obligation que pour le tireur de la lettre de change, lorsque l'accepteur a manqué, et pour l'endosseur du billet, lorsque le souscripteur du billet a manqué; je répète que nous affaiblissons la valeur, non pas d'une lettre de change créée, mais d'une lettre de change qui se trouve avoir circulé pendant un certain laps de temps, et qu'elle est revêtue d'un grand nombre de signatures. Je crois que c'est dans l'intérêt du commerce et pour sa sécurité dans les momens de crise où chacun ne sera plus obligé de faire des approvisionnemens, si je peux m'exprimer ainsi, qui ne sont pas nécessaires. »

Un autre amendement était présenté par M. J. Lefebvre, semblable à celui de M. Laffitte, en ce que, au lieu de dire comme le Code de commerce que le recours aurait lieu en cas de faillite d'un des obligés, quel qu'il fût, il portait que le recours ne serait ouvert qu'en cas de faillite du principal obligé, c'est-à-dire de l'accepteur d'une lettre de change ou du souscripteur d'un billet à ordre; mais il différait de la proposition de M. Laffitte, en ce qu'il accordait le recours contre tous les cédans, en remontant toutes les signatures du billet, au lieu de l'accorder seulement contre le premier endosseur.

La commission chargée d'examiner ces deux amendemens déclara que le système de M. Laffitte ne pouvait être admis, et que si on établissait le recours, il fallait le donner contre chacun des cédans.

La commission invoquait surtout le droit qui appartient à tout individu qui a reçu une garantie. Elle se fondait encore sur ce que cette disposition atténuait suffisamment les rigueurs du Code de commerce; elle ajoutait que, borner le recours au cas de faillite du principal obligé, c'était porter une amélioration réelle au Code de commerce.

D'autre part, à l'appui du système du gouvernement la minorité de la commission soutenait que si, lorsque vient s'ouvrir la faillite d'un des obligés à un effet de commerce, un recours immédiat devait appartenir contre tous les signataires de cet effet, beaucoup d'intérêts se trouveraient troublés, et que de grandes perturbations commerciales en seraient nécessairement la suite. Enfin, que du premier système résulterait plus de facilité pour les opérations commerciales; que le principe qui lui servait de base reposait sur la plus stricte équité et sur l'intérêt général du commerce ; qu'en consultant les règles de l'équité on est conduit à dire que celui qui a terme ne doit rien; qu'ainsi, celui qui souscrit une lettre de change payable à un terme, ne doit pas la payer avant le terme; que celui qui a consenti à ne recevoir que dans un délai déterminé, ne doit pas profiter d'un malheur pour recevoir plus tôt qu'il ne l'avait lui-même stipulé; que, quant à l'intérêt général, il veut qu'il n'y ait rien d'incertain, rien de douteux dans ses relations; que la condition suspensive de la faillite de l'un des obligés à la lettre de change lui nuit; qu'il faut donc la supprimer.

Des considérations plus puissantes, présentées par les orateurs qui ont soutenu le système de M. *Lefebvre* ont fait rejeter celui du gouvernement.

En premier lieu, on a invoqué l'usage adopté par le commerce. Le commerce, a dit l'auteur du système, n'a presque jamais usé dans toute sa latitude du droit qu'ont les tiers-porteurs de demander caution quand il s'agit de la faillite d'un endosseur, ou même de celle du tireur ; mais toutes les fois que c'est l'accepteur qui fait faillite, le porteur ne manque jamais de demander un autre accepteur en caution, parce que, dans ce cas, il n'y a plus d'espoir d'être payé à l'échéance, il n'y a plus d'accepteur. On demande alors au tireur, aux endosseurs d'indiquer un autre accepteur : on a même à l'avance le soin d'indiquer l'acceptation éventuelle, en indiquant ce qu'on appelle un besoin ; et quand l'accepteur a manqué, qu'il est tombé en faillite, on fait faire un protêt; faute

pourront être réclamés que sur les sommes provenant des biens affectés au privilége, à l'hypothéque ou au nantissement (1).

446 Sont nuls et sans effet, relativement à la masse, lorsqu'ils auront été faits par le débiteur depuis l'époque déterminée

---

d'acceptation, on retourne au besoin et l'on reçoit son acceptation : c'est là ce qu'on appelle une acceptation par réclamation. Eh bien ! comme en matière commerciale, ce qu'il y a de mieux est d'accepter ce que l'expérience du commerce lui a inspiré, il faut supprimer l'obligation imposée aux coobligés de donner caution quand un endosseur ou le tireur est tombé en faillite, et conserver l'obligation de donner une caution ou un accepteur nouveau, quand c'est l'accepteur qui a failli.

En second lieu, on a considéré que celui qui emprunte habituellement n'a pas intérêt à diminuer les garanties du prêteur, mais au contraire, qu'il a intérêt à les maintenir et même à les accroître, car plus le prêteur trouvera de garanties, plus les emprunts seront faciles et moins ils seront onéreux; que la lettre de change est le mode d'emprunt le plus nécessaire au bien-être de la société, qu'elle est le pivot sur lequel roulent presque toutes les opérations commerciales; qu'il faut donc bien se garder d'atténuer l'énergie du contrat de change et les garanties qu'il offre à celui qui est porteur d'une lettre de change.

On a fait remarquer que la disposition du projet serait en contradiction manifeste avec les art. 120, 163 et 187 du Code de commerce, ou plutôt les abrogerait.

Enfin on a cité un fait tiré des procès-verbaux du conseil d'Etat qui a mis fin à la discussion.

« En 1811, a dit M. *Vincens*, commissaire du roi, on s'aperçut combien cette obligation imposée par le Code à tous les coobligés était injuste et inutile, combien elle pouvait surtout porter de désordre et de perturbation dans le commerce. Un rapport fut fait au gouvernement. Le gouvernement renvoya la question au conseil d'Etat. Le conseil d'Etat reconnut qu'en effet c'était une méprise contraire à la vraie intention de la loi; qu'il était impossible que, quand une lettre de change avait été acceptée, si une faillite d'un endosseur survenait, on allât demander caution à l'accepteur, au banquier le plus renommé d'une place. Mais, dit-on, cela vient de ce que le Code de commerce se compose de plusieurs livres, et que ce n'est pas le même rédacteur qui a fait le titre des lettres de change et le titre des faillites. Il n'y a pas harmonie exacte, il faudrait sans doute y pourvoir. Mais le Code a été promulgué en 1808, on n'était encore qu'en 1811. En trois ans a-t-on conquis assez d'expérience pour revenir sur ce point, pour déchirer une page d'un Code qui vient d'être promulgué par l'empereur? Ce sont, je pense, les expressions mêmes du procès-verbal.

« Là-dessus on ajouta qu'assurément il était impossible que personne voulût aller inutilement rechercher des accepteurs honorables et en bon crédit pour la faillite obscure d'un endosseur, mais qu'en tous cas on pouvait bien s'en remettre à la bonne, à la sage, à l'équitable juridiction des tribunaux, et notamment à celle de la Cour régulatrice; que c'était ainsi que les erreurs qui pouvaient être arrivées dans la rédaction du Code pourraient être corrigées. »

Lors de la discussion dernière, on a reproché à cette disposition de porter atteinte au principe de la solidarité établie dans le Code de commerce. M. *Wustemberg* a proposé en conséquence de demander caution seulement à ceux dont la signature est placée après celle du failli. Il disait avec raison qu'on ne pouvait demander une caution à ceux qui avaient eu l'effet de commerce avant le failli; car ce serait les rendre garans de personnes qu'ils ne connaissaient pas, qu'ils ne savaient pas même devoir être un jour signataires de l'effet.

Ce nouveau système a été rejeté par le motif qu'il aurait pour résultat une perturbation funeste; que si, par exemple, vingt endosseurs avaient signé la lettre de change, la faillite de l'un d'eux entraînerait, sinon la faillite, au moins l'embarras de tous les autres endosseurs.

On a proposé aussi d'ajouter au premier paragraphe : « sous la déduction de l'escompte des « intérêts restant à courir, calculés au taux légal. »

L'objet de cet amendement était d'établir l'égalité entre tous les créanciers.

Mais on a fait observer que « ce serait une innovation fâcheuse; que ce serait même s'éloigner des principes du droit commun; que la disposition présentée n'est pas autre chose que l'application de l'art. 1188 du Code civil; que toutes les fois qu'il y a une diminution dans la sûreté, il y a déchéance du terme et la créance devient exigible *hic et nunc*; il ne faut pas faire acheter au créancier en quelque sorte ces avantages que la loi lui donne, car ils sont compensés par la diminution de la sûreté; que, d'ailleurs, l'art. 445 arrête le cours des intérêts de toute créance non garantie par une hypothèque, à dater du jugement déclaratif de la faillite. »

Voy. au surplus les art. 120, 163 et 187 du Code de commerce, qui sont en harmonie parfaite avec la disposition de la loi actuelle, et qui au contraire étaient modifiés par l'art. 448 du Code de commerce.

(1) Le sort des intérêts, a dit M. *Renouard* dans son rapport, n'était explicitement réglé ni par le Code de commerce ni par le projet du gouvernement. Ces intérêts ne cessent pas entièrement de courir; car le failli n'en est point libéré; et il devra les acquitter s'il veut obtenir sa réhabilitation; mais la faillite doit arrêter leur cours à l'égard de la masse.

On avait proposé, dans la première discussion, d'ajouter une disposition ayant pour objet d'établir une égalité parfaite entre tous les créanciers, en décidant que le créancier qui aurait fait comprendre les intérêts du prêt dans son titre devrait supporter l'escompte en recevant son paiement anticipé.

A l'objection prise de ce que, en posant une règle générale, on s'exposerait à faire naître des résultats souvent iniques, et que d'ailleurs il faudrait que l'amendement établît une distinction entre le titre civil et le titre commercial, on a répondu que comme l'exécution de la loi et son application seraient confiées aux tribunaux de commerce, là où les difficultés s'élèveraient, il n'était pas douteux que ces tribunaux n'en fissent une application équitable.

par le tribunal comme étant celle de la cessation de ses paiemens, ou dans les dix jours qui auront précédé cette époque (1).

Tous actes translatifs de propriétés mobilières ou immobilières à titre gratuit (2);

Tous paiemens, soit en espèces, soit par transport, vente, compensation ou autrement, pour dettes non échues; et pour dettes échues, tous paiemens faits autrement qu'en espèces ou effets de commerce (3);

Toute hypothèque conventionnelle ou ju-

Néanmoins, et quoiqu'on reconnût que si le titre donnait toujours par lui-même la preuve que l'intérêt était compris d'avance il serait possible, il serait juste de l'en distraire, la disposition a été rejetée.

(1) Cet article est le commencement de la série des dispositions qui règlent le sort des actes faits par le failli depuis l'ouverture de la faillite ou à une époque rapprochée. On a vu dans les notes sur l'art. 441 que l'un des systèmes présentés sur cette partie de la loi consistait à déclarer nuls, d'une manière absolue, tous les actes faits par le failli depuis l'époque à laquelle est fixée l'ouverture de la faillite. On partait du principe que l'incapacité du failli commence à cette époque et qu'un incapable ne peut faire des actes valables. Les notes sur l'art. 441 et l'art. 447 expliquent suffisamment que ce principe et ses conséquences n'ont pas été admis; qu'on n'a pas même consenti à faire peser une présomption de fraude sur les actes du failli postérieurs à la cessation des paiemens. Mais on a reconnu généralement qu'il y a des actes d'une nature telle qu'ils doivent être annulés par cela seul qu'ils sont postérieurs à la cessation des paiemens, ou même qu'ils l'ont précédée seulement de quelques jours. Cet article en contient la nomenclature.

(2) Pour savoir si une donation est nulle ou valable, il faut s'attacher à la date où elle a été faite; peu importe qu'elle n'ait été transcrite que dans les dix jours qui ont précédé la cessation des paiemens. Arrêt de la Cour de Grenoble, du 17 juin 1822, Sirey, 23. 2. 273.

(3) Le paragraphe 3, adopté par la Chambre des Pairs, s'arrêtait à ces mots : « Pour dettes non échues. » Ce qui suit a été ajouté par un amendement de la commission de la Chambre des Députés.

Elle avait dit d'abord : « Et pour dettes échues, tous paiemens faits par transport ou vente de tout ou partie des immeubles ou du mobilier du failli. »

Sur le reproche que l'expression *mobilier*, suivant le Code civil, était trop étendue, et contiendrait, par exemple, les effets de commerce, les traites, M. *Stourm* répondait ainsi : « Il n'a pas été dans l'intention de la commission de s'opposer aux paiemens qui seraient faits au moyen d'effets de commerce. Elle n'a pas eu l'intention d'annuler un paiement fait de cette manière. Si donc le mot *mobilier* doit être entendu dans ce sens qui lui donnerait une définition trop étendue, la commission renonce à une expression qui pourrait être mal interprétée, et propose de la remplacer par celle-ci : *meubles et marchandises*.

« Ainsi, il est bien entendu que si, d'après la définition du Code civil, le mot *mobilier* peut comprendre les effets de commerce, il est convenable d'y substituer les mots *meubles ou marchandises*. Cette substitution est consentie par la commission.

Cette rédaction ne satisfit point la Chambre. M. *Meynard* l'attaqua en disant : « Si les paiemens en marchandises sont prohibés, vous allez détruire tout d'un coup une des grandes branches du commerce en France. Je conçois qu'une dette qui est contractée par billet ou par lettre de change, quand on l'a payée avec des marchandises, donne lieu à suspicion. Mais vous avez une autre nature de dettes constamment échues, c'est le compte courant. Eh bien ! ces sommes qui s'avancent en compte courant, ne s'avancent, de la part des consignataires, qu'à condition..... Je dis donc qu'en assimilant le paiement en marchandises à un paiement fait par la cession d'un immeuble, vous détruirez la moitié du commerce en France. »

D'autre part, M. *Moreau* (de la Meurthe) fit observer que le mot *meubles* ne rendait pas l'intention de la commission. « Si nous nous reportons, dit-il, à la définition de cette expression *meuble*, nous voyons que l'expression *meuble* ne comprend pas les *pierreries*, *les dettes actives*, *les livres*, *médailles*, etc.

« Ainsi d'après la rédaction de la commission, les paiemens faits en ces objets seraient valables. Telle n'est cependant pas l'intention de la commission. »

Tout en appuyant le renvoi à la commission, pour qu'elle trouvât une expression qui rendît complétement sa pensée, M. le *garde des sceaux* justifiait ainsi la rédaction proposée : « La commission, disait-il, a modifié son amendement en substituant le mot *meubles* au mot *mobilier*. Quelle est la pensée de cet amendement? C'est que quand un paiement est fait d'une manière extraordinaire par un failli postérieurement à l'époque de la cessation de paiemens, s'il y a dans ce paiement extraordinaire un caractère qui puisse indiquer la défiance de la part de celui qui a été payé, on l'annulle. Ainsi quand on paie avec des meubles meublans, quand on paie en meubles proprement dits (je ne parle pas de tous les objets qui sont compris dans la définition de la loi), il est évident que cette manière de se libérer est extraordinaire, qu'elle excite la défiance. Si on paie avec des marchandises, non pas dans le cas dont a parlé M. Meynard, mais si en compte courant on solde avec des marchandises qu'on envoie, cette nature de paiement est extraordinaire et éveille la sollicitude du législateur. C'est dans ce sens que la commission a rédigé son amendement. Maintenant on craint que le mot *mobilier* ne soit trop étendu. Je fais remarquer que le mot *meuble* ne l'est pas assez. Le mot *mobilier* paraît trop étendu, et voici pourquoi, c'est que dans les termes du Code civil, le mot *mobilier* comprend l'argent et les effets de commerce, de sorte qu'on peut supposer que les paiemens en mobilier ont été faits avec de l'argent ou des effets de commerce, et alors vous serez en contradiction avec l'art. 447 qui déclare que les dettes échues ont été valablement payées, lorsque le créancier ne connaissait pas la situation du failli. » M. *le garde des sceaux*

diciaire, et tous droits d'antichrèse ou de nantissement constitués sur les biens du débiteur pour dettes antérieurement contractées (1).

s'attacha ensuite à démontrer que le sens du mot *mobilier* est restreint par la disposition de l'article suivant et qu'on ne doit entendre par cette expression ni les effets de commerce, ni surtout l'argent.

M. *Hébert* trancha la question en proposant la rédaction actuelle.

« La difficulté, dit-il, s'élève sur la portée trop étendue que quelques-uns de nos honorables collègues craignent de voir attribuer au mot *mobilier*. Il faut en préciser le véritable sens; on pourrait le faire en énumérant les objets qui entrent dans ce mot *mobilier*; mais ce serait trop long. Il y a un moyen plus simple de le préciser, c'est en procédant par voie d'exclusion. Tout le monde reconnaît que les seuls paiemens valables sont ceux qui sont faits en espèces ou en effets de commerce. Eh bien! mettez dans l'article : « Tous paiemens faits autrement qu'en espèces ou effets de commerce sont nuls. »

M. *Meynard*, persistant dans son amendement, M. *Cunin-Gridaine* fit observer « que son admission aurait pour résultat d'entraîner la Chambre à procéder par exception; qu'en pareil cas, les paiemens faits en marchandises sont toujours faits en vue de fraude. Que rien n'est plus facile à un débiteur que de favoriser un créancier au préjudice des autres. Il ne pourrait le faire en espèces ou en effets de commerce, mais il lui resterait toujours un certain fonds de marchandises dont il disposerait en faveur de certains créanciers, que la rédaction de M. *Hébert* aurait pour effet de prévenir ces sortes de fraudes. »

Elle fu adoptée sans autre opposition.

M. *Stourm*. « L'amendement adopté exclut les immeubles, c'est évident. »

M. *le président*. « C'est une expression renversée. On ne s'est pas entendu sur l'énumération, on a procédé par exclusion. »

« Malgré le rejet de l'amendement de M. *Meynard*, je crois que l'on ne devrait pas considérer comme frauduleux et annuler de plein droit l'envoi de marchandises fait par un négociant pour solder son compte courant, ou pour en diminuer le débit. En effet, M. *Meynard* a très bien démontré que dans ce cas il n'y a aucune fraude, et M. *le garde des sceaux* l'a reconnu. Mais, dira-t-on, les termes de l'article sont formels. Je crois au contraire qu'ils ne sont pas applicables à l'espèce que j'examine ici. Ils parlent de *dettes échues*; or, par cette expression, et toute la discussion l'a démontré, on a voulu parler de dettes contractées à échéance fixe, lorsque cette échéance est arrivée. Le solde d'un compte courant, quoique actuellement exigible, ne présente pas ce caractère. Pourquoi soupçonne-t-on le paiement en marchandises d'une dette échue; c'est parce que cette dette devait être payée en argent, et qu'en la payant en marchandises, on manifeste un état évident de gêne; mais au contraire si entre négocians qui sont en compte courant, les articles de ce compte se composent de remises en argent et de marchandises envoyées et reçues, un dernier envoi de marchandises ne doit pas être plus suspect que les autres. »

On trouve dans le dernier rapport de M. *Tripier* à la Chambre des Pairs la confirmation de cette opinion. « Le créancier, y est-il dit, qui, acceptant un mode de libération inusité, reçoit des marchandises ou des effets mobiliers au lieu d'espèces, doit être présumé avoir connu l'embarras de son débiteur et avoir fait fraude à la loi d'égalité qui doit dominer les créanciers. Mais il faut que l'opération ait le caractère d'un véritable paiement, qu'elle ait eu pour objet d'éteindre une dette qui avait été créée en espèces et qui devait être acquittée dans cette valeur. Des envois respectifs de marchandises destinées à se balancer réciproquement n'auraient pas le caractère de paiement prohibé, surtout s'ils avaient été précédés d'une série d'opérations de même nature, qui constateraient de la part des négocians un usage antérieur, auquel ils se seraient conformés sans fraude.

M. *Parès* a fait remarquer que le mot *compensation* ne devait pas être employé, parce que la compensation n'est possible que relativement aux dettes *exigibles*, et qu'il s'agit dans le paragraphe de dettes *non échues*. Il a ajouté avec raison qu'il y a un très grand danger, quand un mot existe dans les lois avec une définition rigoureuse, de le mettre avec une autre définition qu'on ne donne pas, en l'appliquant à d'autres faits.

M. *le président* a répondu : « L'article ne parle que d'une compensation conventionnelle. »

Sans doute, cela vrai, et le sens de cette partie de l'article ne peut être douteux; mais l'observation de M. *Parès* n'en est pas moins très juste et plus importante qu'on ne croit. Il serait bon de donner au langage législatif une précision et une exactitude rigoureuse. Le mot *compensation* s'entend de la compensation légale; dans le Code civil, on chercherait vainement l'expression *compensation conventionnelle*, il faudrait dire *dation en paiement*.

Il a été jugé sous l'empire du Code de commerce que les transports ou cessions faits par un failli avant sa faillite, mais non signifiés au débiteur cédé avant les dix jours qui ont précédé cette faillite, sont nuls à l'égard de la masse. Arrêt de la Cour de cassation du 13 juillet 1830, Sirey, 30, 1. 375; arrêt de la Cour de Bordeaux du 18 août 1829, Sirey, 30. 2. 5; Dalloz, 30. 2. 44.

Mais il a été aussi décidé que le transport vaut, s'il a été fait de bonne foi à une époque où la faillite n'était ni déclarée, ni publiquement connue, encore que l'ouverture de la faillite ait été ensuite fixée par le tribunal à une époque antérieure à la date du transport. Arrêt de la Cour de Paris du 31 janvier 1821, Sirey, 21. 2. 109; Dalloz, Recueil alphabétique, t. 8, p. 81. — Arrêts de la Cour de cassat. du 28 mai 1823 et du 7 janv. 1824, Sirey, 24. 1. 7 et 123; Dalloz, Recueil alphabétique, t. 8, p. 74 et 80. En présence des dispositions si claires de la loi nouvelle, des doutes ne peuvent aujourd'hui s'élever. Je pense au surplus qu'il faudra suivre la jurisprudence dont j'ai cité les monumens, et considérer l'époque de la signification au débiteur cédé, comme la date véritable du transport.

(1) Dans le premier projet adopté en 1835, on lisait : « Nul ne peut, durant le même intervalle « acquérir un droit d'hypothèque ou de nantissement sur les biens du failli pour des dettes antérieurement contractées. (Art. 446 du premier « projet § 1er.) »

447. Tous autres paiemens faits par le débiteur pour dettes échues, et tous autres actes à titre onéreux par lui passés après la cessation de ses paiemens et avant le juge-

---

La nouvelle rédaction de la Chambre de Pairs, qui n'annulle que les hypothèques consenties pour dettes antérieures, a éprouvé une vive opposition à la Chambre des Députés.

« Je demande, a dit M. *Pascalis*, que la présomption de fraude soit généralisée, et qu'il soit déclaré, sans restriction, que toute hypothèque ou antichrèse, et tout nantissement consenti dans cet intervalle de temps rentre sous l'application de la même règle, quelle que puisse être la date à laquelle se rapporteront les créances dont ces obligations formeront les stipulations accessoires. En un mot, c'est la législation actuelle qui, sur ce point, me paraît devoir être préférée à une innovation très grave que le projet propose d'introduire...... »

« Le projet se démentirait lui-même si, après avoir placé sous la présomption de fraude les actes les plus suspects, il évitait de comprendre dans cette classe les hypothèques et les nantissemens. La distinction qui est faite entre celles de ces conventions qui sont stipulées pour sûreté de dettes antérieures et celles qui garantissent de nouvelles dettes, ne serait pas motivée et ne reposerait sur aucune raison. Dans le moment où le malheur donne au débiteur les plus funestes conseils, auxquels des considérations de famille prêtent toujours de plausibles prétextes, on lui présenterait une nouvelle et trop facile occasion de succomber. Une telle loi serait à la fois imprévoyante, injuste et immorale; ce serait sans motifs et sans précédens capables de justifier un tel changement, qu'on la substituerait à la loi actuelle. Enfin cette protection accordée aux conventions qui jusqu'à ce jour ont été frappées d'une défaveur méritée, couvrirait le plus ordinairement les spéculations que l'avidité et l'usure auraient imposées au négociant réduit à la dernière extrémité et prêt à tous les sacrifices, soit pour se créer des ressources dont il devrait abuser, soit pour éviter le déshonneur d'une faillite. »

M. *Teste* a appuyé l'amendement. Il s'est élevé contre le système de la commission. Il lui a reproché de sacrifier les intérêts des créanciers, et d'apporter trop de bénignité dans la matière des faillites.

« Vous avez reconnu, a dit l'orateur, la nécessité de stigmatiser dès le principe certains actes qui sont entachés de fraude par leur objet, par leur nature. (Non! non!... Pas plus que les actes gratuits. »)

« M. *le rapporteur*. Ce sont les avantages et les dons à titre gratuit. »

« Pardon, monsieur le rapporteur! Je m'étais servi du mot *acte*, et vous reconnaissez bien qu'il s'applique aux dispositions à titre gratuit.

« Ce n'est pas tout : vous reconnaissez qu'il y a des actes qui portent en eux-mêmes les caractères de la défiance. Ainsi vous annulez les actes à titre gratuit; vous annulez même les paiemens anticipés d'une dette sincère. Tout à l'heure vous venez d'annuler les paiemens opérés en marchandises. Voilà des actes qui vous ont paru suspects; seulement vous avez réservé votre indulgence pour les prêts sur hypothèques faits à un négociant. »

M. *le rapporteur*. « Faits moyennant argent comptant. »

« Je le veux bien. Je dirai seulement à cet égard qu'une dette peut avoir préexisté, consister en comptes courans. On liquide, on solde, et à quelques jours de là, un peu plus tôt, un peu plus tard, on fait un acte hypothécaire moyennant argent prêté, et vous êtes en présence d'un acte que vous réputez valable jusqu'à la preuve impossible de mauvaise foi. »

M. *le rapporteur* a répondu à ces objections. « L'amendement, a-t-il dit, qu'on vient de soutenir, et qui a été rejeté par la Chambre en 1835 après une discussion très approfondie, et qui a été également rejeté par la Chambre des Pairs depuis, aurait cet étrange résultat de considérer comme valable le prêt hypothécaire, le prêt fait sous la condition hypothécaire et d'annuler l'hypothèque, qui est la condition du prêt, en sorte que, dans un acte fait à un jour donné, on scinderait cet acte, on déclarerait le prêt valable, et on annulerait l'hypothèque qui est la condition du prêt. Cette contradiction, messieurs, suffit peut-être pour vous mettre à portée d'apprécier la valeur de cet amendement. »

M. *Teste*. « Vous le faites bien pour les actes antérieurs. »

M. *le rapporteur*. « Nous ne le faisons pas du tout pour les actes antérieurs, et je vais vous expliquer le système qu'a adopté la commission.

« L'amendement de M. *Pascalis* s'attaque en effet à tout le système du projet sur les actes faits dans le temps intermédiaire entre la cessation de paiement et la faillite déclarée, la faillite officielle.

« Quel est le système du projet? c'est de respecter, pendant tout le temps que le failli n'est point dessaisi de fait, et qu'il est à la tête de ses affaires et continue l'exploitation de son commerce, c'est de respecter les actes qu'il a pu faire avec des tiers moyennant argent comptant, et toutes les fois que ces tiers ne connaissent pas l'état de cessation des paiemens. C'est là le système qui résulte de l'article 447 qui suit celui que nous discutons. Eh bien! je me place dans ce système, et je dis que le prêt hypothécaire, comme tous les autres actes, peut avoir été fait de bonne foi et qu'il tombe dans le cas de l'art. 447, qui n'annulle qu'autant que la fraude est prouvée, non seulement contre le failli, mais contre les tiers qui ont traité avec lui. Voici la distinction fondamentale telle que l'a faite le système du projet, c'est de n'annuler que les actes gratuits, et en outre tout avantage fait au profit d'un ancien créancier au moyen d'hypothèques qui lui sont données postérieurement à la cessation des paiemens, et qui, au moment où elles sont données, sont un avantage véritablement gratuit, un avantage aux dépens de la masse.

« Mais lorsqu'il s'agit d'actes nouveaux qui entrent dans la continuation des affaires du failli, d'actes qui sont faits au moyen d'argent comptant, nous les validons et l'on vous propose un système dans lequel il s'agit d'annuler le prêt hypothécaire fait le même jour où vous respecterez une vente d'immeubles faite par le failli; car on ne pousse pas l'amendement jusqu'à annuler la vente d'immeubles faite par le failli.

M. *Teste* interrompant. « Et pourtant la vente d'immeubles est en effet annulée. »

ment déclaratif de faillite, pourront être annulés si, de la part de ceux qui ont reçu du débiteur ou qui ont traité avec lui, ils ont eu lieu avec connaissance de la cessation de ses paiemens (1).

448. Les droits d'hypothèque et de pri-

M. *le rapporteur.* « Elle ne l'est nullement; la vente d'immeubles est parfaitement valable comme les autres ventes faites au moyen d'argent comptant. »

M. *Persil* a aussi attaqué le système soutenu par la commission.

« Jusqu'à présent, a-t-il dit, nous avons vécu dans cette pensée, que les actes faits dans les dix jours étaient frappés de nullité. Jamais il n'y a eu de réclamations, jamais de décisions contraires n'ont été portées par les tribunaux. Eh bien! aujourd'hui le nouveau projet, sous prétexte d'une modification qui n'a jamais été réclamée, propose de déclarer valables les hypothèques données dans les dix jours, les transports, les cessions, etc. J'ai dit que la loi actuelle propose d'abroger la disposition du Code de commerce. Je vais plus loin, le projet propose d'abroger une disposition analogue du Code civil. Le Code de commerce dit, art. 443: « Nul ne peut acquérir priviléges et hypothèques dans les dix jours de l'ouverture de la faillite. »

« Le Code civil va plus loin; il veut qu'on ne puisse pas prendre inscription dans les dix jours qui précèdent la faillite (art. 2146). Ainsi, vous aviez une hypothèque antérieure aux dix jours, d'après le Code de commerce, elle est valable; mais comme elle ne peut avoir rang que par l'inscription, le Code civil intervient et dit que vous ne pouvez prendre inscription dans les dix jours. Par la nouvelle loi, vous abrogez d'un seul coup la disposition du Code de commerce et celle du Code civil. Gardons-nous donc bien, messieurs, de revenir sur nos lois, et surtout sur une loi qui a été faite avec autant de soin que le Code civil; ne l'abrogeons pas, puisque personne ne réclame. Je comprends que, lorsqu'il y a abus démontré par l'expérience, lorsqu'il y a réclamation de la part des tribunaux ou des justiciables, je comprends qu'on puisse examiner s'il y a lieu à abroger. Mais la loi contre laquelle personne n'a réclamé, qui ne présente aucun inconvénient, vous voulez l'abroger. Pourquoi? Je le demande.

« Ce qu'on vous propose d'insérer dans la loi, servirait à faire de la loi actuelle l'acte le plus contradictoire. Vous allez voir qu'à côté des actes qu'on annulle, on maintiendrait des actes qui seraient cent fois pires que ceux qu'on veut annuler.

« Vous avez déjà décidé, en adoptant le dernier paragraphe de l'art. 446, qu'on ne pourra pas faire de paiement pour dette échue avec des marchandises.

« Voici ce qui va arriver, si vous maintenez la disposition qu'on vous propose: on ne pourra pas vendre la marchandise. »

M. *J. Lefebvre* « On ne pourra pas la donner. »

« On ne pourra pas la donner, si vous voulez, on ne pourra pas la donner à celui à qui l'on doit; mais, d'après l'honorable M. J. Lefebvre, on pourra la lui vendre. »

M. *le rapporteur.* « Il y a fraude alors. »

Une voix. « On ne peut la vendre qu'à un tiers. »

« On pourra la vendre à un tiers. Soit; mais voyez cette singularité, on ne veut pas que le débiteur puisse donner en paiement sa marchandise; il la vendra à un tiers, et en donnera le prix à son créancier.

« On vous propose d'interdire l'hypothèque pour les dettes antérieures; ainsi le failli ne pourra pas, dans l'intervalle de la cessation de paiemens et de la déclaration de faillite, faire une constitution d'hypothèque pour une dette ancienne. Personne ne conteste cela. Mais voyez la contradiction qui va naître de la disposition additionnelle; vous allez permettre l'hypothèque en faveur d'un autre. On en usera, et les derniers emprunts serviront à payer celui en faveur de qui n'aura pas pu être stipulée cette même hypothèque. »

L'orateur terminait en proposant l'adoption de l'art. 446, en tant qu'il s'appliquerait aux créances antérieures à la cessation des paiemens; et, quant aux hypothèques données nouvellement pour des obligations nouvelles, il proposait un article qui s'appliquerait aux paiemens, aux hypothèques et priviléges, aux actes onéreux qui seraient contractés dans les vingt jours de la déclaration de la faillite. Il soutenait que son amendement remédierait aux abus des deux systèmes absolus de la commission et de M. Pascalis.

Cet amendement a été renvoyé à l'art. 447. Il a été rejeté lors de la discussion de cet article par la raison qu'il reproduisait le système rejeté en 1835, qui obligerait le tiers qui a contracté avec le failli à faire une preuve négative.

L'article a été adopté.

On a émis un doute sur le sens des mots: « pour dettes antérieurement contractées. »

« De quelles dettes s'agit-il? a-t-on dit. Si on nous parle de la dette contractée antérieurement au contrat constitutif d'hypothèque, il est possible que la dette ait été contractée depuis la date de la cessation de paiemens, qu'on ait conçu des doutes sur la solvabilité du débiteur, et que les créanciers alors lui auront demandé hypothèque. Ainsi il faut savoir si on entend par ces mots: dettes antérieurement contractées, des dettes qui seraient antérieures au contrat constitutif d'hypothèque.

M. *le rapporteur* a répondu que ces expressions s'appliquent à toutes dettes contractées antérieurement à la constitution d'hypothèque.

Il ne faut pas au surplus confondre comme l'ont fait beaucoup d'orateurs et M. *Teste* lui-même, qui, dans cette discussion, a d'ailleurs donné une preuve si éclatante de son beau talent et de son savoir, il ne faut pas confondre la constitution de l'hypothèque et l'inscription. Voy. pour l'inscription l'art. 448. On doit d'ailleurs se reporter à l'art. 444 et aux articles suivans du Code de commerce.

(1) J'ai indiqué dans mes notes sur les art. 441 et 446, les deux systèmes qui, en 1835 et 1838, ont été mis en présence. Selon le premier, tous les actes ou paiemens faits dans l'intervalle de l'ouverture à la déclaration de faillite, devaient être déclarés frauduleux, sauf à admettre l'individu qui aurait contracté avec le failli, à prouver sa bonne foi.

Le système opposé validait, au contraire, tous les actes, dans les mêmes circonstances, sauf la preuve de la fraude. L'adoption de ce dernier système a fixé la jurisprudence encore incertaine.

Pour l'opinion qui considérait les actes comme valables jusqu'à la preuve qu'ils ont été faits de mauvaise foi, on peut citer les arrêts suivans: arrêts de la Cour de cassat., du 7 mars 1827; Sirey, 27.1.318,

vilége valablement acquis pourront être inscrits jusqu'au jour du jugement déclaratif de la faillite.

Néanmoins les inscriptions prises après l'époque de la cessation de paiemens, ou dans les dix jours qui précèdent, pourront

---

Dalloz, 27. 1. 178; — du 13 mai 1829, Sirey, 29. 1. 429; — du 17 mars 1829, Sirey, 29. 1. 242; Dalloz, 29. 1. 84; Journal du Palais, t. 83, p. 592; — du 22 juillet 1823, Sirey, 24. 1. 85; Dalloz, Recueil alphabétique, t. 8, p. 81; arrêt de la cour de Paris, du 13 août 1831, Sirey, 31. 2. 257; arrêt de la Cour de cassation, du 2 juillet 1834; Sirey-Devilleneuve, 34. 1. 710. — Il a même été décidé que les paiemens obtenus d'un commerçant, à la suite de poursuites judiciaires, peuvent être maintenus: arrêts de la Cour de cassation, du 16 mai 1815; Sirey, 15. 1. 315; Dalloz, Recueil alphabétique, t. 8, p. 76; — de la Cour de Rouen, du 25 juin 1828, Sirey, 29. 2. 333.

Voyez, en sens contraire, arrêts de la Cour de Bordeaux, du 27 juin 1828; Sirey, 29. 2. 180; Dalloz, 30. 2. 168; — de la Cour de Bruxelles, du 28 mars 1823, Sirey, 25. 2. 374; — de la Cour d'Aix, du 20 décembre 1820, Sirey, 21. 2. 218; Dalloz, Recueil alphabétique, t. 8, p. 76; — de la Cour d'Orléans, de février 1831, Sirey, 31. 2. 176.

La diversité de ces décisions prenait sa source dans les termes de l'art. 442 du Code de commerce différemment interprétés. D'une part, faisant une application rigoureuse du principe du dessaisissement posé dans cet article, on en tirait la conséquence que tous les actes accomplis depuis le jour de la faillite étaient nuls.

D'autre part, une opinion contraire a donné lieu à une double difficulté. Ainsi, des cours royales ont pensé que le dessaisissement ne pouvait avoir lieu que du moment même de la faillite; par suite, il y a eu nécessité d'en fixer l'époque précise. Cette fixation a divisé encore les tribunaux. Les uns ont saisi les signes caractéristiques de la faillite et y ont reporté son existence, d'autres se sont bornés à annuler les actes prouvés frauduleux.

C'est ce dernier système qui a prévalu dans la loi nouvelle.

En 1835, l'article fut adopté en ces termes: « Sont nuls, tous les actes ou paiemens faits, à « quelque époque ou à quelque titre que ce soit, en « fraude des droits des créanciers.

« Tous actes ou paiemens faits par le débiteur « dans l'intervalle qui s'est écoulé entre l'ouverture « de la faillite et le jugement qui l'aura déclarée, « pourront être annulés s'ils ont eu lieu, soit de « mauvaise foi, soit avec connaissance da la part « de ceux qui ont traité avec le failli, du mauvais « état de ses affaires.

« Dans le cas où il y aurait lieu à rapport pour « des lettres de change échues entre l'ouverture de « la faillite et le jugement qui la déclare, l'action « en rapport ne pourra être intentée que contre « celui pour le compte duquel la lettre de change « a été fournie.

« S'il s'agit d'un billet à ordre, l'action en rapport « ne pourra être exercée que contre le premier en- « dosseur. »

On fit remarquer, sur le deuxième paragraphe, que le projet semblait emprunter cette disposition au Code de commerce (art. 445); que, néanmoins, il y avait une différence notable; qu'en effet, le Code disait: *Tous actes ou engagemens*, au lieu que le projet portait: *Tous actes ou paiemens*. Cette circonstance, ajouta-t-on, de la substitution du mot *paiement* au mot *engagement*, fait une grande différence; car l'engagement n'est pas un fait qui s'accomplit actuellement, mais un fait qui doit s'accomplir plus tard, au lieu que le paiement est un fait qui s'opère à présent.

M. *Fould* ajouta que, pour que l'article fût complet, il faudrait ajouter *engagemens*; « c'est, dit-il, un terme plus général. »

M. *le garde des sceaux* répondit: « Comme vous voudrez; je crois que le mot actes comprend celui d'engagemens. Si pour vous satisfaire il faut ajouter ce mot d'engagemens, je le veux bien, mais cela n'ajoute rien; c'est un mot inutile.

On dit encore que l'article de la commission ne disait pas tous actes, tous engagemens pour faits de commerce; que c'était là cependant une grande différence entre l'art. 445 du Code de commerce et la disposition actuelle. On demandait, en conséquence, qu'il fût déclaré s'il y avait ou non innovation au droit civil, ou bien si l'on avait voulu régler seulement le sort des actes de commerce.

« Entend-on, dit M. *Dupin*, tout acte et engagement d'une manière absolue? »

« Oui, a répondu *le rapporteur*, d'une manière absolue. »

« Alors, vous innovez au droit civil, a dit M. *Lherbette*. Le Code de commerce ne parlait que des engagemens de commerce; il n'énumérait que ceux-là; il laissait tout-à-fait en dehors les engagemens civils. Aujourd'hui votre projet va confondre le droit civil et le droit commercial. Je crois que nous ne devons statuer que sur le Code de commerce et laisser tout-à-fait en dehors les engagemens civils, sinon vous pourrez vous lancer dans une foule de questions épineuses. »

L'orateur a été renvoyé à l'art. 443.

« Il n'y a rien là, a-t-on dit, qui soit borné aux actes commerciaux; c'est une mesure générale. »

Plus tard, et à l'occasion de la citation faite par le garde des sceaux, d'un arrêt de Bordeaux, portant: que « les paiemens faits par le failli, le jour même de la faillite, sont nuls, sans distinction de l'heure à laquelle ils ont été faits; que les sommes ainsi reçues doivent être rapportées à la masse, » M. *Lherbette* a soulevé de nouveau la question. Il a dit: « Sont-ce des paiemens faits pour effets de commerce? »

Voix nombreuses: « Qu'est-ce que cela fait? »

M. *le garde des sceaux*: « Je ne comprends pas l'observation. Que ce soient des effets de commerce ou non, la question est la même; ce qui appartient au failli est le gage des créanciers. »

M. *Toussin:* « Je demande à faire une observation. Il peut arriver qu'un propriétaire voulant prêter de l'argent sur hypothèque, se transporte chez un notaire; que là, il ne trouve point l'inscription hypothécaire sur un bien, et qu'il prête de bonne foi; eh bien! je demande à présent si on va annuler un paiement de cette nature-là? »

M. *le président:* « Il y a un article à part. »

M. *Toussin:* « Dès l'instant que vous direz: tous actes et engagemens, dès qu'un individu empruntera de l'argent dans un délai donné, il y aura engagement. Eh bien! quand un propriétaire donnera son argent, parce que d'après le Code civil il aura toutes garanties, viendrez-vous annuler son hypothèque?

M. *Teste:* « Sans hésiter, je réponds que cette

être déclarées nulles, s'il s'est écoulé plus de quinze jours entre la date de l'acte constitutif de l'hypothèque ou du privilége et celle de l'inscription.

Ce délai sera augmenté d'un jour à raison de cinq myriamètres de distance entre le lieu où le droit d'hypothèque aura été acquis et le lieu où l'inscription sera prise (1).

---

hypothèque est nulle, et je dis qu'un engagement de cette nature réclame la nullité à plus forte raison. Il ne faut pas perdre de vue que rien n'est moins commun, que rien n'est plus propre à altérer le crédit que des emprunts hypothécaires faits par des négocians. Aussi, tous ceux qui sont jaloux de leur réputation, tous ceux qui veulent conserver leur crédit intact évitent-ils avec soin de donner des garanties pareilles et de faire ainsi des actes qui seraient un avertissement de leur position chancelante.

« Je ne vois pas, d'ailleurs, pourquoi on ferait une exception en faveur de celui qui aurait exigé d'un négociant des garanties plus étroites, des garanties matérielles, et aurait indiqué par-là qu'il n'avait pas de foi en sa signature marchande.

« Si vous établissez de pareilles distinctions dans la discussion du passif d'une faillite, vous établissez des inégalités monstrueuses, et vous ne tarderez pas à vous repentir de votre ouvrage. »

Les exceptions posées à la disposition par les troisième et quatrième paragraphes de cette première rédaction forment maintenant l'art. 449. — Voy. les notes sur cet article.

La rédaction actuelle est due à la Chambre des Pairs.

M. *Sevaistre* proposait à la Chambre des Députés de dire *devront être* au lieu de *pourront*. Il motivait ce changement d'expression, en disant que : « Dans le cas où il y aurait quelque doute que les créanciers ont eu connaissance de la cessation de paiement, le tribunal pourrait se croire autorisé par le mot *pourront* à ne pas annuler les paiemens. »

Cette proposition a donné occasion a M. *le rapporteur* d'expliquer le sens attaché au mot *pourront* qui est resté dans l'article.

« L'amendement consiste, a-t-il dit, à mettre dans l'article le mot *devront* au lieu de celui de *pourront*. Nous ne voyons pas un grand inconvient à l'adoption de l'amendement; permettez-moi cependant d'expliquer que, par le mot *pourront*, nous avons voulu laisser aux juges appréciateurs des faits une grande latitude: et comme cet article contient toute espèce d'actes, ils pourraient se rapporter à des actes du petit commerce, de la petite boutique, qui se trouveraient, par la généralité de l'article, enveloppés dans l'annulation. Nous avons voulu laisser à la sagesse des tribunaux le droit d'apprécier les circonstances.

« Comme nous pensons, au reste, que la jurisprudence sera toujours assez éclairée pour distinguer les actes qui portent préjudice à la masse de ceux qui n'ont point cet effet, nous ne verrions pas grand inconvénient à l'adoption de l'amendement. »

M. *Barbet* : « C'est précisément pour la circonstance citée par M. Sevaistre qu'il faut conserver le mot *pourront* et laisser au tribunal la faculté d'apprécier les faits. »

M. *Martin* (de Strasbourg) : « Je crois qu'il y a une bonne raison pour préférer *pourront* à *devront*, parce que l'art. 447 atteint des actes à titre onéreux. Or, il est possible que tel acte ait été consommé et n'ait pas porté préjudice à la masse. Dans ces cas donc, il faut que le juge ne soit pas obligé à annuler, et que les syndics ne soient pas forcés à demander l'annulation ; ce n'est qu'autant qu'il y aura eu préjudice pour les créanciers que les juges devront annuler. Il faut donc laisser le mot *pourront*. »

L'amendement n'a pas été appuyé.

Cette discussion a une grande importance, elle indique le véritable esprit de la disposition ; elle apprend que d'une part elle embrasse trois sortes d'actes, d'engagemens et de traités ; mais que d'un autre côté, tout acte qui ne nuit pas à la masse est à l'abri de la critique.

Voy. Code de commerce, art. 445 et suiv.

(1) En 1835, le rapporteur de la commission s'exprimait en ces termes sur cette disposition :

« Votre commission a cru nécessaire de trancher une sérieuse question qui a divisé les auteurs et la jurisprudence et dont le projet de loi ne s'était point occupé.

« Une inscription hypothécaire peut-elle valablement être prise dans les dix jours qui précèdent la faillite, lorsqu'elle résulte d'un droit d'hypothèque antérieur.

« Le texte de l'art. 2146 du Code civil combiné avec l'art. 443 du Code de commerce, et le principe de droit civil que les hypothèques n'existent que par l'inscription, ont entraîné une solution négative, contre laquelle l'équité naturelle a protesté, en démontrant qu'antérieurement à la faillite, l'incapacité légale du débiteur n'est point devenue notoire, et que l'inscription, complément nécessaire d'un droit qui a été acquis valablement, doit pouvoir être prise sur des biens dont le dessaisissement n'est point déclaré. Votre commission a résolu la question dans ce dernier sens. »

(Voy. la discuss. Mon. du 14 février 1835, 1er supp., 2e col. de la page 329).

En 1838 et devant la Chambre des Députés, on a présenté plusieurs amendemens ayant pour objet de restreindre dans certaines limites la faculté de prendre inscription, alors même que l'hypothèque était valablement constituée. Renvoyés à la commission, ils ont été fondus en deux paragraphes qui forment les 2e et 3e de l'article actuel.

Pour qu'on en comprenne bien le sens et la portée, nous ne pouvons mieux faire que de laisser parler M. *le rapporteur*.

« Déjà, dit-il, dans les articles précédens, dans les art. 446 et 447 du projet de loi adopté, la Chambre a tracé une ligne de démarcation entre les actes qui, à raison du caractère qu'ils présentent de fraude, de lésion pour la masse, doivent être déclarés nuls, et ceux qui, pouvant avoir été faits de bonne foi, et sans préjudice pour la masse, peuvent être déclarés valables ; ceux-là même, s'ils exigent encore, pour être pourvus de leur effet vis-à-vis des tiers un complément tel que l'inscription des hypothèques qui a pour objet de leur donner de la publicité, peuvent être encore, à raison du retard apporté à cette inscription, l'objet, le moyen de certaines fraudes.

« En effet on a pensé que si l'inscription était

449. Dans le cas où des lettres de change auraient été payées après l'époque fixée comme étant celle de la cessation de paiement et avant le jugement déclaratif de faillite, l'action en rapport ne pourra être intentée que contre celui pour compte duquel la lettre de change aura été fournie.

S'il s'agit d'un billet à ordre, l'action ne pourra être exercée que contre le premier endosseur.

Dans l'un et l'autre cas, la preuve que celui à qui on demande le rapport avait connaissance de la cessation de paiemens à l'époque de l'émission du titre devra être fournie (1).

450. Toutes voies d'exécution pour parvenir au paiement des loyers sur les effets mobiliers servant à l'exploitation du commerce du failli seront suspendues pendant trente jours, à partir du jugement déclaratif de faillite, sans préjudice de toutes mesures conservatoires, et du droit qui serait acquis au propriétaire de reprendre possession des lieux loués.

---

retardée, il y aurait moyen de ménager à un débiteur commerçant, au-dessous de ses affaires, un crédit apparent, mensonger, qui pourrait induire les tiers en erreur sur sa véritable situation. On a donc senti la nécessité d'ajouter une disposition spéciale relativement à la publicité des hypothèques, une disposition qui ne permît pas à un débiteur au-dessous de ses affaires de conserver un crédit apparent par la complaisance que pourraient mettre les prêteurs à retarder l'inscription jusqu'à la veille, jusqu'au jour même du jugement déclaratif de la faillite. On a senti la nécessité d'apporter une limite et une restriction au droit de prendre inscription sur un débiteur près de faillir; c'est là l'objet des divers amendemens qui ont été proposés. »

Il faut remarquer que l'un de ces amendemens allait beaucoup plus loin que l'article tel qu'il est voté; il voulait qu'à quelque époque qu'une hypothèque eût été consentie, un mois, un an même avant la cessation des paiemens, elle tombât, si l'inscription n'avait pas été prise dans un délai de dix jours. Il a été rejeté sur les observations de M. le garde des sceaux.

En outre on ne doit pas exiger la preuve qu'il y a eu connivence et fraude dans le retard de l'inscription pour annuler l'hypothèque. Il suffit que l'inscription soit séparée de la constitution par le délai qu'indique la loi pour que les tribunaux puissent prononcer l'annulation. Je dis *puissent*, car c'est la loi elle-même qui se sert de cette expression qui indique pour les juges non une obligation, mais une faculté, et M. *le garde des sceaux* s'expliquant sur le sens de la disposition, reconnaissait qu'en effet il y avait pour les juges pouvoir discrétionnaire. Voici au surplus comment il s'exprimait :

« Il y a deux bienfaits dans la loi : d'un côté *faculté* accordée à la justice d'annuler, s'il y a connivence, ou même simple complaisance de la part de créanciers hypothécaires, pour faciliter le failli, en dissimulant la situation de ses immeubles. D'un autre côté, contrainte morale pour les créanciers de faire disparaître toute hypothèque latente en prenant inscription dans les quinze jours. »

Il est d'ailleurs incontestable que lorsque les hypothèques seront annulées uniquement à cause du retard de l'inscription, celui qui en était porteur n'en restera pas moins créancier chirographaire, s'il a réellement donné ses fonds.

Voy. le Code de commerce, art. 443, et le Code civil, art. 2146.

(1) Les dispositions de cet article qui formaient les 3e et 4e paragraphes de l'art. 444 du projet de 1835, ont été proposées par M. J. *Lefebvre.*

« M. le garde des sceaux, dit-il, a fait cette supposition : des lettres de change ont été protestées hier, des lettres de change ont été protestées avant-hier; aujourd'hui un autre porteur se présente, il est payé.

« M. le garde des sceaux a signalé une semblable position comme indiquant la mauvaise foi. Il serait possible que les tribunaux de commerce adoptant la manière de voir de M. le garde des sceaux, déclarassent qu'en pareil cas il y a mauvaise foi. Telle serait alors la condition du porteur qui aurait cependant reçu à l'échéance.

« Il se serait démuni du titre, il aurait reçu le paiement, parce qu'il ne pouvait pas le refuser, et il lui aurait été impossible de faire un projet. Eh bien! en vertu de la loi que vous faites, il rapporterait la somme reçue sans pouvoir recourir contre les obligés antérieurs. C'est cet inconvénient très grave, c'est cette injustice que mon amendement a pour objet de prévenir. Je dis qu'en pareil cas, c'est le tireur qui est le véritable obligé. »

Ce ne fut qu'après une vive discussion que cette addition fut adoptée.

La Chambre des Pairs en fit l'art. 449 de la loi.

Cet article n'a point éprouvé d'opposition à la Chambre des Députés. Voici en quels termes le rapporteur de sa commission le justifiait :

« Mais la disposition de l'art. 447 qui autorise à rechercher les paiemens faits par le débiteur avant la déclaration de sa faillite reçoit une exception en faveur des tiers porteurs d'effets négociables, qui n'étant admis par la législation ni à protester contre le paiement qui leur serait offert, ni par conséquent à exercer les recours subordonnés à la condition du protêt, ne pourraient sans injustice être déclarés responsables de la validité d'un paiement qu'ils sont tenus de recevoir. La loi ne soumet au rapport que le tireur de la lettre de change ou le donneur d'ordre qui profite en définitive du paiement, et ils ne sont soumis au rapport, conformément à la règle établie dans l'art. 447, que dans le cas où ils ont eu connaissance de la cessation de paiement. Le projet de loi laisse indécise la question de savoir à quelle époque cette connaissance doit avoir lieu pour obliger au rapport. Votre commission a pensé que cette époque qu'il faut préciser est celle de l'émission du titre. Le tireur ou le donneur d'ordre n'est plus maître de ce qui arrive après, et ne doit point être responsable de ce qu'il ne peut empêcher. (Mon. du 22 mars 1838, 2e supp., p. 646, 2e col., *in princip.*

Dans ce cas, la suspension des voies d'exécution établie au présent article cessera de plein droit (1).

CHAP. II.— *De la nomination du juge-commissaire* (2).

451. Par le jugement qui déclarera la faillite, le tribunal de commerce désignera l'un de ses membres pour juge-commissaire (3).

452. Le juge-commissaire sera chargé spécialement d'accélérer et de surveiller les opérations et la gestion de la faillite.

Il fera au tribunal de commerce le rap-

---

(1) « L'art. 449 du projet du gouvernement, disait M. *Renouard* dans son rapport, contient une innovation utile. Il suspend jusqu'après les huit jours qui suivront la nomination des syndics provisoires toutes voies d'exécution sur le mobilier du failli, pour parvenir au paiement des créances privilégiées. Votre commission a cru entrer dans les intentions du projet, en proposant de porter ce délai à quinze jours. Par-là, on laissera le temps à des transactions raisonnables, on ne commencera point par épuiser les ressources sans lesquelles on ne pourrait ni subvenir aux premiers frais de la faillite, ni opérer les premiers recouvremens. Il était nécessaire, pour parvenir au but, qui est d'accélérer la marche de la faillite, de laisser leur cours au privilége des frais de justice, sans lequel les opérations risqueraient d'être arrêtées. »

Dans la discussion qui eut lieu en 1835, on reconnut qu'il fallait suspendre toutes les voies d'exécution pour les créances même privilégiées, tant qu'elles n'étaient pas vérifiées; mais qu'il fallait réserver aux propriétaires des lieux loués la faculté d'expulser le failli son locataire, si le bail était expiré ou résilié.

Au surplus, la faillite du preneur autorise le bailleur à demander la résiliation du bail ; mais le bail doit être maintenu si le preneur ou les créanciers offrent une caution suffisante. — Continuation de Toullier, tome 18 (3e de la continuation, n. 538) ; M. Pardessus, t. 4, n. 1128.

« Pourquoi les mots : dans ce *dernier cas?* a dit M. Salverte ; il n'y a pas deux cas dans le premier paragraphe ; je pense donc que c'est une faute de rédaction.

M. *le rapporteur* « Par ces expressions : « dans ce dernier cas, » la commission a entendu parler du cas où le propriétaire reprendrait les lieux loués. »

M. *Salverte* : « Ce n'est pas clairement rédigé. »

M. *Cunin-Gridaine* : « L'adjectif *dernier* est inutile, il faut dire tout simplement : « dans ce cas. »

M. *Salveton* : « Voilà quelle a été l'intention de la commission :

« Lorsque les meubles garnissent la maison, le propriétaire a toute assurance que le gage de sa créance ne lui sera pas enlevé ; mais au moment où l'on transporte les meubles du domicile loué dans un autre domicile, alors la garantie de surveillance qui devait rassurer le propriétaire vient à cesser. Il serait injuste alors de le mettre sous l'interdiction de l'exercice de son droit. C'est ce que la commission a prévu, et elle a voulu qu'au moment où le gage était prêt à lui échapper, le propriétaire pût exercer un droit qui lui permît de retenir le gage.

« Nous concevons, messieurs, que, comme il n'y a pas deux cas, les mots : « dans ce *dernier* cas, » pourraient donner lieu à de fausses interprétations. »

M. *le président* : « L'article ne dit pas un mot du cas que vous venez de citer ; il parle uniquement de celui où le propriétaire a le droit de rentrer chez lui. »

M. *Salveton* : « Le propriétaire ne peut rentrer chez lui qu'en faisant enlever les meubles. »

M. *le président* : « C'est pour ces cas que les voies d'exécution sont suspendues.

M. *Salveton* : « C'est ce que j'ai eu l'honneur d'exposer. »

M. *Mimaud* : « Je ne conçois pas le rapporteur.

M. *le rapporteur* : « Je n'ai pas saisi l'objection. Si monsieur Mimaud veut la développer. »

M. *Mimaud* : « Tout ce que j'ai à dire, c'est que le dernier paragraphe ajouté par la commission me paraît inutile. »

M. *le rapporteur* : « Je ne comprends pas comment M. Mimaud trouve que le paragraphe proposé par la commission est sans utilité. Voici l'utilité de ce paragraphe:

« On suppose dans l'article que le propriétaire peut, en vertu d'un droit résultant de son contrat, rentrer en possession des lieux loués au commerçant qui est tombé en faillite. Eh bien ! dans le cas où le propriétaire ou le principal locataire est autorisé à rentrer en possession, il ne conserve pas dans les lieux les objets servant à l'exploitation du commerce du failli. Le mobilier du failli est placé hors des lieux. Dans ce cas-là, vous ne pourriez pas refuser au propriétaire tout au moins l'exercice d'un droit de séquestre et de gage sur ce mobilier.

« La commission a donc eu raison de dire que, dans ce cas-là, l'exercice du droit de propriétaire, qui consiste à saisir et à faire vendre, cesserait d'être suspendu, parce que la suspension du privilége de propriétaire n'aurait plus d'utilité, et tournerait au contraire au préjudice de la masse, au moyen du droit de gage et de séquestre dont elle serait obligée de faire les frais.

« Vous voyez donc que l'addition faite par la commission se justifie très facilement par son utilité. »

La suppression du mot *dernier* a été prononcée.

(2) Les modifications apportées au Code de commerce par cet article et les suivans sont signalées dans ce passage du rapport fait à la Chambre des Députés en 1835.

Le chapitre 2 est intitulé : *de la Nomination du juge-commissaire*. Cette matière faisait partie du chapitre III. L'ordre du projet a paru préférable à votre commission. Le projet a, dans ce chapitre, suppléé à deux omissions du Code, en déclarant par l'art. 452 que les ordonnances du juge-commissaire seront portées devant le tribunal de commerce, et par l'art. 453 que le tribunal pourra à toute époque remplacer le juge-commissaire par un autre de ses membres. Cette disposition est d'autant plus utile que les pouvoirs de juge-commissaire ont été étendus par le projet de loi. Donner au juge-commissaire sur la faillite et au tribunal sur le juge-commissaire une action plus immédiate et une surveillance plus efficace, c'est fortifier les garanties dues à tous les intérêts.

(3) Voy. art. 454.

port de toutes les contestations que la faillite pourra faire naître, et qui seront de la compétence de ce tribunal (1).

453. Les ordonnances du juge-commissaire ne seront susceptibles de recours que dans les cas prévus par la loi. Ces recours seront portés devant le tribunal de commerce (2).

454. Le tribunal de commerce pourra, à toutes les époques, remplacer le juge-commissaire de la faillite par un autre de ses membres.

CHAP. III. — *De l'apposition des scellés, et des premières dispositions à l'égard de la personne du failli.*

455. Par le jugement qui déclarera la faillite, le tribunal ordonnera l'apposition des scellés et le dépôt de la personne du failli dans la maison d'arrêt pour dettes, ou la garde de sa personne par un officier de police ou de justice, ou par un gendarme.

Néanmoins, si le juge-commissaire estime que l'actif du failli peut être inventorié en un seul jour, il ne sera point apposé de scellés, et il devra être immédiatement procédé à l'inventaire.

Il ne pourra, en cet état, être reçu, contre le failli, d'écrou ou recommandation pour aucune espèce de dettes (3).

456. Lorsque le failli se sera conformé aux articles 438 et 439, et ne sera point, au moment de la déclaration, incarcéré pour dettes ou pour autre cause, le tribunal pourra l'affranchir du dépôt ou de la garde de sa personne.

La disposition du jugement qui affranchirait le failli du dépôt ou de la garde de sa personne pourra toujours, suivant les circonstances, être ultérieurement rapportée par le tribunal de commerce, même d'office (4).

457. Le greffier du tribunal de commerce adressera, sur-le-champ, au juge de

---

(1) On a demandé la suppression des mots : « et qui seront de la compétence de ce tribunal » motivée sur ce que le juge-commissaire serait juge de la compétence.

« Il faut, disait-on, que le juge-commissaire fasse le rapport de toutes les contestations qui s'élèveront dans le cours de la faillite, et ce sera au tribunal à décider quelles sont celles de sa compétence. »

M. *Dufaure* : « Nous sommes tous d'accord sur la pensée de l'article ; je crois que la suppression aurait cet inconvénient que le juge-commissaire se croirait obligé de faire un rapport au tribunal de commerce, sur des objets dont il est juge pleinement et entièrement ; il est donc besoin d'exprimer qu'il n'est pas tenu de faire rapport de tout ce qui s'élève dans une faillite dont il est le surveillant. Je ne crois pas qu'il puisse y avoir de doute sur les mots qui terminent l'article, et la Chambre ne s'engage pas en les conservant. »

L'amendement a été rejeté. Ainsi une difficulté s'élève ; si elle est de nature à être tranchée par le juge-commissaire seul, il ne fait point de rapport, il statue. Si, au contraire, la question n'est pas de nature à être jugée par le juge-commissaire seul, il devra faire son rapport, et il ne pourra point s'en dispenser, parce que, dans son opinion, le débat ne serait pas de la compétence du tribunal de commerce et devrait être soumis aux tribunaux civils. Il faudra que même dans cette hypothèse il fasse son office de rapporteur, sauf à dire dans son rapport ce qu'il croira convenable pour établir l'incompétence du tribunal de commerce et sauf au tribunal lui-même à se déclarer incompétent.

Le tribunal peut-il, dans des circonstances où il le jugerait convenable, juger sans rapport préalable ?

M. *Gauneron* proposait un amendement dans le sens affirmatif. Cet amendement a été rejeté.

Voy. art. 458 du Code de commerce.

(2) On demanda en 1835 quel serait le délai accordé pour attaquer les ordonnances du juge-commissaire. On avait même proposé de fixer ce délai à trois jours.

M. *le rapporteur* répondit : « Le recours est possible jusqu'à exécution de l'ordonnance. Quand on la fera exécuter, on s'y opposera, si on veut la contredire. Il en sera comme par le passé.

L'auteur de la proposition déclara la retirer.

Voy. notes sur l'intitulé du chapitre.

(3) Voy. notes sur l'art. 456 et sur l'art. 469.

Voy. aussi les art. 449 et 455 du Code de commerce.

(4) Les art. 455 et 466 du Code de commerce prescrivaient d'une manière absolue le dépôt du failli dans la maison d'arrêt pour dette, ou la garde de sa personne par un officier de police ou de justice, ou par un gendarme ; mais ils autorisaient sa mise en liberté avec sauf-conduit.

M. *Renouard*, dans son rapport, a fait remarquer que ce système avait de graves inconvéniens ; que, d'une part, et à raison de sa rigueur, il restait sans exécution ; que, d'un autre côté, les faillis pour se soustraire à la détention ou à la garde provisoire, s'absentaient jusqu'à ce qu'ils eussent obtenu un sauf-conduit, et laissaient ainsi les agens de la faillite sans renseignemens, dans le moment où ils sont ordinairement le plus nécessaires.

« Le projet, a ajouté M. le *rapporteur*, a voulu éviter ces reproches, et permettre en certains cas que les faillis fussent affranchis des dépôts sans être obligés de subir les délais et les formes d'une obtention de sauf-conduit. On a pensé pouvoir mettre pour condition à cet affranchissement la déclaration spontanée de faillite, avec remise volontaire du bilan ; ces déclarations en effet ne sauraient être trop encouragées..................... C'est donc une disposition prévoyante et équitable, que celle qui, dans les cas de déclaration volontaire par le failli permet au tribunal de l'affranchir du dépôt ou de la garde de sa personne. Sous le Code, un peu plus de la moitié des faillites judiciaires (7857) sur (12272) ont eu lieu en dix ans sur la déclaration du failli, ou le dépôt par lui de son bilan. Le projet de loi, en favorisant davantage la déclara-

paix, avis de la disposition du jugement qui aura ordonné l'apposition des scellés.

Le juge de paix pourra, même avant ce jugement, apposer les scellés, soit d'office, soit sur la réquisition d'un ou de plusieurs créanciers, mais seulement dans le cas de disparition du débiteur ou de détournement de tout ou partie de son actif (1).

458. Les scellés seront apposés sur les magasins, comptoirs, caisses, portefeuilles, livres, papiers, meubles et effets du failli.

En cas de faillite d'une société en nom collectif, les scellés seront apposés, non seulement dans le siége principal de la société, mais encore dans le domicile séparé de chacun des associés solidaires.

Dans tous les cas, le juge de paix donnera, sans délai, au président du tribunal

---

tion et le dépôt, aura pour effet de faire régler judiciairement beaucoup de faillites dont, sous le Code, créanciers et débiteurs conspiraient à enlever la connaissance aux tribunaux. »

Enfin, M. *Renouard* a présenté des explications fort importantes touchant les effets de la faillite sur la contrainte par corps.

« La déclaration, a-t-il dit, cesse d'être volontaire, et de pouvoir profiter au failli, lorsque, déjà incarcéré pour dettes, il ne se constitue en faillite qu'afin de se soustraire à la contrainte par corps.

« En ce cas, l'état de faillite fait tomber les effets de ces contraintes par corps qu'entraînait le jugement en vertu duquel l'incarcération a eu lieu, et c'est par ce motif que le projet (V. dernier alinéa de l'art. 455) ne permet de recevoir aucun écrou ou recommandation pour aucune espèce de dettes. L'art. 455 du Code ne les interdisait que lorsqu'ils seraient résultés d'un jugement du tribunal de commerce. Ce principe est trop évident pour qu'il soit nécessaire d'en faire plus ample mention dans la loi et d'ajouter, ce qui est de droit et d'usage, que l'effet des contraintes par corps cesse par la faillite. La contrainte par corps instituée pour arriver à la découverte des ressources cachées du débiteur, n'a plus d'effet lorsque, dessaisi de l'administration de ses biens, il n'est plus maître de disposer de rien, obligé qu'il est de tout livrer à la masse de ses créanciers. Mais de ce que la contrainte par corps perd son effet, il ne s'ensuit pas que le failli puisse être dispensé du dépôt; car il ne s'est déclaré en faillite que pour libérer sa personne, et non pour diminuer la perte de ses créanciers.

« En même temps que les affranchissemens de dépôt sont permis, avec faculté toutefois pour le tribunal de rapporter même d'office le jugement qui les accorderait, le projet a aussi voulu que l'exécution des jugemens qui ordonnent le dépôt fût plus sérieuse que dans la pratique actuelle qui, en beaucoup de lieux, a laissé tomber cette mesure en désuétude. L'art. 461 (460) charge expressément de cette exécution le ministère public ou les syndics de la faillite. »

Voy. au surplus, pour le sauf-conduit à accorder au failli, les art. 472 et 473, et les notes.

(1) L'art. 449 du Code de commerce exigeait qu'une expédition du jugement déclaratif de la faillite fût envoyée au juge de paix, et l'art. 453 ordonnait au juge de paix d'adresser au tribunal de commerce le procès-verbal de l'apposition des scellés; la loi actuelle, afin d'éviter les formalités et les frais, a dit M. *Renouard* dans son rapport, se contente de faire donner avis au juge de paix par le greffier, du jugement ordonnant l'apposition des scellés, et au président du tribunal de commerce par le juge de paix, de l'apposition des scellés. Voyez en effet, outre cet article, le dernier alinéa de l'art. 458.

On a demandé dans quelle forme serait donné l'avis du greffier du tribunal de commerce.

M. *le rapporteur* a répondu que c'était là une disposition purement réglementaire; que les greffiers d'une part et les juges de paix de l'autre, sont soumis à l'inspection du ministère public qui pourra, par voie réglementaire, donner des instructions qui résoudraient la question.

On a fait observer sur le premier paragraphe, qu'il pourrait résulter de sa rédaction que les juges-commissaires de la faillite ne seraient pas prévenus du moment où le juge de paix aurait apposé les scellés. On proposait, en conséquence, d'ajouter que le greffier du tribunal de commerce adresserait sur-le-champ aux syndics provisoires de la faillite et au juge de paix le jugement qui aurait ordonné l'apposition des scellés, afin que les syndics n'ignorent rien de ce qui aurait été fait.

On a répondu qu'une semblable addition ne serait pas contraire à l'esprit du projet, mais qu'elle serait inutile; que, d'ailleurs, cela s'exécutait, bien que la disposition ne fût pas dans le Code.

On a encore fait remarquer que l'article ne faisait pas disparaître une difficulté existant dans le Code de commerce.

« Cet article, a dit M. *Lavielle*, parle seulement du juge de paix, du domicile du failli; mais le failli peut avoir d'autres établissemens. Or, je pense que la commission sera d'accord avec moi pour étendre la mesure à tous les juges de paix dans la résidence desquels le failli aurait des établissemens. »

« Sous le Code de commerce, a-t-il ajouté, s'éleva devant le tribunal de la Seine la question de savoir si le juge de paix de Paris, par exemple, ne pouvait, par un droit de poursuite, apposer les scellés dans un arrondissement autre que le sien; il fut décidé que le juge de paix de Paris pouvait, en cas de faillite et par droit de poursuite, apposer les scellés hors de son arrondissement. Eh bien! je vous propose la même mesure, et je demande qu'on ajoute : *au juge de paix du domicile du failli et des lieux où il possède des établissemens. Néanmoins, dans les communes où il existe deux ou plusieurs juges de paix, les scellés pourront être apposés par le juge de paix du domicile, dans toute l'étendue de la commune.* »

La commission a répondu que si, comme on en convenait, l'article du Code ainsi rédigé n'avait donné lieu jusqu'ici à aucune difficulté, il en serait de même de l'article nouveau rédigé dans les termes de l'article ancien. Elle en a conclu qu'il était inutile d'introduire des dispositions purement réglementaires.

La proposition n'a pas eu de suites.

L'art. 450 du Code de commerce autorisait le juge de paix, dans tous les cas, à apposer les scellés avant le jugement de déclaration de faillite.

Maintenant le juge de paix ne peut prendre cette mesure d'office que dans les cas graves qui sont

de commerce, avis de l'apposition des scellés (1).

459. Le greffier du tribunal de commerce adressera, dans les vingt-quatre heures, au procureur du roi du ressort, extrait des jugemens déclaratifs de faillite, mentionnant les principales indications et dispositions qu'ils contiennent.

460. Les dispositions qui ordonneront le dépôt de la personne du failli dans une maison d'arrêt pour dettes, ou la garde de sa personne, seront exécutées à la diligence, soit du ministère public, soit des syndics de la faillite.

461. Lorsque les deniers appartenant à la faillite ne pourront suffire immédiatement aux frais du jugement de déclaration de la faillite, d'affiche et d'insertion de ce jugement dans les journaux, d'apposition des scellés, d'arrestation et d'incarcération du failli, l'avance de ces frais sera faite, sur ordonnance du juge commissaire, par le trésor public, qui en sera remboursé par privilége sur les premiers recouvremens, sans préjudice du privilége du propriétaire (2).

CHAP. IV. — *De la nomination et du remplacement des syndics provisoires* (3).

462. Par le jugement qui déclarera la

---

expressément déterminés. La commission de la Chambre des Députés, en 1835, a manifesté la crainte qu'un juge de paix ne vînt, sur les présomptions les plus légères, ébranler par une démarche éclatante le crédit d'un négociant. Ce danger-là n'était pas grand ; et, peut-être, depuis la publication du Code de commerce, il n'y a pas eu un seul exemple d'une apposition de scellés faite avec une pareille légereté.

V. notes sur l'art. 469.

(1) V. notes sur l'art. 457, et les articles 451 et 452 du Code de commerce.

(2) Cette disposition est nouvelle. Il doit en résulter beaucoup de célérité dans la marche de la procédure, et un grand avantage pour les créanciers.

« Souvent, disait M. *Tripier* dans son premier rapport à la Chambre des Pairs, les créanciers, effrayés par les avances qu'exigent les frais d'une faillite, n'osent en poursuivre les opérations, et préfèrent subir la loi qui leur est imposée par leur débiteur. Pour prévenir ce danger, le Trésor fera ces avances, et obtiendra un privilége qui ne pourra nuire à celui du propriétaire. »

Ces mots : « sans préjudice du privilége du propriétaire » n'étaient pas dans le projet primitif, adopté en 1835. On avait cru inutile de s'expliquer.

M. *Garnon*, qui avait proposé d'ajouter : « néanmoins, le privilége spécial, conféré par l'art. 2102 du Code civil, continuera d'être exercé de préférence à celui concédé au Trésor public par la présente loi », retira son amendement, parce que la commission reconnut que le privilége du propriétaire primerait celui du Trésor public sur les recouvremens provenant de la vente des meubles; qu'il n'était fait aucun changement au droit des priviléges particuliers qui continueraient de subsister, sans qu'il fût besoin de l'exprimer..

Les motifs de retrait de l'amendement, en 1835, expliquent parfaitement le sens et l'étendue de cette disposition.

(3) Le Code de commerce organisait l'administration de la faillite d'une manière différente ; il la confiait d'abord à des agens (art. 454 et suiv.), puis à des syndics provisoires (art. 470 et suiv.), puis à des syndics définitifs (art. 514 et suiv.) On voit d'un coup d'œil combien le système actuel est plus simple. Il supprime beaucoup de formalités et de rouages inutiles.

On a adopté le système d'un syndicat permanent dont la formation est attribuée exclusivement au tribunal de commerce, et dont le renouvellement n'est que facultatif.

Les avantages de cette modification ne sont pas douteux, et je ne puis mieux les signaler qu'en rapportant la partie du discours de présentation à la Chambre des Pairs, par M. le garde des sceaux. Chaque système y est rappelé et mis en parallèle :

« Un changement d'une grande importance a été introduit par la Chambre des Députés dans la partie du projet qui a pour objet d'organiser l'administration de la faillite. On a généralement reproché au Code de commerce d'avoir trop multiplié les rouages en faisant succéder l'une à l'autre trois administrations, sous les noms d'agens, de syndics provisoires, de syndics définitifs. Les auteurs du Code de commerce sont partis du principe que les biens du failli appartiennent à ses créanciers, et que, si la gestion de ces biens peut, dans les premiers momens et lorsque les créanciers ne sont point encore réunis, être confiée à des agens nommés par le tribunal de commerce, elle doit être ensuite remise à des mandataires de la masse, au moyen d'une délégation plus ou moins directe, selon qu'elle émane de créanciers simplement présumés ou de créanciers vérifiés et unis. Déjà le projet, tel que vous l'aviez adopté, remédiait au plus grand inconvénient du système du Code, qui consistait à faire nommer les syndics provisoires, sur une liste de candidats imposés au tribunal de commerce par une assemblée de créanciers non vérifiés, assemblée dont la composition incomplète et peu sûre offrait trop de prise à l'influence et aux manœuvres du failli. En ne donnant aux créanciers présumés que le droit de faire entendre au juge-commissaire leurs observations et leurs vœux, et en réservant au tribunal de commerce le choix entièrement libre des syndics provisoires, le projet avait introduit une grande amélioration.

« La Chambre des Députés a trouvé là le germe d'une amélioration nouvelle. D'après le système qu'elle a établi, le pouvoir de nommer, de remplacer ou de maintenir les syndics depuis le commencement de la procédure jusqu'à la fin, appartient exclusivement au tribunal de commerce, et le renouvellement du syndicat, toujours facultatif, n'est jamais forcé.

«Ce principe de permanence, qui a pour effet de maintenir dans l'administration de la faillite l'unité, l'esprit de suite, l'expérience acquise, est toutefois combiné avec le droit qu'il faut laisser aux créanciers de provoquer toutes les modifications désirables, dans la composition du syndicat. Non

faillite, le tribunal de commerce nommera un ou plusieurs syndics provisoires (1)

Le juge-commissaire convoquera immédiatement les créanciers présumés à se réunir dans un délai qui n'excédera pas quinze jours. Il consultera les créanciers présens à cette réunion, tant sur la composition de l'état des créanciers présumés que sur la nomination de nouveaux syndics. Il sera dressé procès-verbal de leurs dires et observations, lequel sera représenté au tribunal (2).

---

seulement ce droit pourra être exercé à toute époque par voie de réclamation et de plainte, mais la masse des créanciers sera, dans deux occasions décisives, appelée à faire entendre ses observations et ses vœux, touchant le maintien ou le remplacement des syndics; savoir : les créanciers présumés, quinze jours après le jugement déclaratif de la faillite; et les créanciers vérifiés, immédiatement après le rejet du concordat. L'influence des créanciers, particulièrement à cette époque, sur la direction à donner aux affaires et sur le choix des hommes propres à imprimer cette direction, sera en effet toute puissante auprès du juge-commissaire et du tribunal de commerce; mais les changemens dans le syndicat ne seront opérés qu'autant qu'il existera des motifs de réclamation. Il n'y aura plus, comme aujourd'hui, des révolutions nécessaires et périodiques. Au lieu d'apercevoir le terme de leur gestion dans une phase rapprochée, les syndics auront la perspective de conserver leurs fonctions jusqu'à la fin, s'ils les exercent d'une manière satisfaisante. »

V. le rapp. de M. Renouard, Mon. du 31 janvier 1835, p. 217, col. 2e, *in fine*; le rapport de M. Tripier, Mon. du 12 mai, p. 1062, col. 2, Mon. du 15 avril 1837, p. 894, 1re col. Discuss. à la Chambre des Pairs, Mon. du 9 mai 1837, p. 1116, 1re col., *in princip.*; le rapp. de M. Quesnault, Mon. du 22 mars 1838, 2e suppl., p. 646, 2e col.

(1) V. La note précédente.

(2) Le deuxième paragraphe de l'article de la commission se bornait à dire. « Dans le délai de quinzaine le juge-commissaire convoquera les créanciers présens; il les consultera tant sur la composition, etc. »

M. *Barbet* fit observer qu'il semblait résulter de cette rédaction qu'on ne consulterait que les créanciers qui se trouveraient dans la localité, lorsqu'il était évident qu'il fallait que la convocation s'adressât à tous les créanciers, sauf à ne consulter que ceux qui se présenteraient.

On répondit que s'il en était ainsi, il faudrait observer le délai des distances pour la convocation, et que les opérations seraient ainsi fort retardées.

Pour tout concilier, M. *J. Lefebvre* proposa la rédaction actuelle : « Ainsi, dit-il, aussitôt que le juge-commissaire aura la première liste qui pourra être faite des créanciers, il les convoquera tous, tant ceux qui se trouveront sur les lieux, que ceux qui seront dispersés sur les diverses parties de la France. Un délai de sept jours est plus que suffisant, car les lettres qui arrivent du plus éloigné des départemens, quel qu'il soit, ne resteront pas quatre jours : ainsi, au bout de quatre jours, chaque créancier domicilié en France aura reçu sa lettre de convocation, ou aura lu l'avertissement général inséré dans les journaux. »

M. *le président* a demandé si les mots *les créanciers* s'entendraient de tous les créanciers sans exception, non seulement ceux qui seraient en France, mais encore ceux qui seraient dans les îles, par exemple, en Corse.

« Mais permettez-moi, a-t-il ajouté, de vous lire l'art. 73 du Code de procédure civile, auquel vous renvoyez dans l'art. 492 de votre projet même.

« C'est à cet article que renvoie, en effet, l'art. 492 de votre loi, puisqu'il porte dans ces deux derniers paragraphes : A l'égard des créanciers domiciliés en France, hors du lieu, etc.

« Maintenant je conçois qu'on fixe un délai de quinzaine; mais est-il en votre puissance que l'avertissement arrive dans ce délai à tous les créanciers indistinctement ?

M. *Jacques Lefebvre* a répondu : « Je prie la Chambre de remarquer que les dispositions que vient de lui rappeler M. le président s'appliquent au cas où il s'agit d'une contestation à juger devant un tribunal; mais lorsqu'il s'agit de convoquer des créanciers, jamais on n'a suivi ces formes. Sous l'empire du Code actuel, on convoque par une lettre adressée au domicile des créanciers, signée du greffier du tribunal de commerce, dans laquelle est annoncée une réunion pour tel jour. Ce n'est pas un ajournement tel qu'il se pratique quand il s'agit d'une contestation judiciaire. Ainsi on atteindra parfaitement le but qu'on doit se proposer si on enjoint au juge-commissaire de convoquer les créanciers aussitôt que possible, aussitôt qu'il en aura la liste. Je ne parle pas de ceux des créanciers qui sont au-delà des mers; assurément s'il fallait attendre l'arrivée d'un créancier de Calcutta ou de la Nouvelle-Orléans, nous retomberions dans des inconvéniens plus fâcheux que ceux que la loi a eu principalement pour objet d'éviter; mais la plupart des créanciers seront domiciliés dans le royaume, pour ceux-là même qui seraient en Corse, un délai de quinze jours est suffisant.

M. *le président* a insisté; il a dit : « Convoquerez-vous seulement les créanciers domiciliés en France, ou même ceux qui sont domiciliés dans tous les autres pays? Quel est le délai uniforme que vous accorderez à tous? Ce délai sera-t-il seulement pour leur écrire, sans attendre leur réponse, ou pour leur permettre soit de venir, soit d'envoyer leur procuration? »

M. *Demonts* a répondu que la commission n'a rien voulu changer à ce qui existe aujourd'hui. Aujourd'hui les agens provisoires sont nommés pour quinze jours; ils sont obligés de remettre le bilan au juge-commissaire; et, dans les trois jours de la remise du bilan, le juge-commissaire appelle les créanciers par la voie des journaux et par lettres. Cela se fait dans la quinzaine. Eh bien! c'est ce même délai que nous avons voulu établir. »

Ainsi, le juge-commissaire convoquera les créanciers présumés partout où ils se trouveront, et il consultera dans la quinzaine de la convocation ceux qui se présenteront; enfin, ce délai de quinzaine est absolu et n'est point augmenté à raison des distances, quel que soit le lieu du domicile des

Sur le vu de ce procès-verbal et de l'état des créanciers présumés, et sur le rapport du juge-commissaire, le tribunal nommera de nouveaux syndics, ou continuera les premiers dans leurs fonctions.

Les syndics ainsi institués sont définitifs; cependant ils peuvent être remplacés par le tribunal de commerce, dans les cas et suivant les formes qui seront déterminés.

Le nombre des syndics pourra être, à toute époque, porté jusqu'à trois; ils pourront être choisis parmi les personnes étrangères à la masse, et recevoir, quelle que soit leur qualité, après avoir rendu compte de leur gestion, une indemnité que le tribunal arbitrera sur le rapport du juge-commissaire (1).

463. Aucun parent ou allié du failli, jusqu'au quatrième degré inclusivement, ne pourra être nommé syndic.

464. Lorsqu'il y aura lieu de procéder à l'adjonction ou au remplacement d'un ou plusieurs syndics, il en sera référé par le juge-commissaire au tribunal de commerce, qui procédera à la nomination suivant les formes établies par l'art. 462.

465. S'il a été nommé plusieurs syndics, ils ne pourront agir que collectivement; néanmoins, le juge-commissaire peut donner à un ou plusieurs d'entre eux des autorisations spéciales à l'effet de faire séparément certains actes d'administration. Dans ce dernier cas, les syndics autorisés seront seuls responsables.

466. S'il s'élève des réclamations contre quelqu'une des opérations des syndics, le juge-commissaire statuera dans le délai de trois jours, sauf recours devant le tribunal de commerce.

Les décisions du juge-commissaire sont exécutoires par povision (2).

467. Le juge commissaire pourra, soit sur les réclamations à lui adressées par le failli ou par des créanciers, soit même d'office, proposer la révocation d'un ou plusieurs des syndics.

Si, dans les huit jours, le juge-commissaire n'a pas fait droit aux réclamations qui lui ont été adressées, ces réclamations pourront être portées devant le tribunal.

Le tribunal, en chambre du conseil, entendra le rapport du juge commissaire et les explications des syndics, et prononcera à l'audience sur la révocation (3).

CHAP. V. — *Des fonctions des syndics.*

SECTION Ire. — Dispositions générales.

468. Si l'apposition des scellés n'avait point eu lieu avant la nomination des syndics, ils requerront le juge de paix d'y procéder (4).

469. (5) Le juge-commissaire pourra éga-

---

créanciers. (Voy. Code de commerce, art. 476 et suiv.)

La Cour de Nancy a jugé avec raison, le 14 décembre 1829, que les syndics affirmant qu'ils ont fait la convocation, doivent être crus plutôt que les créanciers niant l'avoir reçue. On comprend cependant que ce n'est pas là une règle absolue. Sirey, 30. 2. 60.

(1) Dans le premier projet on lisait qu'en aucun cas les syndics ne seraient choisis parmi les personnes étrangères à la masse qu'à défaut de créanciers jugés capables. « Vous sentez, disait M. *Tripier*, rapporteur à la Chambre des Pairs, en 1837, quel a été l'esprit qui a dicté cette disposition. C'était pour avertir les tribunaux de commerce qu'ils ne devaient recourir aux étrangers que dans des cas rares, et lorsque les parties intéressées ne leur présenteraient pas des élémens suffisans pour choisir dans les créanciers eux-mêmes; je sais que ce n'est pas une disposition irritante, mais c'est une de ces dispositions que nous voyons souvent dans nos lois. Je crois donc que cet avertissement serait important à conserver. »

M. *le président* avait proposé, au contraire, de le supprimer, et pour indiquer que ce ne serait qu'à défaut de créanciers aptes à exercer les fonctions de syndics que l'on choisirait en dehors de la masse, il avait demandé qu'on dît : « Il (le tribunal) « pourra même choisir les syndics parmi les per- « sonnes étrangères à la masse. »

Cette rédaction, adoptée en 1837 par la Chambre des Pairs, a été conservée comme on le voit, sauf une légère modification.

(2) Voy. art. 495 du Code de commerce.

(3) On avait proposé de faire procéder le tribunal en audience publique; mais on a repoussé cette proposition dans l'intérêt même des syndics.

« Ce n'est pas, a dit M. *le président de la Chambre des Députés*, une chose contentieuse, mais administrative. Toutefois on a voulu, par respect pour le principe de la publicité, que le jugement fût prononcé à l'audience. »

(4) Voy. Code de commerce, art. 462.

(5) En tête de cet article, la commission de la Chambre des Députés avait placé un paragraphe ainsi conçu : « Si le juge-commissaire estime que l'actif du failli peut être inventorié en un seul jour, il ne sera point apposé de scellés, et il devra être immédiatement procédé à l'inventaire. »

M. *le rapporteur* justifiait cette addition en ces termes : « L'amendement que la commission a introduit en tête de l'article contient, en effet, une exception à la règle générale qui veut que les scellés soient apposés; cette exception nous a paru assez importante pour être consignée en tête de l'art. 469. »

Sur l'observation de M. *Galos*, qu'il faudrait concilier cette disposition avec les art. 455 et 457 pour éviter tout conflit, on convint de placer cette exception immédiatement après l'art. 455 qui contient le principe général sur l'apposition des scellés, en sorte que les diverses dispositions se trouveraient parfaitement en harmonie.

Après l'adoption de l'article avec cette transpo-

ment, sur la demande des syndics, les dispenser de faire placer sous les scellés, ou les autoriser à en faire extraire :

1° Les vêtemens, hardes, meubles et effets nécessaires au failli et à sa famille, et dont la délivrance sera autorisée par le juge-commissaire, sur l'état que lui en soumettront les syndics (1);

2° Les objets sujets à dépérissement prochain ou à dépréciation imminente (2);

3° Les objets servant à l'exploitation du fonds de commerce, lorsque cette exploitation ne pourrait être interrompue sans préjudice pour les créanciers (3).

Les objets compris dans les deux paragraphes précédens seront de suite inventoriés, avec prisée par les syndics, en présence du juge de paix, qui signera le procès-verbal.

470. La vente des objets sujets à dépérissement ou à dépréciation imminente, ou dispendieux à conserver, et l'exploitation du fonds de commerce, auront lieu à la diligence des syndics, sur l'autorisation du juge-commissaire (4).

471. Les livres seront extraits des scellés, et remis par le juge de paix aux syndics, après avoir été arrêtés par lui; il constatera sommairement, par son procès-verbal, l'état dans lequel ils se trouveront (5).

Les effets de portefeuille à courte échéan-

---

sition, on a soulevé une question qu'il n'est pas inutile de reproduire.

M. *Mermilliod* a dit : « Mais quand l'extrait du jugement sera envoyé au juge de paix, s'il a déjà apposé les scellés, que fera le juge-commissaire? »

M. *le rapporteur* : « Il y a des cas qu'on ne peut prévoir. »

M. *le garde des sceaux* : « D'ailleurs, le juge de paix n'apposera les scellés que très exceptionnellement. Il ne le fera que sur la réquisition d'un ou de plusieurs créanciers, quand le débiteur aura disparu, ou s'il y a détournement de tout ou partie de l'actif. »

M. *Mermilliod* : « Il n'en est pas moins vrai que le greffier pourra envoyer au juge de paix l'ordre d'apposer les scellés et que cela sera déjà fait. »

M. *le président* : « Mais l'article est voté. »

M. *Mermilliod* : « Ah! c'est inutile de discuter alors. »

M. *le rapporteur* : « Lorsque les créanciers auront intérêt à faire continuer l'exploitation du commerce sans l'apposition des scellés, ils avertiront le juge-commissaire, qui donnera l'ordre nécessaire dans le plus court délai. Si cependant le juge de paix a apposé les scellés, il est impossible de remédier par une nouvelle disposition au cas qu'on suppose. »

(1) M. *Renouard* a dit que cette disposition ne faisait que consacrer en termes explicites un usage que l'humanité a introduit.

(2) On a également reconnu que les objets *onéreux à conserver*, pourront être affranchis ou extraits des scellés. L'article suivant, en parlant de la vente de ces objets, démontre qu'il est permis aux syndics de demander que les scellés ne soient pas apposés, ou que les objets dont il s'agit soient extraits des scellés.

(3) Ici se présente une question dont la solution se trouve dans le rapport de M. *Tripier*, à la séance de la Chambre des Pairs du 10 mai 1836.

« L'art. 469, dit-il, suppose que les syndics provisoires auront la faculté de continuer l'exploitation d'un fonds de commerce, lorsqu'ils penseront qu'elle ne pourrait être interrompue sans préjudice pour les créanciers. Ce que l'article admet pour un fonds de commerce doit s'étendre à toutes les usines qui sont susceptibles d'exploitation. Mais si le failli prévoit que cette exploitation pourra être désastreuse, qu'au lieu de bénéfices, elle devra produire des pertes, ne doit-il pas avoir le droit de s'opposer à cette continuation d'exploitation? Votre commission pense qu'il ne peut être privé de ce droit; elle a été fortifiée dans son opinion par l'art. 529 du projet, qui, en conférant aux syndics définitifs la même faculté d'exploiter avec l'autorisation des créanciers, a reservé au failli le droit de former opposition à la délibération. »

Voyez art. 463 du Code de commerce

(4) Les mots « et les objets dispendieux à conserver » ne se trouvaient point dans le premier projet.

« Cela peut s'appliquer, a dit l'auteur de l'amendement, à des animaux, à des chevaux de luxe ou à des chevaux servant à l'exploitation d'une usine qui se trouve arrêtée par la faillite, et dont la conservation devient onéreuse à la faillite. On pourrait même supprimer les mots : ou à dépréciation imminente. »

La commission consentit à l'amendement, qui fut adopté sans opposition.

Le failli peut-il intervenir dans cette vente?

La raison de douter est que la Chambre n'a pas admis un amendement proposé par M. *Réalier-Dumas*, portant : *Le failli dûment appelé*, ou *après les explications du failli*.

Pour l'affirmative, on pourrait argumenter de la discussion. En voici l'analyse :

M. *le président* : « On lui a réservé le droit d'intervention. »

M. *Réalier-Dumas* : « On lui a bien réservé le droit d'intervenir dans une instance; mais il n'a pas été dit qu'il pourrait intervenir dans tous les cas où il s'agirait de vendre les objets de ses magasins. Eh bien! je dis qu'on doit consulter le failli sur ses véritables intérêts, et qu'il doit être toujours appelé. »

M. *Moreau* : « Je m'oppose à l'amendement, parce qu'il me semble que l'intervention ou l'appel du failli rendrait extrêmement difficile l'administration des syndics. »

M. *Bignon* (de la Loire-Inférieure) : « La commission n'a pas dû admettre l'intervention du failli dans la vente des objets sujets à dépérissement. D'ailleurs, dans une autre circonstance, on a dit que son intervention pourrait être admise dans certains cas. »

V. Code de commerce, art. 464.

(5) Dans quel délai la remise des livres doit-elle être faite par le juge de paix?

L'article n'en fixe aucun; il n'en faut pas conclure que le juge de paix puisse y mettre de la né-

ce, ou susceptibles d'acceptation, ou pour lesquels il faudra faire des actes conservatoires, seront aussi extraits des scellés par le juge de paix, décrits et remis aux syndics pour en faire le recouvrement. Le bordereau en sera remis au juge-commissaire.

Les autres créances seront recouvrées par les syndics, sur leurs quittances. Les lettres adressées au failli seront remises aux syndics, qui les ouvriront; il pourra, s'il est présent, assister à l'ouverture (1).

472. Le juge-commissaire, d'après l'état apparent des affaires du failli, pourra proposer sa mise en liberté avec sauf-conduit provisoire de sa personne. Si le tribunal accorde le sauf-conduit, il pourra obliger le failli à fournir caution de se représenter, sous peine de paiement d'une somme que le tribunal arbitrera, et qui sera dévolue à la masse (2).

473. A défaut, par le juge-commissaire, de proposer un sauf-conduit pour le failli, ce dernier pourra présenter sa demande au tribunal de commerce, qui statuera, en audience publique, après avoir entendu le juge-commissaire (3).

474. Le failli pourra obtenir pour lui et sa famille, sur l'actif de sa faillite, des secours alimentaires, qui seront fixés, sur la proposition des syndics, par le juge-commissaire, sauf appel au tribunal en cas de contestation (4).

475. Les syndics appelleront le failli auprès d'eux pour clore et arrêter les livres en sa présence.

S'il ne se rend pas à l'invitation, il sera sommé de comparaître dans les quarante-huit heures au plus tard.

Soit qu'il ait ou non obtenu un sauf-conduit, il pourra comparaître par fondé de pouvoirs, s'il justifie de causes d'empêchement reconnues valables par le juge-commissaire (5).

476. Dans le cas où le bilan n'aurait pas

---

gligence, car il résulte de la discussion que cette remise doit avoir lieu sans retard.

Un membre proposait de fixer le délai à quinze jours ou trois semaines, à partir de la levée des scellés.

On a trouvé ce délai trop long. M. *le garde des sceaux* a fait remarquer que, s'il y avait lenteur de la part du juge de paix, il y aurait instance de la part des syndics; que, d'ailleurs, les juges de paix sont placés sous le contrôle du ministère public.

« On peut dire, a ajouté M. *le rapporteur*, que le juge de paix sera tenu de remettre les livres immédiatement après l'apposition des scellés. »

L'amendement « dans le plus bref délai » a été proposé.

On a répondu qu'il est naturel que le juge de paix inventorie les livres, et les remette aussitôt aux syndics; qu'il n'est pas besoin de délai, car il est possible qu'il les inventorie au moment même des scellés.

« Lorsque le juge de paix, a dit M. *Debelleyme*, lève les scellés, à l'instant même son opération se trouve consommée; il ne peut rien distraire des scellés. Et, quant aux registres, après les avoir paraphés, à l'instant même, il les remet aux syndics, qui en donnent décharge sur le procès-verbal. Jamais il ne retire des scellés, soit des pièces, soit des objets quelconques, pour les garder. »

M. *Durand* a dit que, dans la pratique, dont il faut toujours s'occuper, ce n'est jamais au moment de la levée des scellés que le juge de paix inventorie les livres, et les paraphe; qu'il les fait transporter chez lui, où il fait son opération.

M. *le rapporteur* a repondu : « Ce n'est pas ainsi qu'on doit opérer.

M. *Debelleyme* a ajouté : « Le juge de paix doit faire son opération contradictoirement avec les parties; il aurait grand tort, s'il enlevait les pièces et les faisait transporter chez lui. »

L'amendement, après deux épreuves, n'a pas été adopté.

L'opération exprimée par le mot *arrêtés* ne doit pas être confondue avec celle exprimée par le même mot dans l'art. 475. Il ne s'agit ici que de la constatation matérielle des livres. Dans l'art. 475, au contraire, il s'agit du dépouillement de ces livres et des opérations relatives à l'état des créances.

(1) Le projet exigeait le visa du juge-commissaire sur les quittances des syndics, comme l'art. 463 du Code de commerce; mais M. *Barbet* a fait remarquer que l'exécution de cette disposition présentait de grandes difficultés, et que les juges commissaires donneraient des *visa* en blanc, ce qui avait un grand inconvénient; qu'il valait mieux par conséquent ne pas exiger la formalité.

M. *Lavielle* a demandé qu'on dît que les lettres étrangères au commerce du failli lui seraient immédiatement rendues. M. *le garde des sceaux* et M. *Bignon* ont dit que cela était inutile. M. *Lavielle* a insisté : « Je demande, a-t-il dit, qu'il soit reconnu que le failli a droit de réclamer les lettres étrangères à son commerce. » M. *le rapporteur* a répondu : « C'est entendu. »

V. Code de commerce, art. 463.

(2 et 3). V. Code de commerce, art. 466 et 467. Le dépôt du failli dans la maison d'arrêt ne cesse pas d'avoir effet, ni parce que le failli a été condamné à l'emprisonnement comme banqueroutier et que la peine est expirée, ni parce qu'il y a eu contrat d'union. Le failli doit rester en état de dépôt, nonobstant l'expiration de sa peine; son droit se borne à demander un sauf-conduit. Arrêt de la Cour de cassation du 9 novembre 1824. Cass., Sirey, 25. 1. 251; Dalloz, Recueil alphabétique, t. 8, p. 92. Arrêt de la Cour de Paris, du 28 juin 1828; Sirey, 28. 2. 330; Dalloz, 29. 2. 15. V. l'art. 541.

V. au surplus une circulaire du garde des sceaux, en date du 30 avril 1827, sur l'exécution des dispositions qui ordonnent le dépôt du failli dans le maison d'arrêt. Cette circulaire est rapportée dans Sirey, t. 28. 2. 318.

(4) Il vaut mieux, a dit M. *Renouard* dans son rapport, accorder régulièrement au failli de faibles secours, que de le contraindre, sous peine de mourir de faim, à se faire lui-même sa part et à se créer des ressources illégitimes.

(5) Code de commerce, art. 468 et 469.

été déposé par le failli, les syndics le dresseront immédiatement à l'aide des livres et papiers du failli, et des renseignemens qu'ils se procureront, et ils le déposeront au greffe du tribunal de commerce (1).

477. Le juge-commissaire est autorisé à entendre le failli, ses commis et employés, et toute autre personne, tant sur ce qui concerne la formation du bilan que sur les causes et les circonstances de la faillite (2).

478. Lorsqu'un commerçant aura été déclaré en faillite après son décès, ou lorsque le failli viendra à décéder après la déclaration de la faillite, sa veuve, ses enfans, ses héritiers, pourront se présenter ou se faire représenter pour le suppléer dans la formation du bilan, ainsi que dans toutes les autres opérations de la faillite (3).

Section II. — De la levée des scellés, et de l'inventaire.

479. Dans les trois jours, les syndics requerront la levée des scellés, et procéderont à l'inventaire des biens du failli, lequel sera présent ou dûment appelé (4).

480. L'inventaire sera dressé en double minute par les syndics, à mesure que les scellés seront levés, et en présence du juge de paix, qui le signera à chaque vacation. L'une de ces minutes sera déposée au greffe du tribunal de commerce, dans les vingt-quatre heures; l'autre restera entre les mains des syndics.

Les syndics seront libres de se faire aider, pour sa rédaction comme pour l'estimation

---

(1) Code de commerce, art. 472 et 473.

(2) Cette expression *et toute autre personne*, comprend la femme et les enfans du failli. En ce point il y a innovation au Code de commerce.

En 1835, le *rapporteur* s'exprimait ainsi sur la disposition : « Le Code défendait au juge-commissaire d'interroger la femme ou les enfans du failli (art. 474; v. cependant l'art. 473). Introduite pour rendre hommage à la règle de la morale publique, qui ferme l'oreille au témoignage que l'on arracherait à des personnes liées entre elles par tant de devoirs, cette disposition manquait son effet dans bien des cas. Ne peut-il pas arriver que les réponses de la femme et des enfans, loin de nuire au failli, puissent servir à sa justification et à l'éclaircissement de ses affaires? Si, d'ailleurs, quelque charge peut en résulter, rien n'empêche que la femme et les enfans s'abstiennent de répondre. »

Cette interprétation fut attaquée lors de la discussion. On demanda qu'il fût formellement reconnu que les enfans et la femme du failli ne pourraient être interrogés, sauf au juge-commissaire à recevoir leurs déclarations volontaires.

Un amendement dans ce sens fut adopté. « J'en ai trouvé la source, disait son auteur, dans le Code d'instruction criminelle lui-même et dans la morale publique. Il n'est pas convenable qu'une femme vienne déposer contre son mari et des enfans contre leur père. S'ils refusent de répondre, déjà une prévention défavorable s'élèvera contre le failli.

« Je demande donc le retour aux anciens principes, au Code de commerce qui prohibe l'interrogatoire de la femme et des enfans du failli, sauf toutefois au juge-commissaire à recevoir leurs déclarations volontaires, si les femmes et les enfans demandent à donner des renseignemens. »

La commission répondait que souvent la femme et les enfans d'un failli pourraient fournir des renseignemens utiles au failli, venant à sa décharge; qu'il y aurait donc trop de rigueur dans certains cas à prohiber d'entendre la femme et les enfans du failli; que, d'un autre côté, comme il n'y avait aucune clause pénale, il était inutile d'adopter l'amendement.

« Nous sommes, ajoutait M. *le rapporteur*, tout-à-fait d'accord avec l'honorable préopinant sur le principe général; c'est précisément sur ce principe que nous nous sommes fondés, pour ne rien écrire dans la loi; mais, ainsi qu'on l'a dit tout à l'heure, il faut reconnaître qu'il ne s'agit pas ici d'une instruction criminelle; aucun des moyens de coercition qui sont à la disposition du juge d'instruction, n'existe pour les juges-commissaires. C'est dans l'intention de pouvoir en cas favorable les entendre dans l'intérêt du failli, que le retranchement a été opéré. Si l'amendement était rédigé de manière à pouvoir les entendre lorsqu'ils le demanderont, il n'y aurait pas d'inconvénient à l'adopter.

Ces raisons, qui ne purent triompher devant la Chambre des Députés, prévalurent devant la Chambre des Pairs.

La Chambre des Députés a pensé, en 1838, comme la Chambre des Pairs; et l'amendement n'a pas été reproduit; au demeurant, la disposition interprétée comme elle vient de l'être ne fait que reproduire le sens des art. 473 et 474 Cod. comm.

Il importe d'ailleurs de rappeler ce qu'a dit M. *Renouard* sur la nature et l'étendue des pouvoirs confiés au juge-commissaire. Voici comment il s'est exprimé : « En donnant au juge-commissaire le droit de procéder à une enquête, le projet, pas plus que le Code, n'a pu faire de ce magistrat un juge d'instruction, ni créer des moyens de contrainte contre les témoins qui refuseraient de comparaître. Si des indices de fraude paraissent résulter de ce refus, le juge-commissaire les fera connaître au ministre public, et ce sera dans une instruction criminelle ou correctionnelle, que des mandats pourront être décernés et des peines prononcées contre les témoins refusans. »

(3) Voyez art. 475 Cod. comm.

(4) Il y avait dans le projet : « dans le plus bref délai. » La commission a proposé la rédaction actuelle.

« Pourquoi le délai de trois jours? » a dit M. *Debelleyme*.

On a répondu que c'était afin d'opérer avec la plus grande célérité.

« Et si l'opération peut se faire dès le lendemain? » a repris M. *Debelleyme*.

« Le délai de trois jours, a répliqué M. le *garde des-sceaux*, n'empêche pas que dès le lendemain on fasse les opérations. Elles se feront dans le délai de trois jours au plus tard. »

Voy Cod. comm., art. 486.

des objets, par qui ils jugeront convenable.

Il sera fait récolement des objets qui, conformément à l'art. 469, n'auraient pas été mis sous les scellés, et auraient déjà été inventoriés et prisés (1).

481. En cas de déclaration de faillite après décès, lorsqu'il n'aura point été fait d'inventaire antérieurement à cette déclaration, ou en cas de décès du failli avant l'ouverture de l'inventaire, il y sera procédé immédiatement, dans les formes du précédent article, et en présence des héritiers, ou eux dûment appelés (2).

482. En toute faillite, les syndics, dans la quinzaine de leur entrée ou de leur maintien en fonctions, seront tenus de remettre au juge-commissaire un mémoire ou compte sommaire de l'état apparent de de la faillite, de ses principales causes et circonstances, et des caractères qu'elle paraît avoir.

Le juge-commissaire transmettra immédiatement les mémoires, avec ses observa-

---

(1) M. *Renouard* expliquait le but de cette disposition en ces termes :

« On s'est plaint souvent des frais occasionés par les inventaires. Deux motifs principaux les multiplient : l'un est le trop grand nombre de vacations, l'autre est l'étendue des expéditions que le greffier du juge de paix est chargé d'en délivrer. Quant au nombre de vacations, il est impossible de le régler par la loi ; on ne peut que s'en rapporter à la conscience des juges de paix, à la surveillance des magistrats et même des parties intéressées. Quant aux expéditions, le projet a pris soin de les rendre inutiles et exigé que l'inventaire fût dressé en double minute.

Voyez Cod. comm., art. 486.

(2) On a demandé à la commission si elle entendait que les inventaires qui auraient pu être faits antérieurement à la faillite seraient validés sauf récolement.

M. *le rapporteur* a répondu que le but de cette disposition a été de préférer, dans le cas où un inventaire n'aurait pas encore été fait à la réquisition des héritiers, les formes de l'inventaire établies par la loi sur les faillites; que cette forme est dans l'intérêt des créanciers comme étant moins dispendieuse, comme étant plus brève ; elle doit donc être préférée, car l'intérêt des héritiers ne vient qu'après celui des créanciers de la faillite. Mais qu'une distinction a été faite, c'est dans le cas où il y aurait eu déjà un inventaire après le décès. Que si cet inventaire a été fait légalement, il sera pris pour base de l'inventaire de la faillite, sauf récolement; qu'on parviendra ainsi à éviter les frais, et à rendre les opérations beaucoup plus rapides.

« M. *Barillon :* « Je demanderai comment cette disposition se coordonnera avec la loi civile dans le cas où il y aura des mineurs ; il faut dans ce cas que l'inventaire soit fait d'après les dispositions de la loi civile. »

M. *le rapporteur* : « La question soulevée a été déjà discutée dans la Chambre des Députés. Alors, comme aujourd'hui, on a opposé cet intérêt des mineurs, des héritiers au nom desquels on demandait un inventaire notarié dans les formes établies par la loi civile. Il a été répondu que l'intérêt des créanciers de la faillite devait passer avant tous les autres intérêts, parce qu'il n'y a d'héritier mineur ou majeur, qu'après que les dettes sont payées, et qu'il faut satisfaire de la manière la plus avantageuse et la plus rapide à l'intérêt des créanciers qui prévaut à tous les autres. Quant à l'intérêt des héritiers, s'il reste quelque chose pour le réglement de leurs droits entre eux, ils pourront faire ce qu'ils voudront ; il sera satisfait, s'ils le veulent, aux dispositions de la loi civile. Mais d'abord il s'agit de l'inventaire de la faillite, et c'est dans les formes indiquées par la législation sur les faillites, qu'il doit être fait. »

Dans la discussion à la Chambre des Députés, en 1835, on a demandé si la déclaration de faillite après le décès d'un négociant produirait l'effet d'une demande en séparation de patrimoine, relativement aux créanciers des héritiers ; si, en d'autres termes, les biens du failli seraient exclusivement affectés à ses créanciers, ou si, à raison de la confusion entre les biens du failli et ceux de son héritier, les créanciers de celui-ci pourraient venir réclamer leur paiement sur les biens du failli.

M. *le garde des sceaux* a cherché à écarter la question, en disant qu'elle était étrangère à la disposition sur laquelle roulait la délibération ; qu'il s'agissait uniquement de savoir dans quelle forme on procéderait à l'inventaire des biens du failli ; que cela ne touchait pas à la question de savoir si le patrimoine du failli et celui de son héritier étaient séparés ou confondus. Cependant cette difficulté était assez grave pour qu'on songeât à la résoudre. Aussi M. *le garde des sceaux*, tout en opposant une espèce de fin de non recevoir, a fini par la traiter. « L'honorable M. *Dufaure*, a-t-il dit, vous a présenté deux objections : la première, c'est qu'il y a une grande différence à faire entre le cas où le failli est vivant et celui où il est décédé ; quand il est vivant, il n'y a d'autre intérêt que celui des créanciers ; quand il est décédé, il y a tout à la fois intérêt des créanciers et intérêt des héritiers. Je n'accorde pas cette distinction ; pour moi, le décès ne change rien à l'état des choses : il n'y a pas plus deux intérêts après la mort du failli qu'il n'y a deux intérêts de son vivant. Les héritiers ne sont pas autre chose que le failli ; ils n'ont pas d'autres droits. Il n'est donc pas vrai de dire qu'après le décès du failli il y a deux intérêts. En effet, si vous donnez à la faillite déclarée après le décès du négociant les mêmes effets qu'à la faillite déclarée de son vivant, la succession sera dépouillée de l'administration des biens qui composent cette succession, comme le failli était dépouillé de l'administration de ses propres biens. Voilà les syndics qui s'empareront de l'administration de tous les biens de la faillite, comme ils s'en seraient emparés du vivant du failli. »

Ces paroles décident implicitement que les biens du failli ne se confondent pas avec ceux de ses héritiers ; si ceux-ci s'obstinaient, malgré le mauvais état des affaires de leur auteur, à accepter sa succession purement et simplement, les créanciers du failli n'en conserveraient pas moins un droit exclusif sur la masse de ses biens; cela suffit pour trancher la question.

tions, au procureur du roi. S'ils ne lui ont pas été remis dans les délais prescrits, il devra en prévenir le procureur du roi, et lui indiquer les causes du retard (1).

483. Les officiers du ministère public pourront se transporter au domicile du failli et assister à l'inventaire.

Ils auront, à toute époque, le droit de requérir communication de tous les actes, livres ou papiers relatifs à la faillite (2).

SECTION III. — De la vente des marchandises et meubles, et des recouvremens.

484. L'inventaire terminé, les marchandises, l'argent, les titres actifs, les livres et papiers, meubles et effets du débiteur, seront remis aux syndics, qui s'en chargeront au bas dudit inventaire (3).

485. Les syndics continueront de procéder, sous la surveillance du juge-commissaire, au recouvrement des dettes actives (4).

486. Le juge-commissaire pourra, le failli entendu ou dûment appelé, autoriser les syndics à procéder à la vente des effets mobiliers ou marchandises.

Il décidera si la vente se fera soit à l'amiable, soit aux enchères publiques, par l'entremise de courtiers ou de tous autres officiers publics préposés à cet effet.

Les syndics choisiront dans la classe d'officiers publics déterminée par le juge-commissaire celui dont ils voudront employer le ministère (5).

487. Les syndics pourront, avec l'autorisation du juge-commissaire, et le failli dûment appelé, transiger sur toutes contestations qui intéressent la masse, même sur celles qui sont relatives à des droits et actions immobiliers.

Si l'objet de la transaction est d'une valeur indéterminée ou qui excède trois cents francs, la transaction ne sera obligatoire qu'après avoir été homologuée, savoir : par le tribunal de commerce pour les transactions relatives à des droits mobiliers, et par le tribunal civil pour les transactions relatives à des droits immobiliers.

Le failli sera appelé à l'homologation ; il aura, dans tous les cas, la faculté de s'y opposer. Son opposition suffira pour empêcher la transaction, si elle a pour objet des biens immobiliers (6).

488. Si le failli a été affranchi du dépôt, ou s'il a obtenu un sauf-conduit, les syndics pourront l'employer pour faciliter et éclairer leur gestion ; le juge-commissaire fixera les conditions de son travail (7).

489. Les deniers provenant des ventes et des recouvremens seront, sous la déduction des sommes arbitrées par le juge-commissaire, pour le montant des dépenses et frais, versés immédiatement à la caisse des dépôts et consignations. Dans les trois jours des recettes, il sera justifié au juge-commissaire desdits versemens ; en cas de retard, les syndics devront les intérêts des sommes qu'ils n'auront point versées (8).

---

(1) Le juge-commissaire peut, s'il y a lieu, provoquer la révocation du syndic.

Un amendement dans ce sens a été rejeté, par le motif qu'à toute époque le juge-commissaire peut provoquer la révocation du syndic ; qu'il est juge des cas de lenteur, de négligence qui, de la part des syndics, peuvent provoquer leur révocation ; que, d'ailleurs, la disposition de l'amendement se trouve insérée dans l'art. 467 d'une manière plus générale.

(2) Voy. art. 488, 489 et 490 Code comm.

(3) Voy. Code comm., art. 491.

(4) Voy. Code comm., art. 492.

(5) « Le mode de vente des objets mobiliers appartenant à la faillite a donné lieu, a dit M. *Renouard*, à de fréquentes contestations entre les courtiers de commerce, les commissaires-priseurs et autres officiers publics chargés de ces ventes. Le projet du gouvernement, voulant faire disparaître les soupçons de partialité et trancher la plupart des contestations, avait imaginé de faire déterminer par le juge-commissaire la classe d'officiers publics dont le ministère serait employé, et de faire choisir dans cette classe, par les syndics, la personne que ceux-ci voudraient désigner. Votre commission a pensé que cette disposition ne lèverait pas les difficultés entre les diverses compagnies d'officiers ministériels auxquelles on ne refusait pas le droit de se pourvoir devant le tribunal contre la décision du juge-commissaire. Elle a préféré s'en rapporter au droit commun. La discussion récente sur la loi relative aux objets adhérens au sol peut facilement faire pressentir quelles nombreuses difficultés seraient soulevées de toutes parts dans le cas où l'on entreprendrait incidemment à un article du Code de commerce d'entrer dans l'appréciation et le réglement de prétentions si diverses et de droits si contestés. » On voit que le projet a été maintenu. — Voy. Code comm., art. 492.

(6) On proposait d'accorder à tout débiteur la faculté de faire des remises ; mais, sur l'observation de la commission que les mots *transiger sur toutes contestations* suffisaient, l'amendement fut retiré.

(7) Voy. art. 493 Code comm.

(8) On a objecté que ce n'était pas une pénalité que de dire que les syndics devraient les intérets des fonds qu'ils garderaient. On a demandé qu'on ajoutât « que si les syndics n'opèrent pas le versement, ils seront passibles de tous dommages-intérêts. »

M. *le rapporteur* a répondu : « Il y aura, outre la sanction que la commission a ajoutée au projet du gouvernement, et qui consiste au paiement des intérêts, il y aura toujours le droit commun et la menace perpétuelle de révocation des syndics, qui est dans les mains du juge-commissaire et dans les pouvoirs illimités du tribunal. S'il y a un retard qu'on puisse imputer à une négligence coupable,

Les deniers versés par les syndics, et tous autres consignés par des tiers, pour compte de la faillite, ne pourront être retirés qu'en vertu d'une ordonnance du juge-commissaire. S'il existe des oppositions, les syndics devront préalablement en obtenir la main levée.

Le juge commissaire pourra ordonner que le versement sera fait par la caisse directement entre les mains des créanciers de la faillite, sur un état de répartition dressé par les syndics et ordonnancé par lui.

SECTION IV. — Des actes conservatoires.

490. A compter de leur entrée en fonctions, les syndics seront tenus de faire tous actes pour la conservation des droits du failli contre ses débiteurs.

Ils seront aussi tenus de requérir l'inscription aux hypothèques sur les immeubles des débiteurs du failli, si elle n'a pas été requise par lui; l'inscription sera prise au nom de la masse par les syndics, qui joindront à leurs bordereaux un certificat constatant leur nomination.

Ils seront tenus aussi de prendre inscription, au nom de la masse des créanciers, sur les immeubles du failli dont ils connaîtront l'existence. L'inscription sera reçue sur un simple bordereau énonçant qu'il y a faillite, et relatant la date du jugement par lequel ils auront été nommés (1).

SECTION V. — De la vérification des créances.

491. A partir du jugement déclaratif de la faillite, les créanciers pourront remettre au greffier leurs titres, avec un bordereau indicatif des sommes par eux réclamées. Le greffier devra en tenir état et en donner récépissé.

Il ne sera responsable des titres que pendant cinq années, à partir du jour de l'ouverture du procès-verbal de vérification (2).

492. Les créanciers qui, à l'époque du maintien ou du remplacement des syndics, en exécution du troisième paragraphe de l'art. 462, n'auront pas remis leurs titres, seront immédiatement avertis, par des insertions dans les journaux et par lettres du greffier, qu'ils doivent se présenter en personne ou par fondés de pouvoirs, dans le délai de vingt jours, à partir desdites insertions, aux syndics de la faillite, et leur remettre leurs titres accompagnés d'un bordereau indicatif des sommes par eux réclamées, si mieux ils n'aiment en faire le dépôt au greffe du tribunal de commerce; il leur en sera donné récépissé.

A l'égard des créanciers domiciliés en France, hors du lieu où siége le tribunal saisi de l'instruction de la faillite, ce délai sera augmenté d'un jour par cinq myriamètres de distance entre le lieu où siége le tribunal et le domicile du créancier.

---

dans ce cas la peine leur est appliquée, et nous avons voulu ajouter une disposition qui manquait dans le projet de loi et que nous avons considérée comme rigoureuse dans l'intérêt de la célérité; elle force les syndics à faire leur versement dans les trois jours à la caisse des consignations. Eh bien! la peine ordinaire sera le paiement des intérêts; et, comme l'a fait observer M. le président, les intérêts du retard seront les dommages-intérêts. »

M. *Lebeuf* : « L'argent ne vient dans la caisse des syndics que comme un dépôt dont ils ne peuvent se servir. »

M. *le rapporteur* : « Il y aurait dans ce cas prévarication. »

M. *Salverte* : « Permettez-moi de lire l'art. 1153 du Code civil, qui répond mieux que nous à M. Lebeuf. » V. cet article.

« Ainsi, prévoyant les dommages-intérêts à prononcer en cas de retard de versement de la part des syndics, il était impossible aux membres de la commission de faire autre chose que ce qui a été prévu par l'art. 1153. »

M. *le rapporteur* : « On a prévu le cas de prévarication des syndics, et si c'est à ce cas que M. Lebeuf a fait allusion, il trouvera une satisfaction complète dans les dispositions nouvelles qui ont été adoptées et qui ont pour objet de punir les prévarications des syndics, ce qui n'avait pas été prévu par la législation antérieure; mais s'il s'agit d'un simple retard, ils ne seront jamais punis que de peines civiles; on leur applique dans l'article les peines établies par le Code civil, les intérêts du retard. On ne pouvait faire autre chose. S'il s'agit de prévarication, on applique les peines criminelles. »

M. *Lebeuf* : « Il résulte au moins du débat que si les syndics ne versent pas, ils seront dans le cas de prévarication, et se tiendront pour bien avertis. »

L'art. 489 a pour but d'établir une règle générale qui s'applique dans toutes les phases de la faillite, relativement aux versemens à la caisse des consignations.

L'art. 496 du Code de commerce prescrivait le dépôt dans une caisse à double serrure; mais M. *Renouard* a fait remarquer avec raison que cette caisse n'existait nulle part et qu'il serait préférable d'exiger le versement à la caisse des dépôts et consignations. Les sommes ainsi déposées, a-t-il ajouté, conformément aux statuts de la caisse produiront intérêt à 3 pour 100 après soixante jours.

Voy. Code de commerce, art. 496, 497, 498.

(1) Voy. Code de commerce, art. 499 et 500.

(2) Il faut remarquer que dans cet article c'est au greffier que sont remis les titres; tandis que dans l'article suivant, c'est aux syndics; mais M. le *rapporteur* à la Chambre des Députés a expliqué que la remise au greffe n'était indiquée que pour la rendre plus facile et même possible lorsque les syndics ne sont pas encore nommés. Au surplus il a reconnu que toujours et dans tous les cas, la remise aux syndics était licite, et il a consenti à ce

A l'égard des créanciers domiciliés hors du territoire continental de la France, ce délai sera augmenté conformément aux règles de l'art. 73 du Code de procédure civile (1).

495. La vérification des créances commencera dans les trois jours de l'expiration des délais déterminés par les premier et deuxième paragraphes de l'art. 492. Elle sera continuée sans interruption. Elle se fera aux lieu, jour et heure indiqués par le juge-commissaire. L'avertissement aux créanciers ordonné par l'article précédent contiendra mention de cette indication. Néanmoins les créanciers seront de nouveau convoqués à cet effet, tant par lettres du greffier que par insertions dans les journaux (2).

Les créances des syndics seront vérifiées par le juge-commissaire; les autres le seront contradictoirement entre le créancier ou son fondé de pouvoirs et les syndics, en présence du juge-commissaire, qui en dressera procès-verbal (3).

494. Tout créancier vérifié ou porté au bilan pourra assister à la vérification des créances, et fournir des contredits aux vérifications faites et à faire. Le failli aura le même droit (4)

495. Le procès verbal de vérification indiquera le domicile des créanciers et de leurs fondés de pouvoirs (5).

Il contiendra la description sommaire des titres, mentionnera les surcharges, ratures et interlignes, et exprimera si la créance est admise ou contestée.

496. Dans tous les cas, le juge-commissaire pourra, même d'office, ordonner la représentation des livres du créancier, ou demander, en vertu d'un compulsoire, qu'il en soit rapporté un extrait fait par les juges du lieu (6).

497. Si la créance est admise, les syndics signeront, sur chacun des titres, la déclaration suivante :

Admis au passif de la faillite de..... pour la somme de..... le.....

Le juge-commissaire visera la déclaration.

Chaque créancier, dans la huitaine au plus tard, après que sa créance aura été vérifiée, sera tenu d'affirmer, entre les mains du juge-commissaire, que ladite créance est sincère et véritable (7).

---

que le mot *pourront* indicatif de cette faculté fût introduit dans l'article.

Le greffier n'est pas tenu de rédiger un acte du dépôt. Décision ministérielle du 11 octobre 1808, Sirey, 9. 2. 12; Inst. de la régie, Sirey, 10. 2. 336.

(1) Les art. 501 et 502 du Code de commerce accordaient un délai de quarante jours et ne fixaient pas le point de départ d'une manière certaine. Le présent article offre donc une double amélioration, en ce qu'il diminue le délai, et indique avec certitude le jour duquel il courra.

Ce n'est pas tout : l'art. 511 du Code de commerce permettait au tribunal de commerce d'accorder un nouveau délai. Cette disposition n'étant pas reproduite, le tribunal ne pourrait plus étendre le temps fixé pour la vérification, cela résulte implicitement de la disposition de l'art. 503. D'ailleurs M. *Renouard* a dit expressément dans son rapport : « Un nouveau délai de grâce ne pourra plus être accordé par jugement; car lorsqu'il existe ainsi deux délais, le second ayant pour effet de rendre le premier purement comminatoire, devient le seul auquel on se mette en mesure d'obéir. »

Les vérifications et affirmations peuvent être faites sans enregistrement préalable des titres. Décision ministérielle du 28 juin 1808, Sirey, 8. 2. 228.

(2) L'art. 503 du Code de commerce accordait quinze jours pour la vérification. La loi actuelle, on le voit, veut qu'elle commence dans les trois jours et qu'elle continue sans interruption.

(3) On demandait que le juge-commissaire pût déléguer à un créancier le pouvoir de vérifier les créances des syndics; mais cette proposition a été rejetée avec raison. Il faut que la vérification des créances des syndics offre toute sorte de garanties.

On a reconnu d'ailleurs que le créancier qui ne pourrait représenter son titre même, serait admis à réclamer son droit et à faire valoir tout ce qui peut suppléer à la production de son titre, sauf les contestations des autres créanciers et la décision par le tribunal.

(4) Voy. Code de commerce, art. 504.

(5) C'est du domicile réel qu'il s'agit.

On demandait que le domicile d'élection fût exigé.

M. *Quesnault* a répondu : « Je crois qu'il serait inutile et même dangereux d'introduire en cette matière des dispositions de procédure obligatoires pour des créanciers qui n'auront peut-être pas besoin de comparaître dans la faillite, si leurs titres sont jugés valables en leur absence. Il me semble qu'il y aurait danger, dans une loi d'où nous avons rejeté les sommations, les significations, toutes les procédures ordinaires, d'y introduire une élection de domicile obligée. »

(6) Voy. Code de commerce, art. 505.

(7) La commission de la Chambre des Députés de 1835 avait supprimé la formalité de l'affirmation conservée par le projet du gouvernement. Son motif était l'impossibilité de multiplier des déplacemens onéreux, et la nécessité de se renfermer dans de brefs délais, l'obligation d'admettre les affirmations par fondés de pouvoirs, d'où la conséquence que cette garantie perdait toute efficacité, toute dignité, et n'était plus considérée que comme une simple forme; que d'ailleurs cette intervention du serment n'arrêtait point, par la crainte du parjure, les hommes de mauvaise foi déjà engagés par la production coupable de titres mensongers, et qu'elle était superflue pour les honnêtes gens.

498. Si la créance est contestée, le juge-commissaire pourra, sans qu'il soit besoin de citation, renvoyer à bref délai devant le tribunal de commerce, qui jugera sur son rapport.

Le tribunal de commerce pourra ordonner qu'il soit fait, devant le juge-commissaire, enquête sur les faits, et que les personnes qui pourront fournir des renseignemens soient, à cet effet, citées par-devant lui (1).

499. Lorsque la contestation sur l'admission d'une créance aura été portée devant le tribunal de commerce, ce tribunal, si la cause n'est point en état de recevoir jugement définitif avant l'expiration des délais fixés, à l'égard des personnes domiciliées en France, par les art. 492 et 497, ordonnera, selon les circonstances, qu'il sera sursis ou passé outre à la convocation de l'assemblée pour la formation du concordat.

Si le tribunal ordonne qu'il sera passé outre, il pourra décider par provision que le créancier contesté sera admis dans les délibérations pour une somme que le même jugement déterminera (2).

500. Lorsque la contestation sera portée devant un tribunal civil, le tribunal de commerce décidera s'il sera sursis ou passé outre; dans ce dernier cas, le tribunal civil saisi de la contestation jugera, à bref délai, sur requête des syndics, signifiée au créancier contesté, et sans autre procédure, si la créance sera admise par provision, et pour quelle somme.

Dans le cas où une créance serait l'objet d'une instruction criminelle ou correctionnelle, le tribunal de commerce pourra également prononcer le sursis; s'il ordonne de passer outre, il ne pourra accorder l'admission par provision, et le créancier contesté ne pourra prendre part aux opérations de la faillite tant que les tribunaux compétens n'auront pas statué (3).

501. Le créancier dont le privilége ou l'hypothéque seulement serait contesté sera admis dans les délibérations de la faillite comme créancier ordinaire (4).

502. A l'expiration des délais déterminés par les art. 492 et 497, à l'égard des personnes domiciliées en France, il sera passé outre à la formation du concordat et à toutes les opérations de la faillite, sous l'exception portée aux art. 567 et 568 en faveur des créanciers domiciliés hors du territoire continental de la France (5).

503. A défaut de comparution et affirmation dans les délais qui leur sont applicables, les défaillans connus ou inconnus ne seront pas compris dans les répartitions à faire : toutefois, la voie de l'opposition leur sera ouverte jusqu'à la distribution des deniers inclusivement; les frais de l'opposition demeureront toujours à leur charge.

Leur opposition ne pourra suspendre l'exécution des répartitions ordonnancées par le juge-commissaire; mais s'il est pro-

---

Ces raisons ont été repoussées. On a soutenu qu'il y a dans le serment exigé par notre législation une force dont on ne doit pas désarmer la justice; que le principe qu'on voudrait repousser est un principe utile, qu'il est moral, qu'il peut avoir sa réalité dans la pratique, que, sous aucun rapport, il n'y avait nécessité de l'effacer.

A l'objection prise de ce que souvent l'affirmation était faite par un fondé de pouvoir, on a répondu qu'un mandataire ne peut affirmer qu'en vertu d'un pouvoir spécial et que cette formalité arrêterait le parjure.

La disposition du Code de commerce a été maintenue.

Au surplus, dans la suite de la discussion, on s'est demandé ce qui arriverait si un créancier négligeait ou refusait d'affirmer sa créance; M. *le rapporteur* a répondu qu'il n'est pas créancier. La Chambre vient de décider, a-t-il dit, que l'affirmation était un complément nécessaire pour que le créancier fût légitime.... Tant que l'affirmation n'est pas prêtée, la créance n'est pas reconnue légitime.

Dans l'usage, la forme de l'affirmation est celle-ci : *Je jure et j'affirme*, etc.

Voy. Code de commerce, art. 506 et 507.

(1) Voy. Code de commerce, art. 508.

(2) Les mesures adoptées dans ces deux articles auront pour résultat de hâter singulièrement la fin des opérations de la faillite; car autrefois et sous l'empire du Code de commerce, lorsque le procès était entamé au sujet d'une créance, il fallait qu'il eût parcouru tous les degrés de juridiction, qu'il fût complétement terminé, pour que les opérations reprissent leur cours.

(3) Voy. la note précédente.

(4) Ces mots *le privilége ou l'hypothèque* embrassent les nantissemens et les gages. Cela a été reconnu en 1835, dans la discussion à la Chambre des Députés, par M. le garde des sceaux et par M. le rapporteur.

(5) On voit par cet article que le défaut de vérification des créanciers domiciliés hors du territoire continental de la France n'empêche pas de procéder à la formation du concordat et aux opérations de la faillite. M. *Renouard* a, dans son rapport, expliqué les motifs de cette disposition. « Suspendre, a-t-il dit, les opérations de la faillite jusqu'après la vérification des créances étrangères, ce serait sacrifier les créanciers français; ce serait souvent nuire aux étrangers eux-mêmes, en laissant l'actif qui est aussi leur gage, se détériorer par des lenteurs, la réserve de leur dividende les tiendra indemnes de toutes pertes; et si la force des choses met obstacle à ce qu'ils figurent dans les opérations du concordat, ils trouveront une garantie dans l'intérêt personnel des créanciers présens qui, soumis comme eux à des conditions

cédé à des répartitions nouvelles, avant qu'il ait été statué sur leur opposition, ils seront compris pour la somme qui sera provisoirement déterminée par le tribunal, et qui sera tenue en réserve jusqu'au jugement de leur opposition.

S'ils se font ultérieurement reconnaître créanciers, ils ne pourront rien réclamer sur les répartitions ordonnancées par le juge-commissaire; mais ils auront le droit de prélever, sur l'actif non encore réparti, les dividendes afférens à leurs créances dans les premières répartitions (1).

CHAPITRE VI. — *Du concordat et de l'union* (2).

SECTION Ire. — De la convocation et de l'assemblée des créanciers.

504. Dans les trois jours qui suivront les délais prescrits pour l'affirmation (3), le juge-commissaire fera convoquer par le greffier, à l'effet de délibérer sur la formation du concordat, les créanciers dont les créances auront été vérifiées et affirmées, ou admises par provision. Les insertions dans les journaux et les lettres de convocation indiqueront l'objet de l'assemblée (4).

505. Aux lieu, jour et heure qui seront fixés par le juge-commissaire, l'assemblée se formera sous sa présidence; les créanciers vérifiés et affirmés, ou admis par provision, s'y présenteront en personne ou par fondés de pouvoirs.

Le failli sera appelé à cette assemblée; il devra s'y présenter en personne, s'il a été dispensé de la mise en dépôt, ou s'il a obtenu un sauf-conduit, et il ne pourra s'y faire représenter que pour des motifs valables et approuvés par le juge-commissaire (5).

506. Les syndics feront à l'assemblée un rapport sur l'état de la faillite, sur les formalités qui auront été remplies et les opérations qui auront eu lieu; le failli sera entendu.

Le rapport des syndics sera remis, signé d'eux, au juge-commissaire, qui dressera procès-verbal de ce qui aura été dit et décidé dans l'assemblée (6)

SECTION II. — Du concordat.

§ Ier. — *De la formation du concordat.*

507. Il ne pourra être consenti de traité entre les créanciers délibérans et le débiteur failli, qu'après l'accomplissement des formalités ci-dessus prescrites (7).

Ce traité ne s'établira que par le concours d'un nombre de créanciers formant la majorité et représentant, en outre, les trois quarts de la totalité des créances vérifiées et affirmées, ou admises par provision, conformément à la section 5 du chapitre 5; le tout à peine de nullité (8).

508. Les créanciers hypothécaires inscrits ou dispensés d'inscription, et les créanciers privilégiés ou nantis d'un gage, n'auront pas voix dans les opérations relatives au concordat, pour lesdites créances, et elles n'y seront comptées que s'ils renoncent à leurs hypothèques, gages ou priviléges.

Le vote au concordat emportera de plein droit cette renonciation (9).

509. Le concordat sera, à peine de nul-

égales pour tous, auront posé et débattu ces conditions avant de les accepter pour eux-mêmes. »

(1) Voy. Code de commerce, art. 513.

(2) Dans le Code de commerce, le chapitre 8, correspondant à celui-ci, était intitulé *des Syndics définitifs et de leurs fonctions*. Evidemment, ces mots *du concordat* et *de l'union* indiquent mieux la nature et l'objet des dispositions que renferme ce chapitre.

(3) Ces mots *dans les trois jours qui suivront les délais prescrits*, etc., sont empruntés à l'art. 514 du Code de commerce, où ils étaient convenablement placés; car, dans le système du Code de commerce, il y avait un délai fixé pour la vérification (art. 503); mais maintenant on dit que la vérification doit commencer dans les trois jours, et continuer sans interruption (V. art. 493 de la présente loi); il n'y a donc pas de délai dans lequel elle doit être terminée; par conséquent, il eût été plus convenable de rédiger le présent article de cette manière: *dans les trois jours qui suivront celui où la vérification sera terminée*, etc.

(4) Aux termes de l'art. 514 du Code de commerce, c'étaient les syndics provisoires qui convoquaient les créanciers; maintenant ce sera le juge-commissaire.

(5) L'art. 517 du Code de commerce donnait au juge-commissaire la mission de vérifier les pouvoirs de ceux qui se présentaient comme fondés de procuration. M. *Renouard* a dit qu'une telle vérification était de plein droit, et qu'aucune autorisation n'avait besoin d'être exprimée pour la faire.

(6) V. art. 517 Code de commerce.

(7) A peine de nullité, mais seulement à l'égard des créanciers envers lesquels les formalités n'auraient pas été remplies. Arrêt de la Cour royale de Paris du 11 février 1815, Sirey, 16. 2. 104; Dalloz, Recueil alphabétique, t. 8, p. 156, et arrêt de la Cour de cassation du 25 février 1817, Sirey, 17. 1. 193, et Dalloz, *loc. cit.*

(8) V. Code de commerce, art. 519.

(9) L'article, dans le projet, ne contenait pas ces mots: *et elles n'y seront comptées, que s'ils renoncent à leurs hypothèques, gages ou priviléges*; ils ont été ajoutés pour exprimer que les créances hypothécaires ou privilégiées ne doivent pas être comptées pour calculer les trois quarts en somme.

Il a été bien entendu également qu'en parlant des créanciers hypothécaires, privilégiés ou nantis d'un gage, on a voulu désigner seulement ceux

lité, signé séance tenante. S'il est consenti seulement par la majorité en nombre, ou par la majorité des trois quarts en somme (1), la délibération sera remise à huitaine pour tout délai; dans ce cas, les résolutions prises et les adhésions données lors de la première assemblée demeureront sans effet (2).

510. Si le failli a été condamné comme banqueroutier frauduleux, le concordat ne pourra être formé (3).

Lorsqu'une instruction en banqueroute frauduleuse aura été commencée, les créanciers seront convoqués à l'effet de décider s'ils se réservent de délibérer sur un concordat, en cas d'acquittement, et si, en conséquence, ils surseoient à statuer jusqu'après l'issue des poursuites.

Ce sursis ne pourra être prononcé qu'à la majorité en nombre et en somme, déterminée par l'art. 507. Si, à l'expiration du sursis, il y a lieu à délibérer sur le concordat, les règles établies par le précédent article seront applicables aux nouvelles délibérations.

511. Si le failli a été condamné comme banqueroutier simple, le concordat pourra être formé. Néanmoins, en cas de poursuites commencées, les créanciers pourront surseoir à délibérer jusqu'à l'issue des poursuites, en se conformant aux dispositions de l'article précédent (4).

512. Tous les créanciers ayant eu droit de concourir au concordat, ou dont les droits auront été reconnus depuis, pourront y former opposition.

L'opposition sera motivée, et devra être signifiée aux syndics et au failli, à peine de nullité, dans les huit jours qui suivront le concordat; elle contiendra assignation à la première audience du tribunal de commerce. S'il n'a été nommé qu'un seul syndic, et s'il se rend opposant au concordat, il devra provoquer la nomination d'un nouveau syndic, vis-à-vis duquel il sera tenu de remplir les formes prescrites au présent article.

Si le jugement de l'opposition est subordonné à la solution de questions étrangères, à raison de la matière, à la compétence du tribunal de commerce, ce tribunal surseoira à prononcer jusqu'après la décision de ces questions (5).

Il fixera un bref délai dans lequel le

---

dont l'hypothèque, le privilége ou le gage ne sont pas contestés. « Créanciers hypothécaires et privilégiés, a dit M. *le garde des sceaux*, cela suppose que l'hypothèque et le privilége ne sont pas contestés; car, s'ils sont contestés, il n'est pas vrai de dire que les créanciers soient privilégiés. »

V. Code de commerce, art. 520.

(1) C'est-à-dire s'il ne réunit pas les deux espèces de majorité.

Il n'est pas nécessaire que tous les créanciers aient signé *séance tenante*; il suffit que ceux qui ont signé séance tenante forment les deux majorités exigées. Arrêt de la Cour de Nismes du 18 mai 1813, Sirey, 14. 2. 137, et 15. 2. 139; Dalloz, Rec. alph., t. 8, p. 148.

Un arrêt de la Cour de Bordeaux du 26 avril 1836 a jugé que celui qui se rend cessionnaire de plusieurs créanciers, *après la faillite*, est en droit d'exiger que, pour la composition de la majorité en nombre et de la majorité en somme, on compte chacun des titres dont il est porteur; qu'il en serait autrement si les cessions avaient été faites avant la faillite. Sirey, 36. 2. 362.

Je comprends très bien cette doctrine, relativement à la majorité des trois quarts en somme; il n'est pas même possible d'en adopter une autre; mais, pour la majorité en nombre, cela me paraît différent. C'est l'expression des volontés des différens créanciers qu'exige la loi; elle n'accorde pas, sous ce rapport, plus d'influence à celui à qui des sommes considérables sont dues, qu'à celui qui n'est créancier que de peu. En donnant à un seul créancier autant de voix qu'il a de créances ayant autrefois appartenu à divers, on fausse le résultat auquel le législateur a voulu arriver.

(2) V. Code de commerce, art. 522.

(3) La disposition du § 1er de cet article ne s'applique pas, comme on le voit, au cas de banqueroute simple.

C'est là un amendement de la commission.

« Votre commission, disait M. *Renouard* en 1835, n'a pas hésité à consacrer l'impossibilité d'un concordat, en cas de banqueroute frauduleuse; mais prohiber tout concordat, en cas de banqueroute simple, lui a semblé trop rigoureux. Un tel traité intéresse souvent les créanciers, plus encore que le débiteur, et les faits d'imprudence ou de négligence, qui entraînent la banqueroute simple, ne défendent pas, dans tous les cas, de remettre le failli à la tête de ses affaires, et de lui laisser le soin de faire servir son actif à l'acquittement de la partie de ses dettes dont les créanciers ne lui font pas la remise. On a pensé que l'action de la justice serait souvent arrêtée par l'intérêt des créanciers, si la banqueroute simple devait toujours entraîner une aussi rigoureuse conséquence. Accorder un sursis pour délibérer, jusqu'à l'issue des poursuites qui peuvent amener d'utiles éclaircissemens sur les affaires du failli, a paru une garantie suffisante. Il faut d'ailleurs remarquer qu'une disposition du Code, conservée dans le projet, permet la réhabilitation du banqueroutier simple. Il semble qu'il y aurait de l'inconséquence à déclarer toujours indigne d'un concordat le failli qu'on admet à l'honneur de la réhabilitation. » V. l'article suivant, et Code de commerce, art. 521.

(4) V. notes sur l'article précédent.

(5) M. *Parant* a pensé que les tribunaux de commerce pourraient juger des questions qui ne sont pas de leur compétence, en vertu du principe que le juge de l'action est le juge de l'exception.

M. *le rapporteur* et M. *le président* ont fait remarquer que l'article contenait une innovation qui,

créancier opposant devra saisir les juges compétens et justifier de ses diligences.

513. L'homologation du concordat sera poursuivie devant le tribunal de commerce, à la requête de la partie la plus diligente ; le tribunal ne pourra statuer avant l'expiration du délai de huitaine, fixé par l'article précédent (1).

Si, pendant ce délai, il a été formé des oppositions, le tribunal statuera sur ces oppositions et sur l'homologation par un seul et même jugement.

Si l'opposition est admise, l'annulation du concordat sera prononcée à l'égard de tous les intéressés (2).

514. Dans tous les cas, avant qu'il soit statué sur l'homologation, le juge-commissaire fera au tribunal de commerce un rapport sur les caractères de la faillite et sur l'admissibilité du concordat.

515. En cas d'inobservation des règles ci-dessus prescrites, ou lorsque des motifs tirés, soit de l'intérêt public, soit de l'intérêt des créanciers, paraîtront de nature à empêcher le concordat, le tribunal en refusera l'homologation (3).

§ II. — *Des effets du concordat.*

516. L'homologation du concordat le rendra obligatoire pour tous les créanciers portés ou non portés au bilan, vérifiés ou non vérifiés, et même pour les créanciers domiciliés hors du territoire continental de la France, ainsi que pour ceux qui, en vertu des articles 499 et 500, auraient été admis par provision à délibérer, quelle que soit la somme que le jugement définitif leur attribuerait ultérieurement (4).

517. L'homologation conservera à chacun des créanciers, sur les immeubles du failli, l'hypothèque inscrite en vertu du troisième paragraphe de l'article 490. A cet effet, les syndics feront inscrire aux hypothèques le jugement d'homologation, à moins qu'il n'en ait été décidé autrement par le concordat (5).

518. Aucune action en nullité du concordat ne sera recevable, après l'homologation, que pour cause de dol découvert depuis cette homologation, et résultant, soit de la dissimulation de l'actif, soit de l'exagération du passif (6).

étendait la juridiction du tribunal de commerce, et qu'on ne pouvait point aller au-delà.

« Voici en quoi, a dit ce dernier, consiste l'innovation. D'après le Code de commerce, art. 635, la connaissance d'un fait accidentel qui était de la compétence des tribunaux civils entraînait le jugement de l'opposition au concordat ; au lieu que, d'après le nouveau projet, toutes les oppositions au concordat seront jugées par le tribunal de commerce. Mais si, incidemment à une opposition au concordat, se joignait une question d'état, les tribunaux civils, en jugeant la question d'état, ne jugeront que la question de leur compétence, et l'on viendra devant le tribunal de commerce pour juger tout ce qui peut être relatif à l'opposition au concordat. »

« C'est tout-à-fait là, a dit M. *le Rapporteur*, l'intention qu'a exprimée la commission. »

(1) Le projet autorisait le juge-commissaire à poursuivre l'homologation ; on a pensé qu'en donnant ce droit à la partie la plus diligente, c'est-à-dire à chacun des créanciers, on satisfaisait à toutes les exigences.

(2) Ces mots : *à l'égard de tous les intéressés*, ont été placés avec intention dans l'article.

« Il ne faut pas, a dit M. *Renouard*, dans son rapport, que l'on puisse désormais juger, comme on l'a fait souvent sous le Code, qu'un concordat valable à l'égard de certains créanciers, est nul à l'égard de quelques autres. Ces distinctions sont contraires à l'essence de ce traité. Le failli, pour en exécuter loyalement les conditions, ne peut pas être contraint à payer à certains créanciers l'intégralité de leur dette, et à épuiser par là toutes les ressources sur lesquelles il a dû compter pour faire face aux engagemens par lui pris envers ceux des créanciers que la majorité a obligés à faire remise d'une partie de la dette. »

V. Code du comm., art. 524.

(3) « Les pouvoirs du tribunal de commerce, pour l'appréciation du concordat, n'étaient point assez étendus, a dit M. *Renouard*. Le projet les a augmentés, en appelant le tribunal à examiner ce traité tant dans l'intérêt de l'ordre et de la morale publique, que dans l'intérêt privé des créanciers, s'il a été compromis par des calculs chimériques ou sacrifié à des complaisances coupables, si ce n'est même à des collusions dont les exemples ne sont que trop fréquens. »

Il faut remarquer, d'ailleurs, que l'art. 526 du Code de commerce établissait une présomption de banqueroute contre le failli, par cela seul que l'homologation du concordat était refusée ; et qu'aussi, par cela seul que l'homologation était prononcée, le failli devait être déclaré excusable, et susceptible d'être réhabilité. C'était, d'un côté, trop de rigueur, de l'autre trop d'indulgence.

M. *Renouard* a expliqué que le présent article laisse au tribunal de commerce pleine liberté de ne pas admettre la présomption de banqueroute, quoiqu'il refuse l'homologation, et de ne pas déclarer le failli excusable, tout en homologuant le concordat. — V. Code de commerce, art. 526.

(4) Au lieu de se contenter de dire, avec l'art. 524 du Code de commerce, que l'homologation rend le concordat obligatoire pour tous les créanciers, le présent article a désigné tous les créanciers, en énumérant les diverses classes qui peuvent se former dans les opérations de la faillite. En conséquence, et pour employer les expressions dont s'est servi M. *Renouard* dans son rapport, l'homologation rend le concordat obligatoire pour tous les créanciers, *vérifiés* ou *non vérifiés*, *connus* ou *inconnus*, et même pour ceux dont les droits auront été mis en réserve.

(5) V. Code de commerce, art. 524.

(6) Le paragraphe premier de cet article avait été adopté en ces termes, dans la session de 1835 :

519. Aussitôt après que le jugement d'homologation sera passé en force de chose jugée, les fonctions des syndics cesseront.

Les syndics rendront au failli leur compte définitif, en présence du juge-commissaire; ce compte sera débattu et arrêté. Ils remettront au failli l'universalité de ses biens, livres, papiers et effets. Le failli en donnera décharge.

Il sera dressé du tout procès-verbal par

« Aucune action en nullité du concordat, pour « quelque cause que ce soit, ne sera recevable « après l'homologation. »

On s'était fondé pour porter une prohibition aussi absolue, sur ce qu'il ne fallait pas que, sous prétexte d'une action en nullité, le nouvel état qui résulte pour le failli de l'admission du concordat pût être à chaque instant compromis; que les actions en nullité auraient dû être dirigées sous forme d'opposition contre le concordat; mais qu'une fois le concordat admis, il était essentiel qu'il fût irrévocable, afin qu'on pût traiter en sûreté avec un failli concordataire.

M. *Tripier*, dans son premier rapport à la Chambre des Pairs, se demanda si cette disposition était conforme aux règles de droit et à l'intérêt du commerce; il soutint la négative.

« En droit, dit-il, l'erreur est une cause de nullité d'un contrat, lorsqu'elle porte sur la substance de la chose qui en est l'objet; le dol le vicie lorsqu'il est évident que sans les manœuvres pratiquées par l'une des parties, l'autre n'aurait pas contracté. Si, postérieurement à un jugement d'homologation du concordat, les créanciers acquièrent la preuve que le débiteur a dissimulé une partie importante de son actif, ou que de faux créanciers se sont présentés, d'accord avec le débiteur, qu'ils ont composé la majorité en nombre, ou les trois quarts en somme; qu'ainsi, les conventions ont été le résultat de l'erreur et du dol, seront-ils condamnés à la nécessité de le poursuivre en banqueroute frauduleuse, par la voie criminelle, ou de subir la perte que leur imposera le concordat? Les règles du droit et de l'équité, ainsi que l'intérêt du commerce, ne seraient-ils pas également violés? Votre commission a cru devoir refuser son assentiment à cette disposition, et conserver l'action en nullité pour dol découvert depuis le jugement d'homologation. »

Dans la rédaction proposée par la commission de la Chambre des Pairs, il n'était pas exprimé que le dol, donnant ouverture à l'annulation du concordat, devait consister dans la dissimulation de l'actif, ou dans l'exagération du passif; en conséquence, M. *Quesnault*, commissaire du roi, soutenait que les créanciers, s'emparant du sens un peu vague du mot *dol*, pourraient trop facilement et sur des prétextes légers attaquer un concordat déjà fait depuis long-temps et remettre en question la position du failli et les droits des tiers. Mais il reconnaissait que si l'on considérait seulement comme dol, autorisant l'annulation, l'exagération du passif ou la dissimulation de l'actif; comme ces faits constituaient la banqueroute frauduleuse, il n'y aurait pas d'inconvénient à admettre la disposition; elle a été, en effet, adoptée en ces termes par la Chambre des Pairs. D'où il suit que véritablement le concordat ne peut plus être annulé que dans le cas de banqueroute frauduleuse, car exagérer le passif ou diminuer l'actif, c'est se rendre coupable de ce crime, Voy. art. 591. Mais les créanciers auront une double voie à prendre pour attaquer le concordat, ils pourront accuser le failli de banqueroute frauduleuse, ou se borner à demander, devant le tribunal de commerce et par voie civile, l'annulation du concordat.

« Cette disposition, a dit M. *Quénault* dans son rapport en 1838, ne fait que reconnaître aux créanciers le droit qui leur appartient, de préférer à la voie de la plainte en banqueroute frauduleuse, l'exercice séparé de l'action civile. Hors ce cas d'exception aucune action en nullité du concordat n'est recevable après son homologation. Ouvrir la lice à de pareilles attaques, ce serait autoriser la minorité dissidente à renouveler le débat que le vote de la majorité et l'homologation du tribunal ont terminé. »

A partir de la même époque, disait un deuxième paragrahe, aucune action en banqueroute simple ne pourra être intentée.

Il avait été dicté par la crainte qu'une poursuite en banqueroute simple ne fût un moyen indirect de faire tomber le concordat, et ne devînt une arme dangereuse entre les mains d'un créancier qui pourrait, en menaçant de s'en servir, arracher au failli des avantages particuliers.

On a dit, pour le faire effacer de la loi, que c'était faire dépendre le délai de la prescription des délits que pourrait commettre le failli, de la volonté des créanciers et non de la loi; qu'en cela on dérogeait au droit commun; que cependant ces délits, pour lesquels on accordait un droit de grâce aux créanciers, ne sont pas de peu d'importance, puisqu'ils touchent à l'ordre public.

Ces considérations ont amené la suppression du paragraphe, du consentement même du gouvernement.

M. *le garde des sceaux*, développant les motifs de son opinion, s'est exprimé ainsi: « Vous venez de voter un article où il est dit que les créanciers éloignés pourront être liés néanmoins par le concordat quant aux intérêts civils; mais comme ils peuvent avoir entre les mains les moyens de prouver le délit de banqueroute simple, pourquoi les priverait-on de cette action? Il y a plus, je considère l'intérêt privé en cette circonstance, et j'admets que le créancier éloigné puisse être écarté; mais si le ministère public n'a pas été éveillé par un avertissement, car les syndics, le juge-commissaire et le tribunal de commerce peuvent manquer aux obligations de la loi, le ministère public, ne connaissant pas l'existence du délit, ne pourra poursuivre.... Je ne m'arrête pas à l'inconvénient qui a été signalé, savoir: qu'aucun créancier ne pourra porter plainte sans nuire aux intérêts de la masse. Soyez rassurés, messieurs; quand le concordat aura été fait, la condamnation elle-même n'empêcherait pas son effet quant aux intérêts privés. Soyez convaincus qu'il y aura toujours de la part du ministère public et des tribunaux l'appréciation la plus convenable de cet intérêt des créanciers, sans toutefois que les intérêts de la morale publqiue et de la loi soient sacrifiés. »

Plusieurs membres ont demandé le maintien du paragraphe en en bornant l'effet à ceux des créanciers qui ont concouru ou pu concourir au concordat. On a même proposé un amendement dans ce sens; néanmoins la Chambre a rejeté le paragraphe en entier.

le juge-commissaire, dont les fonctions cesseront.

En cas de contestation, le tribunal de commerce prononcera (1).

III. — *De l'annulation ou de la résolution du concordat.*

520. L'annulation du concordat, soit pour dol, soit par suite de condamnation pour banqueroute frauduleuse intervenue après son homologation, libère de plein droit les cautions.

En cas d'inexécution, par le failli, des conditions de son concordat, la résolution de ce traité pourra être poursuivie contre lui devant le tribunal de commerce, en présence des cautions, s'il en existe, ou elles dûment appelées (2).

---

(1) Voy. Cod. comm., art. 525.

(2) Trois questions ont été soulevées à l'occasion de cet article.

On a demandé en premier lieu si la condamnation pour banqueroute simple, intervenue après la formation du concordat, en emporterait l'annulation.

La commission de la Chambre des Députés de 1838 a répondu négativement, en se fondant sur ce principe que la qualité de banqueroutier simple ne rend point incapable d'un concordat, ne rend point le concordat impossible; d'où il résulte que la condamnation pour banqueroute simple ne peut pas avoir pour effet d'annuler de plein droit le concordat déjà voté.

« Il peut être dans l'intérêt des créanciers, a dit M. *le rapporteur*, de maintenir le concordat, quoique le failli concordataire soit condamné pour banqueroute simple, si cette condamnation est légère; et de même que vous avez fait céder à l'intérêt général des créanciers la prohibition qui existait dans le Code de commerce, et qui s'opposait à ce que le failli condamné pour banqueroute simple pût être concordataire, vous devez faire céder de même ce principe par voie de conséquence, et décider que la condamnation pour banqueroute simple, intervenue depuis, n'a pas pour effet d'annuler de plein droit le concordat. L'intérêt des créanciers est ce qui domine dans la formation du concordat, et doit dominer aussi dans la conservation du concordat.

« Si le failli concordataire est mis, par l'effet de sa condamnation comme banqueroutier, dans l'impossibilité d'exécuter le concordat, alors les créanciers auront l'action en résolution du concordat, en sorte que leurs intérêts seront toujours à couvert; dès lors il paraissait inutile, et même sous ce rapport préjudiciable, d'admettre ce nouveau principe, que la condamnation en banqueroute simple, intervenue depuis le concordat, aurait pour effet d'annuler ce traité de plein droit; c'eût été en contradiction avec les articles déjà votés, et c'eût été nuire à l'intérêt des créanciers qui peut recommander le principe de l'irrévocabilité du concordat. »

La seconde question portait sur le point de savoir si, en cas d'inexécution des engagemens pris par le failli, la résolution du traité peut être réclamée par un seul créancier, ou s'il faut, pour faire prononcer la résolution du concordat, l'intervention de la majorité des créanciers.

En 1836, la commission de la Chambre des Pairs avait formellement déclaré, par l'organe de son rapporteur, que, pour provoquer la résolution du concordat, il fallait la majorité de créanciers exigée pour le former, en vertu de ce principe, que les parties qui ont concouru à la formation d'un contrat, ont seules capacité pour le dissoudre; et elle avait fait insérer un amendement dans ce sens; mais la commission de la Chambre des Députés a au contraire déclaré en 1838 que la résolution du concordat peut être provoquée par un seul créancier, si ce créancier n'est pas payé des engagemens pris par le concordat, et a supprimé l'amendement de la Chambre des Pairs.

« Après le concordat formé, a dit *le rapporteur*, il n'existe plus de masse, plus de communauté, plus de majorité, plus de minorité, plus de droits collectifs; chacun peut poursuivre l'exercice de ses droits individuels par tous les moyens qui lui restent en vertu du concordat. La majorité serait souvent impossible à retrouver, s'il s'est écoulé par exemple plusieurs années depuis la formation du concordat. Ce serait soumettre à une condition impossible la résolution qu'il importe de prononcer. Il pourrait même arriver que la majorité fût désintéressée, et qu'elle n'eût plus aucun intérêt à faire prononcer la résolution. »

On avait également demandé si le concordat, résolu sur la demande d'un créancier, le serait à l'égard de tous. M. *le rapporteur* de la Chambre des Députés s'était prononcé pour l'affirmative; mais il paraît que ce n'était pas l'opinion de M. *Teste*. Je crois en effet, et cela résulte des paroles ci-dessus transcrites du rapporteur, qu'après le concordat, il n'y a plus que des droits individuels; que par conséquent, il faudra que chaque créancier qui aura à se plaindre de l'inexécution du concordat en demande la résolution. Comment étendre à l'un la résolution prononcée à l'égard de l'autre, si le failli soutient qu'il a rempli envers le premier ses engagemens?

Il s'agissait en troisième lieu de savoir si, en cas de poursuite et de condamnation pour banqueroute simple postérieurement au concordat les cautions seraient également libérées.

La commission s'est prononcée pour la négative par le motif qu'en admettant le maintien possible du concordat, on ne pouvait admettre le principe de la libération des cautions.

Dans quel délai l'action en résolution accordée par le deuxième paragraphe, peut-elle être intentée?

Il fut répondu à cette question en 1835, par M. *Quesnault*, alors commissaire du roi, que la demande en résolution du concordat « ne pouvait avoir d'autre terme, que les termes fixés dans le concordat lui même, et imposés au failli pour l'exécution des obligations que le concordat contient; qu'ordinairement, ces termes ne sont pas très éloignés. Qu'il est impossible d'ailleurs, d'en choisir d'autres; car il y aura toujours inexécution du concordat, tant qu'un des termes restera à payer, et que le failli concordataire retombera en faillite avant d'avoir payé ce dernier terme. Qu'il est donc impossible d'assigner un autre terme à la demande de résolution, et de la faire cesser avant que tous les termes de paiement soient échus

La résolution du concordat ne libérera pas les cautions qui y seront intervenues pour en garantir l'exécution totale ou partielle (1).

521. Lorsque, après l'homologation du concordat, le failli sera poursuivi pour banqueroute frauduleuse, et placé sous mandat de dépôt ou d'arrêt, le tribunal de commerce pourra prescrire telles mesures conservatoires qu'il appartiendra. Ces mesures cesseront de plein droit du jour de la déclaration qu'il n'y a lieu à suivre, de l'ordonnance d'acquittement ou de l'arrêt d'absolution (2).

522. Sur le vu de l'arrêt de condamnation pour banqueroute frauduleuse, ou par le jugement qui prononcera, soit l'annulation, soit la résolution du concordat, le tribunal de commerce nommera un juge-commissaire et un ou plusieurs syndics.

Ces syndics pourront faire apposer les scellés.

Ils procéderont, sans retard, avec l'assistance du juge de paix, sur l'ancien inventaire, au récolement des valeurs, actions et des papiers, et procéderont, s'il y a lieu, à un supplément d'inventaire.

Ils dresseront un bilan supplémentaire.

Ils feront immédiatement afficher et insérer dans les journaux à ce destinés, avec un extrait du jugement qui les nomme, invitation aux créanciers nouveaux, s'il en existe, de produire, dans le délai de vingt jours, leurs titres de créances à la vérification. Cette invitation sera faite aussi par lettres du greffier, conformément aux articles 492 et 493 (3).

523. Il sera procédé, sans retard, à la vérification des titres de créances produits en vertu de l'article précédent.

Il n'y aura pas lieu à nouvelle vérification des créances antérieurement admises et affirmées, sans préjudice néanmoins du rejet ou de la réduction de celles qui depuis auraient été payées en tout ou en partie (4).

524. Ces opérations mises à fin, s'il n'in-

---

avant que le failli ait complétement exécuté ses obligations. »

Cette réponse ne résout pas tout-à-fait la difficulté. On comprend que tant que les termes fixés par le concordat ne sont pas échus, il est impossible que l'action en résolution se prescrive. Ce n'est qu'après l'échéance du terme que la prescription peut commencer à courir; mais une fois le terme échu, et lorsque la prescription a commencé, par quel laps de temps sera-t-elle accomplie? La durée ordinaire de trente ans ne serait pas en harmonie avec l'esprit de la loi actuelle; cependant, c'est la règle générale. Quant aux cautions, la prorogation du terme produira l'effet indiqué par l'art. 2039 Cod. civ.

(1) Il ne fallait rien moins qu'un texte formel pour maintenir l'obligation des cautions, lorsque le concordat est résolu. « Comment voudriez-vous, disait M. *Tripier*, rapporteur à la Chambre des Pairs, que lorsqu'un débiteur est dépouillé de tous les avantages du concordat, la caution restât obligée à payer pour lui? Le premier effet de la résiliation, c'est d'annuler entièrement le concordat. De ce moment, la règle de droit, sauf les conventions particulières, c'est que le concordat est annulé, surtout à l'égard des tiers, de la caution qui n'est intervenue que pour faire jouir le débiteur du bénéfice du contrat. Quelle sera donc la position des créanciers? Ils auront à choisir, ou de rester dans les termes du contrat ou d'en provoquer l'annulation; s'ils trouvent que le débiteur ne présente pas de solvabilité suffisante et que la caution soit bonne, c'est à eux de ne pas provoquer l'annulation, et alors ils conserveront contre la caution tous les droits que leur confère le concordat. S'ils trouvent au contraire qu'il y a bénéfice pour eux à demander la résiliation, la caution ne peut plus être obligée. »

Malgré ces excellentes raisons, la commission a elle-même cédé et adopté l'opinion des commissaires du gouvernement qui soutenaient qu'en cas de résolution du concordat, les cautions devaient rester obligées, par le motif, disaient-ils, que souvent le concordat n'est accepté qu'en raison de l'engagement des cautions.

J'avoue que tout en reconnaissant qu'il est impossible de ne pas obéir à la volonté formelle de la loi, il me paraît bien étrange qu'on force la caution à payer le dividende, lorsqu'on refuse au failli tous les avantages du concordat que la caution a voulu lui procurer. Il est bien entendu toutefois que si, par les poursuites directes contre le failli, les créanciers obtiennent une partie du dividende qui leur a été promis, les cautions ne seront tenues que pour le complément de ce dividende. Il serait par trop absurde qu'on forçât les cautions à payer le dividende, et qu'ensuite on poursuivît le failli et qu'on se fît délivrer l'actif qu'il peut posséder.

Il est également hors de doute que si le concordat est, non pas *résolu*, mais *annulé*, les cautions libérées auront le droit de répéter les sommes qu'elles auraient déjà payées.

(2) M. *Chegaray* a proposé de supprimer les mots *et placé sous mandat de dépôt ou d'arrêt*, afin que si le prévenu est *en état de mandat d'amener*, ce qui peut durer long-temps lorsqu'il est en fuite, le tribunal de commerce pût prendre les mesures conservatoires nécessaires. Le Moniteur du 3 avril 1838, 2e supplément, page 806, dit que l'article a été adopté avec cette modification. Nous voyons cependant que l'article a conservé la rédaction primitive, c'est sans doute par erreur, car l'observation de M. *Chegaray* était aussi juste qu'utile.

(3 et 4) Le rapport de M. *Renouard* contient d'importantes explications sur la position des créanciers de la première faillite appelés à figurer dans la seconde.

« Lorsque, y est-il dit, un concordat est annulé ou résolu la faillite peut facilement être reprise sur ses derniers erremens, s'il n'y a pas de créanciers nouveaux; mais s'il en existe, leurs concours avec les créanciers anciens ouvre une faillite nouvelle qui ne peut échapper aux formalités prescrites par le Code, pour vérifier et constater les droits

tervient pas de nouveau concordat, les créanciers seront convoqués à l'effet de donner leur avis sur le maintien ou le remplacement des syndics.

Il ne sera procédé aux répartitions qu'après l'expiration, à l'égard des créanciers nouveaux, des délais accordés aux personnes domiciliées en France, par les articles 492 et 497 (1).

525. Les actes faits par le failli postérieurement au jugement d'homologation, et antérieurement à l'annulation ou à la résolution du concordat, ne seront annulés qu'en cas de fraude aux droits des créanciers.

526. Les créanciers antérieurs au concordat rentreront dans l'intégralité de leurs droits à l'égard du failli seulement; mais ils ne pourront figurer dans la masse que pour les proportions suivantes, savoir :

S'ils n'ont touché aucune part du dividende, pour l'intégralité de leurs créances; s'ils ont reçu une partie du dividende, pour la portion de leurs créances primitives correspondante à la portion du dividende promis qu'ils n'auront pas touchée.

Les dispositions du présent article seront applicables au cas où une seconde faillite viendra à s'ouvrir sans qu'il y ait eu préalablement annulation ou résolution du concordat (2).

SECTION III. — De la clôture en cas d'insuffisance de l'actif.

527. Si, à quelque époque que ce soit, avant l'homologation du concordat ou la

---

de chacun. Sous le Code, les créanciers de l'ancienne faillite étaient sacrifiés aux créanciers nouveaux. Si une remise de 60 pour 100 avait été faite par le concordat et que la perte fût de 90 pour 100 dans la seconde faillite, les créanciers anciens n'avaient droit qu'à un dixième des 40 pour 100, auxquels ils avaient consenti à réduire leur créance originaire. Une telle combinaison blessait profondément l'équité. La remise n'est consentie par les créanciers qu'en vue et à condition du paiement partiel qui leur est promis. S'ils ont reçu une partie de leur dividende, qu'une part correspondante de leur créance première se trouve éteinte, rien de plus juste; mais toute la part de leur créance première correspondante au dividende qui leur a été promis, et qui ne leur a pas été payé, doit revivre à leur profit. » — Voy. l'art. 526.

(1) L'article du gouvernement portait seulement : « Ces opérations mises à fin, les créanciers seront convoqués, etc. »

On a demandé à la commission quelle expliquât le sens de l'addition qu'elle a faite à cette rédaction. « La commission, a dit M. *Gaillard-de Kerbertin*, suppose qu'après l'annulation du premier concordat, un second concordat pourra avoir lieu.

« Je demande à la commission si elle entend cette faculté dans un sens absolu, c'est-à-dire si elle admet la possibilité d'un nouveau concordat dans toutes les hypothèses.

« Comme vous le savez, Messieurs, trois cas d'annulation ou de résolution existent : 1° l'annulation du concordat par suite de condamnation pour banqueroute frauduleuse; 2° l'annulation pour dol; 3° et la résolution pour défaut d'exécution.

« Dans le premier cas, personne ne songe à permettre un nouveau concordat, puisque la condamnation pour banqueroute frauduleuse annulle de *plein droit* le premier; un second est donc impossible. Quant au second cas, celui d'annulation *pour dol*, je ne sais quel est l'avis de la commission, mais, pour moi, je ne suis nullement disposé à accorder au failli qui vient de se rendre coupable *d'une fraude*, en dissimulant son actif ou exagérant son passif, le bénéfice d'un concordat nouveau.

« Resterait donc le cas de la résolution pour défaut d'exécution.

« Il faut que la commission s'explique à cet égard. »

M. *le rapporteur* a dit : « Je répondrai à M. Gaillard-de-Kerbertin que nous avons entendu l'article comme lui, en laissant les choses sous l'empire du droit commun.

« Le projet semble supposer qu'il ne peut intervenir de concordat dans aucun cas, et c'était aller trop loin que d'admettre cette supposition, car il peut être question du cas de résolution du concordat, il peut y avoir des créanciers nouveaux, et il est impossible d'empêcher ces créanciers nouveaux, et même les créanciers anciens, lorsque le failli n'est pas un banqueroutier, lorsqu'il n'est pas placé dans un état d'incapacité, de former, s'ils le jugent à propos, s'ils jugent que cela soit dans leur intérêt, un nouveau concordat.

« C'est cette prévision d'un cas qui se présentera rarement, mais qu'il ne faut pas cependant exclure, qui est l'objet des expressions insérées dans l'art. 524.

« Voilà le sens de l'article qui satisfait, je crois, à la question présentée par M. Gaillard-de-Kerbertin, car nous sommes d'accord avec lui sur le fonds du droit. »

(2) Il est assez difficile de comprendre comment il y aura une nouvelle faillite dans laquelle figureront les anciens créanciers, sans résolution du concordat. On a voulu seulement exprimer que si, par le fait, le failli manque aux engagemens qu'il a pris dans son concordat, cette cessation de paiement entraînant une nouvelle faillite, il ne sera pas nécessaire que les créanciers provoquent la résolution du concordat. On niait autrefois qu'il pût y avoir faillite sur faillite. — Voy. arrêt de la Cour de Paris, du 16 mai 1835, Sirey, 35. 2. 255. — Voy. notes sur l'art. 523.

Dans la discussion de 1835, M. *Réalier-Dumas* a demandé quel serait, en cas de seconde faillite, l'effet de l'inscription prise en faveur des premiers créanciers, conformément à l'art. 492, et quel serait, dans le même cas, l'effet d'une hypothèque qui aurait été consentie lors du concordat.

M. *le rapporteur* a répondu : « Il est évident que l'inscription hypothécaire prise au profit de la première faillite continuera à subsister ; il en sera alors pour la première masse ce qui en est pour un créancier particulier. »

« Sauf à rapporter ce qu'il aurait touché sur la première faillite, a dit M. *Réalier-Dumas*. »

« Bien entendu, a répondu M. le *le rapporteur*. »

formation de l'union, le cours des opérations de la faillite se trouve arrêté par insuffisance de l'actif, le tribunal de commerce pourra, sur le rapport du juge-commissaire, prononcer, même d'office, la clôture des opérations de la faillite.

Ce jugement fera rentrer chaque créancier dans l'exercice de ses actions individuelles, tant contre les biens que contre la personne du failli.

Pendant un mois, à partir de sa date, l'exécution de ce jugement sera suspendue (1).

528. Le failli, ou tout autre intéressé, pourra, à toute époque, le faire rapporter par le tribunal, en justifiant qu'il existe des fonds pour faire face aux frais des opérations de la faillite, ou en faisant consigner entre les mains des syndics somme suffisante pour y pourvoir.

Dans tous les cas, les frais des poursuites exercées en vertu de l'article précédent devront être préalablement acquittés.

Section IV. — De l'union des créanciers.

529. S'il n'intervient point de concordat, les créanciers seront de plein droit en état d'union (2).

Le juge-commissaire les consultera immédiatement, tant sur les faits de la gestion que sur l'utilité du maintien ou du remplacement des syndics. Les créanciers privilégiés, hypothécaires ou nantis d'un gage, seront admis à cette délibération.

Il sera dressé procès-verbal des dires et observations des créanciers, et, sur le vu de cette pièce, le tribunal de commerce statuera comme il est dit à l'article 462.

Les syndics qui ne seraient pas maintenus devront rendre leur compte aux nouveaux syndics, en présence du juge-commissaire, le failli dûment appelé.

530. Les créanciers seront consultés sur la question de savoir si un secours pourra être accordé au failli sur l'actif de la faillite.

Lorsque la majorité des créanciers présens y aura consenti, une somme pourra être accordée au failli à titre de secours sur l'actif de la faillite. Les syndics en proposeront la quotité, qui sera fixée par le juge-commissaire, sauf recours au tribunal de commerce, de la part des syndics seulement (3).

531. Lorsqu'une société de commerce sera en faillite, les créanciers pourront ne consentir de concordat qu'en faveur d'un ou de plusieurs des associés.

En ce cas, tout l'actif social demeurera sous le régime de l'union. Les biens personnels de ceux avec lesquels le concordat aura été consenti en seront exclus, et le traité particulier passé avec eux ne pourra contenir l'engagement de payer un dividende que sur des valeurs étrangères à l'actif social (4).

---

(1) Cette mesure est une innovation ; « Elle est juste, dit M. *Renouard* dans son rapport. Pourquoi continuer nominalement des opérations que l'on ne peut pas mettre à fin et dont l'unique résultat est de tenir en suspens l'état du failli, la condition des créanciers et des tiers avec lesquels il contracterait, et de surcharger d'affaires inutiles les rôles et les greffes des tribunaux? Cette clôture doit avoir des effets sévères, car tout porte à croire que le failli ne sera arrivé à cette absorption totale de son actif que par des fraudes ou des négligences bien peu pardonnables. Une analogie assez sensible devait exister entre cette clôture par insuffisance d'actif et les cas de clôture de l'union après liquidation totale. Dans cet esprit, l'article dispose que chaque créancier rentrera dans l'exercice de ses actions individuelles, tant contre les biens que contre la personne du débiteur. A ce mot *débiteur*, la commission a substitué le mot *failli*, afin qu'il demeure bien constant que l'état de faillite et toutes les incapacités qui en découlent continuent à subsister comme après la clôture de l'union. C'est pour exprimer la même pensée qu'au lieu de *clôture de la faillite*, la commission a dit : « *clôture des opérations de la faillite*. » — On comprend toute l'importance de cette dernière observation.

(2) M. *Demonts* a proposé un amendement portant que, dans le cas prévu par cet article, le failli pourrait être déclaré excusable. Il a été rejeté.

Le 3 septembre dernier, le tribunal de commerce de la Seine a fait, sous la présidence de M. Michel, la première application de cet article. V. *la Gazette des Tribunaux* du 5 septembre 1838.

L'art. 527 du Code de commerce ne faisait pas résulter de plein droit l'état d'union du refus de concordat ; il exigeait que la majorité individuelle des créanciers formât l'union ; il laissait ainsi sans solution possible, comme l'a très bien fait remarquer M. *Renouard*, le cas où les deux majorités exigées pour le concordat ne seraient pas obtenues, et où en même temps il n'y aurait point la majorité individuelle nécessaire pour former l'union.

(3) V. *suprà*, art. 469, 474, et Code de commerce, art. 530.

(4) M. *Renouard* justifiait cette innovation en ces termes :

« Le Code de commerce se taisait sur les faillites des sociétés. Il s'en rapportait aux principes du droit commun sur la solidarité, sans permettre en aucun cas aux créanciers de traiter diversement plusieurs associés, encore que leur conduite méritât des conditions différentes. Un associé pouvait être absent pendant que ses coassociés dilapidaient l'actif ; il pouvait être de bonne foi, lorsque des actes frauduleux ou insensés engageaient et perdaient sa maison ; sa fortune particulière, celle de sa femme ou de sa famille, pouvaient, en dehors de l'actif social, acquitter une forte part de la dette ; et, devant toutes ces considérations, l'application rigoureuse des principes absolus de la solidarité et de l'unité fictive de la personne sociale

L'associé qui aura obtenu un concordat particulier sera déchargé de toute solidarité (1).

532. Les syndics représentent la masse des créanciers et sont chargés de procéder à la liquidation.

empêcherait d'adoucir en rien sa position individuelle. Souvent cette rigueur blessait l'équité et nuisait aux créanciers. Il est juste d'accorder faveur à celui des associés qui, par une meilleure conduite, a mérité d'être distingué des autres, et qui peut offrir à ses créanciers des avantages particuliers; mais cette faveur cesserait d'être équitable, si on allait jusqu'à affecter à la libération personnelle de l'un des membres de la société aucune portion de l'actif qui appartient collectivement à tous. Ce serait briser les principes de la solidarité, qu'il n'est possible de faire fléchir, dans ce cas, que pour ce qui concerne les coassociés entre eux. L'actif social demeurera donc tout entier sous le régime de l'union, et sera intégralement consacré à l'extinction de la dette sociale.

« Une disposition finale du projet subrogeait l'associé favorisé d'un concordat particulier aux droits des créanciers contre ses coassociés, pour la part dont le dividende par lui payé en dehors de l'actif aurait diminué la dette de la société. Votre commission a supprimé cette disposition, et s'en est référée à l'application du droit commun. En la maintenant, on s'exposerait à cette injuste conséquence de faire figurer l'associé concordataire au nombre des créanciers de ses coassociés, en telle sorte qu'on le verrait prétendre à venir en partage avec les créanciers mêmes qui lui auraient accordé une remise. Telle n'était pas certainement l'intention du projet. Les principes généraux du droit satisferont à tous les cas, et ne laisseront pas place à une difficulté de cette nature.

« Restreinte dans ces limites, la faculté d'un concordat particulier, équitable et humaine pour l'associé failli, tournera à l'avantage des créanciers, en leur procurant un dividende sur lequel ils n'auraient pas à compter sans cela. »

(1) On pourrait croire que la dernière disposition de cet article décharge d'une manière absolue le concordataire particulier de toute solidarité.

La discussion qui a eu lieu sur cet article et sur l'article 604 établit clairement le contraire.

« Comment! s'écriait un orateur qui trouvait ces deux articles contradictoires, vous dites, dans l'art. 531, que l'associé qui aura conclu un concordat particulier sera déchargé de la solidarité, et, dans l'art. 604, vous déclarez que cet associé, frappé de mesures rigoureuses, et qu'il n'a pas méritées, puisque vous ne l'avez pas mis en demeure légalement, vous dites que cet associé, malgré la décharge de la solidarité, ne pourra jamais obtenir sa réhabilitation, s'il n'a payé toutes les dettes sociales! Je dis qu'il y a là frappante contradiction; je dis que votre article 531 est jugé par cela seul, et que vous avez montré combien il était inconciliable avec les principes, puisqu'il ne peut être admis sans heurter la disposition de l'art. 604. »

Un autre orateur demandant ce que voulait dire le dernier paragraphe, disait :

« Ce paragraphe porte : « L'associé qui aura « obtenu un concordat particulier sera déchargé de « toute solidarité. »

« Eh bien! voilà une société : l'un des associés obtient un concordat particulier sur ses biens personnels. Quand il a pris l'engagement de payer sur ses biens une somme, un dividende que déterminera le concordat, il doit être libéré; les créanciers n'ont plus d'action individuelle contre lui, et je ne conçois pas comment vous le libérerez particulièrement de la solidarité; car le concordat a précisément cet effet de faire cesser l'action solidaire, et de restreindre les obligations à celles qui ont été déterminées par le concordat. Dès qu'il existe un concordat particulier, il ne peut y avoir d'obligation solidaire contre celui qui l'a obtenu. »

Et, lors de la discussion de l'art. 604, M. *Cunin-Gridaine*, répondant à M. *Mermilliod*, qui invoquait l'art. 531 comme ayant dégagé l'associé de toute solidarité, dans le cas posé par l'article, disait : « Il faut conserver religieusement, dans le double intérêt de l'ordre moral et de l'ordre public, le principe de la solidarité entre tous les coassociés d'une société en nom collectif. Si vous y portez atteinte, vous attaquez le crédit, sans lequel les opérations commerciales sont bien restreintes. Si l'on invoque contre moi l'art. 531, et si on le considère comme ayant dégagé de la solidarité, je réponds non, l'art. 531 n'a point dégagé de la solidarité, et la meilleure preuve qu'il n'en est rien, c'est l'article que nous discutons en ce moment; il est précis, il veut qu'on ne soit réhabilité que lorsque toutes les dettes contractées par la société auront été acquittées intégralement; il ne peut point y avoir d'équivoque; je suis donc dans le vrai. Si l'art. 531 vous a affranchi de la solidarité, pourquoi présentez-vous un amendement qui la détruit. Il est inutile; mais vous savez que sans lui le principe reste conservé. »

La même interprétation avait déjà, en 1835, été donnée à l'art. 531 qu'on prétendait aussi être en contradiction avec l'art. 604.

On proposait à l'art. 604 le même amendement que celui qui a été proposé dans la dernière discussion.

M. *Ducos*, qui soutenait la proposition, disait : « En cas de concordat, l'art. 528 (art. 531 actuel) déclare le failli concordataire déchargé de toute solidarité à l'égard de son coassocié; moyennant qu'il paie son dividende, les créanciers cessent d'avoir action contre lui; il recouvre la libre disposition de ses biens et de sa personne; il est susceptible de réhabilitation. Il me semble que le concordat particulier entraîne la conséquence naturelle du droit de réhabilitation. La commission ne veut admettre ce droit que dans le cas où la totalité des dettes de la société a été payée, capital, intérêts et frais. Je ne conçois pas une pareille rigueur.

« Veut-on l'établir sur la condition de solidarité qui unit tous les associés entre eux? Mais les liens de solidarité ont été rompus par le concordat passé avec un des associés. Les créanciers eux-mêmes l'ont voulu, la loi a sanctionné leur volonté; elle a déclaré que cette solidarité n'existait plus. Pourquoi veut-on faire revivre les liens de la solidarité quand il s'agit de recouvrer le premier de tous les biens, quand il s'agit de la réhabilitation?

« La loi elle-même, après avoir déclaré solennellement que les liens de la solidarité étaient brisés, peut-elle, par un effet rétroactif, rétablir les liens qu'elle avait d'abord imposés? Il me sem-

Néanmoins les créanciers pourront leur donner mandat pour continuer l'exploitation de l'actif.

La délibération qui leur conférera ce mandat en déterminera la durée et l'étendue, et fixera les sommes qu'ils pourront garder entre leurs mains, à l'effet de pourvoir aux frais et dépenses. Elle ne pourra être prise qu'en présence du juge-commissaire, et à la majorité des trois quarts des créanciers en nombre et en somme.

La voie de l'opposition sera ouverte contre cette délibération au failli et aux créanciers dissidens.

Cette opposition ne sera pas suspensive de l'exécution (1).

533. Lorsque les opérations des syndics entraîneront des engagemens qui excéderaient l'actif de l'union, les créanciers qui auront autorisé ces opérations seront seuls tenus personnellement au-delà de leur part dans l'actif, mais seulement dans les limites du mandat qu'ils auront donné; ils contribueront au prorata de leurs créances (2).

534. Les syndics sont chargés de poursuivre la vente des immeubles, marchandises et effets mobiliers du failli, et la liquidation de ses dettes actives et passives, le tout sous la surveillance du juge-commissaire, et sans qu'il soit besoin d'appeler le failli (3).

535. Les syndics pourront, en se conformant aux régles prescrites par l'article 487, transiger sur toute espéce de droits appartenant au failli, nonobstant toute opposition de sa part (4).

536. Les créanciers en état d'union seront convoqués au moins une fois dans la première année, et, s'il y a lieu, dans les années suivantes, par le juge-commissaire.

Dans ces assemblées, les syndics devront rendre compte de leur gestion.

Ils seront continués ou remplacés dans l'exercice de leurs fonctions, suivant les formes prescrites par les articles 462 et 529 (5).

537. Lorsque la liquidation de la faillite sera terminée, les créanciers seront convoqués par le juge-commissaire.

Dans cette dernière assemblée, les syn-

---

ble que ces considérations sont suffisantes pour justifier l'amendement que j'ai proposé. »

M. *Moreau* (de la Meurthe) répondait : « Il n'y a pas de contradiction entre les dispositions de l'art. 528 (531) et les dispositions de l'art. 604. Dans le cas de l'art. 528, c'est du consentement des créanciers que l'associé solidaire obtient un concordat particulier, et l'associé qui aura obtenu un concordat particulier sera déchargé de toute solidarité.

M. *le président* : « Il reste toujours la question morale.

« Mais une des conditions essentielles de la réhabilitation du failli, c'est qu'il paie la totalité des dettes. Or, l'associé en nom collectif est obligé solidairement au paiement des dettes de la société; ce serait donc une dérogation à ce principe, que de permettre à l'associé solidaire d'obtenir sa réhabilitation, s'il ne paie pas la totalité des dettes de la société.

M. *Quesnault*, alors commissaire du roi, ajoutait que l'art. 528 invoqué et qui défendait toute action solidaire contre l'associé concordataire, était une disposition semblable à celle qui déclare qu'en général le failli concordataire, associé ou non, ne pourra plus être poursuivi civilement; mais qu'il n'en résultait pas qu'il ne fût plus soumis à l'obligation naturelle; que si l'action civile était éteinte, restait la réhabilitation qui obligeait le failli à satisfaire l'obligation naturelle.

L'associé concordataire sera-t-il déchargé de la solidarité en ce sens même que les autres associés ne puissent exiger de lui qu'il contribue au paiement de la dette commune pour la part dont il était tenu d'après le contrat de société? La négative est incontestable. Des créanciers peuvent bien renoncer à la solidarité à l'égard de l'un des débiteurs; mais ils ne peuvent par cette renonciation dégager ce débiteur de l'obligation qu'il a contractée envers ses codébiteurs de payer telle ou telle partie de la dette commune. Les art. 1213 et suiv. du Code civil démontrent que tel ne peut être l'effet de la renonciation à la solidarité en faveur de l'un des codébiteurs solidaires. Ainsi les associés non concordataires auront toujours le droit d'examiner si la part qui appartient au concordataire dans l'actif social, jointe à ce qu'il a donné pour obtenir son concordat, équivaut à la part dont il était tenu dans les dettes sociales; et s'il y a une différence, ils auront droit d'exiger qu'il la fournisse.

(1) Le Code de commerce ne contenait aucune règle sur l'administration de l'union. La loi actuelle, au contraire, trace des règles aussi claires que sages. Il pourrait paraître étrange qu'on n'ait pas borné les pouvoirs des syndics à liquider la faillite; mais il est des circonstances où, sous peine d'éprouver le plus grave préjudice, il faudra continuer les opérations. « Un manufacturier tombe en faillite, disait M. *Renouard*; s'il faut immédiatement arrêter tous les travaux et liquider du jour au lendemain, les valeurs dépérissent, les ouvriers sont sans pain, l'actif disparaît. Continuer quelque temps l'exploitation, c'est se procurer une utile occasion de vendre, c'est employer les valeurs actives, c'est sauver le gage commun. »

Mais la commission refusait au failli et aux créanciers dissidens le droit d'opposition que la Chambre a cru devoir leur accorder.

(2) M. Stourm a proposé d'ajouter *sans solidarité entre eux*. Le Moniteur du 5 avril 1838, page 807, 3e colonne, dit que l'article a été adopté avec cette modification. C'est par erreur sans doute que l'on ne la trouve pas dans la loi; au surplus, elle ne faisait qu'exprimer ce qui résulte des termes de l'article et du principe général que la solidarité ne se présume pas. Il faudrait un texte formel pour l'établir.

(3, 4) Voy. Code de Commerce, art. 528.

(5) L'art. 562 du Code de commerce n'obligeait

dics rendront leur compte. Le failli sera présent ou dûment appelé.

Les créanciers donneront leur avis sur l'excusabilité du failli. Il sera dressé, à cet effet, un procès-verbal dans lequel chacun des créanciers pourra consigner ses dires et observations.

Après la clôture de cette assemblée, l'union sera dissoute de plein droit (1).

538. Le juge-commissaire présentera au tribunal la délibération des créanciers relative à l'excusabilité du failli, et un rapport sur les caractères et les circonstances de la faillite.

Le tribunal prononcera si le failli est ou non excusable (2).

539. Si le failli n'est pas déclaré excusable, les créanciers rentreront dans l'exercice de leurs actions individuelles, tant contre sa personne que sur ses biens.

S'il est déclaré excusable, il demeurera affranchi de la contrainte par corps à l'égard des créanciers de sa faillite, et ne pourra plus être poursuivi par eux que sur ses biens, sauf les exceptions prononcées par les lois spéciales (3).

540. Ne pourront être déclarés excusables : les banqueroutiers frauduleux, les stellionataires, les personnes condamnées pour vol, escroquerie ou abus de confiance, les comptables de deniers publics (4).

541. Aucun débiteur commerçant ne sera recevable à demander son admission au bénéfice de cession de biens (5).

CHAP. VII. — *Des différentes espèces de créanciers, et de leurs droits en cas de faillite* (6).

---

les syndics à rendre compte qu'à la fin de l'union. Cette longue durée de fonctions sans contrôle et sans reddition de compte présentait de graves inconvéniens.

(1) La commission de la Chambre des Députés de 1835 a pensé qu'il n'était pas nécessaire de répéter ici la disposition de l'art. 474 relatif aux secours alimentaires à accorder au failli ; mais M. *Renouard* a dit expressément dans son rapport que la concession de ces secours entrait dans les pouvoirs généraux des syndics définitifs, sauf la fixation de la quotité et des conditions qui appartient au tribunal.

Voy. Code de commerce, art. 562.

(2) Le deuxième paragraphe de cet article était ainsi conçu dans le projet adopté en 1835 : « Le tribunal prononcera si le failli est ou non excusable et susceptible d'être réhabilité. »

Ces derniers mots ne se trouvent plus dans la nouvelle rédaction de l'article.

La discussion qui eut lieu sur l'art. 604 en 1835, explique parfaitement les raisons et le sens de cette suppression. Voy. les notes sur cet article.

(3) Par exemple les étrangers non domiciliés, les tuteurs, administrateurs ou dépositaires, alors même qu'ils seraient déclarés excusables, resteront assujettis à la contrainte par corps, parce que, disait M. *Renouard*, le caractère particulier de leurs dettes exige que cette garantie continue à subsister contre eux.

(4) Cet article ne s'applique pas au banqueroutier simple, même dans le cas où il serait en état de récidive de banqueroute. Cela résulte formellement de la discussion qui a eu lieu en 1835. MM. *Parant* et *Réalier Dumas* avaient proposé, l'un de déclarer que le banqueroutier simple, et l'autre que le banqueroutier simple, en cas de récidive, ne serait pas excusable. La première proposition avait été rejetée ; mais on avait adopté la seconde. Elle a été retranchée en 1838. On a voulu laisser pleine et entière liberté au tribunal de commerce d'apprécier la conduite du failli.

En 1835, on avait adopté une disposition qui permettait de déclarer excusable, afin de le soustraire à l'exercice de la contrainte par corps, le failli qui se trouvait placé dans le cas prévu par l'art. 527, c'est-à-dire dans le cas où le cours des opérations de la faillite était arrêté par l'insuffisance de l'actif. Mais cette disposition a disparu.

(5) M. *Renouard*, dans son rapport, a justifié cette disposition en faisant remarquer que la cession de biens est un abandon général fait par un débiteur à ses créanciers ; que le négociant réduit à cette extrémité est en état de faillite ; que la cession de biens volontaire peut être l'objet d'un concordat, et que la cession judiciaire a un équivalent dans l'état d'union des créanciers. « Les cessions de biens, ajoutait-il, qui étaient portées devant les tribunaux civils, tandis que les faillites l'étaient devant les tribunaux de commerce, donnaient lieu à des distinctions de compétence que rien ne justifie et à deux jugemens sur une même affaire par deux tribunaux différens. On a donc eu raison de supprimer ce titre. » En effet il y avait dans le Code de commerce un titre spécial intitulé *de la Cession de biens*, composé de dix articles, portant les n. 566 et suiv. On voit que la présente loi ne l'a point reproduit.

M. *le rapporteur* de la commission de la Chambre des Pairs a critiqué cette innovation dans son premier rapport. « Quel est le motif, a-t-il dit, qui a pu déterminer un changement aussi important dans nos lois et dans nos habitudes ? Nous ne pouvons vous l'indiquer : il n'est rappelé dans aucun document. La cession de biens est-elle la source d'abus graves ? On ne les a pas signalés ; les magistrats, les iurisconsultes, les commerçans n'ont jamais critiqué cette voie d'humanité ; ils l'ont toujours environnée de faveur, comme le dernier refuge du malheur. »

Il concluait au maintien du titre 2 du Code de commerce.

M. *Quesnault*, dans son rapport à la Chambre des Députés, a justifié l'innovation.

Voy. Mon. du 22 mars 1838, 2e supp., p. 647, 2e colonne *in fine*.

Remarquez que la loi ne dit pas seulement : « Aucun débiteur *failli*, mais bien *aucun débiteur commerçant*, et c'est avec intention que cette rédaction a été maintenue, afin d'exprimer que la cession de biens ne peut jamais être réclamée par un commerçant, soit qu'il ait ou qu'il n'ait pas failli.

(6) Le chap. 9 du Code de commerce n'était

SECTION Ire. — Des co-obligés et des cautions.

542. Le créancier porteur d'engagemens souscrits, endossés ou garantis solidairement par le failli et d'autres co-obligés qui sont en faillite, participera aux distributions dans toutes les masses, et y figurera pour la valeur nominale de son titre jusqu'à parfait paiement (1).

543. Aucun recours, pour raison des dividendes payés, n'est ouvert aux faillites des co-obligés les uns contre les autres, si ce n'est lorsque la réunion des dividendes que donneraient ces faillites excéderait le montant total de la créance, en principal et accessoires, auquel cas cet excédant sera dévolu, suivant l'ordre des engagemens, à ceux des co-obligés qui auraient les autres pour garans.

544. Si le créancier porteur d'engagemens solidaires entre le failli et d'autres coobligés a reçu, avant la faillite, un à-compte sur sa créance, il ne sera compris dans la masse que sous la déduction de cet à-compte, et conservera, pour ce qui lui restera dû, ses droits contre le co-obligé ou la caution.

Le co-obligé ou la caution qui aura fait le paiement partiel sera compris dans la même masse pour tout ce qu'il aura payé à la décharge du failli (2).

545. Nonobstant le concordat, les créanciers conservent leur action pour la totalité de leur créance contre les co-obligés du failli (3).

SECTION II. — Des créanciers nantis de gage, et des créanciers privilégiés sur les biens meubles.

546. Les créanciers du failli qui seront valablement nantis de gages ne seront inscrits dans la masse que pour mémoire (4).

547. Les syndics pourront, à toute époque, avec l'autorisation du juge-commissaire, retirer les gages au profit de la faillite, en remboursant la dette (5).

548. Dans le cas où le gage ne sera pas retiré par les syndics, s'il est vendu par le créancier moyennant un prix qui excède la créance, le surplus sera recouvré par les syndics; si le prix est moindre que la créance, le créancier nanti viendra à contribution pour le surplus, dans la masse, comme créancier ordinaire (6).

549. Le salaire acquis aux ouvriers employés directement (7) par le failli, pendant

---

divisé qu'en trois sections, l'une intitulée *dispositions générales*, l'autre des *droits des créanciers hypothécaires*, l'autre des *droits des femmes*. La présente loi présente des divisions plus claires, plus nombreuses et plus complètes.

(1) L'art. 534 du Code de commerce, le seul qui s'occupât des difficultés que font naître les recours, soit des co-obligés solidaires, soit de leurs créanciers les uns contre les autres, en cas de faillite d'un ou de plusieurs des co-obligés, laissait indécis un grand nombre de cas dont la résolution a fréquemment embarrassé et divisé les tribunaux. Cet article et les articles suivans font disparaître la plupart de ces difficultés.

(2) Code de commerce, art. 538.

(3) D'après les principes généraux du droit (v. art. 1210 du Code civil), on pourrait dire que par le concordat le créancier, ayant fait remise volontaire de sa créance au failli, ne conservait son action solidaire contre les co-obligés, que sous la déduction de la part du failli. (Arrêt de la Cour de cassation, du 30 novembre 1819.)

Cet article repousse cette conséquence, par le motif qu'une remise consentie par un concordat n'est jamais volontaire, qu'elle est, au contraire, évidemment forcée. Le projet avait cru néanmoins devoir admettre une distinction qui, au premier coup d'œil paraît très raisonnable : il décidait que le créancier conservait son recours pour la totalité de sa créance, lorsque le concordat lui avait été imposé par la majorité, parce que, alors, évidemment la remise était forcée; et qu'au contraire, il perdait son recours s'il avait figuré au concordat comme y consentant volontairement. La commission de la Chambre des Députés n'a pas cru devoir adopter ce système; il lui a paru que la remise faite par un concordat ne saurait jamais être réputée volontaire; qu'elle est toujours censée faite en vue spéciale des nécessités qu'impose l'état des affaires du débiteur. Elle a considéré que, punir par la perte de son recours, le créancier qui consentirait au concordat et l'obliger, pour conserver l'intégralité de ses droits, à garder le silence et à se contenter d'acquiescer au concordat après homologation, c'est, en réalité, exclure ce créancier des délibérations; que cette exclusion, qui souvent blesse gravement ses droits, conduirait dans bien des cas à rendre tout concordat impossible. « Qu'une maison de banque, disait M. *Renouard*, tombe en faillite, la plus grande partie de son passif pourra se composer de lettres de change et de billets revêtus de plusieurs signatures. Si tous les porteurs de titres à plusieurs signatures sont contraints par la loi, sous peine de perdre tout recours, à s'abstenir du concordat, il deviendra impossible de réunir la majorité en nombre et la majorité des trois quarts en somme, alors même qu'une faible minorité s'opposerait seule à l'acceptation de conditions raisonnables.

(4) V. Code de commerce, art. 535.

(5) V. Code de commerce, art. 536.

(6) « Je crois que, dans l'intérêt de la masse, a dit un membre de la Chambre, il faut que le créancier qui possède la marchandise remplisse une formalité quelconque, par exemple, celle d'appeler les syndics. Il faut mettre : « les syndics dûment appelés. »

M. *le rapporteur* a répondu que l'article se réfère aux dispositions du Code civil sur la vente du gage.

V. Code de commerce, art. 537.

(7) « Votre commission a cru nécessaire, a dit M. *Renouard*, d'indiquer qu'il ne s'agit que des ouvriers directement employés par le failli. En effet, lorsqu'ils sont mis en œuvre par un entrepreneur,

le mois qui aura précédé la déclaration de faillite, sera admis au nombre des créances privilégiées, au même rang que le privilége établi par l'art. 2101 du Code civil pour le salaire des gens de service.

Les salaires dus au commis pour les six mois qui auront précédé la déclaration de faillite seront admis au même rang (1).

550. Le privilége et le droit de revendication établis par le n. 4 de l'art. 2102 du Code civil, au profit du vendeur d'effets mobiliers, ne seront point admis en cas de faillite (2).

551. Les syndics présenteront au juge-commissaire l'état des créanciers se prétendant privilégiés sur les biens meubles, et le juge-commissaire autorisera, s'il y a lieu, le paiement de ces créanciers sur les premiers deniers rentrés.

Si le privilége est contesté, le tribunal prononcera (3).

SECTION III. — Des droits des créanciers hypothécaires et privilégiés sur les immeubles.

552. Lorsque la distribution du prix des immeubles sera faite antérieurement à celle du prix des biens meubles, ou simultanément, les créanciers privilégiés ou hypothécaires non remplis sur le prix des immeubles concourront, à proportion de ce qui leur restera dû, avec les créanciers chirographaires, sur les deniers appartenant à la masse chirographaire, pourvu, toutefois, que leurs créances aient été vérifiées et affirmées suivant les formes ci-dessus établies (4).

553. Si une ou plusieurs distributions des deniers mobiliers précèdent la distri-

---

c'est à lui qu'ils doivent s'adresser, puisqu'il est directement responsable envers eux.

« Au surplus, cette concession de privilége, est, on le voit, une innovation. »

(1) Les commis sont-ils compris parmi les gens de service? a dit M. *Renouard*. La jurisprudence a varié à cet égard, et les cours royales sont divisées. Votre commission a d'autant moins hésité à trancher législativement cette difficulté, qu'elle a souhaité tout à la fois assurer le privilége des commis, et ne pas lui donner une durée d'une année; elle a, en conséquence, consacré leur privilége, mais en le bornant à six mois. »

Il ne faut pas conclure de cette disposition et des termes du rapport qu'en général, des commis soient des gens de service. J'ai établi le contraire dans mon Traité du Louage, continuation de Toullier, t. 4, n. 278; et l'on peut voir ci-dessus, dans la loi du 25 mai 1838, sur les justices de paix, que les commis ne sont pas assimilés aux gens de service.

(2) On a fait remarquer que le privilége accordé par l'art. 2102 du Code civil au bailleur reçoit une application assez difficile, en matière de commerce et surtout de faillite; que le bailleur a souvent la prétention d'étendre son privilége pour les loyers sur les marchandises; que, sur ce point, les tribunaux de commerce et les cours royales ont été divisés; que le système embrassé par les tribunaux de commerce paraît plus juste; qu'il faudrait le consacrer, et restreindre le privilége du bailleur aux meubles meublans.

M. *le rapporteur* a répondu que la difficulté soulevée remettait en question le point de savoir si le propriétaire des magasins doit conserver son privilége sur les marchandises; or, que, par un article du titre 1er de la loi, le droit du propriétaire sur tous les objets garnissant les lieux loués avait été maintenu dans toute son extension; que la jurisprudence a fixé, d'après l'interprétation qui a toujours été donnée à l'art. 2102 du Code civil, le droit du propriétaire; qu'on ne pouvait, à propos de faillite, réformer le Code civil dans ses dispositions, qui sont considérées comme des conséquences du droit de propriété.

L'article a été maintenu dans ce sens.

On a demandé que le droit commun fût maintenu en faveur des objets mobiliers incorporels, tels que les fonds de commerce, les offices et autres titres de cette nature.

Un amendement dans ce sens, proposé par M. *Oger*, a été combattu par la commission, et rejeté par la Chambre.

Relativement aux fonds de commerce, on est convenu que les principes qui ont fait supprimer la revendication leur étaient applicables, parce qu'on doit toujours présumer que le commerçant est propriétaire de son fonds, objet principal, plus peut être que des marchandises, objet secondaire.

Mais on a soutenu que ceci n'est vrai que pour le commerçant qui est en possession du fonds de commerce. Tous les jours, a-t-on dit, il arrive que le propriétaire d'un fonds de commerce en achète un autre dont il n'entre en possession que plus tard. Est-ce que, dans ce cas, le vendeur ne conservera pas un privilége, même un droit de revendication? C'est dans les intentions de la commission, puisqu'un des articles subséquens accorde le droit de revendication pour les objets, pour les marchandises dont l'acquéreur n'est pas saisi; mais en votant cet article, il y a lieu, pour exprimer cette pensée, à remplacer le mot *marchandises* par le mot plus général d'*objets*, qui comprendra non seulement les marchandises proprement dites, mais les fonds de commerce.

M. *le rapporteur* a répondu que tel était son avis, mais qu'il pensait aussi que l'article ne portait aucune espèce d'atteinte au droit qu'il défend; qu'il est certain que, si le vendeur ne s'est pas dessaisi, s'il n'a pas fait la livraison, il est encore maître de la chose.

M. *Dufaure* : « Nous sommes complétement d'accord avec M. Lherbette, mais nous croyons qu'il y a un principe partout respecté dans le projet du gouvernement et dans celui de la commission : c'est le droit de rétention qui appartient au propriétaire qui n'est pas dessaisi. C'est ce droit qui s'appliquera au cas dont a parlé M. Lherbette; il est inutile d'introduire une exception à cet égard. »

M. *Lherbette* : « Où l'avez-vous expliqué? »

M. *Dufaure* : « C'est de droit commun. »

(3) Voy. Cod. comm., art. 533

(4) Voy. Cod comm., art. 539

bution du prix des immeubles, les créanciers privilégiés et hypothécaires vérifiés et affirmés concourront aux répartitions, dans la proportion de leurs créances totales, et sauf, le cas échéant, les distractions dont il sera parlé ci-après (1).

554. Après la vente des immeubles et le réglement définitif de l'ordre entre les créanciers hypothécaires et privilégiés, ceux d'entre eux qui viendront en ordre utile sur le prix des immeubles pour la totalité de leur créance ne toucheront le montant de leur collocation hypothécaire que sous la déduction des sommes par eux perçues dans la masse chirographaire.

Les sommes ainsi déduites ne resteront point dans la masse hypothécaire, mais retourneront à la masse chirographaire, au profit de laquelle il en sera fait distraction (2).

555. A l'égard des créanciers hypothécaires qui ne seront colloqués que partiellement dans la distribution du prix des immeubles, il sera procédé comme il suit : leurs droits sur la masse chirographaire seront définitivement réglés d'après les sommes dont ils resteront créanciers après leur collocation immobilière, et les deniers qu'ils auront touchés au-delà de cette proportion, dans la distribution antérieure, leur seront retenus sur le montant de leur collocation hypothécaire, et reversés dans la masse chirographaire (3).

556. Les créanciers (4) qui ne viennent point en ordre utile seront considérés comme chirographaires, et soumis comme tels aux effets du concordat et de toutes les opérations de la masse chirographaire.

Section IV. — Des droits des femmes (5).

557. En cas de faillite du mari, la femme dont les apports en immeubles ne se trouveraient pas mis en communauté, reprendra en nature lesdits immeubles et ceux qui lui seront survenus par succession ou par donation entre-vifs ou testamentaire (6).

558. La femme reprendra pareillement les immeubles acquis par elle et en son nom des deniers provenant desdites successions et donations, pourvu que la déclaration d'emploi soit expressément stipulée au contrat d'acquisition, et que l'origine des deniers soit constatée par inventaire ou par tout autre acte authentique (7).

559. Sous quelque régime qu'ait été formé le contrat de mariage, hors le cas prévu par l'article précédent, la présomption légale est que les biens acquis par la femme du failli appartiennent à son mari, ont été payés de ses deniers, et doivent être réunis à la masse de son actif, sauf à la femme à fournir la preuve du contraire (8).

560. La femme pourra reprendre en nature les effets mobiliers qu'elle s'est constitués par contrat de mariage, ou qui lui sont advenus par succession, donation entre-vifs ou testamentaire, et qui ne seront pas entrés en communauté, toutes les fois que

---

(1) Voy. Cod. comm., art. 540.

(2) Voy. Cod. comm., art. 541.

(3) Voy. Cod. comm., art. 542.

(4) « Pourquoi, a-t-on effacé le mot *hypothécaires?* » a dit M. *le président* de la Chambre des Députés. « C'est parce que la rubrique indique qu'il n'est question que des créanciers hypothécaires, a répondu M. *Renouard*, rapporteur. »

Voy. Cod. comm. art. 543.

(5) L'esprit de cette section doit être indiqué. Le législateur a bien voulu maintenir les précautions qui ont été prises par le Code de commerce contre les collusions entre mari et femme; mais il a pensé qu'on pouvait en quelques points les atténuer. M. *Renouard* a dit que les scandales qu'avaient donnés, avant la promulgation du Code de commerce, des faillites à la suite desquelles les femmes des faillis insultaient par leur opulence à la misère des créanciers, avaient excité une vive indignation. « Mais, a-t-il dit, une juste indignation peut entraîner à d'injustes rigueurs. Le Code de commerce n'a pas échappé à cet excès. Votre commission a même pensé que les modifications introduites par le projet de loi n'ont pas toujours suffisamment adouci le sort des femmes, sans toutefois qu'il faille manquer de prévoyance et permettre aux abus de renaître. »

Il était bon d'indiquer la tendance de la loi; elle peut servir souvent à en interpréter sainement les termes.

D'ailleurs, si l'on remonte aux idées sur lesquelles repose aujourd'hui l'institution du mariage, il semble que les biens de la femme comme ceux du mari devraient être le gage des créanciers. C'est une chose singulière que la société conjugale, la plus étroite, la plus intime qu'on puisse concevoir, laisse cependant subsister entre les associés une espèce de séparation d'intérêts, une véritable division quant aux biens. Cela ne peut s'expliquer que par l'état d'infériorité dans lequel la loi civile place les femmes. N'ayant pas droit d'administrer la chose commune, on ne veut pas les rendre victimes des fautes de l'associé gérant. On suit d'ailleurs les anciens principes, sans songer aux modifications qu'a subies le mariage par les changemens survenus dans les mœurs et surtout dans les institutions religieuses.

(6) « Il faut faire remarquer, a dit M. *Golbéry*, que l'article est rédigé de manière à lever les doutes de ceux qui lui reprochaient de ne pas excepter des reprises des femmes les immeubles qui avaient subi la clause de l'ameublissement. »

Voy. Cod. comm., art. 545.

(7) M. *Parant* demandait qu'on ajoutât après les mots *donations* les mots *et testamens*; mais M. *le président* a fait remarquer que l'article portait ces mots : *desdites successions et donations*, ce qui comportait les *donations testamentaires*. Voy. en effet l'article précédent; voy. Cod. comm., art. 546

(8) Voy. Cod. comm., art. 547.

l'identité en sera prouvée par inventaire ou tout autre acte authentique.

A défaut par la femme de faire cette preuve, tous les effets mobiliers, tant à l'usage du mari qu'à celui de la femme, sous quelque régime qu'ait été contracté le mariage, seront acquis aux créanciers, sauf aux syndics à lui remettre, avec l'autorisation du juge-commissaire, les habits et linge nécessaires à son usage (1).

561. L'action en reprise résultant des dispositions des articles 557 et 558 ne sera exercée par la femme qu'à la charge des dettes et hypothèques dont les biens sont légalement grevés, soit que la femme s'y soit obligée volontairement, soit qu'elle y ait été condamnée (2).

562. Si la femme a payé des dettes pour son mari, la présomption légale est qu'elle l'a fait des deniers de celui-ci, et elle ne pourra, en conséquence, exercer aucune action dans la faillite, sauf la preuve contraire, comme il est dit à l'article 559 (3).

563. Lorsque le mari sera commerçant au moment de la célébration du mariage, ou lorsque, n'ayant pas alors d'autre profession déterminée, il sera devenu commerçant dans l'année, les immeubles qui lui appartiendraient à l'époque de la célébration du mariage, ou qui lui seraient advenus depuis, soit par succession, soit par donation entre-vifs ou testamentaire, seront seuls soumis à l'hypothèque de la femme:

1° Pour les deniers et effets mobiliers qu'elle aura apportés en dot, ou qui lui seront advenus depuis le mariage par succession ou donation entre-vifs ou testamentaire, et dont elle prouvera la délivrance ou le paiement par acte ayant date certaine; 2° pour le remploi de ses biens aliénés pendant le mariage; 3° pour l'indemnité des dettes par elle contractées avec son mari (4).

564. La femme dont le mari était commerçant à l'époque de la célébration du mariage, ou dont le mari, n'ayant pas alors d'autre profession déterminée, sera devenu commerçant dans l'année qui suivra cette célébration, ne pourra exercer dans

---

(1) Le Code de commerce décidait que la femme ne pouvait reprendre son mobilier en nature; qu'elle était seulement créancière de sa valeur et devait venir au marc le franc avec les autres créanciers; ce système a été soutenu avec beaucoup de force par M. le garde des sceaux. (Art. 551 du Code de commerce.)

Mais après deux épreuves, l'article de la commission qui autorise la reprise en nature a été adopté.

Voy. la discussion (Mon. du 24 fév. 1835, p. 402, 1re col. *in fine*).

L'art. 554 du Code de commerce n'autorisait les femmes à reprendre que les bijoux, diamans et vaisselle qu'elles justifiaient leur avoir été donnés par contrat de mariage, ou leur être advenus par succession; le présent article leur permet de reprendre tous leurs effets mobiliers, soit qu'ils leur aient été constitués par contrat de mariage, soit qu'ils leur soient échus par succession, soit enfin qu'ils leur aient été donnés par actes entre-vifs ou testamentaires. D'ailleurs on voit que les preuves qui sont exigées sont plus difficiles à se procurer que celles dont se contente le Code civil dans des cas analogues.

Enfin il a été expliqué qu'il faut qu'il soit bien constaté que la femme reste propriétaire pour exercer ses reprises.

« Si, à un titre quelconque, disait M. *le président* de la Chambre des Députés, les meubles sont tombés en communauté, l'article ne permettra pas à la femme de les reprendre. »

(2) On a demandé à la commission de déclarer si son opinion était que tout recours est interdit à la femme *contre son mari* pour raison des dettes qu'elle a contractées, ou si au contraire elle pensait que le recours en indemnité était ouvert à la femme dans ces circonstances.

La commission a répondu qu'elle entendait l'article dans ce dernier sens, et M. *le garde des sceaux* a déclaré que c'était incontestable.

Voy. Code de commerce, art. 548.

(3) Voy. Code de commerce, art. 550.

(4) Les différences qui existent entre cette disposition et les articles 551, 552 et 553 du Code de commerce sont faciles à saisir.

D'abord la loi actuelle n'assimile au mari commerçant, au moment de la célébration, que celui qui, n'ayant pas alors de profession déterminée, est devenu commerçant dans l'année.

Le Code de commerce soumettait en outre au régime spécial qu'il établissait, la femme qui épousait un fils de négociant n'ayant, au moment de la célébration, aucune profession déterminée et qui devenait plus tard négociant lui-même, et à quelque époque que ce fût.

Le Code de commerce n'accordait hypothèque à la femme que sur les immeubles appartenant au mari au moment du mariage.

La commission de la Chambre des Députés de 1835 avait pensé que cette disposition devait être maintenue.

Mais, on le voit, la loi actuelle étend l'hypothèque de la femme aux biens advenus au mari depuis la célébration, soit par succession, soit par donation entre-vifs ou testamentaire.

Enfin, parmi les créances de la femme pour lesquelles hypothèque lui était donnée, le Code plaçait seulement les deniers ou effets mobiliers apportés en dot; la présente loi comprend en outre les deniers ou effets mobiliers advenus depuis le mariage par succession ou donation entre-vifs ou testamentaire.

M. *Renouard*, rapporteur, a fait remarquer une autre différence, c'est que le Code exigeait un acte authentique pour justifier l'apport en dot, dont la preuve n'est jamais incertaine, tandis qu'il gardait le silence sur la preuve la plus nécessaire, celle du paiement. La loi actuelle exige au contraire que la délivrance ou le paiement des effets soient prouvés par acte ayant date certaine.

On a fait remarquer que le mari, pour favoriser sa femme, pourrait, dans le partage d'une suc-

la faillite aucune action à raison des avantages portés au contrat de mariage, et, dans ce cas, les créanciers ne pourront, de leur côté, se prévaloir des avantages faits par la femme au mari dans ce même contrat (1).

CHAPITRE VIII. — *De la répartition entre les créanciers et de la liquidation du mobilier.*

565. Le montant de l'actif mobilier, distraction faite des frais et dépenses de l'administration de la faillite, des secours qui auraient été accordés au failli ou à sa famille, et des sommes payées aux créanciers privilégiés, sera réparti entre tous les créanciers au marc le franc de leurs créances vérifiées et affirmées (2).

566. A cet effet, les syndics remettront tous les mois, au juge-commissaire, un état de situation de la faillite et des deniers déposés à la caisse des dépôts et consignations; le juge-commissaire ordonnera, s'il y a lieu, une répartition entre les créanciers, en fixera la quotité, et veillera à ce que tous les créanciers en soient avertis (3.)

567. Il ne sera procédé à aucune répartition entre les créanciers domiciliés en France qu'après la mise en réserve de la part correspondante aux créances pour lesquelles les créanciers domiciliés hors du territoire continental de la France seront portés sur le bilan.

Lorsque ces créances ne paraîtront pas portées sur le bilan d'une manière exacte, le juge-commissaire pourra décider que la réserve sera augmentée, sauf aux syndics à se pourvoir contre cette décision devant le tribunal de commerce.

568. Cette part sera mise en réserve et demeurera à la caisse des dépôts et consignations jusqu'à l'expiration du délai déterminé par le dernier paragraphe de l'art. 492; elle sera répartie entre les créanciers reconnus, si les créanciers domiciliés en pays étranger n'ont pas fait vérifier leurs créances, conformément aux dispositions de la présente loi.

Une pareille réserve sera faite pour raison de créances sur l'admission desquelles il n'aurait pas été statué définitivement (4).

569. Nul paiement ne sera fait par les syndics que sur la représentation du titre constitutif de la créance.

Les syndics mentionneront sur le titre la somme payée par eux ou ordonnancée conformément à l'art. 489.

Néanmoins, en cas d'impossibilité de représenter le titre, le juge-commissaire pourra autoriser le paiement sur le vu du procès-verbal de vérification.

Dans tous les cas, le créancier donnera la quittance en marge de l'état de répartition (5).

570. L'union pourra se faire autoriser par le tribunal de commerce, le failli dûment appelé, à traiter à forfait de tout ou partie des droits et actions dont le recouvrement n'aurait pas été opéré, et à les aliéner; en ce cas, les syndics feront tous les actes nécessaires.

Tout créancier pourra s'adresser au juge-commissaire pour provoquer une délibération de l'union à cet égard (6).

CHAPITRE IX. — *De la vente des immeubles du failli.*

571. A partir du jugement qui déclarera la faillite, les créanciers ne pourront poursuivre l'expropriation des immeubles sur lesquels il n'auront pas d'hypothèques.

572. S'il n'y a pas de poursuite en expropriation des immeubles commencée avant l'époque de l'union, les syndics seuls seront admis à poursuivre la vente; ils seront tenus d'y procéder dans la huitaine, sous l'autorisation du juge-commissaire, suivant les formes prescrites pour la vente des biens des mineurs (7).

573. La surenchère, après adjudication

---

cession à laquelle il serait appelé, se faire délivrer des immeubles au lieu d'argent, afin d'assurer une hypothèque à sa femme. On a répondu que les créanciers du mari auraient la voie que leur ouvre l'article 882 du Code civil, pour empêcher cette fraude.

L'hypothèque légale des femmes mariées avant la présente loi frappera à l'avenir ceux des biens de leurs maris, qui n'y étaient pas précédemment assujettis; mais elle ne les frappera qu'à compter du jour de la promulgation de la loi, et seulement à l'égard des créanciers postérieurs à cette promulgation. Les créanciers antérieurs avaient un droit acquis sur ces biens, la survenance de la loi n'a pas pu le leur ôter, pour rendre meilleure la condition de la femme.

(1) V. notes sur l'article précédent, et Code de commerce, art. 549.

La cour de cassation, par arrêt du 5 juillet 1837, a décidé qu'on doit considérer comme commerçant au moment de son mariage celui qui, ayant une profession déterminée, même incompatible avec celle de commerçant, par le fait se livrait à des actes de commerce. Sirey-Devilleneuve, 37. 1. 923.

(2) V. Code de commerce, art. 558.

(3) V. Code de commerce, art. 559.

(4) Et, par conséquent, cette réserve sera répartie comme il est dit dans le premier alinéa, si les créances contestées sont définitivement rejetées.

(5) V. Code de commerce, art. 561.

(6) Voy. Cod. comm., art. 563.

(7) V. Code de commerce, art. 564.

des immeubles du failli sur la poursuite des syndics, n'aura lieu qu'aux conditions et dans les formes suivantes :

La surenchère devra être faite dans la quinzaine.

Elle ne pourra être au-dessous du dixième du prix principal de l'adjudication. Elle sera faite au greffe du tribunal civil, suivant les formes prescrites par les art. 710 et 711 du Code de procédure civile; toute personne sera admise à surenchérir.

Toute personne sera également admise à concourir à l'adjudication par suite de surenchère. Cette adjudication demeurera définitive et ne pourra être suivie d'aucune autre surenchère (1).

Chapitre X.—*De la revendication* (2).

574. Pourront être revendiquées, en cas de faillite, les remises en effets de commerce ou autres titres non encore payés, et qui se trouveront en nature dans le portefeuille du failli à l'époque de sa faillite, lorsque ces remises auront été faites par le propriétaire, avec le simple mandat d'en faire le recouvrement et d'en garder la valeur à sa disposition, ou lorsqu'elles auront été, de sa part, spécialement affectées à des paiemens déterminés (3).

575. Pourront être également revendiquées, aussi long-temps qu'elles existeront en nature, en tout ou en partie, les marchandises consignées au failli à titre de dépôt ou pour être vendues pour le compte du propriétaire.

Pourra même être revendiqué le prix ou la partie du prix desdites marchandises qui n'aura été ni payé, ni réglé en valeur, ni compensé en compte courant entre le failli et l'acheteur (4).

---

(1) C'était une grave question que celle de savoir si la surenchère du quart ou celle du dixième devait être admise. Elle est tranchée par cette disposition qui admet non seulement les créanciers, mais tous étrangers à surenchérir du dixième.

V. Code de commerce, art. 565.

(2) V. art. 576 et suiv. du Code de commerce.

(3) On proposait d'excepter le cas où l'individu tombé en faillite serait, de son côté, créancier de celui qui a fait les remises, c'est-à-dire que, lorsqu'une somme aurait été remise à titre de dépôt ou mandat, celui qui aurait reçu ce dépôt ou mandat pût se payer sur les sommes ainsi confiées avec une destination déterminée.

On a vu dans cette proposition non seulement une violation du mandat et du dépôt, mais encore une violation du principe d'après lequel la compensation ne peut avoir lieu qu'entre des créances liquides et certaines, et aussi de l'art. 1293 du Code civil, qui prohibe la compensation entre les objets déposés et les créances du déposant.

L'amendement n'a pas eu de suites.

L'article 584 du Code de commerce admettait la revendication pour les remises d'effets de commerce faites sans acceptation ni disposition, si elles étaient entrées dans un compte courant par lequel le propriétaire n'était que créditeur.

On voit que cet article est supprimé.

M. *Renouard* a expliqué que cette suppression était la conséquence des véritables principes en en matière de revendication. Il a dit que l'obscurité de cet article avait donné lieu à de fréquentes contestations. « Les remises ainsi faites, a-t-il ajouté, ne l'ont été, ni à titre de dépôt, ni à titre de mandat; elles sont la conséquence de la confiance accordée au failli, et n'ont pu être que l'exécution d'un contrat formel ou tacite, passé avec lui antérieurement à la faillite. La personne qui, ayant suivi la foi du failli, l'a volontairement constitué son débiteur, est et doit être placée dans la même catégorie que les autres créanciers avec lesquels il se trouve en compte. »

M. *Cibiel* a proposé d'autoriser la revendication des mandats envoyés à un banquier pour en faire le recouvrement, avec la mention *retour sans frais*, par la raison que cette stipulation démontre qu'on n'a pas voulu donner au banquier le droit de poursuivre le tiré, tandis que si la négociation a eu lieu sans condition, elle transmet tous les droits du tireur.

M. *Teste* a pensé que la revendication n'était pas possible, lorsque le mandat a été encaissé et que le banquier a crédité du montant du mandat celui qui le lui a adressé; mais il a reconnu que si le mandat n'a pas été payé, il peut être revendiqué.

M. *Sevin-Moreau* a établi que la stipulation de retour sans frais ou de retour après protêt était entièrement indifférente à la question de revendication; que ce qui peut produire une différence sous ce rapport, c'est la destination de la somme recouvrée.

« Je remets, a-t-il dit, des effets à un commerçant, avec la condition de les encaisser pour mon compte et de garder les fonds à ma disposition, soit pour les prendre moi-même, soit pour lui indiquer ultérieurement un usage; il est évident qu'alors ce n'est qu'un simple dépôt, et alors la revendication doit être admise.

« Mais autre espèce : je remets des effets à encaisser à un banquier; je débite son compte du montant de ces effets, à la charge par lui de m'en faire le retour par d'autres valeurs, alors il y a compte courant; la propriété des effets est transmise à celui qui les reçoit, et alors il ne peut y avoir revendication. »

Au surplus il ne faut pas perdre de vue que la revendication n'est possible que lorsque le recouvrement n'est pas opéré : le texte dit formellement : « Pourront être revendiquées les remises en effets de commerce ou autres titres *non encore payés*. »

Le propriétaire de traites envoyées pour en opérer le recouvrement à une maison de commerce alors déclarée en faillite, mais dans l'ignorance de cet événement, peut, si la maison faillie négocie les traites, les revendiquer contre tous tiers qui les détiennent par suite de cette négociation. (Arrêt de la Cour de cassation, du 24 juin 1834. Sirey, 34. 1. 639.

Voy. Code de commerce, art. 583 et 584.

(4) Il a été bien reconnu, et cela est incontes-

576. Pourront être revendiquées les marchandises expédiées au failli, tant que la tradition n'en aura point été effectuée dans ses magasins, ou dans ceux du commissionnaire chargé de les vendre pour le compte du failli.

Néanmoins la revendication ne sera pas recevable si, avant leur arrivée, les marchandises ont été vendues sans fraude, sur factures et connaissemens ou lettres de voiture signées par l'expéditeur.

Le revendiquant sera tenu de rembourser à la masse les à-compte par lui reçus, ainsi que toutes avances faites pour fret ou voiture, commission, assurances ou autres frais, et de payer les sommes qui seraient dues pour mêmes causes (1).

577. Pourront être retenues par le vendeur les marchandises, par lui vendues, qui ne seront pas délivrées au failli, ou qui n'auront pas encore été expédiées, soit à lui, soit à un tiers pour son compte (2).

578. Dans le cas prévu par les deux articles précédens, et sous l'autorisation du juge-commissaire, les syndics auront la faculté d'exiger la livraison des marchandises, en payant au vendeur le prix convenu entre lui et le failli (3).

579. Les syndics pourront, avec l'approbation du juge-commissaire, admettre les demandes en revendication : s'il y a contestation, le tribunal prononcera après avoir entendu le juge-commissaire (4).

CHAP. XI. — *Des voies de recours contre les jugemens rendus en matière de faillite.*

580. Le jugement déclaratif de la faillite, et celui qui fixera à une date antérieure l'époque de la cessation de paiemens, seront susceptibles d'opposition, de la part du failli, dans la huitaine, et de la part de toute autre partie intéressée, pendant un mois. Ces délais courront à partir des jours où les formalités de l'affiche et de l'insertion énoncées dans l'article 442 auront été accomplies (5).

581. Aucune demande des créanciers tendant à faire fixer la date de la cessation des paiemens à une époque autre que celle qui résulterait du jugement déclaratif de faillite, ou d'un jugement postérieur, ne sera recevable après l'expiration des délais pour la vérification et l'affirmation des créances. Ces délais expirés, l'époque de la cessation de paiemens demeurera irrévocablement déterminée à l'égard des créanciers (6).

582. Le délai d'appel, pour tout jugement rendu en matière de faillite, sera de quinze jours seulement à compter de la signification.

Ce délai sera augmenté à raison d'un jour par cinq myriamètres pour les parties qui seront domiciliées à une distance excédant cinq myriamètres du lieu où siége le tribunal (7).

---

table, que si le prix était entré dans la caisse du failli, il ne pouvait être revendiqué.

Voy. Code de commerce, art. 581.

(1) Les art. 576 et suiv. du Code de commerce autorisaient aussi la revendication des marchandises qui n'étaient pas entrées dans les magasins du failli.

Le projet présenté aux Chambres rejetait au contraire d'une manière absolue la revendication, en se fondant sur ces principes incontestables que la vente est parfaite par le seul consentement ; qu'ainsi l'acheteur est propriétaire des marchandises du jour où la volonté de les vendre et de les acheter moyennant un prix déterminé, a été réciproquement exprimée, alors même que la livraison n'a pas eu lieu ; que le vendeur n'est dès lors que créancier du prix. On comprend en effet qu'en partant de ces bases on devait nécessairement refuser au vendeur des marchandises, un droit de revendication, véritable privilége sur les autres créanciers.

Les orateurs du gouvernement faisaient remarquer d'ailleurs qu'un grand nombre de Cours royales et de chambres de commerce repoussaient la revendication, qu'elles considéraient comme une source de contestations et d'injustices.

Malgré ces raisons puissantes, énergiquement développées par M. *le garde des sceaux* et surtout par M. *Teste*, l'ancien système a prévalu, et la revendication a été autorisée mais il ne faut pas perdre de vue que du moins le privilége concédé par l'art. 2102, n. 4 du Code civil, n'est point accordé en matière de faillite. Voyez *suprà*, art. 550.

Les marchandises entrées dans les magasins du failli ne peuvent plus être revendiquées, quoiqu'elles y soient en état d'entrepôt fictif.

Arrêt de la Cour de Poitiers, du 23 février 1831, Sirey, 31. 2. 269.

La Chambre a rejeté un amendement au premier paragraphe de cet article, portant : « Dans ce cas, le commissionnaire devra fournir la preuve écrite de l'autorisation reçue du failli, d'opérer la vente desdites marchandises, et cette autorisation devra être antérieure de dix jours au moins à la suspension de paiement du failli. »

Voy. Code de commerce, art. 577, 578, 579 et 580.

(2) Cet article me semble assez inutile ; il est évident que si, aux termes de l'article précédent, le vendeur peut revendiquer les marchandises qu'il a déjà expédiées, à plus forte raison il peut retenir celles, dont il ne s'est pas encore dessaisi.

(3, 4) Voy. Code de commerce, art. 585.

Les créanciers ont qualité pour contester les revendications admises par les syndics.

Arrêt de la Cour d'Aix, du 11 janvier 1831, Sirey, 32. 2. 149 et 206.

(5, 6) Voy. art. 457 du Code de commerce.

(7) Le projet contenait un article qui refusait

583. Ne seront susceptibles ni d'opposition, ni d'appel, ni de recours en cassation :

1° Les jugemens relatifs à la nomination ou au remplacement du juge-commissaire, à la nomination ou à la révocation des syndics ;

2° Les jugemens qui statuent sur les demandes de sauf-conduit et sur celles de secours pour le failli et sa famille ;

3° Les jugemens qui autorisent à vendre les effets ou marchandises appartenant à la faillite ;

4° Les jugemens qui prononcent sursis au concordat, ou admission provisionnelle de créanciers contestés ;

5° Les jugemens par lesquels le tribunal de commerce statue sur les recours formés contre les ordonnances rendues par le juge commissaire dans les limites de ses attributions (1).

TITRE II. — *Des banqueroutes* (2).

CHAP. Ier. — *De la banqueroute simple.*

584. Les cas de banqueroute simple seront punis des peines portées au Code pénal, et jugés par les tribunaux de police correctionnelle, sur la poursuite des syndics, de tout créancier, ou du ministère public (3).

585. Sera déclaré banqueroutier simple tout commerçant failli qui se trouvera dans un des cas suivans (4) :

---

le droit d'appeler d'un jugement par défaut, lorsqu'on n'avait pas usé du droit d'y former opposition. Ce n'est pas ici le lieu d'examiner la théorie sur laquelle était fondée cette disposition ; seulement on fera remarquer que si elle devait être admise, elle aurait dû l'être d'une manière générale, et modifier tout notre système de procédure, et qu'il n'était pas convenable de l'introduire ainsi par exception et en matière de faillite. La Chambre des Députés l'avait adoptée en 1835 ; mais elle a été supprimée par la Chambre des Pairs.

(1) La raison qui a déterminé à refuser tout recours contre les jugemens énumérés dans cet article, est que ce sont plutôt des actes d'administration que des jugemens véritables, et qu'il importait de ne pas retarder les opérations de la faillite en permettant de prolonger des contestations.

On a vivement insisté pour que les jugemens prononçant la révocation des syndics pussent être attaqués par les voies ordinaires ; on a soutenu avec chaleur que si la nomination des syndics était un acte de simple administration, la révocation avait un caractère véritablement contentieux.

On a d'ailleurs soutenu que la voie de la cassation devait toujours être ouverte ; on a dit que le pourvoi n'étant pas suspensif en matière civile, il ne retarderait pas les opérations de la faillite ; qu'à la vérité si la cassation était prononcée, toutes les opérations seraient annulées ; mais que dans un pareil cas on devrait s'en féliciter, puisqu'il serait certain que le jugement était contraire aux dispositions de la loi.

On a fait remarquer qu'en supprimant ainsi le pourvoi en cassation ; des jugemens dans lesquels auraient été négligées les formes prescrites, à peine de nullité, seraient cependant maintenus.

Ces argumens n'ont pu l'emporter sur le désir un peu irréfléchi peut-être d'accélérer les opérations de la faillite. Ainsi un jugement rendu par un tribunal de commerce qui ne serait composé que de deux juges, un jugement qui ne serait pas motivé, qui n'aurait pas été rendu sur assignation régulière, serait à l'abri de toute attaque.

(2) « La loi a flétri du nom de banqueroute, a dit M. *Renouard* dans son rapport, tous les torts par lesquels un commerçant se met dans l'impuissance de faire honneur à ses engagemens. La gravité de ces torts varie : ils vont de l'imprudence, de la négligence, de l'inconduite jusqu'au crime. »

Cette indication des différens degrés de culpabilité des faits qualifiés *banqueroute* est aussi exacte que bien exprimée. Il me semble que par cette raison précisément elle révèle la convenance d'employer des dénominations différentes pour des faits qui doivent être placés à une si grande distance les uns des autres, si l'on considère leur moralité.

Dans le langage habituel, le mot *banqueroute* est pris dans l'acception la plus fâcheuse ; il emporte l'idée des fraudes les plus coupables ; et l'épithète *simple* qu'on néglige d'y ajouter la plupart du temps, ne modifie pas d'ailleurs d'une manière suffisante l'impression qu'il produit sur ceux qui l'entendent. Ainsi, quoique le banqueroutier simple ne soit coupable que d'imprudence ou d'inconduite, et que le banqueroutier frauduleux soit coupable de fraude et de vol, quoique l'un soit puni de peines correctionnelles et l'autre de peines afflictives et infamantes, l'opinion les confond, trompée par la dénomination presque identique qui leur est appliquée.

(3) Voy. Code pénal, art. 402 et suiv. ; Code de commerce, art. 588.

(4) Les art. 586 et 587 du Code de commerce séparaient en deux catégories les cas de banqueroute simple. La première comprenait ceux dans lesquels les poursuites sont commandées au ministère public ; la seconde, ceux dans lesquels les poursuites sont facultatives. La loi actuelle (art. 585 et 586) fait une distinction analogue ; mais plus conforme aux principes du droit pénal, elle sépare les cas où la banqueroute simple *doit* être déclarée de ceux où elle *peut* l'être.

La commission de la Chambre des Pairs proposait, en 1836, de dire : *Sera poursuivi comme banqueroutier simple*, etc. Mais M. *le garde des sceaux* a insisté pour que la loi s'exprimât d'une manière plus impérative ; ce qui ne l'a point empêché de reconnaître avec la commission que les tribunaux auront toujours la faculté d'apprécier les faits et l'intention avec laquelle on a agi. Il a seulement voulu qu'il fût bien établi que la peine devrait être appliquée toutes les fois qu'un failli serait placé dans l'un des cas prévus par cet article.

1o Si ses dépenses personnelles ou les dépenses de sa maison sont jugées excessives (1).

2o S'il a consommé de fortes sommes, soit à des opérations de pur hasard, soit à des opérations fictives de bourse ou sur marchandises (2).

3o Si, dans l'intention de retarder sa faillite, il a fait des achats pour revendre au-dessous du cours; si, dans la même intention, il s'est livré à des emprunts, circulation d'effets, ou autres moyens ruineux de se procurer des fonds (3);

4o Si, après cessation de ses paiemens, il a payé un créancier au préjudice de la masse.

586. Pourra être déclaré banqueroutier simple tout commerçant failli qui se trouvera dans un des cas suivans (4) :

1o S'il a contracté, pour le compte d'autrui, sans recevoir de valeurs en échange, des engagemens jugés trop considérables eu égard à sa situation lorsqu'il les a contractés;

2o S'il est de nouveau déclaré en faillite sans avoir satisfait aux obligations d'un précédent concordat (5);

3o Si, étant marié sous le régime dotal, ou séparé de biens, il ne s'est pas conformé aux articles 69 et 70 (6);

4o Si, dans les trois jours de la cessation de ses paiemens, il n'a pas fait au greffe la déclaration exigée par les articles 438 et 439, ou si cette déclaration ne contient pas les noms de tous les associés solidaires;

5o Si, sans empêchement légitime, il ne s'est pas présenté en personne aux syndics dans les cas et dans les délais fixés, ou si, après avoir obtenu un sauf-conduit, il ne s'est pas représenté à justice (7);

6o S'il n'a pas tenu de livres et fait exactement inventaire; si ses livres ou inventaire sont incomplets ou irrégulièrement tenus, ou s'ils n'offrent pas sa véritable situation active ou passive, sans néanmoins qu'il y ait fraude (8).

587. Les frais de poursuite en banqueroute simple intentée par le ministère pu-

---

(1) La rédaction du Code, art. 586, rappelait l'obligation d'écrire mois par mois les dépenses sur le livre-journal; mais n'attachait pas la qualification de banqueroute au défaut d'accomplissement de cette obligation, ce qui en effet eût été trop rigoureux. Toute énonciation superflue ou purement comminatoire devant être écartée d'une loi pénale, le projet du gouvernement et celui de la commission ont supprimé cette circonstance.

(2) « Si le failli, a dit M. *Renouard*, a consommé de fortes sommes à des opérations de pur hasard. On pourrait s'en tenir à cette dénomination générale et n'énoncer aucun des cas particuliers qu'elle renferme; tels que les jeux funestes et immoraux de la bourse, et l'agiotage non moins répréhensible qui joue sur les marchandises. Mais on a pensé avec raison qu'il convient à la morale publique que la loi sur les banqueroutes impose à ces opérations une flétrissure de plus, en les rappelant par une mention expresse. Quant aux pertes au jeu que prévoyait le Code, elles rentrent dans les dépenses personnelles. »

Il est à regretter que les dépenses du jeu ne soient pas signalées avec plus de netteté. Il n'en est pas qui doivent attirer sur celui qui les a faites un blâme plus sévère.

(3) Un membre a observé qu'il pourrait y avoir quelque danger à admettre comme caractère de la banqueroute simple des emprunts faits par le failli, car il n'y a pas de négociant qui ne livre aux affaires un peu largement qui travaille uniquement avec ses propres capitaux.

M. *le garde des sceaux.* « C'est le mot *ruineux* qui fait sentir toute la portée de l'article. »

M. *Caumartin.* « Mais il faudrait alors dire au moins : « S'il s'est livré à des emprunts à des conditions onéreuses. »

M. *le garde des sceaux.* « Si, dans l'intention de retarder sa faillite, il s'est livré à des emprunts ou à d'autres moyens ruineux. »

M. *Caumartin.* « Mais des emprunts ne sont pas toujours des moyens ruineux. »

M. *le garde des sceaux :* « C'est le mot *ruineux* qui régit la phrase. »

M. *Caumartin :* « Les emprunts, par eux-mêmes, ne peuvent pas être ruineux, s'ils n'ont pas été contractés à des conditions onéreuses. C'est ce que je voudrais que l'on mentionnât dans l'article. »

M. *le rapporteur :* « L'honorable M. Caumartin aurait raison, s'il se plaçait dans l'hypothèse d'un commerçant qui se livre à des emprunts lorsqu'il est au-dessus de ses affaires. Mais il s'agit d'un homme qui est à la veille de sa faillite, qui devrait la déclarer, et qui, par des emprunts onéreux, trouve le moyen de prolonger son agonie. Rien de plus contraire à l'intérêt des créanciers que cette situation, et la loi a dû frapper cette intention de retarder la faillite. »

Les dispositions du Code de commerce étaient plus précises et plus limitatives; c'est à dessein et avec raison que la loi actuelle emploie des expressions plus générales et plus élastiques.

(4) Voy. Code de commerce, art. 587, et la première note sur l'article précédent.

(5) Ce cas n'était pas prévu par le Code de commerce. On demandait que le seul fait de la seconde faillite, quoique le failli eût exécuté le premier concordat, pût le faire condamner comme banqueroutier simple. Cette proposition a été repoussée, par le motif que la seconde faillite peut être de bonne foi autant que la première.

(6) Ce cas, d'après le Code de commerce, constituait la banqueroute frauduleuse. Cette disposition était évidemment trop sévère.

(7 et 8) On doit également considérer comme excessive la rigueur du Code de commerce, qui, dans ces deux cas, déclarait la possibilité de punir le failli comme banqueroutier frauduleux. « Sans doute, a dit M. *Renouard*, un commerçant tombe dans une faute grave, lorsqu'il ne tient pas de li-

blic ne pourront, en aucun cas, être mis à la charge de la masse.

En cas de concordat, le recours du trésor public contre le failli pour ces frais ne pourra être exercé qu'après l'expiration des termes accordés par ce traité (1).

588. Les frais de poursuite intentée par les syndics, au nom des créanciers, seront supportés, s'il y a acquittement, par la masse, et s'il y a condamnation, par le trésor public, sauf son recours contre le failli, conformément à l'article précédent (2).

589. Les syndics ne pourront intenter de poursuite en banqueroute simple, ni se porter partie civile au nom de la masse, qu'après y avoir été autorisés par une délibération prise à la majorité individuelle des créanciers présens.

590. Les frais de poursuite intentée par un créancier seront supportés, s'il y a condamnation, par le trésor public; s'il y a acquittement, par le créancier poursuivant (3).

CHAP. II. — *De la banqueroute frauduleuse.*

591. Sera déclaré banqueroutier frauduleux, et puni des peines portées au Code pénal, tout commerçant failli qui aura soustrait ses livres, détourné ou dissimulé une partie de son actif, ou qui, soit dans ses écritures, soit par des actes publics ou des engagemens sous signature privée, soit par son bilan, se sera frauduleusement reconnu débiteur de sommes qu'il ne devait pas (4).

592. Les frais de poursuite en banqueroute frauduleuse ne pourront, en aucun cas, être mis à la charge de la masse.

Si un ou plusieurs créanciers se sont rendus parties civiles en leur nom personnel, les frais, en cas d'acquittement, demeureront à leur charge.

CHAP. III — *Des crimes et des délits commis dans les faillites par d'autres que par les faillis.*

593. Seront condamnés aux peines de la banqueroute frauduleuse :

1° Les individus convaincus d'avoir, dans l'intérêt du failli, soustrait, recélé ou dissimulé tout ou partie de ses biens, meubles ou immeubles, le tout sans préjudice des autres cas prévus par l'article 60 du Code pénal ;

2° Les individus convaincus d'avoir frauduleusement présenté dans la faillite et affirmé, soit en leur nom, soit par interposition de personnes, des créances supposées ;

3° Les individus qui, faisant le commerce sous le nom d'autrui ou sous un nom supposé, se seront rendus coupables de faits prévus en l'article 591 (5).

594. Le conjoint, les descendans ou les ascendans du failli, ou ses alliés aux mêmes degrés, qui auraient détourné, diverti ou recélé des effets appartenant à la faillite, sans avoir agi de complicité avec le failli, seront punis des peines du vol (6).

595. Dans les cas prévus par les articles précédens, la cour ou le tribunal saisis sta-

---

vres; mais l'expérience de tous les jours démontre que le commerce est souvent exercé par des personnes illettrées, et qu'il y a trop de rigueur à punir cette négligence ou cette faute comme un crime, lorsqu'il ne s'y mêle aucune intention de fraude. Le Code de commerce avait d'ailleurs manqué de prévoyance, lorsque, pour tous les cas, il ne laissait à opter qu'entre une déclaration de banqueroute frauduleuse ou un acquittement. »

(1) En mettant les frais de poursuite à la charge du trésor public, dans les cas prévus par cet article et par les articles suivans, on a voulu rendre plus faciles les poursuites, qui souvent étaient arrêtées par la crainte des frais qu'elles entraînent. — Voy. Code de commerce, art. 589.

(2) Voy. notes sur l'article précédent.

(3) Voy. Code de commerce, art. 590.

(4) Le Code de commerce, art. 593 et 594, énumérait en détail les cas de banqueroute frauduleuse. La loi actuelle a préféré comprendre, dans une définition générale, tous les cas de dissimulation ou de fraude, soit sur l'actif, soit sur le passif. Elle a cependant ajouté le cas de soustraction des livres.

M. *Renouard* a fait remarquer que le Code déclarait banqueroutier frauduleux le failli qui détournait à son profit les objets ou valeurs qui lui étaient confiés à titre de mandat ou de dépôt. « Ce délit, envers des créanciers particuliers, n'est point, a-t-il dit, une fraude faite à la masse. C'est un délit privé que l'art. 408 du Code pénal a prévu et puni. Il rentrera dans le cas général de banqueroute frauduleuse, lorsqu'il entraînera dissimulation de l'actif ou du passif. Pourquoi, si on l'admettait, ne pas attacher les mêmes conséquences aux crimes de vol, de faux, et à tous autres? Que doit-il arriver, si des condamnations sont intervenues, à cet égard, antérieurement à la déclaration de faillite, et ont été exécutées; ou si les faits qui ont entraîné la faillite ont été amenés par des causes étrangères à ces crimes ou à ces délits? Votre commission a pensé, avec le projet du Gouvernement, que ces circonstances, quelque aggravantes qu'elles puissent être, appartiennent à un autre ordre de faits que la faillite ou la banqueroute, et qu'elles doivent être régies par les dispositions du droit commun. »

(5) Voy. Code de commerce, art. 597 et 598.

(6) Voy. Code de commerce, art. 555 et 556.

tueront, lors même qu'il y aurait acquittement, 1o d'office sur la réintégration à la masse des créanciers de tous biens, droits ou actions frauduleusement soustraits ; 2o sur les dommages-intérêts qui seraient demandés, et que le jugement ou l'arrêt arbitrera.

596. Tout syndic qui se sera rendu coupable de malversation dans sa gestion sera puni correctionnellement des peines portées en l'article 406 du Code pénal (1).

597. Le créancier qui aura stipulé, soit avec le failli, soit avec toutes autres personnes, des avantages particuliers à raison de son vote dans les délibérations de la faillite, ou qui aura fait un traité particulier duquel résulterait en sa faveur un avantage à la charge de l'actif du failli, sera puni correctionnellement d'un emprisonnement qui ne pourra excéder une année, et d'une amende qui ne pourra être au-dessus de deux mille francs.

L'emprisonnement pourra être porté à deux ans si le créancier est syndic de la faillite (2).

598. Les conventions seront, en outre, déclarées nulles à l'égard de toutes personnes, et même à l'égard du failli (3).

Le créancier sera tenu de rapporter à qui de droit (4) les sommes ou valeurs qu'il aura reçues en vertu des conventions annulées.

---

(1) Cet article remplit une lacune laissée par le Code de commerce.

(2) M. *Sevin-Moreau* demandait qu'on dît expressément que l'article serait applicable, alors même que le créancier recevrait un supplément de dividende d'une autre personne que le failli. On lui a répondu que tel était le sens de la disposition.

« C'était un besoin généralement senti, a dit M. *le garde des sceaux*, de faire disparaître les abus qui se commettaient sous plusieurs formes. Quelquefois, c'était un traité avec des créanciers qui n'étaient pas administrateurs, et qui faisaient d'un traité particulier la condition de leur vote. Par ce moyen, l'actif de la faillite était dilapidé au profit de quelques-uns des créanciers, et, de plus, on arrivait à une majorité mensongère. C'est la première partie de l'article. Ensuite, on prévoit le cas d'un traité qui, sans être la condition de la signature du concordat, est dilapidateur de la masse. C'est la deuxième partie; et si le traité a été fait avec le syndic, qui doit être le protecteur de tous, la peine est plus forte. »

On demandait qu'on exprimât, dans l'article, qu'il pourrait être fait application de l'article du Code pénal sur les circonstances atténuantes.

M. *le rapporteur* a répondu : « Mais c'est pour laisser toute latitude à l'indulgence du tribunal, qu'on a rédigé l'article en supprimant tout minimum. »

M. *le président :* « De sorte que la condamnation peut s'élever au maximum, comme elle peut descendre à zéro. »

Cette dernière opinion n'est pas exacte. La peine étant correctionnelle, le minimum est de six jours et seize francs d'amende (art. 40 du Code pénal et 179 du Code d'instruction criminelle), sauf la question de savoir si l'art. 463 du Code pénal, relatif aux circonstances atténuantes, peut être appliqué. Or il me paraît incontestable que cette application n'est pas possible; car il résulte des termes de l'art. 463 du Code pénal et des discussions qui ont eu lieu en 1832, lors de la modification du Code pénal, que les circonstances atténuantes ne peuvent faire modifier les peines prononcées par une loi particulière, que lorsque cette loi déclare expressément que l'art. 463 régit ses dispositions. Voy. mon Code pénal annoté

Il est bien entendu que, dans ce cas, le failli n'est point punissable.

« Le failli lui-même, a dit M. *Renouard*, quoiqu'il ait participé au délit, doit pouvoir demander la nullité des obligations sans être exposé à une peine (voy. art. suivant). Le meilleur moyen de faire cesser le fléau des arrangemens particuliers, n'est-il pas de leur ôter toute garantie, et de ne laisser, pour celui qui les a exigés, aucune précaution possible de sécurité ? Il faut intéresser le failli à faire tomber de pareils actes, auxquels il ne peut avoir consenti librement. »

(3) Voy. notes sur l'art. précédent.

(4) C'est-à-dire *au failli*, si, ayant obtenu un concordat, il a fait ce sacrifice sur l'actif de la masse, ou à l'aide de ressources particulières, et cette somme alors servira à remplir les obligations du concordat; *à l'union*, si les avantages particuliers proviennent du failli; *aux parens ou amis* qui auront fourni les deniers, s'il s'agit de sommes données pour prix d'un vote dans les délibérations de la faillite. (Rapport de M. *Renouard.*)

M. *Renouard* a également pensé que tout créancier qui interviendra comme partie principale ou comme partie intervenante, devra obtenir des dommages-intérêts. « Car, a-t-il dit, si un créancier poursuit à ses risques une annulation qui doit profiter à tous, il est juste de lui attribuer un dédommagement particulier. »

Il y a dans cette opinion un sentiment d'équité incontestable, mais qui n'a pas été assez réfléchi. De qui donc le créancier obtiendra-t-il un dédommagement? Ce ne peut être du tiers avec qui l'arrangement frauduleux avait été fait, à moins que cet arrangement n'eût en effet causé à ce créancier un dommage particulier et en sus de la somme qu'il aurait reçue, si l'arrangement n'avait pas eu lieu.

Je conçois que le créancier qui a agi seul dise à la masse, lorsqu'il aura réussi, voilà la somme que j'ai conquise par le procès, que j'ai soutenu seul, à mes périls et risques; je ne dois vous la rendre qu'en prélevant tous mes frais et faux frais, toutes les dépenses que j'ai faites et dont je n'ai pas obtenu le remboursement complet. Mais ce ne sera pas le tribunal saisi de la demande en nullité de l'arrangement frauduleux qui pourra régler ainsi les droits respectifs du créancier et de la masse qui n'est pas en cause, ce sera l'objet ou d'un arrangement ou d'un procès nouveau entre le créancier et la masse.

Au surplus, cette excellente disposition met fin à toute discussion sur la question fort controversée de savoir si les engagemens contractés par le failli envers quelques uns de ses créanciers étaient valables, relativement au failli. Cela était d'autant

599. Dans le cas où l'annulation des conventions serait poursuivie par la voie civile, l'action sera portée devant les tribunaux de commerce.

600. Tous arrêts et jugemens de condamnation rendus, tant en vertu du présent chapitre que des deux chapitres précédens, seront affichés et publiés suivant les formes établies par l'article 42 du code de commerce, aux frais des condamnés (1).

CHAP. IV. — *De l'administration des biens en cas de banqueroute.*

601. Dans tous les cas de poursuite et de condamnation pour banqueroute simple ou frauduleuse, les actions civiles autres que celles dont il est parlé dans l'article 595 resteront séparées, et toutes les dispositions relatives aux biens, prescrites pour la faillite, seront exécutées sans qu'elles puissent être attribuées ni évoquées aux tribunaux de police correctionnelle, ni aux cours d'assises (2).

602. Seront cependant tenus, les syndics de la faillite, de remettre au ministère public les pièces, titres, papiers et renseignemens qui leur seront demandés (3).

603. Les pièces, titres et papiers délivrés par les syndics seront, pendant le cours de l'instruction, tenus en état de communication par la voie du greffe, cette communication aura lieu sur la réquisition des syndics qui pourront y prendre des extraits privés, ou en requérir d'authentiques, qui leur seront expédiés par le greffier.

Les pièces, titres et papiers dont le dépôt judiciaire n'aurait pas été ordonné seront, après l'arrêt ou le jugement, remis aux syndics, qui en donneront décharge (4).

TITRE III. — *De la réhabilitation.*

604. Le failli qui aura intégralement acquitté en principal, intérêts et frais, toutes les sommes par lui dues, pourra obtenir sa réhabilitation.

Il ne pourra l'obtenir, s'il est l'associé d'une maison de commerce tombée en faillite, qu'après avoir justifié que toutes les dettes de la société ont été intégralement acquittées en principal, intérêts et frais, lors même qu'un concordat particulier lui aurait été consenti (5).

605. Toute demande en réhabilitation sera adressée à la Cour royale dans le ressort de laquelle le failli sera domicilié. Le demandeur devra joindre à sa requête les quittances et autres pièces justificatives(6).

---

plus nécessaire qu'en recherchant avec soin les monumens de la jurisprudence, on s'aperçoit avec peine que le plus grand nombre était favorable à la validité des actes. Voy. notamment arrêts de la Cour de cassation du 11 avril 1831, du 19 juin 1832 et du 9 mai 1834; Sirey, 31. 1. 289, 32. 1. 529; 34. 1. 323. Il y a aussi plusieurs arrêts de Cour royale dans ce sens; mais je crois que les traités faits après le concordat, à une époque où le failli a recouvré la libre disposition de ses biens, seraient valables, non à l'égard des créanciers, mais à l'égard du failli. Sans doute de semblables engagemens, quoique réalisés après le concordat, auront souvent été formés avant; et on éludera ainsi la disposition de la loi; on pourra même, en post-datant les obligations, assurer la fraude. Pourtant il est impossible de ne pas reconnaître qu'un failli peut, lorsqu'il a été remis en possession de ses biens, prendre un engagement valable envers un de ses anciens créanciers. Les tribunaux devront donc s'attacher à examiner à quelle époque et dans quelle intention les obligations ont été contractées, et ils valideront celles qui n'auront pas été faites en fraude de la disposition du présent article.

(1) Voy. Code comm., art. 592 et 599.

(2) C'est la rédaction du Code de commerce, sauf qu'on a supprimé le mot *attirées* de l'art. 600 comme inutile.

(3) Voy. Code comm., art. 601.

(4) Voy. Code comm., art. 602 et 603.

(5) On a proposé de remplacer le deuxième paragraphe de l'article, par un autre ainsi conçu : « Il pourra l'obtenir également, si, ayant été mis « en faillite comme membre d'une société en non « collectif, il justifie avoir payé le montant des « dettes de cette société, au prorata de son intérêt « social, et qu'il rapporte la preuve que les créan- « ciers ont renoncé en sa faveur à la solidarité. »

Cette disposition aurait détruit le principe de la solidarité ; elle a été rejetée.

Un amendement dans le même sens, présenté en 1835, fut également repoussé.

On argumentait alors comme aujourd'hui des termes de l'art. 531. Voy. les notes sur cet article.

En 1835, un doute s'était élevé sur la question de savoir si le failli qui n'aurait pas été déclaré excusable par le tribunal de commerce pourrait être réhabilité. On faisait remarquer que les art. 517 et 537 portaient que le tribunal de commerce déclarait si le failli était *excusable et susceptible d'être réhabilité*. Donc, disait-on, si cette déclaration n'est pas intervenue, la réhabilitation est impossible ; mais on a généralement reconnu que si cette induction pouvait résulter des articles cités, sous l'empire du Code de commerce qui contenait une semblable disposition, on n'avait point fait dépendre la réhabilitation de l'excusabilité déclarée. On a ajouté que telle n'était pas non plus la pensée de la loi actuelle ; qu'il serait étrange que le *banqueroutier simple* pût être réhabilité et que la réhabilitation fût refusée au failli non déclaré excusable. Maintenant le doute n'est plus possible. L'art. 538 dit bien que le tribunal déclarera si le failli est ou non excusable, mais il n'ajoute rien relativement à la réhabilitation, qui, par conséquent, ne peut plus être considérée comme subordonnée à la déclaration du tribunal, sur la question de savoir si le failli est excusable. Les effets de cette déclaration sont indiqués dans l'art. 539. — Voy. Code comm., art. 605.

(6) Voy. Code de commerce, art. 604.

606. Le procureur général près la Cour royale, sur la communication qui lui aura été faite de la requête, en adressera des expéditions certifiées de lui au procureur du roi et au président du tribunal de commerce du domicile du demandeur, et, si celui ci a changé de domicile depuis la faillite, au procureur du roi et au président du tribunal de commerce de l'arrondissement où elle a eu lieu, en les chargeant de recueillir tous les renseignemens qu'ils pourront se procurer sur la vérité des faits exposés (1).

607. A cet effet, à la diligence tant du procureur du roi que du président du tribunal de commerce, copie de ladite requête restera affichée pendant un délai de deux mois, tant dans les salles d'audience de chaque tribunal qu'à la bourse et à la maison commune et sera insérée par extrait dans les papiers publics (2).

608. Tout créancier qui n'aura pas été payé intégralement de sa créance en principal, intérêts et frais, et toute autre partie intéressée, pourra, pendant la durée de l'affiche, former opposition à la réhabilitation par simple acte au greffe, appuyé des pièces justificatives. Le créancier opposant ne pourra jamais être partie dans la procédure de réhabilitation (3).

609. Après l'expiration de deux mois, le procureur du roi et le président du tribunal de commerce transmettront, chacun séparément, au procureur général près la Cour royale, les renseignemens qu'ils auront recueillis et les oppositions qui auront pu être formées. Ils y joindront leurs avis sur la demande (4).

610. Le procureur général près la Cour royale fera rendre arrêt portant admission ou rejet de la demande en réhabilitation. Si la demande est rejetée, elle ne pourra être reproduite qu'après une année d'intervalle (5).

611. L'arrêt portant réhabilitation sera transmis aux procureurs du roi et aux présidens des tribunaux auxquels la demande aura été adressée. Ces tribunaux en feront faire la lecture publique et la transcription sur leurs registres (6).

612. Ne seront point admis à la réhabilitation les banqueroutiers frauduleux, les personnes condamnées pour vol, escroquerie ou abus de confiance, les stellionataires, ni les tuteurs, administrateurs ou autres comptables qui n'auront pas rendu et soldé leurs comptes.

Pourra être admis à la réhabilitation le banqueroutier simple qui aura subi la peine à laquelle il aura été condamné (7).

613. Nul commerçant failli ne pourra se présenter à la bourse, à moins qu'il n'ait obtenu sa réhabilitation (8).

614. Le failli pourra être réhabilité après sa mort (9).

LIVRE Ier. — TITRE IV.

69. L'époux séparé de biens, ou marié sous le régime dotal, qui embrasserait la profession de commerçant postérieurement à son mariage, sera tenu de faire pareille remise dans le mois du jour où il aura ouvert son commerce; à défaut de cette remise, il pourra être, en cas de faillite, condamné comme banqueroutier simple (10).

LIVRE IV. — TITRE II.

635. Les tribunaux de commerce connaîtront de tout ce qui concerne les faillites, conformément à ce qui est prescrit au livre 3 du présent Code (11).

---

(1) Voy. Code comm., art. 606.

(2) *Idem*, art. 607.

(3) *Idem*, art. 608.

(4) *Idem*, art. 609.

(5) L'art. 610 du Code de commerce portait que si la demande était rejetée, elle ne pouvait plus être reproduite.

(6) Voy. Cod. comm., art 611.

(7) *Idem*, art. 612 et 613.

(8) Il n'y a point de sanction à cette disposition; mais l'autorité chargée de la police de la bourse pourrait en exclure le failli non réhabilité.

(9) Cette faculté ne résultait que du silence du Code de commerce. Il est bien qu'elle soit positivement accordée, et par là même qu'il y ait une sorte d'encouragement donné à la veuve ou aux enfans du failli, à l'accomplissement d'un devoir pieux envers la mémoire de leur mari ou de leur père.

On a demandé dans quel délai.

Il a été répondu que c'était abandonné à l'honneur des héritiers.

(10) Cet article est ainsi modifié à raison des changemens qui ont été introduits dans les élémens constitutifs de la banqueroute frauduleuse et de la banqueroute simple.

Voy. art. 585 et 591.

(11) L'art. 635 du Code de commerce renfermait une énumération devenue inutile, puisque le législateur a pris soin de déterminer avec précision la compétence des tribunaux de commerce en matière de faillite, au fur et à mesure qu'il a parcouru les phases de la procédure, et qu'il a indiqué les opérations qui doivent avoir lieu. Voy. les divers articles de la présente loi.

21=23 JUIN 1838. — Loi relative à l'amélioration de plusieurs ports. (IX, Bull. DLXXVIII, n. 7430.)

Art. 1er. Une somme de six cent mille francs (600,000 fr.) est affectée à l'achèvement de la partie ouest de l'avant-port de commerce de Cherbourg (Manche).

2. Une somme de sept cent soixante mille francs (760,000 fr.) est affectée à l'amélioration des ports de Saint-Georges du Douhet, de la Perrotine et de Riberou (Charente-inférieure), savoir : Port de Saint-Georges du Douhet (non compris la subvention de la localité), 200,000 fr.; port de la Perrotine, 260,000 fr.; port de Riberou, 300,000 fr. Total pareil, 760,000 f.

3. Une somme de douze cent mille francs (1,200,000 fr.) est affectée à l'amélioration du port de Bayonne (Basses-Pyrénées). Sur cette somme, deux cent cinquante mille francs (250,000 fr.) seront spécialement affectés à l'achat d'un bateau à vapeur pour le remorquage des navires.

Conformément à l'offre qu'elle en a faite, la chambre de commerce de Bayonne restera chargée de pourvoir à l'entretien et au service du bateau remorqueur; elle sera autorisée, en conséquence, à percevoir à cet effet, sur tous les navires qui entreront dans le port ou qui en sortiront, un droit dont la quotité sera déterminée par un réglement d'administration publique. Les comptes annuels des recettes et dépenses seront remis, à la fin de chaque exercice, par la chambre de commerce au préfet du département, qui les soumettra à l'approbation du ministre des travaux publics, de l'agriculture et du commerce.

4. Une somme de trois cent mille francs (300 000 fr.) est affectée, avec le concours de pareille somme offerte par la ville de Toulon à l'établissement d'un nouveau bassin au port de commerce de Toulon.

5. Sur les allocations déterminées par les articles précédens, et s'élevant à la somme totale de deux millions huit cent soixante mille francs (2,860,000 fr.), il est ouvert au ministre des travaux publics, de l'agriculture et du commerce, un crédit, sur l'exercice 1838, de quatre cent cinquante mille francs (450,000 fr.), et un crédit, sur l'exercice 1839, d'un million cinquante mille francs (1,050,000 fr.).

Ces crédits seront répartis de la manière suivante :

Exercice 1838. — Port de Cherbourg, 100,000 fr.; ports de Saint-Georges du Douhet, de la Perrotine et de Riberou, 150,000 fr.; port de Bayonne, 100,000 fr. port de Toulon, 100,000 fr. Total, 450,000 f.

Exercice 1839. — Port de Cherbourg, 200,000 fr.; ports de Saint-Georges du Douhet, de la Perrotine et de Riberou, 400,000 fr.; port de Bayonne, 300.00 fr.; port de Toulon, 150,000 f. Total, 1,050,000 f.

6. Il sera pourvu aux dépenses autorisées par la présente loi, au moyen du fonds extraordinaire créé pour les travaux publics.

---

30 JUIN=6 JUILLET 1838. — Loi sur les aliénés (1). (IX, Bull. DLXXXI, n. 7443.)

---

(1) Présentation à la Chambre des Députés le 6 janvier 1837 (Mon. du 7); rapport par M. Vivien le 18 mars (Mon. du 21); discussion le 3 avril (Mon. du 4), le 4 (Mon. du 5), le 5 (Mon. du 6), le 6 (Mon. du 7); adoption le 7 (Mon. du 8), à la majorité de 183 voix contre 47.

Présentation à la Chambre des Pairs le 28 avril (Mon. du 29); rapport par le marquis Barthélemy le 29 juin (Mon. du 30 et du 4 juillet).

Reprise du projet le 15 janvier 1838 (Mon. du 16); rapport par le marquis Barthélemy le 31 janvier (Mon. du 5 février); discussion les 7, 8, 9, 10, 12 et 13 février (Mon. des 8, 9, 10, 11, 13 et 14); adoption le 14 (Mon. du 15), à la majorité de 194 voix contre 19.

Présentation à la Chambre des Députés le 19 février (Mon. du 20); rapport par M. Vivien le 27 mars (Mon. du 28); discussion le 13 avril (Mon. du 14), le 14 (Mon. du 15); adoption le 16 (Mon. du 17), à la majorité de 202 voix contre 33.

Retour à la Chambre des Pairs le 18 mai (Mon. du 19); rapport par le marquis Barthélemy le 22 mai (Mon. du 25); adoption le 25 (Mon du 26), à la majorité absolue.

Retour à la Chambre des Députés le 28 mai (Mon. du 30); rapport par M. Vivien le 5 juin (Mon. du 6); adoption le 14 (Mon. du 15), à la majorité de 216 voix contre 16.

A une époque où les sentimens d'une philantropie éclairée exercent une si grande influence, où tant d'infortunes et de misères diverses ont été soulagées, la plus affligeante peut-être, n'avait point encore été l'objet de mesures spéciales et n'avait eu aucune part aux bienfaits si généralement répandus sur les infirmités humaines. Les malheureux frappés de cette terrible maladie que l'on nomme aliénation mentale, étaient presque hors la loi commune. On prenait des précautions pour protéger les individus et l'ordre public contre leur fureur; mais souvent ces précautions avaient pour résultat d'aggraver la position des aliénés; aucune règle fixe n'était établie, aucune base légale n'était posée, tout était en cette matière confusion et arbitraire. La sûreté publique n'était point suffisammet garantie, la liberté individuelle pouvait être compromise, et les soins convenables n'étaient point offerts aux malades.

Les médecins, les publicistes, les magistrats, les philantropes, envisageant chacun sous un point de vue différent ce fait social, se sont réunis pour demander à la législation les mesures qu'il rendait nécessaires.

Le gouvernement a entendu l'appel qui lui était fait. Mais il faut l'avouer, ce n'était pas chose facile à trouver qu'un remède convenable pour un mal si ancien et si grave. Aussi, le premier projet présenté par le gouvernement était-il loin d'atteindre le but.

« Le projet de loi, disait M. *Vivien* dans son rapport du 27 mars 1838, tel que le gouvernement l'avait présenté dans l'origine, ne contenait que des dispositions de police et de finances.

« La commission, en ajoutant quelques mesures administratives, avait développé le germe contenu dans la proposition première.

« La Chambre posa un principe nouveau et fécond en ordonnant, par l'art. 1er, que tout département serait tenu de recevoir et de soigner les aliénés, soit par l'ouverture d'un établissement public départemental, soit à l'aide d'un traité passé avec tout autre établissement public ou privé.

« Cette seule disposition a imprimé à la loi le caractère d'une loi de bienfaisance et de charité publique. En plaçant les secours à donner aux aliénés au rang des dépenses ordinaires des départemens, auxquelles il est pourvu à l'aide des centimes votés par la loi des finances, elle les a élevés au rang des dépenses générales de l'Etat, placés sous l'autorité du gouvernement et dans le vote des Chambres; elle les a assurés dans le présent et consacrés dans l'avenir. L'humanité applaudit à une mesure en vertu de laquelle l'Etat interviendra pour secourir les malheureux atteints par cette fatale maladie qui détruit la liberté morale, livre l'homme à tout le désordre des instincts matériels, et expose la société aux plus imminens périls. »

Au surplus, je le répète, on ne doit pas s'étonner, si d'abord le projet n'avait pas compris tout ce qu'il devait embrasser et n'avait pas complétement satisfait à tous les besoins. Le discours de présentation de M. le ministre de l'intérieur révèle tous les obstacles que les rédacteurs d'une loi sur pareille matière ont rencontré et dû surmonter.

« Ici, disait M. *le ministre*, la législation se tait, les règles manquent, les opinions divergent, des mesures contraires sont adoptées dans les différentes localités, les autorités sont incertaines......

« La législation antérieure à 1789 est muette.

« On ne songeait alors qu'aux dangers dont l'insensé furieux pouvait menacer la sûreté publique; on ne s'était point occupé de la protection qui était due au malheur dans la personne de l'aliéné; et des conditions nécessaires à son traitement; il faut peu s'en étonner; l'art lui-même, en ce qui concerne ce traitement, était encore très imparfait; l'hospice était pour l'aliéné une prison, lorsqu'il n'était pas confondu dans les prisons ordinaires avec les criminels.

« L'erreur ou l'oubli de l'ancienne législation s'est prolongé jusqu'à nos jours. L'art. 9 de la loi du 16=26 mars 1790 n'est qu'une disposition temporaire relative *aux personnes alors détenues pour cause de démence.*

« L'art. 3 du tit. 11 de la loi du 16=24 août 1790 comprend, au nombre des objets de police confiés à la vigilance et à l'autorité de l'administration, *le soin d'obvier ou de remédier aux événemens fâcheux qui pourraient être occasionés par les insensés ou les furieux laissés en liberté.*

« L'art. 15 de la loi du 19=22 juillet 1791 établit des peines contre *ceux qui laisseront divaguer des insensés ou furieux*, sans indiquer les moyens de prévenir ces divagations.

« Le Code civil, par ses art. 489 à 512, et le Code de procédure civile, par ses art. 890 à 897, ont déterminé les règles et les formes de l'interdiction, mais ne se sont occupés que de l'interdiction seule et de ses effets.......

« Les articles 117 et suivans du décret du 18 juin 1811 règlent le tarif des frais de cette procédure, ainsi que le mode de recouvrement.

« Le Code pénal renferme deux ordres de dispositions qui ont un rapport plus ou moins direct à cette matière.

« Les unes sont des dispositions générales relatives à la protection de la liberté individuelle. Ainsi les art. 114 à 122 et 186 répriment les atteintes qui seraient portées à cette liberté par les fonctionnaires publics. Les art. 341 à 343 répriment celles qui lui seraient portées par de simples particuliers.

« Les autres sont spéciales et renouvellent les peines portées contre ceux qui auraient laissé divaguer des fous ou des furieux étant sous leur garde, et ceux qui auraient occasioné la mort ou la blessure des animaux ou bestiaux appartenant à autrui, par l'effet de la divagation des fous, des furieux (art. 475, n. 7; 479, n. 2). Elles se taisent sur les cas dans lesquels cette divagation aurait occasioné un homicide, des blessures aux hommes, des incendies, etc.

« Il est essentiel de remarquer, dès ce moment, que, par une antinomie frappante, d'une part, les lois des 24 août 1790 et 22 juillet 1791, les art. 475 et 479 du Code pénal, admettent et supposent que la divagation de tout insensé, fou ou furieux, devra être prévenue ou qu'il y sera porté remède dès qu'elle deviendra dangereuse; et que d'une autre part, les art. 489 et suiv. du Code civil n'autorisent l'interdiction, et par suite les mesures de sûreté indiquées en l'art. 510 que pour le majeur qui est dans un état habituel d'imbécilité, de démence ou de fureur.

« La dernière loi de finances (loi du 18 juillet 1836) complète cette législation par son art. 6, portant « que les dépenses pour les aliénés indi« gens sont assimilées, pour 1837, aux dépenses va« riables départementales, sans préjudice du con« cours de la commune du domicile de l'aliéné et « des hospices. » Mais, en fixant cette base pour 1837, elle exige pour l'avenir l'adoption d'une règle définitive.

« Aucune de nos lois n'a donc réglé ni de quelle manière il serait pourvu aux mesures que nécessitent les aliénés qui ne sont pas interdits, ni quels seraient les établissemens dans lesquels ils seraient recueillis, ni comment il serait pourvu aux frais pour ceux qui sont indigens. »

Tout était donc à créer. Il fallait que la législation qu'on allait édifier protégeât en même temps la société et l'aliéné; surtout elle devait tendre à l'adoucissement de l'infortune de celui-ci et à sa guérison complète. Le projet originaire offrait en partie ces résultats. Il avait trois objets principaux: l'isolement des aliénés, les établissemens où ils seraient recueillis, et les dépenses de leur entretien.

La Chambre des Députés changea l'ordre de ces dispositions. Elle pensa que la loi, ayant principalement pour objet les mesures qui concernent la personne des aliénés et les formes selon lesquelles ils peuvent être placés dans les établissemens qui leur sont destinés, il convenait de s'occuper d'abord de ces établissemens. Elle s'attacha ensuite aux formes suivant lesquelles les aliénés y sont reçus, distinguant entre le cas où le placement est

TITRE Ier. — *Des établissemens d'aliénés.*

Art. 1er. Chaque département est tenu d'avoir un établissement public, spécialement destiné à recevoir et soigner les aliénés, ou de traiter, à cet effet, avec un établissement public ou privé, soit de ce département, soit d'un autre département.

Les traités passés avec les établissemens publics ou privés devront être approuvés par le ministre de l'intérieur (1).

2. Les établissemens publics consacrés

---

fait par les familles elles-mêmes dans l'intérêt de leurs affections ou de leur sécurité, et celui où il est prescrit par l'administration.

Elle introduisit enfin quelques dispositions nouvelles relatives à tous les aliénés et concernant leurs droits civils, leurs intérêts matériels.

Les discussions auxquelles le projet a depuis été soumis, soit à la Chambre des Pairs, soit à la Chambre des Députés, n'ont apporté à ce nouvel ordre de dispositions que de légères modifications.

Ainsi la loi est divisée en trois titres : le premier a pour objet les établissemens des aliénés ; le second s'occupe des placemens; il se divise en quatre sections : la première traite des placemens volontaires ; la seconde, des placemens ordonnés par l'autorité publique ; la troisième, des dépenses du service ; la quatrième contient les règles communes aux deux modes de placemens. Des dispositions générales forment le titre troisième.

Cette loi est éminemment protectrice de la liberté individuelle ; elle veille constamment à ce que nul individu ne puisse, sous prétexte d'aliénation mentale, être privé de la libre disposition de sa personne ; et cependant, elle laisse à l'administration tout le pouvoir qui lui est nécessaire. Mais il faut convenir qu'elle présente des dispositions un peu compliquées et qu'elle multiplie sans utilité les agens à qui elle confie les intérêts des aliénés.

Peut-être eût-il été préférable de ne pas confondre dans une même loi des mesures de police, des dispositions protectrices de la liberté individuelle et des règles sur les droits civils des aliénés. Tout ce qui est relatif à celles-ci offre la trace d'une certaine précipitation, et n'est pas toujours en harmonie parfaite avec les dispositions du Code civil.

Qu'il me soit permis de reproduire ici les réflexions qui terminent le rapport de M. Barthélemy à la Chambre des Pairs. Elles m'ont paru aussi justes qu'élevées; il est bon qu'elles soient répandues; car notre législation est en général trop exclusivement occupée du mal moral ou matériel lorsqu'il s'est développé; elle ne tend pas assez à le prévenir ; elle ne voit que les effets, elle ne recherche pas assez les causes.

« En adoptant, a dit M. Barthélemy, toutes les mesures qui tendent à procurer aux malheureux aliénés des asiles plus nombreux, un traitement plus rationnel ; en faisant disparaître de nos codes des prescriptions dont l'accomplissement pourrait nuire à leur guérison ; en entourant leur personne et leurs biens de toute sa sollicitude, le projet de loi acquitte la dette de l'humanité ; mais il ne suffit pas à la société de s'occuper des soins qu'elle doit aux aliénés déclarés, s'il est en son pouvoir d'en diminuer le nombre. Tous les auteurs s'accordent à dire qu'il s'accroît avec la dépravation des mœurs, et que les passions les plus viles et les plus basses sont celles qui en développent les principes avec le plus d'énergie. On a remarqué que le nombre des fous est généralement en rapport, dans chaque pays, avec celui des criminels, et que la folie se déclare avec le plus d'intensité et d'énergie au même âge que le crime. C'est donc à l'éducation à diminuer, en cherchant à les prévenir, les ravages que cause une maladie aussi dégradante pour l'espèce humaine.

« Efforçons-nous d'appuyer cette éducation sur les principes de religion et de morale, qui seuls peuvent donner à l'homme la force nécessaire pour réprimer ses mauvaises passions et les écarts de son esprit ; nous procurerons ainsi à ceux de nos concitoyens que de malheureuses prédispositions soumettraient à l'influence fâcheuse de cette cruelle maladie, le meilleur préservatif que l'expérience et l'opinion presque unanime des auteurs aient pu indiquer jusqu'à ce jour. »

On verra plus tard dans les notes sur les articles les conséquences singulières qu'on cherchait à tirer de ces paroles pleines de sagesse.

(1) On aurait de la peine à croire que la loi sur les aliénés ait pu devenir l'objet d'un dissentiment politique. Cependant les opinions opposées y ont trouvé le prétexte d'une lutte assez animée. Plusieurs pairs, s'emparant des paroles qui terminent le rapport de M. Barthélemy, voy. *suprà*, ont soutenu qu'entre les établissemens destinés à recevoir et à soigner les aliénés, la préférence devait être accordée à ceux qui sont desservis par des congrégations religieuses, ou plutôt que tous devaient être confiés à leurs soins pieux. Cette sympathie exagérée pour une classe d'établissemens suffisait pour leur créer des adversaires également passionnés, et qui ont revendiqué pour les établissemens laïques des faveurs, si ce n'est un privilége absolu et exclusif. M. *le ministre de l'intérieur* s'est sagement posé entre ces opinions extrêmes. « De ce que la religion, a-t-il dit, peut être invoquée comme une sauvegarde de la raison humaine, suit-il qu'il y ait une préférence à accorder aux établissemens laïques ou aux établissemens religieux ? Nous ne le pensons pas. Là où existent des établissemens laïques, où toute la science est pratiquée, où l'ordre subsiste, nous pensons qu'il est bon de les soutenir, de les protéger. Existe-t-il, au contraire, des établissemens dirigés par des congrégations religieuses autorisées par les lois, si l'ordre y existe, si la science y est bien pratiquée, si on ne lui ferme pas la porte de l'asile des aliénés, comme à une sorte d'invention mondaine, nous nous empresserons aussi de protéger, de maintenir ces établissemens. Qu'il me soit permis de le dire, ce serait peut-être dans un mélange de ces deux sortes d'établissemens, dans un mélange de ce qu'il peut y avoir de bon et de pratique quant à la science dans les établissemens laïques, avec ce qu'il peut y avoir de bon, de pratique, d'actif, de secourable dans les établissemens religieux, c'est dans ce mélange qu'on pourrait trouver le juste milieu qui peut servir à former un établissement modèle pour les aliénés.

« Ceci n'est pas seulement une opinion théorique ; c'est une opinion basée sur des observations. Je pourrais citer tel établissement dont la direction est confiée à des administrateurs laïques, et dans lesquels il y a des frères servans subordonnés aux laïques, dans lesquels l'ordre est le plus parfait en même temps que la science y est pratiquée dans des vues de progrès. Ne rien proscrire, telle a été l'opinion du gouvernement, lorsqu'il s'est occupé de rédiger le projet de loi qu'il vous a soumis, pour lequel, d'ailleurs, il s'est presque toujours réuni à votre commission ; car il n'a pas échappé à la Chambre que nous avons admis la plupart des améliorations que votre commission avait proposées l'année dernière, et une grande partie des améliorations qu'elle a proposées cette année. »

La rédaction de cet article appartient à la commission de la Chambre des Députés. Le meilleur commentaire qui en même temps explique la disposition de l'art. 25 se trouve dans le rapport de M. *Vivien* du 27 mars 1838.

... « En plaçant, y est-il dit, les secours à donner aux aliénés au rang des dépenses ordinaires des départemens, auxquelles il est pourvu à l'aide des centimes votés par la loi de finances, elle les a élevés au rang des dépenses générales de l'Etat, placées sous l'autorité du gouvernement et dans le vote des Chambres...

« Cependant l'engagement contracté par l'Etat, et qui sera accompli en son nom, a des limites que l'intérêt public ordonne de poser et qui ne sauraient être franchies sans compromettre nos finances, sans contrevenir à d'impérieuses règles d'économie publique.

« Votre commission a pensé qu'il convenait d'introduire, à ce sujet, quelques règles précises dans le projet de loi ; elle les a consignées dans l'art. 24 (actuellement 25), dont je dois vous entretenir dès à présent, parce qu'il forme le commentaire et le complément de l'art. 1er.

« Tout aliéné dangereux, dont la séquestration sera ordonnée par l'autorité publique, doit être reçu et traité aux frais du département, s'il ne possède personnellement aucune ressource. C'est principalement en vue de cette classe que sont fondés les établissemens publics ; et l'autorité qui, dans un intérêt de sûreté générale, dispose de la personne de ces infortunés, est tenue de pourvoir à leur bien-être physique toujours, et à leur guérison, quand elle est possible.

« Le devoir du gouvernement ne s'arrête pas là. Il est des aliénés dont la condition est trop déplorable, quoiqu'ils ne menacent point la sécurité des citoyens, pour que la société ne leur vienne pas en aide ; tous ceux aussi qui sont en proie au premier accès d'un mal que l'art peut dissiper, doivent être admis à recevoir les secours de la science ; et, quand sur tous les points du territoire des hôpitaux sont ouverts aux diverses maladies qui affligent l'humanité, la plus cruelle ne saurait être privée de ce bienfait.

« Mais, si la loi ouvrait indistinctement les établissemens créés ou subventionnés par les départemens à quiconque se prévaudrait du titre d'aliéné, elle faciliterait les plus ruineux abus. L'imbécilité, l'idiotisme touchent de près à l'aliénation mentale, et pourraient aisément se confondre avec elle. Les communes, pour se dégager du fardeau de leurs pauvres, les familles, pour se soustraire à leurs charges domestiques, ne manqueraient pas d'imposer au département, comme atteints d'aliénation mentale, tous les indigens incapables de subvenir à leur existence, et chez lesquels le moindre défaut d'intelligence pourrait servir de prétexte. Les établissemens seraient bientôt encombrés, et les départemens placés dans la pénible alternative de laisser s'accroître indéfiniment une dépense onéreuse ou de refuser des secours aux nouveaux malades, le plus souvent mieux disposés que les autres à profiter des secours de l'art, tandis que toutes les places seraient occupées par des incurables.

« Des mesures doivent être prises pour que tous les aliénés dont la raison n'est pas irrévocablement détruite obtiennent un traitement immédiat et complet. Après avoir pourvu à cette nécessité, les départemens pourront admettre dans leurs établissemens les autres aliénés, avec toutes les restrictions propres à empêcher que leur nombre ne soit un obstacle à l'admission des malades en traitement.

« Telle est la règle qui nous a paru devoir être admise. Elle n'était pas de nature à trouver place dans la loi ; c'est aux conseils généraux qu'il appartiendra de prendre, à ce sujet, toutes les dispositions convenables, et de régler les formes et les conditions des admissions, de manière à pourvoir, dans de justes limites, à tous les besoins.

« Ainsi, les établissemens ouverts, aux termes de l'art. 1er, devront recevoir tous les aliénés dangereux dont l'autorité publique aura ordonné la séquestration, et, en outre, tous ceux dont les conseils généraux, sous l'approbation du ministre, auront autorisé l'admission.

« Tel est le sens de l'article introduit par votre commission.

« La faculté accordée aux départemens de traiter avec des établissemens publics ou privés, situés sur leur territoire ou sur celui d'un autre département, prouve que chacun d'eux n'est pas tenu de posséder un établissement en propre. Certains départemens renferment trop peu d'aliénés, pour qu'il y ait lieu de leur consacrer une maison ; dans d'autres, une création nouvelle serait nécessaire, et elle donnerait lieu à une dépense excessive, comparée aux besoins en vue desquels elle serait faite ; enfin l'expérience prouve que les grands établissemens sont préférables aux autres. Les moyens curatifs, le personnel nécessaire, la disposition spéciale des localités peuvent plus facilement y être obtenus, et les soins d'une bonne administration, d'une gestion économique concourent avec les enseignemens de l'art pour les conseiller.

« Votre commission a donc maintenu la faculté, pour les départemens, de traiter avec des établissemens publics ou privés, sans être obligés d'en élever à leurs frais.

« Les traités qu'ils passeront seront soumis à l'approbation du ministre de l'intérieur ; cette garantie a été introduite dans la loi par la Chambre des Pairs, qui ne l'a néanmoins appliquée qu'aux traités passés avec les établissemens privés. Nous sommes d'avis que l'approbation ministérielle doit intervenir, mais nous la croyons nécessaire pour les traités passés avec tous les établissemens, quels qu'ils soient, publics ou privés. A la vérité, les premiers ont des tarifs réglés par l'autorité, et seront soumis à des réglemens particuliers qui garantiront leur bonne tenue ; mais l'approbation du ministre n'a pas seulement pour objet les conditions relatives aux prix et au régime intérieur, elle comprend tout ce qui rentre dans l'intérêt départemental, tout ce qui se rga-

aux aliénés sont placés sous la direction de l'autorité publique (1).

3 Les établissemens privés consacrés aux aliénés sont placés sous la surveillance de l'autorité publique (2).

4. Le préfet et les personnes spéciale-

---

nisation générale du service des aliénés; ainsi, le ministre devra rechercher si le traité soumis à son approbation est la meilleure manière dont le département puisse venir au secours de ses aliénés; si l'on ne doit pas plutôt former un établissement spécial; il devra se rendre compte de l'importance de l'établissement, s'assurer qu'il est en état de répondre aux engagemens contractés, et faire en sorte, enfin, que les aliénés des divers points de la France soient répartis entre les établissemens publics et privés, de manière qu'aucun de ceux-ci ne soit chargé au delà de ses facultés. »

On a proposé à la Chambre de Députés de substituer au deuxième paragraphe de l'article un amendement portant : « Les traités passés avec les établissemens publics ou privés préparés par les préfets, adoptés par les conseils généraux, devront être approuvés par le ministre de l'intérieur. »

M. *le rapporteur* a fait observer « qu'il est bien évident que les traités seront passés de l'aveu des conseils généraux; c'est le conseil général qui vote la dépense, et nécessairement il délibérera sur le traité. »

La proposition a été rejetée.

« Il est bien entendu, a dit *le Ministre*, dans son discours de présentation du projet à la Chambre des Pairs, que le droit d'approbation réservé pour le ministre n'a pas pour but de nuire aux établissemens privés, de frapper d'une espèce d'interdit les maisons de santé fondées par des laïques ou des associations religieuses; toutes seront également admissibles à recevoir et soigner les malheureux aliénés, si elles sont régulièrement établies et constituées, et s'il est évident que les conditions pécuniaires proposées par elles ne sont pas dictées par un pur esprit de spéculation mercantile, le plus déplorable en cette matière, nous dirons même le plus coupable. »

On lisait à la suite du paragraphe 2 : « Ils (les traités) ne seront valables que si le chef de cet établissement s'est soumis à n'employer que des médecins agréés par le préfet. »

MM. *Pelet de la Lozère et Mounier* ont fait remarquer que cette précaution, qui est utile dans certains cas, ne devait pas être insérée dans la loi, et qu'il fallait laisser aux réglemens d'administration publique dont parle l'art. 6, le soin d'établir de semblables règles.

M. *le ministre de l'intérieur* a consenti au retranchement.

On voit, au surplus, que les départemens qui ne pourront pas former seuls un établissement, sont obligés de traiter avec celui d'un autre département. Il vaudrait encore mieux que deux ou plusieurs départemens s'unissent pour fonder et entretenir un établissement commun. Certainement, les termes de la loi ne s'opposent pas à une pareille combinaison, et sans aucun doute le gouvernement devrait la favoriser; car si les départemens s'isolent, chacun ne pourra former que des établissemens qui n'offriront, ni les ressources, ni les développemens convenables. Mais s'ils cherchent à s'associer, des difficultés nombreuses ne manqueront pas de s'élever. « Chacun, disait M. *Billault* à la Chambre des Députés, voudra avoir la suprématie et le bénéfice d'être le département central. L'on s'entendra difficilement de conseil général à conseil général; même par l'intermédiaire du préfet, les négociations ne seront pas aisées. L'esprit de localité s'en mêlera, et le but de la loi ne sera pas atteint. » En conséquence, M. *Billault* demandait qu'une disposition expresse armât l'autorité supérieure de la puissance nécessaire pour amener les départemens à préférer les bienfaits de l'association aux résultats fâcheux de l'esprit de rivalité et d'isolement. Je crois que personne n'a songé à contester la sagesse de ces vues, et sans doute, si la Chambre n'a point inséré une disposition propre à les réaliser, c'est parce qu'elle a considéré l'influence de M. le ministre de l'intérieur comme suffisante. Il a d'ailleurs promis lui-même d'employer tous les moyens de persuasion, pour arriver au résultat indiqué. Au demeurant, ce n'est pas la seule occasion où les départemens comme les communes sont, par le peu d'étendue de leur territoire et l'exiguïté de leurs ressources, hors d'état de subvenir convenablement à leurs besoins et à l'accomplissement des services et des travaux qui les intéressent. Nous voyons que pour les frais de l'instruction primaire, pour certains travaux, notamment pour la confection des routes, l'association entre plusieurs est indispensable. Des changemens dans la circonscription, qui donneraient à chaque département une plus grande étendue, un meilleur choix des chefs-lieux, une plus grande réunion de ressources financières, rendraient faciles beaucoup de choses qui aujourd'hui présentent de graves difficultés.

L'établissement de Charenton a un caractère tout spécial. Il n'est, ni communal, ni départemental, ni privé. M. *le ministre de l'intérieur* a déclaré qu'il appartient à l'État, et qu'il est entretenu à ses frais; et il a ajouté que si, pour mettre son réglement intérieur en harmonie avec la loi actuelle, quelques modifications étaient nécessaires, elles seraient faites.

(1 et 2) Ces articles indiquent tout le système qui devra présider à la mise à exécution de la loi.

M. *le rapporteur* de la commission de la Chambre des Pairs en expliquait le sens dans la séance du 9 février 1838.

« De ce que les établissemens publics, disait-il, sont placés sous l'autorité du Gouvernement, il en résulte qu'il a le droit de fixer le mode d'administration et le régime de ces établissemens par des ordonnances, ainsi que le porte l'article 6, quant aux établissemens privés, le droit de l'autorité se borne à une simple surveillance, c'est-à-dire à y faire de fréquentes inspections pour s'assurer qu'ils ne s'écartent pas des prescriptions de la loi et que tout chez eux se passe convenablement; là s'arrête le pouvoir du Gouvernement : il n'a qu'un droit de police et non un droit de direction absolue. »

Le rapport de M. *Vivien* en 1837 explique aussi en quoi consiste la différence des droits de l'autorité sur les établissemens publics et sur les établissement privés; après avoir parlé des améliorations qu'on peut introduire dans les premiers il ajoute :

« Quant aux établissemens particuliers, l'action de l'administration ne peut être la même qu'à l'égard des établissemens publics. L'industrie privée a des droits qui doivent être respectés; mais les considé-

ment déléguées à cet effet par lui ou par le ministre de l'intérieur, le président du tribunal, le procureur du roi, le juge de paix, le maire de la commune, sont chargés de visiter les établissemens publics ou privés consacrés aux aliénés.

Ils recevront les réclamations des personnes qui y seront placées, et prendront, à leur égard, tous renseignemens propres à faire connaître leur position.

Les établissemens privés seront visités, à des jours indéterminés, une fois au moins chaque trimestre, par le procureur du roi de l'arrondissement. Les établissemens publics le seront de la même manière, une fois au moins par semestre (1).

---

rations que nous venons d'exposer prouvent que si l'intervention du Gouvernement offre un caractère différent, elle doit néanmoins tendre au même but. Nous pourrions dire qu'elle doit être plus étendue : car aux inconvéniens graves qui résulteraient d'une administration vicieuse et qui doivent être évités dans tout établissement, les entreprises particulières peuvent en ajouter qui leur sont spéciaux. De coupables connivences pourraient donner la facilité de disposer de la liberté d'un parent incommode ou ennemi ; une lâche cupidité, une méprisable indifférence, pourrait prolonger une captivité qui doit cesser avec la démence et qui devient un crime dès qu'elle dure plus que sa cause. La loi ne peut se mettre trop en garde contre ces abus, et le projet propose avec raison divers moyens de les prévenir. Ainsi aucun établissement privé ne pourra se former sans une autorisation préalable, et un réglement d'administation publique déterminera les conditions auxquelles les autorisations seront accordées, les cas où elles pourront être retirées et les obligations imposées aux établissemens. Par ce moyen, le gouvernement pourra prescrire toutes les mesures d'ordre public et toutes les précautions d'intérêt privé.

En Angleterre, de semblables autorisations sont exigées. La loi a fait plus ; elle leur donne une durée d'une année seulement. Nous aurions craint, en adoptant cette disposition, de créer un obstacle à la formation d'entreprises qui exigent des capitaux considérables, pour répondre convenablement à leur but. Nous laissons au réglement d'administration publique le soin de déterminer la durée des autorisations ; nous nous sommes bornés à rédiger l'article 3 de manière à indiquer que l'autorisation sera donnée au chef de l'établissement et non à l'établissement. Il est nécessaire en effet qu'aux conditions matérielles, propres à assurer le succès et la durée de l'entreprise, se joignent les garanties personnelles du caractère, des habitudes et de l'expérience du directeur. Le pouvoir qu'il doit exercer, la confiance dont il faut qu'il soit digne, ne permettent pas que ces fonctions soient librement exercées par tous ceux que l'esprit de spéculation pourrait engager à s'en revêtir. »

Au surplus, les mots *autorité publique* ont été substitués aux mots *gouvernement* et *autorité administrative* qui se trouvaient dans le projet, et qui manquaient d'exactitude, comme l'a fort bien fait remarquer M. le rapporteur de la Chambre des Pairs, puisque les établissemens d'aliénés sont soumis aussi à *l'autorité judiciaire*.

(1) Cet article a été l'objet de vives critiques dans les deux chambres. Le grand nombre des visiteurs ou inspecteurs aura pour effet, a-t-on dit, d'abord, de révéler ce que les familles ont intérêt à tenir dans le secret ; en second lieu, de retarder peut-être la guérison des malades.

On empruntait ce dernier reproche à une brochure de M. *Esquirol*, dans laquelle il s'exprime ainsi : « Il y a, d'après le projet de loi, plusieurs ordres de surveillance :

« Le préfet et ses délégués ;

« Les délégués du ministre de l'intérieur ;

« Le président du tribunal ;

« Le procureur du roi et ses délégués;

« Le juge de paix ;

« Le maire de la commune.

« Ajoutez les visites des administrateurs des hospices ou des membres des commissions spéciales de surveillance des maisons d'aliénés.

« Ajoutez encore les visites qui doivent être faites par des délégués du préfet dans les trois jours qui suivent l'admission de chaque malade.

« Que de visites ! que de visiteurs ! Prisons d'État, prisons criminelles furent-elles jamais soumises à de plus nombreuses inspections ? Que d'individus admis dans le secret d'une maladie que tout le monde cherche à cacher!

« Avant d'apprécier l'utilité de ces visites, il est bon de signaler le mal qu'elles feront.

« Il est d'expérience que la visite journalière du médecin provoque une sorte d'excitation générale parmi les aliénés, surtout parmi les femmes, quelque habituées que soient ces malades à ces visites.

« Lorsque les administrateurs, les membres des commissions de surveillance, visitent les établissemens d'aliénés, ils sont témoins de l'excitation que leur présence provoque. Il en est de même lorsque les autorités supérieures se rendent dans ces établissemens. »

On a répondu à ces reproches, qu'il est bien vrai qu'il faut avoir égard à la malheureuse situation des familles; mais qu'on ne saurait entourer de trop de garanties la liberté individuelle.

« De quoi se plaint-on ? a dit M. *le ministre de l'intérieur*, de ce qui a toujours eu lieu. Suivant une loi de 1789, l'autorité publique en cette matière s'exerçait d'une manière différente, dans quelques parties de la France. Il y avait tel département où le dépôt des aliénés se faisait d'après un arrêté du préfet, et dans d'autres, dans celui du Nord, par exemple, il fallait un jugement d'interdiction, précédé d'une enquête. La loi a pour but d'abord, de faire disparaître ces différences dans l'application de la législation ; et, en second lieu, de faire disparaître cette enquête préalable et cette véritable enquête judiciaire qu'on appelle jugement, par suite desquels on dépose l'aliéné dans une maison particulière.

« Eh bien le projet a pour but de régulariser cet état de choses. Vous verrez, en jetant les yeux sur l'art. 7, qu'il suffira d'un certain nombre de conditions imposées aux membres de la famille pour que le dépôt puisse avoir lieu. On a donc pourvu, autant qu'il a été possible, d'après le projet, à ce que l'on demandait avec raison tout à l'heure, c'est-à-dire qu'on tînt compte de ce qu'il

5. Nul ne pourra diriger ni former un établissement privé consacré aux aliénés sans l'autorisation du gouvernement.

Les établissemens privés consacrés au traitement d'autres maladies ne pourront recevoir les personnes atteintes d'aliénation

---

peut y avoir de pénible dans la situation des familles.

« Une autre observation qui a été faite, c'est qu'un trop grand nombre de personnes auraient le droit de visiter ces établissemens.

« On a tracé des limites à cet égard ; car si, d'une part, il faut cacher autant que possible la situation de santé d'un membre d'une famille, d'un autre côté il faut donner à la liberté individuelle toutes les garanties. Eh bien ! qu'a-t-on fait ?

« On a dit que le préfet et les personnes qu'il aura déléguées à cet effet, le président du tribunal, le procureur du roi, le juge de paix, le maire de la commune, seraient chargés de visiter ces établissemens. Il faut bien donner l'entrée de ces maisons à l'autorité judiciaire, pour écouter les plaintes contre l'autorité administrative, s'il y avait lieu. C'est un contrôle particulier placé à côté de l'autorité administrative. Le maire est chargé de cette visite. En effet, le maire est le représentant d'un pouvoir électif, mais il est le délégué de ses concitoyens, et on a trouvé juste de mettre à côté de l'autorité administrative, un magistrat qui ressort à la fois de la couronne et de l'élection populaire. On a voulu mettre tous les degrés de garanties pour contrôler l'action administrative. Il fallait bien donner aussi au préfet le droit de désigner un ou plusieurs médecins pour avoir un rapport sur la situation des aliénés. Mais enfin il y a des limites à toutes choses, et la loi ne pouvait avoir la prétention de tout définir. Il faut s'en rapporter au bon sens et à la raison des préfets sur l'application de la loi. »

Malgré ces raisons, ce n'est pas sans quelque répugnance qu'on a laissé subsister une disposition qui aura pour résultat nécessaire de multiplier les visites, et la discussion dans les deux Chambres a révélé la pensée que l'on devrait exécuter la loi, sous ce rapport, avec beaucoup de réserve et de précaution.

M. *Vivien* disait dans son rapport en 1837.

« Le préfet pourra déléguer des inspecteurs spéciaux chargés de visiter les établissemens. Il choisira, pour leur donner ce caractère, les citoyens les plus capables d'imprimer à ce service une direction utile et salutaire. Ces délégués le remplaceront toutes les fois que d'autres soins le distrairaient, et leur concours aura pour résultat de rendre la surveillance active et vigilante.

« Nous espérons qu'elle s'exercera réellement ; nous n'entendons pas prononcer une oiseuse prescription. Il sera du devoir du gouvernement de donner sur ce point les instructions les plus précises ; il engagerait gravement sa responsabilité s'il négligeait d'user de l'autorité que la loi va lui confier, et s'il laissait ses agens s'oublier dans une molle indifférence. »

« Abusera-t-on de cette faculté (celle de visiter les établissemens) ? disait M. *le ministre de l'intérieur* à la chambre des pairs. Messieurs, chacun sentira qu'il y a là une question d'humanité et de nécessité pour le traitement de la maladie. Des instructions ministérielles rappelleront d'ailleurs aux préfets ce qu'ils auront à faire. » Ces paroles s'adressaient à un membre de la Chambre des Pairs qui demandait qu'il ne pût y avoir qu'un seul délégué.

Au doute exprimé par le même membre, sur le point de savoir si la délégation du préfet sera permanente ou accidentelle et renouvelée pour chaque visite, M. le baron *Feutrier* a répondu :

« Le préfet désignera, d'une manière permanente, le sous-préfet qui est le chef de l'administration, dans l'arrondissement, afin qu'il s'assure, par des visites fréquentes, de l'exécution des prescriptions de la loi, dans les établissemens dont il s'agit, si l'ordre y est complet, si les soins sont donnés avec exactitude. Sous ce rapport, il y aura délégation permanente. Il pourra ensuite y avoir des délégations spéciales pour des visites accidentelles, dans des cas et pour des causes accidentelles, relativement à telle ou telle disposition à introduire dans le régime de l'établissement, dans la construction même des établissemens publics directement par l'administration, ou à imposer aux directeurs des établissemens privés. D'ailleurs l'article emploie le mot *délégation*, et il n'est pas à craindre que le préfet puisse, sous prétexte de délégation, céder aux désirs de personnes qui ne seraient mues que par un sentiment de curiosité. »

Ni le ministre, ni le préfet ne doivent choisir des délégués qui soient parens des personnes intéressées dans l'établissement.

Il est vrai qu'un paragraphe exprimant cette prohibition a été supprimé dans le projet adopté par les Chambres, mais les motifs de suppression n'ont porté que sur le caractère absolu que cette disposition tirait de sa présence dans la loi ; en sorte que, quoiqu'elle ait disparu du texte, elle est restée dans l'intention.

Les motifs qu'a donnés M. le ministre de l'intérieur pour qu'elle fût retranchée de la loi, confirment cette interprétation. Après avoir fait remarquer que la prescription serait inexécutable par le ministre, puisque dans le cas où il s'agirait d'un inspecteur-général, il serait dans la nécessité de prendre des renseignemens complets sur la situation des personnes intéressées dans tous les établissemens publics de France pour n'être pas pris en défaut, opération qui serait extrêmement difficile et dont le résultat ne serait jamais certain, M. *le ministre de l'intérieur* a ajouté : « Sans doute, pour le préfet, la mesure serait moins impraticable ; mais ce sera au préfet à y porter la plus grande attention. Le ministre aura soin, dans ses instructions, de recommander que les personnes déléguées pour inspecter n'aient point de rapports de parenté ou d'amitié, ou même, autant que possible, d'affaires avec les personnes qu'il s'agira d'inspecter. Cela ne pourrait pas être mis dans la loi ; mais le gouvernement aura égard aux recommandations qui lui ont été présentées, et le ministre y fera droit selon les circonstances. »

On demandait que le juge de paix fût remplacé par un ministre du culte ; cette proposition n'a pas été accueillie, mais il a été reconnu que celui-ci pourrait être délégué par le préfet.

Au membre de la Chambre des pairs qui voulait qu'il ne pût y avoir qu'un délégué, M. *le ministre* répondait : « Il peut être quelquefois utile de déléguer un certain nombre de personnes. A Paris, par

mentale, à moins qu'elles ne soient placées dans un local entièrement séparé.

Ces établissemens devront être, à cet effet, spécialement autorisés par le gouvernement, et seront soumis, en ce qui concerne les aliénés, à toutes les obligations prescrites par la présente loi (1).

6. Des réglemens d'administration pu-

---

exemple, il y a des cas où le préfet croit devoir s'éclairer par une commission de trois médecins; d'autres cas, dans lesquels on peut prier un prêtre, le curé de la paroisse, je suppose, d'assister le médecin et d'examiner si tous les soins sont bien administrés. »

Un paragraphe disait expressément que les diverses personnes indiquées dans l'article, seraient admises lorsqu'elles se présenteraient pour remplir leur mission. Il a été supprimé comme inutile. Il est bien évident, en effet, que la loi qui veut la fin, veut les moyens.

On avait proposé de comprendre le premier président de la Cour royale et le procureur-général dans la nomenclature; cette proposition n'a pas été accueillie, et cependant on a dit dans la discussion que ces magistrats avaient le droit de s'introduire, lorsqu'ils le jugeraient convenable, dans les établissemens d'aliénés.

Il faut bien s'entendre à cet égard et faire disparaître l'espèce de contradiction qu'on pourrait trouver entre ce qui a été dit, à peu près unanimement, sur la nature des droits du procureur général et du premier président, et le refus de les comprendre dans la liste des fonctionnaires chargés de la surveillance des établissemens créés par la présente loi. Les procureurs généraux, les premiers présiden^s, les juges d'instruction et les juges de paix peuvent et même doivent se transporter sur-le-champ dans le lieu, où un individu est détenu arbitrairement et le faire mettre en liberté. (Cod. inst., art. 616.)

Mais il y a une grande différence entre la démarche obligatoire pour ces magistrats, à qui un fait de détention illégale est révélé, et les visites qui, sans qu'aucun événement les ait provoquées, doivent être faites, par pure précaution, par les fonctionnaires que désigne le présent article, dans les établissemens consacrés aux aliénés.

M. *Dubouchage* a fait remarquer qu'il ne fallait pas perdre de vue qu'il ne s'agit pas seulement de la liberté individuelle d'un aliéné séquestré; mais encore, et principalement des abus qui pourraient s'introduire dans un établissement; or, disait-il, s'il en est ainsi, quels renseignemens les délégués pourront-ils prendre dans l'intérieur de la maison, auprès des personnes qui y sont placées? Ils n'en prendront pas, ou ils n'en prendront que de fautifs, puisqu'ils auront été donnés par des personnes intéressées à maintenir les abus qu'on voudrait réprimer. Il faudra donc que l'autorité prenne aussi des renseignemens au dehors, et c'est ce qui n'est pas dans votre loi. Il proposait, en conséquence, un amendement conçu en ces termes : « Ils (les délégués) pourront faire une enquête sur les abus qui leur auront été signalés, et appeler des témoins. Ceux qui négligeraient ou refuseraient leur témoignage seraient passibles d'une amende de 100 à 300 fr. »

. . . .

M. *le rapporteur* a répondu : « D'après le projet, les personnes chargées de visiter les établissemens et de recevoir les réclamations des séquestrés, sont tenues de prendre tous les renseignemens propres à faire connaître leur position. Dès lors, il résulte pour elles une sorte de droit d'enquête. Quant à l'enquête extérieure, elle est de droit, puisque les fonctionnaires chargés des inspections doivent prendre tous les renseignemens propres à les éclairer. Ces fonctionnaires appartenant, soit à l'ordre administratif, soit à l'ordre judiciaire, auront, chacun dans leur sphère, le droit de faire connaître les abus, et même de les réprimer directement. La commission n'a donc pas cru nécessaire de l'exprimer. Quant à l'amende que prononce le statut anglais contre les personnes qui se refuseraient à comparaître dans une enquête, nous n'avons pas cru devoir vous proposer une disposition analogue dans la loi. Le plus souvent, l'enquête sera ordonnée par le procureur du roi. Or, quand elle est faite par l'autorité judiciaire, le Code pénal contient des peines contre les témoins défaillans. Ces peines qui s'appliquent à une prescription générale, seront aussi appliquées, s'il y a lieu, au cas spécial.

M. *le vicomte Dubouchage* : « Il est bien reconnu qu'à l'aide de ces mots on a entendu que l'administration et l'autorité judiciaire auront toujours le droit de faire une enquête à l'extérieur. Dès-lors je retire mon amendement, et mon but est atteint par les explications que j'ai provoquées. »

M. *le ministre de l'intérieur* a cru devoir ajouter : « Les personnes admises dans les établissemens d'aliénés ont deux catégories d'observations à faire : 1° les observations générales portant sur le régime de la maison, sur ce régime qui aura été introduit par des réglemens d'administration publique. Eh bien, dans ce cas, le rapport sera fait à l'autorité administrative, qui a dans ses mains tout pouvoir pour réformer les abus. Il y a ensuite une autre espèce d'examen à faire : celui qui a rapport aux personnes. Pour celui-là, supposez qu'une plainte, qu'un soupçon arrive à l'esprit du visiteur, à qui va-t-il s'adresser? aux autorités compétentes, qui ont tous les moyens de faire une enquête tout aussi solennelle, tout aussi complète que l'enquête prévue par le statut anglais. (Approbation.)

« Ainsi, s'il y a abus administratif, l'administration locale est là; s'il y a une enquête judiciaire à faire, elle rentre dans le domaine des tribunaux. Nous croyons donc que l'article proposé par le gouvernement, et auquel la commission a bien voulu donner son suffrage, remplit parfaitement le but qu'on s'est proposé. (Assentiment.)

(1) Le projet de 1838 contenait un principe absolu dans son deuxième paragraphe. Il portait : « Aucun établissement privé, consacré au traitement « d'autres maladies ne pourra recevoir les per« sonnes atteintes d'aliénation mentale. »

Cette disposition, qui n'était pas dans le projet primitif, fut introduite sur la demande unanime des médecins qui attestaient qu'on ne pouvait arriver d'une manière efficace à la guérison des maladies mentales dans les établissemens où étaient reçus d'autres malades.

A la Chambre des Pairs on soutint que l'article aurait pour résultat d'enlever aux familles toute leur liberté et de ne pas laisser même au malade le choix de la maison où il voudrait être traité. A la suite d'une longue discussion, la rédaction qui se trouve aujourd'hui dans la loi fut p[illegible]osée par

blique détermineront les conditions auxquelles seront accordées les autorisations énoncées en l'article précédent, les cas où elles pourront être retirées, et les obliga-

la commission et adoptée malgré une vive opposition de la plupart des membres qui avaient combattu l'article et qui demandaient qu'il fût rejeté.

Il n'est, du reste, pas aussi restrictif du principe absolu posé dans la rédaction qu'il remplace, que la suppression de celle-ci pourrait le faire croire. Il est certain que la Chambre n'a, pour ainsi dire, fait autre chose que substituer à l'article son commentaire. C'est ce qui résulte parfaitement de la discussion qui a précédé ou suivi son adoption. Ainsi *le ministre de l'intérieur* disait : « Cet article se recommande à toute l'attention de la Chambre ; car si l'on adoptait la proposition qui a été faite de le supprimer, la loi deviendrait en quelque sorte illusoire. Dans cet article se trouve en effet toute l'efficacité de la loi.

« Le but du gouvernement en présentant cet article a été très bien défini dans la rédaction de la commission qui vient d'être présentée tout à l'heure. Ainsi la commission et le gouvernement ont été fidèles à eux-mêmes, et ils n'ont fait autre chose que rédiger plus clairement leur pensée. »

Et en effet, en présentant la nouvelle rédaction de la commission et du gouvernement, M. *le marquis Barthélemy, rapporteur*, avait déjà dit : « ...... Il ne s'ensuivra pas sans doute qu'une maison de santé qui recevra d'autres malades ne pourra point être autorisée à avoir aussi des aliénés. Évidemment, si la séparation est complète entre les deux classes de malades, si la maison réunit les conditions essentielles, si son directeur est agréé, s'il se soumet à toutes les obligations prescrites par la loi, il est évident qu'une pareille maison devra obtenir la faculté de recevoir des insensés. Mais il y aura en ce cas deux établissemens distincts, quoiqu'appartenant au même individu : l'un qui ne sera soumis, comme maison de santé ordinaire, qu'à la surveillance du commissaire de police ; l'autre qui devra être incessamment ouvert au ministère public, au juge de paix et aux nombreux magistrats auxquels nous avons hier confié la mission de le visiter. Cela était ainsi entendu dans la commission, et la Chambre l'a compris de même ; cependant nous avons pu observer qu'un grand nombre de ses membres aurait désiré une rédaction qui exprimât plus clairement la pensée de la commission que ne peut le faire l'article du projet, qu'elle n'avait pas cru devoir modifier. La commission s'étant assemblée, a recherché une rédaction qui pût satisfaire, non pas l'unanimité de la Chambre, mais concilier l'opinion de tous ceux qui ne veulent point que les insensés puissent être confondus avec les autres malades. »

Dans le cours de la discussion, M. *Barthélemy* répondait ainsi à une interpellation de M. le baron *Mounier* : « L'amendement que j'ai présenté au commencement de la séance, au nom de la commission, est plus explicite que celui du gouvernement, mais au fond il ne contient pas autre chose qu'une juste et rigoureuse interprétation de l'article du gouvernement. Que dit en effet cet article ? « Aucun établissement « privé, consacré au traitement d'autres maladies « ne pourra recevoir les personnes atteintes d'a- « liénation mentale. » Il est évident que si, à côté de cet établissement, il se forme un établissement autorisé par le gouvernement pour traiter l'aliénation mentale, il y aura un deuxième établissement placé sous la même direction. »

Néanmoins la loi n'exige pas deux bâtimens distincts pour chaque établissement. En effet la première rédaction de l'amendement de la commission portait : *dans un local entièrement distinct et séparé*. M. *le baron Mounier* a dit : « On doit traiter les aliénés séparément, et, par conséquent, il n'y a pas d'inconvénient à ce qu'on leur assigne des quartiers dans des maisons où se trouvent d'autres malades, pourvu qu'ils ne communiquent pas avec eux. Je demande donc qu'on se serve du mot *séparé*, qui peut s'entendre de quartiers d'un même bâtiment ; tandis que si on mettait le mot *distinct*, on pourrait venir dire un jour qu'on exige deux bâtimens. »

M. *le ministre de l'intérieur* et M. *le rapporteur* ont déclaré adhérer à l'amendement, qui a été adopté par la Chambre.

Le paragraphe 3 a donné lieu à une discussion de laquelle est ressortie la solution de quelques difficultés d'exécution.

Ces difficultés ont été soulevées et signalées par M. le comte Portalis.

Il a dit que la disposition de l'amendement qui obligeait la maison dans laquelle se trouvera un malade accidentellement atteint ou menacé d'aliénation mentale, de se faire donner une autorisation préalable, lui semblait détruire l'amendement lui-même ; qu'il était évident que toutes les maisons de santé de France seraient sous le coup de cette obligation, car on ne pouvait prévoir d'avance celles dont les secours pourraient être demandés, lorsqu'une famille habitant dans leur voisinage se verrait dans la dure nécessité de faire séquestrer un de ses membres, et de le soumettre au traitement nécessaire pour le rétablissement de sa raison.

« On ne peut pas considérer comme des aliénés, dans le sens de la loi, a continué l'orateur, toutes le personnes atteintes d'une affection qui altère l'usage ou l'exercice de leurs facultés intellectuelles. Il y a des transports au cerveau, des accès de délire, des hystéries qui troublent la raison et obscurcissent l'intelligence. Dans tous les cas, on ne peut considérer les individus dont la maladie se manifeste par ces déplorables symptômes comme des aliénés proprement dits ; et une des causes d'erreur et de dissension entre les orateurs si habiles et d'ailleurs si unis d'intention, qui ont pris part à cette discussion, vient de la confusion des idées qu'entraîne l'imperfection du langage. Sur le sens du mot *aliéné*, l'autorité de l'Académie est d'accord avec l'autorité du Code. Le Code ne regarde comme aliénés que les personnes qui sont dans un état habituel de démence, de fureur ou d'imbécilité.

« Faudra-t-il, lorsqu'un accident fâcheux aura atteint un malheureux, que sa famille le classe elle-même sur-le-champ au nombre de ces malheureux privés de raison, et se détermine à le faire entrer immédiatement dans une maison dédiée à la folie ? L'intérêt des familles ne sera-t-il pas cruellement froissé, s'il fallait, aussitôt qu'une indisposition de ce genre aura affecté un de ses membres, qu'on le transporte dans un hospice consacré aux seuls insensés? »

L'orateur a présenté d'autres considérations tirées de ce que l'éloignement des maisons spéciales ne permettra pas toujours aux familles de faire traiter leurs malades dans leur voisinage; qu'il nécessitera même des dépenses qui souvent excéderont leurs ressources. Il a résumé son opinion en déclarant que la loi pouvait atteindre son but, sans blesser les convenances des familles, et en leur ménageant la faculté de déposer un de leurs membres atteint d'une maladie mentale dans un lieu destiné aux maladies ordinaires; et qu'il suffirait pour cela que cette maison fût assujettie à la surveillance établie par la loi sur les maisons spéciales consacrées au traitement des aliénés, et que le malade ne pût y être reçu qu'après l'accomplissement de toutes les formalités prescrites par la loi; qu'il ne voudrait pas qu'on obligeât ces maisons à demander d'avance une autorisation; car le directeur ne pouvait prévoir qu'il s'y présentera des aliénés. Si l'on veut que l'amendement ait quelque portée, quelque utilité, qu'il remplisse le but qu'on s'est proposé, il faudrait que toutes les maisons de santé se prémunissent de l'autorisation. »

Il a proposé la rédaction suivante :

« Les établissemens privés consacrés au traitement d'autres maladies ne pourront recevoir les personnes atteintes d'aliénation mentale, à moins qu'elles ne soient placées dans un local entièrement distinct et séparé.

« Ces établissemens seront, en ce cas et de plein droit, soumis à toutes les mesures de surveillance prescrites, et les chefs ou directeurs de ces établissemens seront tenus de se conformer à toutes les dispositions contenues dans la section 1re du titre 2, pour l'admission des malades. »

M. *Pelet* a ajouté : « M. Portalis a fait remarquer combien il serait difficile, dans l'exécution, de soumettre toutes les maisons de santé qui peuvent se trouver dans le cas de recevoir momentanément une personne dont la raison commence à se troubler, de les soumettre à se faire autoriser comme maisons d'aliénés.

« En effet, je ferai remarquer combien ce mot *aliénés*, qui se présente à chaque instant, est vague et incertain. Faudra-t-il, toutes les fois qu'une personne malade d'une fièvre cérébrale sera présentée dans une maison de santé, faudra-t-il que le propriétaire se fasse donner l'assurance que sa raison est bien saine, afin que son admission ne puisse le compromettre vis-à-vis de l'autorité et lui faire encourir les pénalités qui terminent la loi? Je prie la Chambre de remarquer que le dernier article condamne à un emprisonnement de cinq jours à un an, et à une amende de 50 fr. à 3,000 fr., les personnes qui violeraient les prescriptions de la loi. Or, voulez vous, quand on présentera un malade dans une maison de santé, que le directeur fasse établir une enquête pour constater qu'il n'est pas atteint d'aliénation mentale, maladie qui le compromettrait vis-à-vis du gouvernement?

« Quel est le but de la loi? C'est de garantir la liberté individuelle, et de mettre le pays à l'abri des malheurs qui pourraient résulter de ce grand nombre d'aliénés qui vaguaient dans les campagnes. Eh bien! il me semble qu'elle va au-delà de son but, en forçant les familles à mettre ces personnes dans les maisons d'aliénés, ou en mettant à leur admission dans des maisons de santé de telles conditions, que ce serait rendre la chose impossible. »

M. *le ministre de l'intérieur* a repoussé ces reproches.

« Sans doute, a-t-il dit, il sera moins commode pour les familles de pouvoir placer, à leur gré, dans une maison de santé, ceux de leurs membres atteints d'aliénation mentale. Mais n'y a-t-il donc que l'intérêt des familles dont nous devons nous préoccuper ici? N'est-il pas vrai, au contraire, que la première préoccupation du législateur, lorsqu'il s'agit de disposer de quelques-uns des membres de la société, c'est la liberté individuelle? .

. . . .

« Ce que nous avons voulu, c'est gêner les familles; les gêner, non pas dans leurs goûts, dans la juste affection qu'elles peuvent avoir pour leurs proches; mais les gêner dans les passions mauvaises, dans les passions cupides qui pourraient les porter à faire disparaître, sous prétexte de folie, un de leurs membres.

« Cette préoccupation n'existe pas seulement chez nous. On a discuté longuement, dans un autre pays, une loi sur les aliénés. Quelle a été la principale préoccupation du législateur? Ç'a été la liberté individuelle. Et je suis bien aise de dire que les législateurs anglais ont été beaucoup plus loin que nous Vous seriez peut-être effrayés des précautions accumulées par le gouvernement anglais pour préserver la liberté individuelle..........

« Le gouvernement anglais a été trop loin; je crois que nous sommes dans la juste mesure. Dès que l'aliéné sort de la famille pour être mis dans une maison de spéculation, nous faisons en quelque sorte une addition de la spéculation de la famille à la spéculation de l'intérêt privé, et nous prenons toutes les précautions pour en prévenir les dangers.

« Telle est la pensée qui a dirigé le gouvernement du roi dans l'article qui est soumis en ce moment à vos délibérations. »

Répondant à l'objection prise du petit nombre des établissemens consacrés aux aliénés, d'où résulterait la difficultés du placement tant à cause de l'éloignement que des frais qu'il entraînerait, M. *le ministre* a dit qu'il existe en ce moment quatre-vingt-quatre établissemens publics ou privés spéciaux pour le traitement des aliénés sans compter les maisons de santé; que, d'un autre côté, il est évident que s'il s'agit de déposer pour une nuit un aliéné dans un hospice, ou de le déposer pour deux nuits dans une maison de santé, il n'y aura à cela aucune difficulté; car la loi a prévu ce cas: la prévision de la loi s'applique non seulement à l'aliéné indigent, mais à toute espèce d'aliénés. »

« Il y a des cas d'urgence, a dit ailleurs M. *le ministre*, dans lesquels l'autorité du lieu, le préfet, le sous-préfet ou le maire prendra tout sur lui, et fera entrer le malade dans la maison de santé, et en rendra compte immédiatement. La loi ne peut prévoir tous les cas, il faut laisser quelque chose à l'exécution, à la jurisprudence. Quand ces cas d'urgence se présenteront, on trouvera le moyen d'y pourvoir à l'instant même. » V. art. 24. »

Quant au reproche de gêner les familles pour le dépôt d'un aliéné dans une maison de santé, M. *le ministre*, loin de le nier, a déclaré que la loi voulait qu'il en fût ainsi, et il a justifié ce vœu en invoquant la protection qui en résultait pour la li-

tions auxquelles seront soumis les établissemens autorisés (1).

7. Les réglemens intérieurs des établissemens publics consacrés, en tout ou en partie, au service des aliénés, seront, dans les dispositions relatives à ce service, soumis à l'approbation du ministre de l'intérieur (2).

TITRE II. — *Des placemens faits dans les établissemens d'aliénés.*

SECTION Ire. — Des placemens volontaires.

8. Les chefs ou préposés responsables des établissemens publics et les directeurs des établissemens privés et consacrés aux aliénés ne pourront recevoir une personne

---

berté individuelle, en soutenant en second lieu que le traitement en commun est ce qu'il y a de meilleur. « Or, a-t-il dit, si vous multipliez les maisons où pourront être reçus les aliénés, vous disséminez et amoindrissez par conséquent la surveillance qu'il est nécessaire d'exercer sur ces maisons. Le jour où vous permettrez de traiter les aliénés dans les maisons de santé, toutes les personnes auxquelles vous avez donné le droit de visite ne suffiraient pas à faire l'inspection que vous voulez qu'elles fassent. »

Le reproche fondé sur le vague du mot *aliéné* a reçu aussi une réponse. « Il faut le reconnaître, a dit *le ministre*, le traitement de l'aliénation mentale demande une spécialité. Qu'on veuille bien remarquer que nous parlons des aliénés seulement. On vient nous parler de fièvres cérébrales. On est aliéné ou on ne l'est pas; si l'on n'est pas aliéné, on peut être traité dans une maison de santé; si l'on est aliéné, on doit être placé dans un établissement public ou privé spécial. On veut qu'on puisse mettre l'aliéné dans une maison de santé, d'accord; mais quand cette maison aura été autorisée, quand certaines conditions auront été remplies, et qu'alors vous aurez toutes les garanties pour la société, qui doit être préservée des atteintes de ses membres; pour la famille dont la situation sera suffisamment favorisée, et pour l'individu que vous devez surtout avoir en vue, parce qu'on pourrait abuser d'une fièvre cérébrale, d'une faiblesse passagère du cerveau, pour en faire un aliéné qu'on priverait de tous droits de famille. »

« Je crois que cette réponse laisse subsister la difficulté; mais aussi je reconnais qu'il était difficile de lui donner une solution franche et péremptoire. C'est aux directeurs des maisons de santé à faire constater l'existence de la maladie avec tous les caractères qui la constituent, lorsqu'un individu leur sera présenté, et à ne le recevoir que sur la déclaration des médecins que le malade est atteint d'une véritable aliénation mentale. Il y aura néanmoins toujours des erreurs, et quelquefois aussi la loi pourra être éludée. Les familles qui voudront avoir leur malade sous les yeux et dans une maison de santé, tâcheront de trouver des médecins complaisans, qui, d'accord avec le directeur de la maison de santé, déclareront qu'il n'y a pas démence, mais fièvre cérébrale ou toute autre affection analogue.

M. *le rapporteur*, répondant à la question nettement posée de savoir si un établissement de santé pourrait recevoir un aliéné avant d'en avoir obtenu l'autorisation, a dit :

« L'on demande si, lorsqu'un aliéné se présentera dans une maison de santé ordinaire, surtout, dans un pays où il n'existera point d'établissement spécial, la porte de cette maison devra lui être refusée, par le motif qu'elle ne serait pas autorisée. Evidemment, non. La loi charge, en certains cas, le maire de pourvoir d'office au logement de l'aliéné avant qu'il puisse être dirigé sur un établissement spécial, et on lui refuserait le droit d'autoriser un placement temporaire dans une maison de santé! Cela n'est pas supposable.

« Revenons, a continué l'orateur, à l'amendement de M. le comte Portalis........................

« Cet amendement ne nous paraît pas pouvoir être adopté; il n'offre pas les mêmes garanties que celui de la commission, tant sous le rapport de la liberté individuelle que sous celui du bien-être de l'aliéné. Nous n'hésitons pas à le dire, la plus forte des garanties est dans la moralité du chef de l'établissement; aussi la loi a-t-elle voulu que, non seulement l'établissement, mais encore son directeur, fussent approuvés et agréés par le ministre de l'intérieur.

« Si une maison de santé peut recevoir des aliénés sous la seule condition d'être soumise aux mesures de surveillance prescrites par la loi, il est évident qu'on arrivera, sans le vouloir, à se passer de la garantie si essentielle que doit offrir un chef d'établissement agréé par le ministre, et dont il peut briser l'existence pour le moindre méfait. Qui garantit d'ailleurs que, dans un établissement que vous ne soumettrez pas à l'autorisation du gouvernement, il existera les divisions les plus indispensables; que, par exemple, les deux sexes seront séparés? Personne n'ignore que les aliénés ont les passions violentes, et que les plus graves désordres ne tarderaient pas à naître dans une maison où n'existerait aucuns moyens de les prévenir ou de les réprimer. Vous n'aurez jamais, dans les maisons ordinaires, les mêmes moyens de surveillance que dans les établissemens spéciaux. »

L'amendement de M. Portalis a été rejeté. (Voy. toute cette discussion dans le Moniteur du 10 février 1837.)

Sur la demande de M. *Mounier*, la Chambre des Pairs a substitué les mots : *à cet effet*, à ceux-ci : *en ce cas*, qui se trouvaient dans l'amendement de la commission qui a été adopté. Voy. art. 41.

(1) Voy. l'art. 41.

(2) Dans le projet, cet article formait un deuxième paragraphe de l'article 6. Il était ainsi conçu : « Tout établissement public, consacré en tout ou « en partie au service des aliénés, sera, soit dans son « ensemble, soit dans la portion de l'établissement « affectée à ce service, soumis, pour la gestion et le « régime, à des réglemens d'administration publique. »

La raison de cette rédaction de la Chambre des Pairs était, que la partie de l'établissement non consacrée aux aliénés ne devait point être soumise aux réglemens spéciaux.

Quoique la distinction ne se retrouve pas expressément dans l'art. 5, la pensée n'en est pas moins restée. On a supprimé l'expression comme surabondante et inutile. (Voy. sur ce point les notes de l'art. 5.)

atteinte d'aliénation mentale, s'il ne leur est remis (1) :

1° Une demande d'admission contenant les noms, profession, âge et domicile,

(1) D'après le projet primitif, l'autorisation du préfet était nécessaire pour l'admission d'un aliéné dans un établissement. « Nul individu, portait « l'art. 1er, atteint d'imbécilité, de démence ou de « fureur, dont l'interdiction n'aura pas été pro« noncée, ne pourra, sous les peines portées par « l'art. 120 du Code pénal, être placé ou retenu « dans aucun hospice ou autre établissement public « ou privé, affecté au traitement de l'aliénation « mentale, qu'en vertu d'une autorisation ou d'un « ordre du préfet. »

L'art. 2 ajoutait : « L'autorisation sera délivrée « sur la demande des parens ou de l'épouse.

« Elle le sera sur la demande de l'autorité mili« taire pour les militaires.

« Le placement, soit avant, soit après l'interdic« tion, pourra être ordonnée d'office par le pré« fet, lorsqu'il sera motivé par l'intérêt de la sû« reté publique.

« L'autorisation ou l'ordre seront donnés par le « préfet, sur les rapports du maire ou du sous« préfet, et sur l'avis d'une commission instituée « dans les formes qui seront déterminées par un « réglement d'administration publique. »

La commission de la Chambre des Députés supprima ces deux articles; et l'intervention de l'autorité publique fut écartée.

Le motif pour lequel on avait exigé l'autorisation préalable du préfet avait été de protéger la liberté individuelle; la commission pensa que cette précaution n'était pas indispensable.

« Le projet du gouvernement, porte le premier rapport de M. *Vivien*, vous propose d'exiger une autorisation préalable du préfet, et, selon l'exposé des motifs, l'isolement de l'aliéné ne peut être effectué, dans aucun cas, sans l'intervention d'une autorité publique.

« Les motifs sur lesquels se fonde cette proposition sont graves et dignes de la plus sérieuse attention. Le placement d'une personne dans un établissement d'aliénés est une atteinte formelle à sa liberté. La faculté de l'ordonner peut devenir la source des plus coupables abus : elle peut servir d'arme à la vengeance, d'instrument à la cupidité. La liberté individuelle est un des droits que la Charte a garantis; le législateur ne peut l'entourer de trop de protection, et des mesures qui la mettraient en question, répandraient à juste titre l'inquiétude dans le pays.

« Votre commission adopte ces principes, mais elle ne croit pas qu'ils justifient le projet du gouvernement. Elle accepte toutes les précautions qui tendront à faire connaître à l'administration le placement d'un citoyen dans une maison d'aliénés; elle provoque toutes les visites qui pourront aider à constater son état mental; elle ne veut pas qu'en aucun cas une personne saine d'esprit puisse être privée de sa liberté, séparée violemment de sa famille et séquestrée dans un établissement d'aliénés; mais elle ne croit pas qu'il soit nécessaire d'exiger, préalablement à l'admission, une autorisation de l'administration; elle diffère en ce point seulement du projet du gouvernement.

« Le but de ce projet est le soulagement des aliénés, les facilités à donner à leur traitement. C'est contrarier ouvertement ce but que de subordonner à un acte de l'autorité publique, la mesure la plus favorable à la guérison.

« L'isolement des aliénés est en effet le premier et le plus énergique des moyens de traitement; il est en même temps le plus urgent : un retard de quelques jours peut aggraver le mal au point d'en rendre la guérison quelquefois impossible, toujours beaucoup plus difficile. Ce retard résulterait nécessairement de l'obligation de recourir préalablement au préfet.

« Pourquoi exposer à ce danger tous les malheureux dont la raison se sera égarée? Si l'on signalait des atteintes déjà portées par ce moyen à la liberté individuelle, nous hésiterions encore à adopter la mesure proposée, car, pour protéger quelques hommes contre de coupables tentatives, elle menace tous les aliénés, sacrifiant ainsi la santé de tous à la liberté de quelques-uns; mais, dans la plus grande partie de la France, à Paris notamment, où les mauvais projets peuvent si aisément se cacher dans l'ombre, les familles sont admises aujourd'hui à effectuer librement des placemens dans les établissemens d'aliénés. Ces établissemens sont visités avec soin; on ne cite aucun exemple de séquestrations fondées sur une aliénation mentale supposée; les tribunaux donnent accès à toutes les plaintes; de pareils faits auraient retenti bien haut s'ils eussent été traduits devant eux : les feuilles publiques les eussent enregistrés avec empressement. Qui se rappelle aucun procès où ces coupables abus aient été dénoncés? La liberté individuelle n'est donc pas menacée; aucun motif ne rend nécessaire l'établissement d'une formalité nouvelle.

« Qu'on ne suppose pas, d'ailleurs, que la liberté individuelle manque de garanties. Une famille ne se détermine pas facilement à porter la main sur la liberté d'un de ses membres. Avec des établissemens qui présenteront toutes les garanties que nous exigeons, comment prévoir une admission qui, dépourvue de cause, constituerait un crime puni par les lois? il faudrait une complicité qui ne peut se supposer. L'admission se fût-elle effectuée sans motif, on ne pourrait espérer que le séjour dans l'établissement fût long; alors quel profit apporterait-il aux auteurs de l'attentat? et, s'il ne doit point leur servir, dans quel but s'exposeraient-ils aux peines portées contre les coupables de détention arbitraire?

« Dans l'intérêt même de la liberté individuelle, l'autorisation préalable du préfet ne doit pas être exigée. Les familles, maîtresses d'effectuer elles-mêmes le placement, demeurent chargées de toute la responsabilité de cet acte; elles en sont seules comptables à la justice du pays. Si, au contraire, le préfet a donné son autorisation, la responsabilité de la famille disparaît, et passe tout entière à l'administration. Or, croit-on qu'il serait toujours impossible de surprendre cette autorisation dans les cas où la séquestration serait effectuée dans de coupables vues?

« Votre commission vous propose, en conséquence, de rejeter la disposition qui exigeait l'autorisation préalable du préfet; elle y a substitué des formalités empruntées en partie à l'ordonnance de police du 9 août 1828, qui s'exécute encore à Paris.

« Lorsqu'une personne est placée dans un éta-

tant de la personne qui la formera que de celle dont le placement sera réclamé, et l'indication du degré de parenté ou, à défaut, de la nature des relations qui existent entre elles.

La demande sera écrite et signée par celui qui la formera, et, s'il ne sait pas écrire, elle sera reçue par le maire ou le commissaire de police, qui en donnera acte (1).

Les chefs, préposés ou directeurs, devront s'assurer, sous leur responsabilité, de l'individualité de la personne qui aura formé la demande, lorsque cette demande n'aura pas été reçue par le maire ou le commissaire de police.

Si la demande d'admission est formée

---

blissement d'aliénés, il faut que la responsabilité de cet acte pèse sur quelqu'un, et qu'il soit toujours permis, en cas d'abus, d'atteindre les coupables. A cet effet, la personne qui fait effectuer le placement doit être connue et désignée ; elle sera tenue de se déclarer, de signer une demande d'admission dans l'établissement, et de laisser ainsi un témoignage authentique de sa participation.

« On craint que la liberté individuelle ne soit compromise par la supposition d'un état de folie qui n'existerait pas. Un certificat de médecin devra être produit avant l'admission pour constater l'état mental de la personne dont le placement sera demandé, pour retracer les particularités de la maladie et ses causes, si elles sont connues.

« Enfin, il sera fait remise des pièces propres à justifier l'individualité de la personne présentée à l'admission, et si elle est interdite, il en sera justifié par un extrait du jugement.

« Un bulletin d'entrée constatera l'admission et fera mention de toutes les pièces produites ; ce bulletin sera envoyé avec un certificat du médecin de l'établissement au préfet, soit directement, soit par l'intermédiaire des autorités inférieures, selon les cas. Dans la discussion à la Chambre des Députés on a fait remarquer que l'intention était que même dans les établissemens publics on pût effectuer des placemens volontaires, c'est-à-dire que des personnes qui désirent faire séquestrer l'aliéné qu'elles présentent, moyennant pension, pussent y faire admettre cet aliéné sans se pourvoir auparavant de la permission ou de l'ordre du préfet. « Je crains, a dit M. *Fumeron d'Ardeuil*, que cela n'entraîne beaucoup d'inconvéniens, car les places dont on peut disposer se trouveraient ainsi occupées. C'est une chose, il me semble, assez étrange, qu'un établissement départemental, créé aux frais du département, entretenu aux frais du département, soit ainsi accessible à tout le monde, sans que le chef du département soit consulté. »

M. *le rapporteur* : « Nous disons qu'on aura le droit de présenter des aliénés dans les établissemens ; mais nous ne disons pas que ces établissemens seront tenus de les recevoir. Il faudra être dans les termes des réglemens de ces établissemens, dans les conditions au moyen desquelles on peut y être admis. »

M. *le ministre de l'intérieur* a ajouté : « Lorsque la loi sera mise à exécution, il sera pourvu à toutes ces difficultés.

« Aux termes de l'art. 7, que vous avez déjà voté, les établissemens publics sont mis sous la direction absolue du ministre de l'intérieur, quant au régime intérieur. Les instructions seront données, elles ne peuvent entrer dans la loi ; il peut arriver qu'un établissement soit plus ou moins encombré, mais le raisonnement est très simple.

« Il y a des aliénés qu'on doit séquestrer, ce sont ceux qui troublent l'ordre public ou la sûreté des personnes ; ils doivent être sous la surveillance spéciale du gouvernement.

« Pour ceux-là, l'asile doit toujours s'ouvrir ; mais pour les autres, on pourra les refuser ou les admettre, cela dépendra de la situation de l'établissement ; cela doit être laissé aux instructions particulières du ministre, aux réglemens d'administration publique. »

M. *Fumeron d'Ardeuil* : « Alors, c'est au préfet et non pas aux établissemens qu'il faudrait s'adresser. »

M. *Vivien* : « Permettez ; la disposition que nous discutons n'a pas pour objet d'imposer aux établissemens publics l'obligation de recevoir tous les aliénés que l'on voudrait y introduire.

« On nous parle des établissemens publics : mais la question serait la même pour les établissemens privés ; quand on aura toutes les pièces que l'article exige, et qu'on se présentera dans un établissement privé, on pourra demander l'admission, mais elle pourra être refusée.

« C'est la même chose pour les établissemens publics ; ils ont leurs règles, et, d'après le réglement intérieur et l'état dans lequel ils se trouveront, ils recevront ou refuseront les personnes qui leur seront présentées.

« L'article est ainsi conçu :

« Les chefs ou préposés responsables des établis-
« semens privés consacrés aux aliénés, ne pourront
« recevoir une personne atteinte d'aliénation men-
« tale s'il ne leur est remis, etc. »

« C'est-à-dire que, pour qu'ils puissent recevoir, il faut que les formalités prescrites dans l'article soient accomplies ; mais cela ne veut pas dire que, quoique les formalités soient accomplies, ils doivent nécessairement admettre la personne qui sera présentée. »

Ce 1er paragraphe du projet disait seulement :

« Les chefs, directeurs ou préposés responsables
« des établissemens publics et privés. »

Ce changement de rédaction est ainsi expliqué dans le rapport de la commission de la Chambre des Députés en 1838.

« L'indication des personnes placées à la tête des établissemens d'aliénés et sur lesquelles pèsent les diverses obligations imposées par la loi, a été modifiée de manière à faire comprendre que tout établissement privé doit avoir un directeur autorisé en exécution de l'art. 5. Les établissemens publics, seuls, pourront employer des préposés responsables ; la forme de leur organisation intérieure l'exige souvent, et la dépendance où ils sont de l'autorité publique, rend cette faculté sans inconvénient. Quant aux autres établissemens, nous ne voulons pas que la responsabilité puisse être éludée, que des prête-noms officieux soient proposés à l'autorité, et nous faisons porter les obligations établies par la loi sur les directeurs exclusivement. »

(1) Le projet exigeait que la demande fût *visée par le maire ou le commissaire de police*. La chambre a supprimé cette formalité comme inutile. Le meilleur moyen d'obtenir que l'individualité soit constatée, a-t-on dit, c'est de charger le chef de l'é-

par le tuteur d'un interdit, il devra fournir à l'appui un extrait du jugement d'interdiction;

2° Un certificat de médecin constatant l'état mental de la personne à placer, et indiquant les particularités de sa maladie et la nécessité de faire traiter la personne désignée dans un établissement d'aliénés, et de l'y tenir renfermée (1).

Ce certificat ne pourra être admis, s'il a été délivré plus de quinze jours avant sa remise au chef ou directeur; s'il est signé d'un médecin attaché à l'établissement, ou si le médecin signataire est parent ou allié, au second degré inclusivement, des chefs ou propriétaires de l'établissement, ou de la personne qui fera effectuer le placement (2).

En cas d'urgence, les chefs des établissemens publics pourront se dispenser d'exiger le certificat du médecin (3);

3° Le passeport ou tout autre pièce propre à constater l'individualité de la personne à placer.

Il sera fait mention de toutes les pièces produites dans un bulletin d'entrée, qui sera renvoyé, dans les vingt-quatre heures, avec un certificat du médecin de l'établissement, et la copie de celui ci-dessus mentionné au préfet de police à Paris, au préfet ou au sous-préfet dans les communes chefs-lieux de département ou d'arrondissement, et aux maires dans les autres communes. Le sous-préfet, ou le maire, en fera immédiatement l'envoi au préfet.

9. Si le placement est fait dans un établissement privé, le préfet, dans les trois jours de la réception du bulletin, chargera un ou plusieurs hommes de l'art de visiter la personne désignée dans ce bulletin, à l'effet de constater son état mental et d'en faire rapport sur-le-champ. Il pourra leur adjoindre telle autre personne qu'il désignera.

10. Dans le même délai, le préfet notifiera administrativement les noms, profession et domicile, tant de la personne placée que de celle qui aura demandé le placement, et les causes du placement, 1° au procureur du roi de l'arrondissement du domicile de la personne placée; 2° au procureur du roi de l'arrondissement de la situation de l'établissement : ces dispositions seront communes aux établissemens publics et privés.

11. Quinze jours après le placement d'une personne dans un établissement public ou privé, il sera adressé au préfet, conformément au dernier paragraphe de l'art. 8, un nouveau certificat du médecin de l'établissement; ce certificat confirmera ou rectifiera, s'il y a lieu, les observations contenues dans le premier certificat, en indiquant le retour plus ou moins fréquent des accès ou des actes de démence (4).

12. Il y aura, dans chaque établissement, un registre coté et paraphé par le maire, sur lequel seront immédiatement inscrits les noms, profession, âge et domicile des personnes placées dans les établissemens, la mention du jugement d'interdiction, si elle a été prononcée, et le nom de leur tuteur; la date de leur placement, les noms, profession et demeure de la personne, parente ou non parente, qui l'aura demandé. Seront également transcrits sur ce registre : 1° le certificat du médecin, joint à la demande d'admission; 2° ceux que le médecin de l'établissement devra adresser à l'autorité, conformément aux art. 8 et 11.

Le médecin sera tenu de consigner sur ce registre, au moins tous les mois, les changemens survenus dans l'état mental de chaque malade. Ce registre constatera également les sorties et les décès.

Ce registre sera soumis aux personnes qui, d'après l'art. 4, auront le droit de visiter l'établissement, lorsqu'elles se présenteront pour en faire la visite; après l'a-

---

tablissement de s'en assurer sous sa responsabilité.

(1) Il n'est pas nécessaire que le certificat indique les causes de la maladie. Cette disposition a été supprimée dans le projet par la raison que « les causes de l'aliénation doivent quelquefois demeurer secrètes; elles peuvent être de nature à compromettre l'honneur de la famille. » (2e rapport de M. *Vivien*). Voy. l'art. 41.

(2). On a fait remarquer que le délai de quinze jours pourrait n'être pas suffisant.

M. *Vivien* a répondu que dans les cas d'urgence le certificat du médecin ne serait pas nécessaire.

Mais on a insisté en disant avec raison que lorsqu'on conduirait un aliéné dans un établissement éloigné de son domicile, il n'y aurait pas urgence pour cela, et cependant les quinze jours pourraient ne pas suffire.

On a aussi dit que le directeur d'un établissement pourrait ignorer les rapports de parenté entre le médecin signataire du certificat et la personne qui fera effectuer le placement.

Mais la loi n'a pu statuer sur ces cas extraordinaires, les mesures qu'elle prescrit seront presque toujours utilement observées; il ne convenait pas de s'arrêter à des situations tout-à-fait exceptionnelles.

(3) Si, dans le cas d'urgence, on est dispensé de présenter un certificat de médecin au moment du placement, ce certificat doit être produit ensuite puisqu'aux termes de l'article 12, il doit être transcrit sur le registre de l'établissement. M. *Gaëtan de la Rochefoucauld* et M. *le président de la Chambre des Députés* en ont fait l'observation.

(4). Voy. l'art. 41.

voir terminée, elles apposeront sur le registre leur visa, leur signature et leurs observations, s'il y a lieu (1).

13. Toute personne placée dans un établissement d'aliénés cessera d'y être retenue aussitôt que les médecins de l'établissement auront déclaré, sur le registre énoncé en l'article précédent, que la guérison est obtenue.

S'il s'agit d'un mineur ou d'un interdit, il sera donné immédiatement avis de la déclaration des médecins aux personnes auxquelles il devra être remis, et au procureur du roi (2).

14. Avant même que les médecins aient déclaré la guérison, toute personne placée dans un établissement d'aliénés cessera également d'y être retenue, dès que la sortie sera requise par l'une des personnes ci-après désignées, savoir :

1° Le curateur nommé en exécution de l'art. 38 de la présente loi ;

2° L'époux ou l'épouse ;

3° S'il n'y a pas d'époux ou d'épouse, les ascendans ;

4° S'il n'y a pas d'ascendans, les descendans (3) ;

5° La personne qui aura signé la demande d'admission, à moins qu'un parent n'ait déclaré s'opposer à ce qu'elle use de cette faculté sans l'assentiment du conseil de famille (4) ;

6° Toute personne à ce autorisée par le conseil de famille.

S'il résulte d'une opposition notifiée au chef de l'établissement par un ayant-droit qu'il y a dissentiment, soit entre les ascendans, soit entre les descendans, le conseil de famille prononcera.

Néanmoins, si le médecin de l'établissement est d'avis que l'état mental du malade pourrait compromettre l'ordre public ou la sûreté des personnes, il en sera donné préalablement connaissance au maire, qui pourra ordonner immédiatement un sursis provisoire à la sortie, à la charge d'en référer, dans les vingt-quatre heures, au préfet. Ce sursis provisoire cessera de plein droit à l'expiration de la quinzaine, si le préfet n'a pas, dans ce délai, donné d'ordres contraires, conformément à l'art. 21 ci-après. L'ordre du maire sera transcrit sur le registre tenu en exécution de l'article 12.

En cas de minorité ou d'interdiction, le tuteur pourra seul requérir la sortie (5).

---

(1). Cet article n'exige point la transcription sur le registre dont s'agit, de l'acte constatant l'individualité de l'aliéné.

Comment expliquer ce silence? L'art. 8 donne cependant à la production de cet acte le même caractère qu'aux deux productions qui précèdent ; son texte attribue à l'absence de cette pièce le même effet qu'au défaut d'exhibition, soit de la demande d'admission, soit du certificat du médecin. Pourquoi donc, lorsqu'il veut que cette demande et ce certificat soient transcrits sur un registre, laisse-t-il en dehors de cette formalité le passeport dont l'importance se trouve placée par la loi au même rang que les deux autres pièces?

Je crois que la cause de cette exception est un oubli. En effet, dans le projet, l'art. 8 ne faisait point mention du passeport de l'aliéné, il a été ajouté dans le cours de la discussion, sans qu'on y ait attaché une grande importance : c'est ce qui a fait que l'harmonie primitive entre l'art. 12 et l'art. 8 a été détruite sans que cela ait été remarqué.

Au surplus, cette exception tendrait à prouver que le défaut de production d'un passeport de l'aliéné ne devrait point, comme l'absence des deux actes précédens, empêcher l'admission dans l'établissement. Car si le chef de l'établissement n'avait pas dû recevoir un aliéné sans la production de cette pièce, on ne concevrait pas que le registre qui doit constater que toutes les formalités pour l'admission ont été remplies, négligeât de constater celle-ci. Voy. l'art. 41.

(2). Il est bien entendu que pour faire cesser l'interdiction, il faudra d'ailleurs suivre les formes prescrites par le Code civil. V. art. 512. Autre chose est la cessation de la séquestration, autre chose, la cessation de l'interdiction.

V. le dernier alinéa de l'art. 14, l'art. 17 et l'art. 41.

(3). Ainsi, les frères et sœurs n'ont pas le droit absolu d'obtenir la sortie, sans autorisation du conseil de famille ; cela résulte du silence de la loi et d'un vote formel à ce sujet par la Chambre des Députés.

(4) La commission disait dans son rapport : « Nous avons cru devoir aussi retrancher du nombre de ceux qui étaient autorisés à provoquer la sortie, la personne qui aura demandé l'admission. Si cette personne est assez proche parente de l'aliéné, elle agira à ce titre ; si elle lui est étrangère, nous ne saurions lui reconnaître aucun droit sans une autorisation du conseil de famille. »

La rédaction actuelle ne permet pas d'adopter cette interprétation. Selon la commission, il fallait une autorisation du conseil de famille, dans tous les cas ; d'après le texte, elle n'est nécessaire qu'autant qu'un parent la provoque par son opposition.

(5) Toutes les fois que la loi parle des mineurs, elle les suppose pourvus de tuteurs. Cependant, il peut arriver très souvent qu'ils n'en aient pas. La grande cause de l'aliénation mentale, c'est assurément la misère ; Or, bien rarement, les malheureux orphelins qui en seront atteints seront mis en tutelle ; leur misérable condition les fera complétement délaisser. Alors qu'ils seront sans fortune, personne ne voudra se charger de l'administration de leurs personnes, ou du moins ce sera sans remplir les formalités légales pour la nomination d'un tuteur. Eh bien! dans le cas où ils se trouveront ainsi sans tuteur, qui fera les actes que la loi attribue à celui-ci ?

Je crois que les parens agiront comme s'il s'agissait d'un majeur. Voy. art. 17 et 29.

15. Dans les vingt-quatre heures de la sortie, les chefs, préposés ou directeurs en donneront avis aux fonctionnaires désignés dans le dernier paragraphe de l'art. 8, et leur feront connaître le nom et la résidence des personnes qui auront retiré le malade, son état mental au moment de sa sortie, et, autant que possible, l'indication du lieu où il aura été conduit (1).

16. Le préfet pourra toujours ordonner la sortie immédiate des personnes placées volontairement dans les établissemens d'aliénés.

17. En aucun cas l'interdit ne pourra être remis qu'à son tuteur, et le mineur qu'à ceux sous l'autorité desquels il est placé par la loi (2).

SECTION II. — Des placemens ordonnés par l'autorité publique.

18. A Paris, le préfet de police, et, dans les départemens, les préfets ordonneront d'office le placement, dans un établissement d'aliénés, de toute personne interdite, ou non interdite, dont l'état d'aliénation compromettrait l'ordre public ou la sûreté des personnes.

Les ordres des préfets seront motivés et devront énoncer les circonstances qui les auront rendus nécessaires. Ces ordres, ainsi que ceux qui seront donnés conformément aux art. 19, 20, 21 et 23, seront inscrits sur un registre semblable à celui qui est prescrit par l'art. 12 ci-dessus, dont toutes les dispositions seront applicables aux individus placés d'office.

19. En cas de danger imminent, attesté par le certificat d'un médecin ou par la notoriété publique, les commissaires de police à Paris, et les maires dans les autres communes, ordonneront, à l'égard des personnes atteintes d'aliénation mentale, toutes les mesures provisoires nécessaires, à la charge d'en référer dans les vingt-quatre heures au préfet, qui statuera sans délai.

20. Les chefs, directeurs ou préposés responsables des établissemens, seront tenus d'adresser aux préfets, dans le premier mois de chaque semestre, un rapport rédigé par le médecin de l'établissement sur l'état de chaque personne qui y sera retenue, sur la nature de sa maladie et les résultats du traitement.

Le préfet prononcera sur chacune individuellement, ordonnera sa maintenue dans l'établissement ou sa sortie (3).

21. A l'égard des personnes dont le placement aura été volontaire, et dans le cas où leur état mental pourrait compromettre l'ordre public ou la sûreté des personnes, le préfet pourra, dans les formes tracées par le deuxième paragraphe de l'art. 18, décerner un ordre spécial, à l'effet d'empêcher qu'elles ne sortent de l'établissement sans son autorisation, si ce n'est pour être placées dans un autre établissement.

Les chefs, directeurs ou préposés responsables, seront tenus de se conformer à cet ordre (4).

22. Les procureurs du roi seront informés de tous les ordres donnés en vertu des art. 18, 19, 20 et 21.

Ces ordres seront notifiés au maire du domicile des personnes soumises au placement, qui en donnera immédiatement avis aux familles.

Il en sera rendu compte au ministre de l'intérieur.

Les diverses notifications prescrites par le présent article seront faites dans les formes et délais énoncés en l'art. 10.

23. Si, dans l'intervalle qui s'écoulera entre les rapports ordonnés par l'art. 20, les médecins déclarent, sur le registre tenu en exécution de l'art. 12, que la sortie peut être ordonnée, les chefs, directeurs ou préposés responsables des établissemens, seront tenus, sous peine d'être poursuivis conformément à l'art. 30 ci-après, d'en référer aussitôt au préfet, qui statuera sans délai.

24. Les hospices et hôpitaux civils seront tenus de recevoir provisoirement les personnes qui leur seront adressées en vertu des art. 18 et 19, jusqu'à ce qu'elles soient dirigées sur l'établissement spécial destiné à les recevoir, aux termes de l'art. 1er, ou pendant le trajet qu'elles feront pour s'y rendre.

Dans toutes les communes où il existe des hospices ou hôpitaux, les aliénés ne pourront être déposés ailleurs que dans ces hospices ou hôpitaux. Dans les lieux où il

---

(1) Voy. l'art. 41.

(2) « Il s'agit ici de sorties volontairement effectuées, a dit M. *Vivien*, et dans lesquelles la justice n'a rien prononcé.

« Si elle intervient, les sentences rendues seront exécutées selon leur teneur. » Voy. art. 13 et 14 et l'art. 41.

(3) La commission de la Chambre des Pairs proposait d'ajouter : « Il pourra prescrire une visite spéciale par un ou plusieurs médecins de son choix et leur adjoindra, s'il le juge à propos, telle autre personne qu'il désignera. »

M. *le ministre de l'intérieur* a fait remarquer qu'il était inutile de dire ce qui résulte nécessairement de l'art. 4, qui charge le préfet ou ses délégués de visiter les maisons d'aliénés. Voy. art. 41.

(4) Voy. l'art. 41.

n'en existe pas, les maires devront pourvoir à leur logement, soit dans une hôtellerie, soit dans un local loué à cet effet.

Dans aucun cas, les aliénés ne pourront être ni conduits avec les condamnés ou les prévenus, ni déposés dans une prison.

Ces dispositions sont applicables à tous les aliénés dirigés par l'administration sur un établissement public ou privé (1).

SECTION III. — Dépenses du service des aliénés.

25. Les aliénés dont le placement au- été ordonné par le préfet, et dont les fa- milles n'auront pas demandé l'admissi- dans un établissement privé, seront co- duits dans l'établissement appartenant - département, ou avec lequel il aura tra-

Les aliénés dont l'état mental ne com- promettrait point l'ordre public ou la s-

---

(1) M. le rapporteur de la commission de la Chambre des Pairs expliquait ainsi le sens de la disposition : « Quand l'aliéné voyage, il doit voyager comme un malade. S'il y a un hospice dans le lieu où il séjourne, cet hospice doit lui être ouvert. S'il n'en existe point, le maire, dans un intérêt d'ordre et de charité, doit pourvoir à son logement. Il le placera dans une auberge ou dans un lieu qu'il louera à cet effet. La commission n'a pas entendu, comme paraît le croire le préopinant, que l'on serait obligé d'avoir pour cela un local loué à l'année. Il ne s'agit le plus souvent, remarquez-le bien, que de loger l'aliéné pour une seule nuit, pour le moment de son passage. Sera-t-il donc si difficile de lui trouver pour si peu de temps un toit hospitalier? N'y aura-t-il pas toujours quelque chambre que l'on pourra louer? Enfin, dans un cas de dénûment absolu que l'on ne saurait prévoir, ne pourrait-on pas disposer pour une nuit de la maison d'école. Est-il donc impossible de combiner les étapes de manière à ce qu'elles n'aient lieu que dans des villes ou des bourgs où il sera facile de procurer un asile à l'aliéné? Croyez-le, messieurs, en prescrivant qu'il ne pourra jamais être placé dans une prison, vous ne demanderez point l'impossible; l'humanité des magistrats municipaux secondera vos desseins, et rendra toujours facile ou possible l'exécution de la loi. »

Une circulaire du ministre de l'intérieur du 18 septembre 1838, mérite d'être recueillie ; elle trace, d'une manière ferme, la marche à suivre pour l'exécution de cet article, et fait justice des obstacles plus apparens que réels qu'elle doit rencontrer.

« Monsieur le préfet, y est-il dit, quelques-uns de vos collègues, en m'accusant réception de ma circulaire du 23 juillet dernier, m'ont fait connaître les embarras matériels qu'ils éprouvent pour l'exécution de l'art. 24 de la loi du 30 juin 1838. Ces magistrats ont fait remarquer que, dans certaines localités, les hospices n'étaient pas en mesure d'accomplir l'obligation que la loi leur impose; qu'ils n'avaient pas, en effet, de ressources suffisantes, et ne possédaient pas des salles en assez grand nombre pour en tenir constamment une en réserve et l'approprier convenablement à ce qu'exige la garde d'un aliéné : difficulté qui s'augmente encore, dans quelques départemens, de ce que le service n'étant pas organisé, soit dans le département lui-même, soit par un traité avec un département voisin, les aliénés sont exposés à séjourner plus ou moins long-temps dans les hospices où on les placerait provisoirement. Enfin que, dans les lieux où il n'existe pas d'hospice, il n'est pas toujours facile au maire de se procurer un local propre à la garde provisoire de l'aliéné.

« Par toutes ces considérations, ces préfets proposaient de continuer, jusqu'à nouvel ordre et com- la seule chose possible, dans l'état actuel des ser- ces, l'usage d'admettre les aliénés dans les mais- d'arrêt.

« Cette proposition est tellement contraire - l'esprit comme au texte de la loi du 30 juin 183- que je regrette qu'elle ait pu m'être soumise ; et - m'empresse de déclarer, de la manière la pl-s p- sitive, que le gouvernement ne saurait jamais - adhérer. Séquestrer ou conduire les aliénés av- des condamnés ou des prévenus, est une habitu- justement flétrie par l'opinion publique et par - législation : c'est un outrage à la morale, aussi bi- qu'un attentat contre la personne.

« Je vous recommande donc, monsieur le pré- de la manière la plus expresse, de prendre, - vous ne l'avez déjà fait, des mesures immédia- pour que les aliénés qui pourraient se trouver da- des lieux de détention affectés aux condamnés - aux prévenus, en soient retirés sans délai, et soie- placés, comme le veut l'art. 24 de la loi du 30 ju- 1838, jusqu'à ce que vous ayez pourvu à leur pla- cement définitif dans un établissement spécial: ces que vous devrez faire le plus tôt possible. Je n'ai pa- besoin de vous faire observer que l'inexécution d- prescriptions légales de cette nature emporterait- pour les administrateurs de tous les degrés, un- grave responsabilité.

« Tout en tenant compte des embarras matériels que l'exécution des dispositions de l'art. 24 peut présenter, je n'en conçois pas qui ne puissent être surmontés par une ferme volonté de pourvoir à l'exécution pleine et entière de la loi. Je ne m'expliquerais jamais que les commissions administratives d'hospices ou les maires des communes ne vous secondassent pas, en cela, de tout leur pouvoir ; car il ne s'agit pas moins d'un devoir d'humanité que d'une obligation légale. Ainsi, monsieur le préfet, sans vous arrêter aux objections tirées de l'insuffisance des locaux, vous prescrirez aux administrateurs d'hospice d'aviser aux moyens d'assurer, le mieux qu'il se pourra faire, en raison des nécessités du service, la garde provisoire de l'aliéné qui leur serait envoyé. Si les salles de malades étaient entièrement remplies, on placerait l'aliéné dans une des salles affectées aux autres services de la maison, fût-ce au logement des employés du service intérieur, quels qu'ils soient ; et, s'il était nécessaire, on le ferait garder à vue.

« Des mesures analogues devront être indiquées aux maires, pour les communes où il n'existe pas d'hospices ou d'hôpitaux.

« Ne perdez pas de vue, monsieur le préfet, que le séjour de l'aliéné, dans le cas dont nous parlons, est essentiellement provisoire, et qu'il vous appartient spécialement d'en abréger la durée par l'activité que vous mettrez à pourvoir au placement définitif du malade. »

iété des personnes y seront également admis, dans les formes, dans les circonstances et aux conditions qui seront réglées par le conseil général, sur la proposition du préfet, et approuvées par le ministre (1).

26. La dépense du transport des personnes dirigées par l'administration sur les établissemens d'aliénés sera arrêtée par le préfet, sur le mémoire des agens préposés à ce transport.

La dépense de l'entretien, du séjour et du traitement des personnes placées dans les hospices ou établissemens publics d'aliénés sera réglée d'après un tarif arrêté par le préfet.

La dépense de l'entretien, du séjour et du traitement des personnes placées par les départemens dans les établissemens privés sera fixée par les traités passés par le département, conformément à l'art. 1er.

27. Les dépenses énoncées en l'article précédent seront à la charge des personnes placées; à défaut, à la charge de ceux auxquels il peut être demandé des alimens, aux termes des articles 205 et suivans du Code civil.

S'il y a contestation sur l'obligation de fournir des alimens, ou sur leur quotité, il sera statué par le tribunal compétent, à la diligence de l'administrateur désigné en exécution des art. 31 et 32 (2).

Le recouvrement des sommes dues sera poursuivi et opéré à la diligence de l'administration de l'enregistrement et des domaines (3).

28. A défaut, ou en cas d'insuffisance des ressources énoncées en l'article précédent, il y sera pourvu sur les centimes affectés, par la loi de finances, aux dépenses ordinaires du département auquel l'aliéné appartient, sans préjudice du concours de la commune du domicile de l'aliéné, d'après les bases proposées par le conseil général sur l'avis du préfet, et approuvées par le gouvernement (4).

Les hospices seront tenus à une indem-

---

(1) V. notes sur l'art. 1er.

(2) Quel est le tribunal compétent?

Dans le projet, l'expression *tribunal* se trouvait isolée. Un membre de la Chambre des Pairs le fit remarquer. « On entend, dit-il, ordinairement par cette expression le tribunal de 1re instance. Je rappellerai que, dans la loi que nous avons votée sur les justices de paix, on a attribué pour l'avenir aux juges de paix le droit de statuer sur les alimens. Comme cette loi sera votée avant celle-ci, je crois que, pour prévenir toute difficulté, il conviendrait de dire : *par le tribunal compétent*, ou *par la justice de paix*. »

M. *le rapporteur* : « La justice de paix est un véritable tribunal. »

M. le *baron Pelet* (de la Lozère) : « En mettant le tribunal compétent, il n'y aura pas matière à douter. »

(3) Il a été expliqué à la Chambre des Députés que ce recouvrement serait fait conformément à la loi de la perception d'impôt. « Ce n'est que pour arriver à l'emploi des formes usitées par l'administration de l'enregistrement et des domaines, qu'elle a été chargée d'opérer le recouvrement, » a dit M. *le rapporteur*.

Ainsi, si la personne ne veut pas payer, le paiement sera poursuivi par voie de contrainte devant le tribunal compétent.

(4) Cet article a été l'objet d'un sérieux examen de la part des deux chambres et de leurs commissions. Je crois qu'il est utile, afin que la disposition soit bien comprise, de présenter une analyse exacte de la discussion.

Le gouvernement disait :

« A défaut, ou en cas d'insuffisance des ressources énoncées en l'article précédent, il sera pourvu à cette dépense sur les centimes variables du département, sans préjudice du concours de la commune du domicile des aliénés et des hospices, d'après les bases proposées par le conseil général sur l'avis du préfet et approuvées par le gouvernement. »

La commission de la Chambre des Députés pensa que les hospices ne devaient point être forcés à concourir d'une manière absolue à la dépense ; la Chambre adopta cette opinion ; les mots *et des hospices* furent supprimés. V. § 2 et 3, et les notes. Voici dans quels termes M. *le rapporteur* de la commission s'exprimait sur l'ensemble de la disposition :

« En l'absence de ces ressources privées, la dépense sera supportée par le département, et le conseil général pourra obliger les communes à y concourir avec lui, d'après les bases qu'il aura proposées. Cette disposition a été l'occasion d'une assez longue discussion dans le sein de la commission : on exprimait l'avis que la dépense des aliénés est communale par sa nature ; qu'ainsi elle devait être mise d'abord à la charge des communes, sur leurs revenus libres, et que le département ne devait être appelé à y pourvoir que subsidiairement et en cas d'insuffisance des ressources communales ; on soutenait en outre qu'il n'était pas dans les attributions du conseil général d'imposer ainsi une dépense aux communes, et que la répartition en devrait, en tous cas, être attribuée au préfet en conseil de préfecture. La majorité de la commission a pensé que la dépense des aliénés devait être supportée, selon les formes indiquées au projet, par les départemens et les communes ; cette dépense est trop inégalement répartie et trop considérable pour pouvoir peser entièrement sur les communes : elle absorberait tout le revenu de quelques-unes, tandis que d'autres en seraient entièrement affranchies ; en exceptant celles qui n'ont aucun revenu disponible, on commettrait une autre injustice, et l'on serait exposé à grever le département de l'obligation d'entretenir tous les indigens que ces communes feraient recevoir comme aliénés, dégagées qu'elles seraient de toute part de la dépense.

« La loi ne peut pas poser une règle générale, applicable à tous les départemens, à toutes les communes dont la position varie à l'infini. C'est aux conseils généraux qu'il doit être réservé de déterminer les bases applicables à chaque portion du territoire ; eux seuls peuvent apprécier convenable

nité proportionnée au nombre des aliénés dont le traitement ou l'entretien était à leur charge, et qui seraient placés dans un établissement spécial d'aliénés (1).

---

ment les diverses situations qui devront influer sur le partage de la dépense; le gouvernement, dont l'approbation doit intervenir ensuite, corrigera les erreurs qu'ils pourront commettre. La disposition dont il s'agit a déjà pris place dans la dernière loi de finances, elle n'a été l'objet d'aucune réclamation sérieuse, et nous proposons à la Chambre de persister dans ce qu'elle a déjà arrêté.

« La disposition qui autorise les conseils généraux à imposer aussi aux hospices la nécessité de concourir à la dépense, ne nous a point paru acceptable. Quand les hospices reçoivent des subventions de la commune, cette disposition est sans objet, car la commune serait tenue de leur restituer ce qu'ils auraient payé pour les aliénés, et il est plus simple de le lui demander directement. Quand les hospices se suffisent à eux-mêmes, ils constituent des établissemens propres, qui ont une existence indépendante, et sur lesquels le conseil général est dépourvu d'autorité. Il n'y a qu'un cas où ils puissent être l'objet d'un recours. C'est celui où ils se trouveraient soulagés d'une dépense à leur charge par l'admission dans un établissement spécial d'un aliéné qu'ils étaient obligés d'entretenir ou de traiter. Dans ce cas, il est juste qu'ils paient une indemnité proportionnée au bénéfice qu'ils obtiennent. Ils la doivent, non comme un tribut arbitrairement imposé, mais comme une restitution véritable, et en cas de contestation, la matière est contentieuse, car il s'agit du réglement d'un droit; elle doit donc être soumise à la juridiction du conseil de préfecture. Ces principes nous ont paru certains et ont dicté les nouvelles dispositions introduites dans l'art. 19 du projet. »

La nouvelle rédaction de la commission fut adoptée, et elle a reçu plusieurs explications à la Chambre des Pairs.

On demanda, en premier lieu, si en cas d'épuisement des centimes variables, une partie des dépenses des aliénés pourrait être prise sur les centimes facultatifs. On proposait, en cas d'affirmative, de remplacer ces mots *centimes variables* par cette expression générique *fonds départementaux*.

M. *le ministre de l'intérieur* et la commission déclarerent adhérer à l'amendement, en substituant toutefois à l'expression *fonds départementaux*, celle-ci, *fonds du département*. « Ainsi, dit M. *le rapporteur*, la dépense portera dabord sur les centimes variables, et en cas d'insuffisance sur les centimes facultatifs. En indiquant que la dépense sera prélevée sur les *fonds départementaux*, il ne saurait exister de difficulté. »

En conséquence de ces explications, la rédaction de la commission fut maintenue.

On proposa, en second lieu, de dire : « Sans préjudice du concours de la commune de son domicile *de secours*. »

Et l'on faisait remarquer que ce domicile est ainsi défini par le décret du 24 vend. an 2, tit. 5, art. 1er : « Le domicile de secours est le lieu où l'homme « nécessiteux a droit aux secours publics. »

M. *le rapporteur* de la commission soutint que cette addition était surabondante. « D'ailleurs, dit-il, nous devons ajouter que, dans la pratique, la disposition est interprétée dans le sens de l'amendement. »

Le gouvernement l'accueillit, au contraire. « Je crois, dit M. *le ministre de l'intérieur*, qu'il est nécessaire de mettre dans l'article *domicile de secours*, à cause des difficultés qui peuvent s'élever dans l'application. La jurisprudence à cet égard est établie, mais c'est au moyen de circulaires ministérielles; peut-être vaudrait-il mieux le dire expressément dans la loi. »

L'amendement fut adopté. S'il n'existe plus dans la loi, c'est que la Chambre des Députés a pensé, comme lors de sa première discussion, qu'il était surabondant. Il a été retranché comme tel.

La commission de la Chambre des Députés voulait que, pour ce qui regarde le concours des communes, toute latitude fût laissée au conseil général, et qu'il pût ou imposer toutes les communes ou quelques-unes seulement. « Le projet, disait M. *le rapporteur*, en 1838, propose de déclarer qu'une partie de la dépense sera nécessairement imposée à la commune du domicile *de secours* de l'aliéné. Nous avons retranché cette expression. Le domicile *de secours* n'est pas assez clairement défini par la loi; cette désignation se rattache d'ailleurs à un système qui a cessé d'être appliqué. Mais, surtout, nous pensons qu'on doit, à cet égard, laisser toute latitude au conseil général. Nous nous bornons à dire qu'une portion de la dépense sera mise à la charge des communes. Selon les cas, le conseil général imposera ou toutes les communes, ou quelques-unes seulement, d'après leur opulence et leurs ressources, ou celles du domicile des aliénés : nous lui laissons la faculté de peser les circonstances et de se déterminer en conséquence. »

Ce système, combattu par le gouvernement, a été repoussé par la Chambre.

Au surplus, voici comment s'exprime, à ce sujet, une circulaire ministérielle, du 23 juillet 1838 : « Les dépenses, lorsqu'elles ne peuvent pas être imputées sur les revenus personnels de l'aliéné, incombent d'abord aux personnes qui lui doivent des alimens, conformément aux art. 205 et suivans du Code civil; à défaut, c'est au département à y pourvoir, sauf le concours de la commune du domicile de l'aliéné. Vous aurez, à cet égard, à faire les propositions convenables au conseil général, en observant que le concours de la commune du domicile doit s'entendre dans le sens d'une subvention déterminée d'après des bases équitables, et non pas de manière à laisser la dépense tout entière à la charge de la caisse municipale. Quelques conseils généraux ayant tenté de faire prévaloir cette dernière interprétation, je crois devoir déclarer, dès à présent, qu'elle ne me paraît conforme ni à l'esprit, ni au texte de la loi, et que je ne saurais approuver les arrêtés de répartition qui seraient faits en conséquence. »

(1) Ce paragraphe, ni le troisième n'étaient pas dans le projet; mais le mot *hospices*, qui se trouvait dans le paragraphe 1er, en contenait pour ainsi dire le germe.

Voy. la note précédente.

Une longue discussion a précédé, dans les deux Chambres, l'adoption de ces paragraphes; de nombreuses questions sur leur sens et leur portée ont été adressées au ministre de l'intérieur et aux rapporteurs, soit à la Chambre des Pairs, soit à celle des Députés. Les réponses elles-mêmes ont fait naître de nouvelles questions et de plus nombreuses difficultés.

M. *Bourdeau* a demandé quel sera pour les hôpitaux qui n'ont pas la charge personnelle du traitement des aliénés, le concours à l'indemnité.

« Je demande ensuite, a continué l'orateur, ce que signifie un établissement spécial d'aliénés? Y aura-t-il des établissemens différens suivant le genre de folie?.....

« Quant à la contribution, voilà ce qui se passe pour les enfans trouvés. Ces dépenses sont supportées par le département, sur les dépenses variables, et la loi dit que les départemens pourvoient à l'excédant de cette dépense par les centimes facultatifs, indépendamment du concours des communes et des hospices. Toutes les fois que les conseils généraux ont été appelés à demander le concours des communes et des hospices, il s'est élevé une grande difficulté relativement aux hospices, qui ont ordinairement des fonds insuffisans pour leur entretien. Comment leur retirerez-vous les ressources déjà insuffisantes pour les malades ordinaires, pour les affecter à des malades destinés à des établissemens spéciaux? Voilà des difficultés sur lesquelles je demande à M. le ministre quelques explications. »

M. *le ministre de l'intérieur* a répondu : « Je dirai d'abord que le gouvernement et la commission ont entendu, par établissemens spéciaux, les établissemens publics d'aliénés, ou les établissemens privés avec lesquels les départemens auraient pris des arrangemens : voilà le véritable sens du mot *spécial*. »

« Quant à la seconde explication qui m'est demandée, je dois dire qu'il a été difficile, dans beaucoup de départemens, d'obtenir le concours des hospices; il y en a même où les hospices ont réclamé contre le paiement d'une part quelconque. Mais les hospices peuvent se diviser en trois catégories différentes :

« 1° Celle des hospices qui ne recevront des aliénés à aucune époque. Pour ceux-là il n'y a aucun motif de les faire contribuer.

« 2° Celle des hospices qui existent en vertu d'un don à condition de soigner les aliénés. Il pourra arriver deux choses : ou l'hospice pourra avoir un quartier consacré aux aliénés, et alors ce sera un établissement d'aliénés; ou bien l'hospice dira : Ces aliénés ne sont plus à ma charge, je ne veux plus m'en charger. Dans ce cas, la loi a voulu qu'il ne pût se soustraire aux conditions de sa fondation.

« La troisième classe est celle qui présente le plus de difficultés; c'est celle des hospices qui sont dans l'usage de recevoir des aliénés, sans que ce soit une condition imposée formellement par les fondateurs. Pour ceux-là, nous avons cru qu'il était raisonnable de les faire contribuer à la dépense des aliénés.

« Il y a donc deux classes d'hospices qui devront fournir une indemnité proportionnelle.

« Maintenant ce sera le préfet qui prendra un arrêté, d'après la décision du conseil général, afin de régler la quotité de l'indemnité; et, s'il y a contestation, le conseil de préfecture statuera. Je crois que la loi donne toutes les garanties désirables. »

Quant aux dernières objections de M. Bourdeau, voici comment elles ont été réfutées : « On a parlé de la confusion des hospices et des communes; on a dit que cette charge des aliénés se trouvait déjà mise à la charge des communes, quelle ne pourrait pas sans double emploi retomber encore à la charge des hospices; il y a erreur. Ces établissemens des hospices sont communaux sous certains rapports; mais les budgets, l'affectation des revenus, l'administration des hospices, sont distincts des budgets et de l'administration des biens communaux; seulement, dans le cas où l'hospice n'aura pas assez de revenus, la commune devra pourvoir à l'insuffisance dans l'intérêt de ses indigens malades.

« On a parlé aussi des embarras qui pourraient résulter de la résistance des communes à subvenir en partie aux besoins des aliénés, et on a cité les résistances que des communes avaient opposées à payer la quote-part qui leur était assignée dans la dépense des enfans trouvés; mais l'administration a surmonté la résistance des communes. Ensuite, les circonstances sont essentiellement différentes.

« En ce qui concerne les enfans trouvés, d'une part, la commune, d'autre part, l'hospice et le département y subviennent. L'hospice doit fournir aux frais de layette et vêture, et aux frais intérieurs depuis le dépôt de l'enfant jusqu'à son placement en nourrice. Les communes n'y subviennent en partie qu'après la délibération du conseil général, que sur les revenus ordinaires, et jamais par des contributions extraordinaires. Le département supporte le surplus, c'est-à-dire la majeure partie de la dépense.

« En ce qui concerne les enfans trouvés, il existait une cause de résistance qui n'existera pas pour les aliénés. C'est que l'on ignore la commune d'où viennent les enfans trouvés; et elle soutient toujours quelle ne doit pas supporter la dépense d'enfans trouvés qui lui sont étrangers. C'est là qu'on a éprouvé une grande résistance de la part des communes. Cette résistance qu'on a vaincue ne se représentera pas ici, car on saura toujours d'où viennent les aliénés indigens, et dès lors, la commune ne pourra pas se refuser à contribuer, autant que ses ressources le permettront, à leur alimentation et à leur traitement. Les principes de la matière sont que, lorsqu'un individu est aliéné, c'est sur ses propres ressources ou sur celles de sa famille qu'il doit être traité.

« S'il y a indigence, c'est la commune qui doit y pourvoir; à défaut de la commune, c'est le département. Les communes se trouvent quelquefois ne pas pouvoir suffire à cette dépense; alors le département vient à son secours. C'est ce qui s'est fait jusqu'à présent, et ce qui se fera encore. Le préfet, de concert avec le conseil général, examinera sur le budget de la commune s'il y a suffisance ou non dans le domicile de secours; et si le budget ne présente pas des ressources suffisantes, le département y suppléera. » (Discours de M. le baron Feutrier. Mon. du 11 fév. 1838, p. 276, 3e col.)

Les explications de M. le ministre de l'intérieur ont soulevé deux questions nouvelles.

On a dit que la condition des hospices de la troisième classe, c'est-à-dire des hospices qui sont dans l'usage de recevoir des aliénés ne pouvait motiver la charge qu'on voulait faire peser sur eux.

Relativement aux hospices chargés de soigner des aliénés en vertu de donations ou legs, on a soutenu que rien ne pouvait détruire l'obligation qui les grevait, mais qu'ils devaient avoir la faculté de l'exécuter sous la forme qui leur aurait été imposée, en obtenant, avec les précautions voulues par la loi, de conserver quelques chambres affectées spécialement aux aliénés. On ne peut, disait-on, leur reprendre la donation qu'ils ont reçue, ni les obliger de payer à un autre établissement ce qu'ils peuvent faire eux-mêmes.

On a répondu que si les hospices de la première classe se soumettent à avoir un local séparé pour les aliénés ainsi que le prescrit la loi, ils continueront à les recevoir, que rien ne sera changé à leur égard. —Que, si, au contraire, d'après les circonstances locales, d'après la spécialité de l'établissement, d'après la disposition des constructions, des préaux, il arrive que ces établissemens ne puissent pas satisfaire aux prescriptions de la loi, les aliénés devront quitter l'hospice pour passer dans un établissement spécial; que, dans ce cas, l'hospice devra concourir aux dépenses de ces aliénés, afin que la juste balance d'intérêt soit maintenue. Car le droit nouveau ne doit rien innover dans la position des hospices, il ne doit ni les enrichir ni les appauvrir. Or, les dépenses auxquelles les hospices qui étaient dans l'usage de recevoir des aliénés, étaient entraînés par ce service cesseraient par la mise à exécution de la loi, s'ils ne se conformaient pas à ses prescriptions; tous les hospices de cette classe refuseraient dès lors de s'y soumettre, puisqu'il résulterait pour eux de ce refus un dégrèvement plus ou moins considérable. C'est le montant de ce dégrèvement qui sera converti en indemnité au profit des établissemens publics ou privés sur lesquels cette charge sera transportée.

Une réponse à peu près semblable a été faite à la seconde question. Si l'hospice, a-t-on dit, se soumet aux prescriptions de la loi, point de difficulté, rien ne l'empêche d'être fidèle à la donation; s'il ne s'y soumet pas, il ne pourra plus recevoir d'aliénés, et, dans ce cas, il ne faut pas que la donation soit divertie de sa destination. Il faut que le vœu du donateur soit rempli : il le sera, seulement dans un autre local.

Voici comment s'est exprimé M. *le ministre de l'intérieur :* « Si par hasard ces hospices ne veulent pas accepter les prescriptions de la loi, je le demande, que va-t-il arriver? Nous déclarons, nous, que les hospices doivent perdre leurs aliénés; et cependant vous voudriez qu'ils conservassent les fonds qui devaient pourvoir à leur traitement! Il y aurait là une très grande injustice. Ici, je ne crains pas de le dire, c'est vous qui demandez la violation de la volonté du testateur, à moins que vous ne disiez que la fondation qui a été faite est plus forte que votre loi; que la pensée de l'homme qui, il y a deux cents ans peut-être, a fondé l'hospice dans l'état de la science et de la civilisation de son temps, doit avoir raison de votre loi, que vous faites après toutes les enquêtes de la science, après tous les progrès de la civilisation. Evidemment, vous n'êtes pas fondés à faire prévaloir la volonté présumée du donateur sur celle de la législature actuelle. Nous sommes dans le vrai, au contraire, en demandant que l'on consacre aux établissemens publics ou privés, ni plus, ni moins, la somme de la fondation. »

Ces explications furent acceptées par la Chambre des Pairs, et elles indiquent l'esprit de la disposition.

Devant la Chambre des Députés, ces longs débats se sont renouvelés. La deuxième question a de nouveau été mise en discussion; quoiqu'elle ait été résolue comme à la Chambre des Pairs, je crois utile, afin de ne laisser aucun nuage sur l'interprétation des termes de l'article, de rapporter les nouvelles explications qui ont été données.

La discussion a été ouverte par M. *Vatout.* « On a fondé, je suppose, a-t-il dit, dans un hospice deux lits pour des aliénés. Obligerez-vous maintenant les aliénés à sortir de cet hôpital pour être transférés dans la maison où ils devront aller, et pourrez-vous, par votre loi, détruire un acte de fondation?

« De plus, celui qui aura, il y a six mois, fondé ces deux lits, sachant que les aliénés ne seront plus traités dans cette maison, peut-il retirer son acte de fondation, ou pourrez-vous avoir le droit de vous en emparer? C'est là, Messieurs, une question très grave, sur laquelle je prie M. le rapporteur de vouloir bien me répondre.

M. *le rapporteur* a en effet répondu que les hospices qui se trouvent dans le cas qui vient d'être indiqué, et qui recevaient un certain nombre d'aliénés, seront soumis aux décisions prises par l'administration. Quand la loi sera intervenue, ces hospices ne pourront continuer à traiter des aliénés qu'autant qu'ils y seront autorisés; et si un hospice est autorisé, il exécutera par lui-même la fondation dont il aura été l'objet. Si au contraire l'administration pense que le régime de l'hospice ne lui permet pas de traiter les aliénés, elle lui refusera l'autorisation; et comme l'hospice ne pourra pas satisfaire aux obligations qu'il aura contractées envers le fondateur, il sera tenu d'indemniser l'établissement public chargé de recevoir l'aliéné, et par conséquent d'exécuter la clause.

M. *Gillon* a parlé dans le même sens. « Je me garde, a-t-il dit, d'interroger l'esprit de notre loi pour des cas particuliers ou pour des espèces, comme disent les jurisconsultes. Allons au fond de la disposition proposée, et cherchons à la généraliser : c'est le meilleur moyen de tracer de bonnes règles de décisions aux conseils de préfecture.

« Je rappelle ici le texte : *indemnité proportionnée au nombre des aliénés, dont le traitement était à leur charge.* Je prie la Chambre de remarquer que c'est de ces derniers mots, *était à leur charge,* qu'il y a nécessité de bien fixer le sens. A la première lecture, il semblait que la *charge* dût être établie par le titre même de libéralité qui a donné des biens à l'hospice, ou par le titre fondamental lui-même de l'hospice; mais il n'en est pas ainsi. La *charge* peut résulter ou des titres que je viens de rappeler, ou de l'usage, de l'habitude. Ainsi tout hospice ou hôpital qui reçoit aujourd'hui les aliénés, devra contribuer à en entretenir dans l'établissement que notre loi a pour but de fonder. Rien n'est plus juste; il n'a pas à se plaindre. Pour lui, il n'y a pas ou il n'y a que fort peu de charges, seulement il supporte la charge d'une autre façon. Au lieu d'entretenir le malade dans son enceinte, il l'entretiendra, en payant, dans un autre édifice. La règle générale que je viens de poser comme traduction du texte de la loi est, ce me semble, admise par la Chambre. (Très bien.) Je dis générale, et dans toute l'extension de la valeur de ce mot. Ainsi les hospices qui ne sont pas obligés par des titres écrits à soulager les aliénés, mais qui le recevaient comme tous autres individus malades de corps, ont fini par dégager leur service du service si assujettissant des aliénés; ils ont cessé d'en recevoir, parce que déjà le département a lui-même fondé un établissement pour les malheureux. Le conseil général est dans l'habitude, depuis plusieurs années, d'exiger de ces hospices-là une certaine somme pour aider à l'entretien de l'établissement. Ils vont être saisis par notre loi avec leur situation actuelle, c'est-à dire que forcément ils continueront à être frappés par le conseil général de l'obligation de payer annuellement une somme déterminée pour contribuer à l'entretien des aliénés. C'est là, je crois, comme chacun comprend le texte en discussion. » (Oui, oui.)

Puis, examinant l'espèce proposée par M. Vatout, M. *Gillon* a dit que, dans ce cas, l'hospice, s'il n'est pas autorisé par le gouvernement à avoir un établissement d'aliénés, tel que notre loi l'entend, sera forcé de laisser les quelques aliénés, qu'il entretient avec des fondations spéciales, sortir de son enceinte, pour les laisser passer dans un établissement régulier. « Alors, a-t-il ajouté, l'hospice aura le choix ou de laisser à cet établissement les biens donnés autrefois pour la fondation de l'entretien de ces quelques aliénés, ou de lui payer une pension pour ceux-ci. Qu'on ne se plaigne pas que c'est violer l'acte de fondation. Une loi qui traite, comme la nôtre, les intérêts les plus relevés des familles et de la société, doit se mouvoir aisément. D'autres temps sont venus qui ont exigé des mesures dont le besoin ne se faisait pas sentir à l'époque des fondations; ces mesures, notre loi les prescrit. C'est l'existence à part des établissemens pour les aliénés; mais les vues des bienfaiteurs s'accompliront toujours; car les biens qu'ils ont donnés continueront à soulager les aliénés transportés ailleurs, soit que ces biens soient abandonnés en propriété, soit que sur leurs revenus soit prise la pension nécessaire. » (C'est cela. Très bien!)

Enfin, M. *le ministre de l'intérieur* a déclaré qu'il adoptait ces explications.

Voici comment s'explique à ce sujet la circulaire du 23 juillet 1838:

« Quant à l'indemnité que les hospices peuvent être appelés à payer, en exécution du paragraphe 2 de l'article 28, il sera facile de la déterminer, en relevant, d'après les comptes de ces établissemens, la portion de dépense qu'ils ont supportée jusqu'à ce moment, soit en vertu du titre de leur fondation, soit par la volonté spéciale de donataires, soit par suite d'un usage constant et reconnu. En tous cas, s'il y avait contestation, ce serait au conseil de préfecture qu'il appartiendrait de statuer. »

D'autres difficultés ont encore été soulevées.

On a dit que, de la combinaison adoptée pour faire concourir les hospices à la dépense des aliénés, il résulterait très fréquemment que, pour le même aliéné, l'hospice et la commune seraient appelés à concourir; qu'en effet, si un aliéné d'une ville est envoyé par le département dans un établissement d'aliénés, on appellera le concours de la ville et celui de son hospice, en sorte qu'il y aurait un prélèvement annuel établi sur l'hospice, et, en outre, le concours de la ville sans égard à ce premier prélèvement.

Pour faire disparaître ces inconvéniens, l'orateur qui les signalait a proposé un amendement. Il était ainsi conçu : « L'hospice qui aurait dû « avoir à sa charge le traitement ou l'entretien « d'un aliéné placé dans un établissement spé« cial, sera tenu de payer la dépense de son en« tretien et de son traitement dans cet établisse« ment.

« Le préfet, par un arrêté, fixera le nombre « d'aliénés dont la dépense peut être mise à la « charge de chaque hospice du département, et « déterminera les communes sur la population « desquelles s'étendent les obligations de chaque « hospice.

« En cas de contestation, il sera statué par le « conseil de préfecture. »

Cet amendement aurait remplacé les deuxième et troisième paragraphes de l'art. 28.

Les observations de M. le rapporteur l'ont fait rejeter. Le discours de M. Vivien me semble contenir un résumé très clair et parfaitement exact des objections nombreuses qu'on a faites contre l'article et des solutions qu'elles ont reçues.

« On a pensé, a-t-il dit, qu'il peut y avoir certains cas dans lesquels une partie de la dépense faite pour les aliénés pouvait être mise à la charge des hospices. Quels sont ces cas? Ce sont ceux où les hospices sont tenus d'entretenir les aliénés. On a pensé que si la charge qui était imposée à l'hospice cessait de peser sur lui, si l'obligation qui le grevait était remplie par l'établissement public entretenu et fondé aux dépens du département, il était juste que l'hospice indemnisât le département des sacrifices que celui-ci aurait supportés à sa décharge. C'est dans ce but qu'on a introduit la disposition suivante : « Les hospices seront « tenus à une indemnité proportionnée, etc. »

« Des difficultés de plusieurs natures ont été faites sur cet article.

« On a demandé d'abord dans quels cas ce paragraphe serait applicable aux hospices, dans quel cas ils seraient tenus à l'indemnité.

« Nous avons répondu : l'indemnité sera due toutes les fois que l'entretien des aliénés sera à la charge des hospices, et il en sera ainsi dans le sens de la loi, non seulement lorsqu'il y aura un titre de fondation établissant expressément la dette, mais encore lorsque, de tout temps, l'hospice aura subvenu à cet entretien et contribué à sa dépense dans une proportion quelconque. »

On a demandé, en second lieu, à qui profiterait l'indemnité, si elle ne profiterait pas à la commune au bénéfice de laquelle la fondation avait été faite, et si on pouvait venir demander à celle-ci de prendre part une seconde fois à la dépense des aliénés. Il a été répondu que, dans le cas où la fondation établie dans un hospice serait constituée au profit d'une commune désignée, celle-ci ne pourrait pas être tenue de contribuer une seconde fois à la dépense des aliénés; qu'elle satisferait à sa dette, en disant au département : « Voici un aliéné qui a son domicile sur mon territoire, vous subviendrez à son entretien en recueillant le bénéfice de la fondation, c'est-à-dire les moyens suffisans pour y faire face. »

« On a demandé, en troisième lieu, dans quel ordre seraient exercés les divers recours établis par l'art. 28; si on s'adresserait d'abord à la commune, ou si on commencerait par les hospices.

« Il a été répondu qu'il y avait deux ordres de réclamations à intenter; que les unes étaient fondées sur un concours discrétionnaire qui pourrait être imposé aux communes par le conseil général; que les autres, au contraire, reposaient sur une véritable dette, sur une obligation formelle, et que celles-là devaient toujours être exigées; que, con-

En cas de contestation, il sera statué par le conseil de préfecture (1).

SECTION IV. — Dispositions communes à toutes les personnes placées dans les établissemens d'aliénés.

29 (2). Toute personne placée ou retenue dans un établissement d'aliénés, son tuteur, si elle est mineure, son curateur, tout parent ou ami, pourront, à quelque époque que ce soit, se pourvoir devant le tribunal du lieu de la situation de l'établissement, qui, après les vérifications nécessaires, ordonnera, s'il y a lieu, la sortie immédiate (3).

---

séquemment, quand il s'agirait de subvenir à la dépense d'un aliéné, on s'adresserait d'abord à l'hôpital sur lequel pèserait l'obligation de subvenir à cet entretien; que ce ne serait que quand il s'agirait d'un entretien auquel il ne serait pas fait face par ce moyen, qu'on pourrait exercer un recours contre la commune.

« C'est ainsi que nous avons essayé de résoudre les diverses questions soulevées à l'occasion de l'article 28. Il nous a paru que les termes de l'article étaient suffisans. A la vérité, ils n'entrent pas dans tous les détails de tous les procès, de toutes les contestations qui pourraient s'élever à son occasion; mais la loi ne peut pas entrer dans des détails si minutieux. »

M. le rapporteur s'est ensuite attaché à démontrer que l'amendement proposé ne devait pas être adopté, parce qu'il ne résolvait aucune des questions proposées.

(1) V. les notes précédentes.

(2) Cet article semble en contradiction avec l'art. 14. Cependant il est facile de les concilier, car l'art. 14 s'applique au cas de placement volontaire, au lieu que l'art. 29 est fait pour tous les cas, alors même que le malade est retenu, et pour quelque cause qu'il le soit, par l'administration.

(3) La question de savoir à quel tribunal la demande serait faite n'était pas résolue par le projet. Elle fut soulevée dans le sein de la Chambre des Députés, et, après un court débat, le tribunal du domicile fut préféré.

Mais ce système n'a point prévalu devant la Chambre des Pairs, et les raisons sur lesquelles elle s'est fondée pour attribuer la demande au tribunal de la situation de l'établissement ont été admises.

M. *Vivien*, dans son rapport du 5 juin 1838, a ainsi expliqué les motifs de ces variations :

« Pour préférer le tribunal du domicile, on avait considéré qu'une instance judiciaire dans laquelle on devait juger si une personne était privée accidentellement des lumières de l'intelligence et pouvait, à ce titre, perdre la liberté, affectait l'état civil; que les juges du domicile seraient plus à portée que tous autres de connaître la situation de famille, les antécédens, l'état moral et domestique de la personne, objet du procès, et de celle qui aurait fait effectuer le placement, et que, quant à la vérification de l'état intellectuel au moment du procès, elle était principalement du ressort des hommes de l'art qui pouvaient être également délégués par tout tribunal. Malgré ces considérations, le nouveau projet attribue juridiction au tribunal de la situation de l'établissement. Il a paru qu'on devait surtout s'attacher à la nécessité de constater l'état actuel de la personne admise dans l'établissement; qu'il y aurait lieu à des interrogatoires, à des transports de juges, et que, dès lors, il convenait de s'adresser au tribunal le plus rapproché du lieu où se trouverait cette personne. Nous reconnaissons l'importance pratique de ces raisons. Chacune des deux juridictions entre lesquelles il faut choisir, présente ses avantages et ses inconvéniens. L'essentiel est que la loi soit claire et précise, et que le tribunal compétent soit expressément désigné; la sagesse des magistrats fera le reste, et nous n'élevons aucune objection sérieuse contre la proposition du dernier projet. »

On a dit que la disposition de cet article établissait un conflit perpétuel entre l'autorité judiciaire et l'autorité administrative, conflit résultant du rapprochement de cet article avec l'art. 18. En effet, à côté du pouvoir attribué au préfet par l'art. 18, s'élève le pouvoir du tribunal qui peut briser ce qu'aura fait le premier; celui-ci à son tour peut prendre les mesures qu'il a déjà prises, et ce conflit peut se prolonger ainsi sans issue entre ces deux autorités, si elles persistent.

Ces objections ont été réfutées. « Sans doute, a dit M. *le ministre de l'intérieur*, si, postérieurement à la décision de l'autorité judiciaire qui a prononcé la mise en liberté d'un individu détenu pour aliénation mentale, il intervient de nouveaux faits qui motivent cette mesure, l'administration aura le droit de faire arrêter de nouveau cet individu, d'agir de nouveau sur sa personne suivant les règles de la loi. Mais s'il n'intervient pas de nouveaux faits, sa liberté, que les tribunaux ont proclamée, restera à l'abri de toute atteinte, sans que le préfet ait le droit de défaire un jugement sous prétexte d'aliénation mentale. Ce seraient là de véritables lettres de cachet. »

On a fait valoir ensuite les garanties qui entourent la liberté individuelle de chaque citoyen, la surveillance imposée à tous les magistrats sur les établissemens d'aliénés, le droit qu'a tout citoyen de dénoncer un fait de détention arbitraire, et l'obligation imposée à tout magistrat de faire droit à la dénonciation lorsqu'un fait est signalé.

Il faut l'avouer, cette réfutation n'a qu'une force morale et relative; en droit, elle est impuissante, puisque la violation de la chose jugée reste possible. Mais il était difficile de concilier autrement ce qu'exige la sûreté publique avec ce qu'on doit à la liberté individuelle, et il faut convenir que l'on a fait pour celle-ci tout ce qui était possible. Il est peu probable qu'avec les garanties dont on l'a environnée, la responsabilité de l'autorité administrative soit jamais sérieusement engagée.

La question a été examinée encore sous une autre face. On a dit que l'article posait un principe contraire à l'ensemble de notre législation; qu'il y avait un acte discrétionnaire de l'autorité administrative soumis aux tribunaux. « Je crois, a dit M. *le duc de Broglie*, qu'ordinairement, toutes les fois que l'autorité administrative est appelée à intervenir discrétionnairement, sous sa responsabilité, s'il arrive un conflit entre la décision de l'autorité discrétionnaire administrative et le tribunal, c'est le tribunal qui s'arrête, et c'est l'administration supérieure qui a la mission d'en juger. »

On a répondu qu'il n'y avait point innovation, quant au principe, puisque tout le monde est

Les personnes qui auront demandé le placement, et le procureur du roi, d'office, pourront se pourvoir aux mêmes fins.

Dans le cas d'interdiction, cette demande ne pourra être formée que par le tuteur de l'interdit.

La décision sera rendue, sur simple requête, en chambre du conseil et sans délai; elle ne sera point motivée (1).

La requête, le jugement et les autres

---

d'accord que la décision discrétionnaire de l'autorité administrative devait être soumise à un contrôle. Or, en matière de liberté individuelle, il n'y a, il ne peut y avoir qu'un seul recours, la justice du pays, parce qu'elle seule lui offre une véritable garantie. Ce principe est proclamé, en matière criminelle, dans toutes les pages de nos codes.

On a cité la loi électorale, et le cas où l'autorité administrative fait arrêter un individu en flagrant délit; l'on a fait remarquer que, dans ces hypothèses, l'acte administratif était jugé par l'autorité judiciaire. Enfin, on a soutenu qu'il y avait impossibilité de trouver un autre moyen efficace de garantie pour la liberté des citoyens.

Tout en reconnaissant cela, M. *de Broglie* a répliqué que le système du projet lui paraissait une innovation considérable, et qu'il fallait que l'on ne pensât pas à l'avenir invoquer le précédent, qu'on était dans la nécessité de consacrer, quand il y aurait d'autres moyens de faire face à la question qu'on aurait à résoudre.

Il a établi ensuite que, jusqu'alors, la question de la disposition des fous qui compromettent l'ordre public, était une question judiciaire, en ce sens, qu'en droit, c'étaient les tribunaux qui décidaient de leur sort avec toutes les formes de la justice sur l'interdiction. « Or, a-t-il dit, du moment qu'on entend faire de la disposition des fous une question administrative, il y a assurément une grande innovation. »

(1) Cette décision peut-elle être attaquée? Par quelles personnes? Dans quelle forme?

Telles sont les questions que fait naître le texte de cette disposition, sans les résoudre.

Le projet contenait la solution de la première et de la troisième; il avait dit : « Cette décision sortira effet provisoirement, nonobstant appel. Le « délai d'appel ne sera que de quinzaine. »

La deuxième question naissait d'un amendement de la commission qui faisait courir le délai « du jour de la signification. » Cette addition supposait invinciblement des adversaires; quels étaient-ils?

« Je comprends parfaitement une signification de jugement, disait M. *Jobard*, lorsqu'il y a débat entre deux ou plusieurs personnes en présence du tribunal; mais, dans l'hypothèse que le projet du gouvernement et celui de la commission me semblent prévoir, la signifiation n'est plus possible. Je m'explique ainsi le mécanisme de la procédure qu'on a voulu organiser : un parent veut faire sortir d'un établissement d'aliénés son parent, son ami, ou bien encore c'est l'aliéné lui-même qui demande sa mise en liberté. Une simple requête suffit pour que le tribunal soit mis à même de prononcer. La personne qui sollicite la sortie est seule devant lui; elle n'a pas de contradicteur. Si sa demande est accueillie, qui pourra appeler? à qui signifiera-t-on? Votre article ne le dit pas. Si la demande est rejetée, au contraire, évidemment la personne qui l'a formée pourra se pourvoir par appel, et c'est, à mon sens, la seule hypothèse qu'ait en vue le projet. Or, pour appeler, vous lui accordez un délai de quinzaine, *à partir de la signification*. Encore une fois, qui signifiera le jugement, puisqu'il n'y a pas d'adversaires? Prétendriez-vous constituer le procureur du roi contradicteur dans tous les cas? Votre loi ne le dit pas. Et si, d'ailleurs, la chambre du conseil avait été saisie, à sa propre requête, de qui recevrait-il lui-même la notification? »

L'objection était parfaitement fondée. La commission le reconnut. « Dans la plupart des cas, dit son rapporteur, il n'y aura personne à qui la signification puisse être faite. En effet, il faut remarquer que la décision est rendue sur simple requête et dans la chambre du conseil, par conséquent sans procédure contradictoire. Dès lors, il n'y a pas lieu à signification. La commission avait introduit cette modification dans l'article, parce qu'elle avait été préoccupée de l'embarras qu'il y aurait à faire partir le délai du jour où la décision a été obtenue; mais je reconnais qu'il vaut mieux supprimer l'addition proposée par la commission et s'en tenir au texte de l'article du gouvernement.

Le paragraphe fut renvoyé à la commission, qui le reproduisit tel qu'il est dans la loi.

Les explications qui furent présentées par M. le rapporteur éclaircissent les difficultés soulevées dans la discussion et donnent la solution des questions posées au commencement de cette note.

« Le commencement du paragraphe soumis à l'examen de la commission, dit-il, est ainsi conçu : « La décision sera rendue sur simple requête en « la chambre du conseil, et sans délai; elle n'est « pas motivée. »

« Le paragraphe ajoute ensuite : « Cette décision « sortira son effet provisoirement, nonobstant ap- « pel; le délai d'appel ne sera que de quinzaine. »

« C'est cette dernière disposition qui a donné lieu à des objections assez nombreuses. On a demandé quelles seraient les parties qui pourraient avoir droit d'interjeter appel; s'il y aurait nécessité de faire des notifications; si le délai de l'appel courrait du jour de la notification ou du jour de la décision rendue.

« Il a paru à la commission, en examinant les objections qui avaient été faites, qu'il était inutile d'introduire dans la loi des dispositions exceptionnelles au droit commun; qu'il fallait rester dans les termes de ce droit, et, par conséquent, laisser à la décision qui serait rendue par le tribunal, son caractère et ses effets comme à toutes les décisions de la même nature.

« Quel est le caractère de cette décision? Elle est rendue en la chambre du conseil. Elle n'est pas motivée, elle est prononcée sur requête. Or, d'après le droit commun, d'après les formes habituelles de la procédure, ces sortes de décisions sortent immédiatement leurs effets; elles ne sont pas l'objet d'une contradiction, elles ne sont pas rendues en présence d'un adversaire, c'est le tribunal qui statue sur la requête qui lui est adressée. Si la

actes auxquels la réclamation pourrait donner lieu, seront visés pour timbre et enregistrés en débet (1).

Aucunes requêtes, aucunes réclamations adressées, soit à l'autorité judiciaire, soit à l'autorité administrative, ne pourront être supprimées ou retenues par les chefs d'établissemens, sous les peines portées au titre 3 ci-après (2).

30. Les chefs, directeurs ou préposés responsables, ne pourront, sous les peines portées par l'article 120 du Code pénal, retenir une personne placée dans un établissement d'aliénés, dès que sa sortie aura été ordonnée par le préfet, aux termes des articles 16, 20 et 23, ou par le tribunal, aux termes de l'article 29, ni lorsque cette personne se trouvera dans les cas énoncés aux articles 13 et 14.

31. Les commissions administratives ou de surveillance des hospices ou établissemens publics d'aliénés exerceront, à l'égard des personnes non interdites qui y seront placées, les fonctions d'administrateurs provisoires. Elles désigneront un de leurs membres pour les remplir (3) : l'admi-

---

partie dont la requête a été rejetée n'est pas satisfaite, elle peut se pourvoir devant l'autorité supérieure qui procède dans les formes indiquées par le Code de procédure civile. La commission pense qu'il n'existe aucun motif pour déroger aux règles de la procédure ; qu'il faut que ces décisions soient soumises en tous points aux règles établies pour toutes les décisions analogues.

« Conséquemment, nous vous proposons de retrancher de l'article les formes exceptionnelles qui avaient donné lieu à toutes les difficultés, et de vous borner à voter la disposition que voici : « La « décision sera rendue sur simple requête, en « chambre du conseil et sans délai ; elle ne sera « point motivée. »

« Pour le surplus, le droit commun fera son office. »

M. *le ministre de l'intérieur :* « Nous adhérons. »

La proposition de la commission a été adoptée.

Ainsi, la décision peut être attaquée, — par le requérant, — par appel, — dans les formes et délais voulus par le Code de procédure civile.

Dans aucun cas, la procédure ne peut être publique.

(1) Cette disposition regarde les aliénés pauvres. On a pensé qu'il serait injuste de les forcer de faire l'avance des frais nécessaires pour sortir de l'établissement où ils seront retenus. S'ils font admettre leurs réclamations, ils ne doivent point les supporter; mais s'ils sont déboutés, ils restent débiteurs envers la régie des frais de tous les actes auxquels leur demande aura pu donner lieu.

(2) Voyez l'art. 41.

(3) M. *le rapporteur* de la commission de la Chambre des Pairs a expliqué la nature de cette administration. « Elle sera analogue, a-t-il dit, à la tutelle qui est conférée à ces mêmes commissions par la loi du 15 pluviôse an 13, relativement aux enfans trouvés. Cette tutelle est confiée aux membres de ces commissions, mais ils ne sont pas soumis à l'hypothèque légale ; le receveur de l'hospice est délégué pour recevoir les revenus. Lui seul est responsable sur son cautionnement de tout ce qui touche à la manutention des deniers.

« Comme l'a dit mon honorable et savant ami, M. le comte de Portalis, dans les hospices publics, il n'y a, le plus souvent, que des indigens ; quelques établissemens départementaux et Charenton contiennent cependant des aliénés appartenant à des familles aisées. Aussi la loi a-t-elle eu soin de prescrire des règles spéciales pour le cas où un individu riche ou aisé se trouverait placé dans un établissement de cette catégorie ; la commission de surveillance a le droit de se décharger de l'administration provisoire, en demandant au tribunal civil de nommer quelqu'un pour l'exercer.

« Une faculté corrélative est réservée aux familles, lorsqu'elles pensent qu'il est dans leur intérêt d'avoir un administrateur spécial. Elles ont le droit d'en réclamer la nomination, même lorsque l'aliéné est placé dans un établissement public. Ainsi, il n'y aura jamais de gestion obligée pour les administrateurs des hospices, et jamais cette gestion ne pourra être imposée aux familles contre leur volonté ; cela résulte clairement du dernier paragraphe de l'article et du dernier paragraphe du suivant.... L'administration consacre une partie de la somme provenant des droits de l'aliéné à son soulagement, et garde l'autre en réserve pour la lui rendre intégralement, s'il guérit. Elle ne se rembourse des frais de sa pension sur ce pécule, qu'autant que l'aliéné vient à décéder. »

Lors de la discussion de l'art. 32, M. *le duc de Broglie* a demandé une explication sur l'espèce de contradiction qui, selon lui, existait entre l'article actuel dans la disposition, qui rend l'administration provisoire des aliénés, nécessaire dans les hospices ou établissemens publics, et celle de l'article 32, qui laisse la nomination de l'administrateur provisoire facultative.

« Il y aura donc, a dit l'orateur, des indigens aliénés soumis à l'administration provisoire, et d'autres qui n'y seront soumis qu'autant que quelqu'un le requerra. Il y aura ainsi, pour la même nature de maladie et de personnes, deux traitemens parfaitement différens. »

M. *le ministre de l'intérieur* a répondu : « L'art. 31 est en effet trop absolu dans sa rédaction ; car, pour nous, nous avons toujours cru que l'art. 31 donnait une faculté toute aussi bien que l'art. 32. Peut-être avons-nous eu tort dans la rédaction : mais notre pensée était d'accord avec celle émise hier par le garde des sceaux, avec celle indiquée par moi-même. Nous étions d'accord sur ce point, que l'art. 31 donnait une faculté comme l'art. 32. Ainsi nous répondons que nous avons voulu, dans tous les cas, établir seulement une faculté. »

Néanmoins, la rédaction n'a pas été modifiée, et telle qu'elle est restée dans la loi, elle doit faire écarter l'interprétation que lui a donnée le ministre de l'intérieur. C'est là, d'ailleurs, ce qui a été reconnu à la Chambre des Pairs par M. le garde des sceaux, et sanctionné par le silence de la Chambre des Députés, malgré la provocation de M. le ministre de l'intérieur.

« Nous repoussons l'administration provisoire obligatoire dans les établissemens privés, disait

nistrateur, ainsi désigné, procédera (1) au recouvrement des sommes dues à la personne placée dans l'établissement, et à l'acquittement de ses dettes; passera des baux qui ne pourront excéder trois ans, et pourra même, en vertu d'une autorisation spéciale accordée par le président du tribunal civil, faire vendre le mobilier.

Les sommes provenant, soit de la vente, soit des autres recouvremens, seront versées directement dans la caisse de l'établissement, et seront employées, s'il y a lieu, au profit de la personne placée dans l'établissement (2).

Le cautionnement du receveur sera affecté à la garantie desdits deniers, par privilége aux créances de toute autre nature (3).

Néanmoins les parens, l'époux ou l'épouse des personnes placées dans des établissemens d'aliénés dirigés ou surveillés par des commissions administratives, ces commissions elles-mêmes, ainsi que le procureur du roi, pourront toujours recourir aux dispositions des articles suivans.

32. Sur la demande des parens, de l'époux ou de l'épouse, sur celle de la commission administrative ou sur la provocation, d'office, du procureur du roi, le tribunal civil du lieu du domicile pourra, conformément à l'article 497 du Code civil, nommer, en chambre du conseil, un administrateur provisoire aux biens de toute personne non interdite placée dans un établissement d'aliénés. Cette nomination n'aura lieu qu'après délibération du conseil de famille, et sur les conclusions du procureur du roi. Elle ne sera pas sujette à l'appel (4).

33. Le tribunal, sur la demande de l'ad-

M. *le garde des sceaux* sur l'art. 32. S'il y avait quelque chose à faire et à modifier, ce serait plutôt dans l'article 31 où il conviendrait de la rendre facultative. Dans cet article, la faculté serait suffisante; car si la famille n'agit pas, nous laissons au ministère public le droit d'intervenir. Ainsi nous repousserions l'amendement de l'art. 32.» (Cet amendement tendait à rendre obligatoire l'administration provisoire. Voy. la note sur l'art. 32.)

« S'il était vrai, disait *le ministre de l'intérieur* à la Chambre des Députés, que la rédaction (de l'art. 31) ne fût pas d'accord avec notre pensée, il n'appartiendrait pas à la Chambre des Pairs, qui a voté l'art. 31 de l'amendement, de le mieux exprimer; ce serait à une autre Chambre à le faire.»

La Chambre des Députés n'a adopté aucun changement dans ce sens à l'article. La question n'a pas même été soulevée; et la Chambre des Pairs, ressaisie du projet, l'a accepté sans modification aucune.

Ce silence, fût-il un oubli, laisse à la disposition sa signification littérale.

(1) Il y avait dans le projet *fera* le recouvrement, et M. de Schonen a proposé de dire *procédera* au recouvrement. Voici comment il a expliqué la différence de ces deux termes et le sens qu'il attachait au second. « Je désire, a-t-il dit, que l'administrateur ne soit pas mis en contact avec les deniers appartenant à l'aliéné. Aussitôt que la main d'un homme touche des deniers, il faut qu'il en rende compte. C'est ce qui a fait que la célèbre ordonnance du 14 septembre 1822 a soigneusement distingué les fonctions des ordonnateurs de celles des comptables.» Et proposant ensuite de dire seront versés *directement* dans la caisse, et, au lieu de seront versés dans la caisse, il a ajouté: « De cette manière, il ne pourra pas être détourné de fonds.»

M. *le chancelier*: «La commission et le gouvernement adhèrent. »

(2) La disposition finale du deuxième paragraphe *et seront employés s'il y a lieu*, etc., a été ajoutée par la Chambre des Pairs.

Lorsque la proposition fut présentée, M. le comte de *Bastard* dit que peut-être il y avait une observation à faire, c'est que les sommes provenant des ventes et des recouvremens pourraient fort bien être remises à la famille de l'aliéné; qu'il fallait aussi penser à la femme et aux enfans; que c'est l'administrateur provisoire qui doit juger de ce qu'on peut faire de ces deniers.

L'auteur de l'amendement fit observer que tel était le sens de la disposition qu'il proposait.

(3) M. *le président de la Chambre des Députés* a fait observer que si on donne le droit de préférence pour les deniers déposés, c'est que le receveur de l'hospice n'est pas le débiteur du trésor public, et que, par conséquent, cela ne porte pas atteinte au privilége du trésor.

(4) M. le comte *Portalis* a proposé, à la Chambre des Pairs, un amendement qui portait: « Cette « nomination devra être faite dans les trois mois « qui suivront l'entrée de l'aliéné dans l'établisse« ment. » La pensée qui a présidé à sa rédaction était de garantir légalement et uniformément la liberté individuelle de toute atteinte.

Cet amendement a été écarté après de vifs débats.

M. *Girod* (de l'Ain) a résumé avec beaucoup de clartés les objections faites contre la proposition et les argumens qui militaient en sa faveur.

« L'honorable préopinant (M. le comte *Portalis*, a-t-il dit, tout en convenant que la proposition de la commission, de laisser seulement facultative la nomination de l'administrateur provisoire, n'est pas en opposition formelle avec le Code civil, prétend que ce système place les aliénés dans une situation où ils rencontrent moins de garanties que dans l'état actuel, qu'il convient de suppléer à cette insuffisance en rendant obligatoire la nomination de l'administrateur provisoire.

« C'est sous ce point de vue que je demande la permission d'examiner l'amendement proposé par l'honorable préopinant. Je dirai d'abord qu'il ne me semble pas que la disposition générale du projet dépouille les malheureux dont nous nous occupons de quelques garanties que la législation actuelle leur aurait assurées. Quelles sont donc ces garanties? Il n'est pas facile de les rencontrer, et si nous les trouvons, ce n'est que dans la loi que nous discutons, et non pas dans la législation actuelle. En effet, que dit le Code civil? Il dit que tout individu qui serait dans un état *habituel* d'imbécilité (habituel; ne perdez pas de vue ce caractère), démence ou fureur, devra être interdit, et puis il

ministrateur provisoire, ou à la diligence du procureur du roi, désignera un mandataire spécial à l'effet de représenter en justice tout individu non interdit et placé ou retenu dans un établissement d'aliénés, qui serait engagé dans une contestation judiciaire au moment du placement, ou contre lequel une action serait intentée postérieurement.

Le tribunal pourra aussi, dans le cas d'urgence, désigner un mandataire spécial à l'effet d'intenter, au nom des mêmes individus, une action mobilière ou immobilière. L'administrateur provisoire pourra, dans les deux cas, être désigné pour mandataire spécial (1).

34. Les dispositions du Code civil, sur les causes qui dispensent de la tutelle, sur les incapacités, les exclusions ou les destitutions des tuteurs, sont applicables aux administrateurs provisoires nommés par le tribunal.

Sur la demande des parties intéressées, ou sur celle du procureur du roi, le jugement qui nommera l'administrateur provisoire pourra en même temps constituer sur ses biens une hypothèque générale ou spéciale, jusqu'à concurrence d'une somme déterminée par ledit jugement.

Le procureur du roi devra, dans le délai de quinzaine, faire inscrire cette hypothèque au bureau de la conservation : elle ne datera que du jour de l'inscription (2).

35. Dans le cas où un administrateur provisoire aura été nommé par jugement, les significations à faire à la personne pla-

---

charge le procureur du roi de provoquer l'interdiction des individus qui, en raison de leur fureur, compromettraient la sûreté publique, et qu'il faudrait séquestrer. Du reste, point d'obligation de provoquer l'interdiction en tout autre cas. Aussi qu'arrive-t-il ? Il arrive que le nombre des interdictions provoquées, comparé à celui des malheureux frappés d'aliénation mentale, est infiniment petit; et cela seul prouverait peut-être que l'interdiction est plus souvent onéreuse qu'utile.

« Quant aux autres garanties, loin d'en trouver dans la législation actuelle, je vois au contraire dans les lois générales l'autorisation donnée à l'administration, toutes les fois qu'un aliéné peut compromettre la sûreté publique, de s'emparer de lui, de pourvoir à l'urgente nécessité. Nulle part ne se trouve de garantie contre l'exercice de ce droit, je dirai mieux, de ce devoir de l'administration. Le projet actuel en offre au contraire.

« Il faut reconnaître qu'il ne s'agit pas ici d'une garantie pour la personne de l'aliéné : tout est fait à cet égard; vous avez peut-être dépassé la mesure. Ce n'est pas moi qui m'en plains; je reconnais qu'en cette matière la sollicitude du législateur doit être poussée jusqu'à l'extrême ; mais les difficultés qu'on a fait entrevoir ne sont pas moins sérieusement graves. Je désire comme un des honorables préopinans, qu'on ne tire aucune conséquence du précédent que nous créons, qu'il se borne à la loi dans laquelle la disposition dérogatoire se trouve. Si on l'étendait plus loin, il pourrait causer de grands embarras à l'administration du pays.

« Laissons de côté ces considérations; reconnaissons que les garanties données à la personne de l'aliéné sont aussi complètes que le scrupule le plus méticuleux peut le désirer. Il ne s'agit ici que des biens de l'aliéné, que des mesures préservatrices à prendre relativement à ces biens.

« La loi y pourvoit-elle suffisamment, en ne présentant que comme une faculté ce que l'auteur de l'amendement veut convertir en une obligation ? La faculté, selon moi, suffit. D'abord une grande partie des aliénés placés dans les établissemens n'a pas de biens, ou en a très peu.

« L'administration ne peut avoir d'objet qu'à l'égard de la personne, et non à l'égard des biens. Ce n'est pas sans frais que l'on arriverait à cette administration provisoire. Les formalités voulues par l'article même, pour l'exercice de la faculté, exigeront des frais plus ou moins considérables dont il faut prendre garde de surcharger les départemens, communes, hospices, ou même les familles; on n'y trouverait pas un avantage qui pût compenser la charge. Quant à ceux qui ont des biens, est-ce que le système de la loi n'y pourvoit pas ? Non seulement l'époux, l'épouse, la famille, mais le procureur du roi, à leur défaut, agira d'office toutes les fois que sa sollicitude sera éveillée; elle le sera comme dans beaucoup d'autres circonstances où il agit d'office. Toutes les fois que le procureur du Roi saura qu'un individu, qui a des biens, à l'égard desquels il est d'obligation de prendre des mesures d'administration, est dans un établissement, il provoque l'administration provisoire. Ce qui n'est que faculté sera, pour le procureur du roi, une obligation aussi impérieuse que si elle était écrite. Dans tous les autres cas, cette obligation serait superflue d'abord, dangereuse peut-être, parce qu'elle constituerait, soit l'établissement, soit les familles, dans des frais frustratoires ; dangereuse sous le rapport médical. Je n'insisterai pas sur ce dernier point ; la Chambre sait précisément que, dans le commencement de l'aliénation (et l'état de la science ne permet pas de fixer la durée de ce temps d'épreuves, soit sous le rapport des justes susceptibilités des familles, soit sous le rapport de l'intérêt de l'aliéné lui-même, soit sous l'intérêt de l'espoir de guérison qu'on peut conserver), il importe de ne pas multiplier les formalités de procédure ; ce qui importe surtout, c'est de guérir la personne malade si elle en est susceptible.

« Par tous ces motifs, je persiste à demander que la nomination de l'administration provisoire soit facultative, comme la commission le propose, et ne devienne jamais obligatoire. »

On a demandé à la Chambre des Députés comment et par qui seraient faits les actes d'administration des biens des aliénés, lorsqu'ils dépasseraient les pouvoirs de l'administration provisoire.

Il a été répondu par la commission que, dans ces circonstances, il faudrait provoquer l'interdiction. Voy. néanmoins l'art. suiv.

(1) Voir les notes sur l'art. 36. Il est néanmoins difficile de concilier ces deux articles ou plutôt de faire disparaître la difficulté soulevée sur l'art. 36.

(2) Le projet soumis à la Chambre des Députés

cée dans un établissement d'aliénés seront faites à cet administrateur.

Les significations faites au domicile pourront, suivant les circonstances, être annulées par les tribunaux.

Il n'est point dérogé aux dispositions de l'article 173 du Code de commerce (1)

36. A défaut d'administrateur provisoire, le président, à la requête de la partie la plus diligente, commettra un notaire pour

---

contenait, au lieu des deuxième et troisième paragraphes, une disposition ainsi conçue :

« Seront également applicables aux administrateurs désignés par le tribunal, en vertu de l'article 28 (32 de la loi), les dispositions du même code relatives à l'hypothèque légale des mineurs ou interdits sur les biens de leurs tuteurs. »

La Chambre la rejeta. Elle ne voulut pas, comme le disait *M. Barthélemy* dans son rapport du 22 mai, créer une nouvelle classe d'hypothèques légales, et compromettre l'intérêt des tiers en la faisant résulter d'une nomination faite sans publicité.

« Mais, disait le savant rapporteur, si votre commission approuve les motifs de cette détermination, elle ne peut en adopter entièrement les conséquences. Dans l'état actuel des choses, rien ne protégerait plus les intérêts de l'aliéné. Nous vous proposons de suppléer à ce défaut absolu de garantie, non en rétablissant l'hypothèque légale et en la faisant inscrire, mais par une disposition, nouvelle sans doute dans notre droit, mais qui paraît à votre commission concilier parfaitement tous les intérêts. »

Cette disposition est celle des paragraphes 2 et 3 de cet article. Elle fut adoptée par la Chambre des Pairs.

La commission de la Chambre des Députés a conclu à ce qu'elle fût conservée. Son *rapporteur* a résumé la discussion en ces termes :

« Vous vous rappelez, Messieurs, le débat qui s'est engagé à l'occasion du droit d'hypothèque légale, que le projet du gouvernement proposait d'établir au profit de l'aliéné, sur les biens de l'administrateur provisoire nommé par le tribunal. On a fait ressortir avec une grande force les inconvéniens qui s'attachent, en général, à l'existence des hypothèques légales, et l'éloignement que cette charge inspirerait pour les fonctions d'administrateur. Frappés de ces objections, vous avez rejeté la proposition du projet; vous avez mieux aimé que les garanties accordées à l'aliéné fussent, en certains cas, insuffisantes, que d'imposer à l'administrateur de ses biens, pour prix d'un dévouement purement gratuit, une dure et onéreuse obligation. Cependant, en prononçant ainsi, en prenant le seul parti qui se présentât dans une question soulevée au milieu du débat, vous n'aviez pas entièrement résolu la difficulté, vous aviez dépassé le but. Le soin de diriger les affaires de l'aliéné et de défendre ses intérêts étant remis à des mains étrangères, il fallait lui donner quelque sûreté contre les dilapidations, la négligence ou la fraude de son administrateur, et votre décision les lui refusait entièrement. Ce n'était le but d'aucun de ceux qui avaient combattu le projet. On repoussait l'hypothèque légale, non que l'on contestât la convenance d'une garantie pour les intérêts de l'aliéné, mais parce que cette hypothèque devait grever indistinctement tous les biens de tout administrateur, parce qu'elle était illimitée dans ses conséquences, et dispensée, d'après les règles propres à ces hypothèques, de la formalité de l'inscription. Le problème consistait à trouver une garantie qui n'eût pas ces divers inconvéniens; c'est ce qu'a très bien fait, à notre avis, le projet nouveau. Il n'établit d'hypothèque sur les biens de l'administrateur que quand le jugement l'a expressément constituée : l'hypothèque peut être générale, ou spéciale, jusqu'à concurrence d'une certaine somme ; elle doit être inscrite. Aussi les juges seront toujours appelés à apprécier les circonstances; l'hypothèque ne sera autorisée que quand elle paraîtra nécessaire, et en aucun cas elle ne pourra valoir sans inscription. Ces dispositions contiennent une innovation assez notable dans notre droit ; mais nous la croyons bonne, elle répond aux nécessités pour lesquelles elle est introduite ; elle pourra servir d'exemple et de précédent pour d'autres cas et conduire ultérieurement à réduire le nombre des hypothèques légales, dont les inconvéniens sont généralement reconnus. »

(1) Le projet et la commission exigeaient une triple signification, savoir : au domicile de l'aliéné, au domicile de l'administrateur provisoire, ou, à défaut, à la personne du chef de l'établissement et au procureur du roi.

Cette disposition a été rejetée, par la raison que l'intérêt des tiers pourrait se trouver très souvent sacrifié à celui des aliénés. On a pensé qu'on devait concilier ces intérêts divers. Cette vérité a été comprise par M. *Vivien*. « Il convient sans doute, a-t-il dit, que les significations soient faites avec les précautions propres à garantir l'aliéné contre toute surprise, mais il ne faut pas que les précautions soient telles qu'elles aillent jusqu'à compromettre les droits des tiers. Comme on l'a très bien expliqué, les diverses formalités qui sont accomplies pour parvenir au placement d'une personne dans une maison d'aliénés, ne sont pas toujours entourées d'une telle publicité que les tiers puissent en être informés, et si on maintient une disposition qui prescrit, à peine de nullité, de faire une triple signification, dans beaucoup de cas, les tiers ignoreront la situation particulière des personnes auxquelles ils ont affaire ; ils seront exposés à se jeter dans des procédures nulles. C'est un inconvénient qu'il importe d'éviter. »

Le paragraphe premier a été présenté dans ce but. La commission a pensé qu'il conciliait, dans une mesure raisonnable, les divers intérêts qu'il s'agissait de mettre en harmonie.

Mais la disposition ne regarde que les aliénés pourvus d'un administrateur provisoire. Comment alors devront être faites les significations adressées aux aliénés auxquels il n'aura pas été nommé d'administrateur provisoire ? M. *le rapporteur* a dit que, quant à eux, il était vrai que les significations seraient faites dans la forme ordinaire et n'étaient l'objet d'aucune précaution spéciale ; mais qu'exiger que les significations fussent faites dans ce cas à certaines personnes désignées par la loi, ce serait imposer aux tiers une grave obligation, car le placement dans une maison d'aliénés n'est accompagné d'aucune forme judiciaire ; que, par conséquent, il s'opère sans aucune publicité, et que les tiers pourraient ne pas en être informés ; que, d'ailleurs,

représenter les personnes non interdites placées dans les établissemens d'aliénés, dans les inventaires, comptes, partages et liquidations dans lesquels elles seraient in-

---

les aliénés auxquels on négligerait de faire nommer un administrateur provisoire, n'auraient généralement aucun intérêt à défendre; qu'étant sans fortune, il n'y avait pas à craindre que des tiers eussent recours à des procédures de mauvaise foi pour porter atteinte à leurs droits; qu'ainsi il suffisait de s'occuper du premier cas.

La Chambre des Députés s'était arrêtée au premier paragraphe, la Chambre des Pairs a ajouté les deuxième et troisième. Le dernier rapport de M. *Barthélemy* fait comprendre le sens et la portée de cette addition. On y lit :

« D'après le projet actuel, l'aliéné sera assigné, conformément aux règles ordinaires du Code de procédure; seulement, lorsqu'un administrateur provisoire aura été nommé par jugement, les significations devront être faites à cet administrateur.

« Cette disposition n'est pas à l'abri d'inconvéniens graves et de critiques fondées. La nomination de l'administrateur provisoire étant faite dans la chambre du conseil, sans publicité, il peut paraître injuste d'exiger que des tiers soient instruits d'un fait dont, légalement parlant, ils n'ont point connaissance. On ne peut faire retomber sur eux les conséquences d'un secret gardé dans l'intérêt de l'aliéné ou de sa famille. C'est à l'administrateur provisoire à prendre ses mesures pour que les actes signifiés au domicile de l'aliéné lui soient transmis; et, si celui-ci n'a plus de domicile, le procureur du roi doit faire parvenir à l'administrateur les significations remises à son parquet.

« Ces objections sont puissantes : on peut répondre cependant que l'art. 35 n'exigeant pas que les significations soient faites à l'administrateur, sous peine nullité, les exploits faits au domicile de l'aliéné, pourront être déclarés valables, à moins qu'ils ne soient entachés de mauvaise foi. Telle est la jurisprudence de la Cour de cassation, que nous vous proposons de confirmer d'une manière explicite, dans le cas qui nous occupe, par une disposition spéciale qui serait introduite dans l'article. Dès lors, une partie des inconvéniens signalés disparaît, et on a pourvu à ce qu'il ne fût point abusé de l'état des malheureux aliénés, et de leur absence involontaire et le plus souvent bien connue, pour leur faire à domicile, dans des vues frauduleuses, des significations dont les conséquences pourraient être désastreuses pour eux.

« L'aliéné n'ayant plus ni la disposition de sa personne, ni la gestion de ses biens, ni le droit d'ester en justice, on ne peut s'adresser à lui; il faut que l'administrateur provisoire, son représentant légal, celui qui tous les jours traite et agit pour lui, soit instruit de ce qui peut l'intéresser. La nomination de l'administrateur provisoire, quoique non publiée, ne pourra d'ailleurs demeurer long-temps inconnue, et acquerra bientôt un degré de publicité suffisant pour justifier la mesure proposée. La loi, quand il s'agit de l'intérêt sacré d'un homme enlevé de chez lui et privé de ses droits, ne doit pas se confier à la diligence d'un serviteur qui peut être étranger à l'aliéné, ou à l'obligeance plus ou moins grande d'un voisin.

« Vous remarquerez d'ailleurs, Messieurs, et ceci est fort important, que si on ne demandait pas que la signification fût faite à l'administrateur provisoire, celui-ci serait affranchi de toute responsabilité; il pourrait en naître beaucoup d'abus, et en tous cas, l'administrateur ne serait jamais tenu, envers l'aliéné, des conséquences d'un acte qui ne lui aurait point été officiellement notifié. Il est toutefois une classe d'actes pour laquelle, en sanctionnant la disposition indiquée, il conviendrait de faire une exception : ce sont les protêts pour lettres de change. Aux termes de l'art. 173 du Code de commerce, ces protêts doivent être faits dans les vingt-quatre heures, sous peine de nullité. Il serait, le plus souvent, bien difficile au tiers-porteur de satisfaire, dans un si bref délai, à cette prescription de la loi; les porteurs de titres n'ont aucun intérêt à les cacher au débiteur. D'ailleurs, le protêt n'est qu'un acte conservatoire dirigé moins contre l'aliéné que contre les endosseurs, et qui peut être fait après un simple acte de perquisition, s'il y a fausse indication de domicile.

« Si vous étiez d'avis de maintenir la règle posée dans l'art. 35, pour consacrer à la fois l'exception dont nous venons d'entretenir la Chambre, et pour lever tous les doutes sur le sens et la portée des dispositions de cet article, nous proposerions de le rédiger ainsi qu'il suit : « Dans le cas où un « administrateur provisoire aura été nommé par « jugement, les significations à faire à la per- « sonne placée dans un établissement d'aliénés, « seront valablement faites à cet administrateur. « Les significations faites au domicile pourront, « suivant les circonstances, être annulées par les « tribunaux; il n'est point dérogé toutefois à « l'art. 173 du Code de commerce. »

« Toutefois, Messieurs, la difficulté que présente cet article est tellement grave, que si cette proposition ne paraissait pas devoir obtenir l'assentiment de la Chambre, nous en présenterions une autre qui aurait pour effet de ne point tracer de règles particulières pour les significations à faire aux personnes non interdites, placées dans les maisons d'aliénés, mais d'autoriser toutefois les officiers ministériels à les présenter à leur choix au domicile de l'aliéné ou à celui de l'administrateur provisoire, auquel on donnerait ainsi purement et simplement qualité pour les recevoir. De cette manière, en aucun cas, et quel que fût le mode employé, la signification ne pourrait être annulée.

« Dans ce second système, l'art. 35 serait ainsi conçu : « Dans le cas où un administrateur provi- « soire aura été nommé par jugement, les signi- « fications à faire à la personne placée dans un « établissement d'aliénés pourront être faites à « cet administrateur. » Nous appelons sur ces deux dispositions, et particulièrement sur la première, qui nous paraît préférable, toute l'attention de la Chambre. »

Cette addition n'a pas trouvé d'obstacle à la Chambre des Députés; mais voici comment, dans son rapport du 5 juin 1838, M. *Vivien* s'est expliqué sur le dernier paragraphe :

« On a jugé convenable d'ajouter encore qu'il n'était point dérogé aux dispositions de l'art. 173 du Code de commerce, relatives à la signification des protêts de lettres de change. Cette réserve spé-

téressées (1).

37. Les pouvoirs conférés en vertu des articles précédens cesseront de plein droit dès que la personne placée dans un établissement d'aliénés n'y sera plus retenue (2).

Les pouvoirs conférés par le tribunal en

ciale pour une seule nature d'actes a un caractère exceptionnel dont nous nous rendons difficilement compte. Elle nous paraît inutile d'après le sens donné à la disposition principale de l'article; elle est incomplète; car on aurait dû, si elle était justifiée, l'étendre aux dénonciations des protêts; cependant nous ne croyons pas qu'il y ait lieu, en raison de cette addition, d'exposer la loi à de nouveaux retards, et nous concluons aussi à l'adoption de l'art. 35 tel qu'il vous est aujourd'hui proposé.»

(1) La commission proposait de déclarer que la désignation du notaire aurait lieu, soit qu'il y eût un administrateur provisoire, soit qu'il n'y en eût pas.

Ce système était basé sur l'analogie que la commission trouvait entre les cas qu'elle voulait prévoir et les dispositions du Code civil relatives à la présomption d'absence. En fait, elle pensait que les capacités suffisantes pour remplir les fonctions d'administrateur provisoire pourraient souvent se trouver en défaut pour figurer dans une liquidation ou un partage.

Mais la Chambre a craint que toutes ces formalités n'entraînassent des frais trop considérables.

De deux choses l'une, a-t-on dit, ou le partage offrira des difficultés, et alors il ne sera pas besoin d'un notaire, mais bien des conseils d'hommes de loi; ou le partage sera simple et facile, et alors l'administrateur provisoire peut suffire et représenter convenablement celui dont il administre les biens.

Ces considérations ont prévalu, et le système de la commission a été rejeté.

Des termes de cet article il résulte bien que, lorsqu'il y aura un administrateur, il aura capacité pour représenter l'aliéné dans les inventaires, partages et liquidations. Or, il me semble que cette disposition n'est pas en harmonie avec l'art. 32, car avant d'arriver à l'inventaire, au partage, etc., s'il s'agit des biens d'une succession, il y a un acte préliminaire et indispensable, l'acceptation de la succession. Cet acte dépasse évidemment les pouvoirs de l'administrateur provisoire; et en effet, lors de la discussion de l'art. 32, il a été reconnu que l'administrateur provisoire aurait seulement les pouvoirs accordés, d'après le Code civil et d'après la jurisprudence, à l'administrateur provisoire nommé dans le cours d'une procédure en interdiction; or les pouvoirs de cet administrateur ne vont pas jusqu'à accepter ou répudier valablement une succession. Cette question, d'ailleurs, a été soulevée lors de la discussion de l'art. 32, et on a décidé qu'il faudrait provoquer l'interdiction de l'aliéné, puisque son tuteur seul aurait capacité pour accepter ou répudier. Voici les termes mêmes de la question posée par M. *Jobard* : « Une succession, disait l'orateur, échoit à un individu placé dans un établissement public ou dans un établissement privé; cette succession, on ne peut, sans un grand préjudice pour les intérêts de l'aliéné, la laisser à l'abandon. D'un autre côté, il est possible que les créanciers forcent l'aliéné à prendre qualité, à se prononcer d'une manière ou d'une autre; je demanderai au nom de qui sera exercée la faculté d'accepter ou de répudier la succession; et si l'on accepte, comment l'acceptation aura lieu. »

M. *Jobard* demandait aussi quelle serait l'étendue des pouvoirs de l'administrateur provisoire, dans le cas où l'aliéné étant propriétaire d'un immeuble ayant besoin de réparations urgentes et indispensables, l'administrateur ne trouverait dans le mobilier aucune ressource pour y faire face. Aux deux questions, on a répondu qu'il faudrait faire nommer un tuteur.

Or, il semble résulter des termes de l'art. 36 une décision toute contraire; son texte paraît en effet admettre que la succession aura été acceptée sans que l'interdiction ait été prononcée.

Cette contradiction a été signalée à la Chambre. L'orateur l'a très bien démontrée, en provoquant une solution. « Si la succession, a-t-il dit, ne peut pas être acceptée par l'administrateur provisoire, votre article devient inutile, puisqu'il règle uniquement les conséquences d'une acceptation qui n'aura pas pu avoir lieu. Si, au contraire, vous admettez maintenant ce que vous refusiez tout à l'heure, que l'administrateur provisoire puisse accepter la succession dévolue à un aliéné, comment, je vous le demande, et sous quelle condition pourra-t-il faire cette acceptation? Pourra-t-il la faire sans y être autorisé par le conseil de famille, auquel cas il aurait des droits plus étendus que le tuteur définitivement nommé à l'interdit? Pourra-t-il l'accepter purement et simplement, ou ne le pourra-t-il que sous bénéfice d'inventaire? Vous êtes, de tous côtés, dans un véritable chaos, dont vous semblez prendre plaisir à ne pas vouloir sortir. »

Ces interpellations sont restées sans réponse; l'article a été immédiatement voté.

Je crois que la disposition ne doit être appliquée qu'aux cas où il ne s'agirait pas de succession, ou lorsque la succession aurait été acceptée par l'aliéné lui-même avant sa maladie. Les fonctions de l'administrateur provisoire sont déterminées par celles que le notaire, nommé à son défaut, aurait pouvoir de remplir, elles ne peuvent s'étendre au-delà. L'administrateur pourrait toutefois, sans acceptation formelle, procéder au partage, si les cointéressés *sui juris* consentaient à courir les chances de la nullité que demanderait l'aliéné après sa guérison. Mais il est douteux que l'administrateur veuille ainsi compromettre sa responsabilité.

(2) L'aliéné peut sortir de l'établissement avant d'avoir recouvré entièrement l'usage de sa raison; sera-t-il abandonné à lui-même? La loi aurait dû, peut-être, le garantir contre les captations dont il pourra être assiégé dans cet état; elle aurait dû, peut-être à cet effet, continuer les pouvoirs de son administrateur provisoire jusqu'à la constatation d'une guérison parfaite; mais une fois affranchi de sa tutelle, l'aliéné devait rentrer dans la société maître de ses actions et entièrement libre; d'ailleurs, prolonger indéfiniment l'administration provisoire, c'était rendre la charge trop pénible et s'exposer à ne trouver personne qui voulût la supporter; il eût été difficile de déterminer le moment

vertu de l'article 32 cesseront de plein droit à l'expiration d'un délai de trois ans : ils pourront être renouvelés (1).

Cette disposition n'est pas applicable aux administrateurs provisoires qui seront donnés aux personnes entretenues par l'administration dans des établissemens privés.

38. Sur la demande de l'intéressé, de l'un de ses parens, de l'époux ou de l'épouse, d'un ami, ou sur la provocation d'office du procureur du roi, le tribunal pourra nommer, en chambre de conseil, par jugement non susceptible d'appel, en outre de l'administrateur provisoire, un curateur à la personne de tout individu non interdit placé dans un établissement d'aliénés, lequel devra veiller, 1° à ce que ses revenus soient employés à adoucir son sort et à accélérer sa guérison ; 2° à ce que ledit individu soit rendu au libre exercice de ses droits aussitôt que sa situation le permettra.

Ce curateur ne pourra pas être choisi parmi les héritiers présomptifs de la personne placée dans un établissement d'aliénés (2).

39. Les actes faits par une personne placée dans un établissement d'aliénés, pendant le temps qu'elle y aura été retenue, sans que son interdiction ait été prononcée ni provoquée, pourront être attaqués pour cause de démence, conformément à l'article 1304 du Code civil.

Les dix ans de l'action en nullité courront, à l'égard de la personne retenue qui aura souscrit les actes, à dater de la signification qui lui en aura été faite, ou de la connaissance qu'elle en aura eu après sa sortie définitive de la maison d'aliénés ;

Et, à l'égard de ses héritiers, à dater de la signification qui leur en aura été faite, ou de la connaissance qu'ils en auront eue, depuis la mort de leur auteur.

Lorsque les dix ans auront commencé de courir contre celui-ci, ils continueront de courir contre les héritiers (3).

40. Le ministère public sera entendu

---

d'une guérison radicale ; enfin, les actes faits par l'aliéné hors de l'établissement pouvaient toujours être attaqués par lui ou ses héritiers en prouvant l'aliénation lors du contrat, d'après le droit commun.

(1) Ce paragraphe doit être entendu dans le sens du premier ; c'est-à-dire que si avant l'expiration du délai de trois ans, le malade vient à sortir de l'établissement, les pouvoirs de l'administrateur provisoire cessent sans pouvoir être renouvelés.

(2) De la combinaison de cet article avec l'art. 33, il résulte que l'aliéné peut avoir en même temps, un administrateur provisoire, un mandataire spécial et un curateur. Cependant, les tribunaux devront faire en sorte qu'il n'y ait que deux personnes, l'administrateur et le curateur ; néanmoins, si les deux premières charges avaient été données à deux personnes différentes, et que postérieurement, il y eût lieu à la nomination d'un curateur, je doute que l'un des deux premiers administrateurs pût être nommé : l'art. 38 ne s'explique pas à cet égard comme l'art. 33 à l'égard de l'administration et du mandat, dont peut être chargée une même personne.

On a fait observer à la Chambre des Pairs que la décision du tribunal ne serait pas susceptible d'appel.

Le deuxième paragraphe exclut tous les héritiers sans exception aucune, tant les ascendans que les descendans et les collatéraux. Le projet exceptait les ascendans, la Chambre des Députés étendit l'exception aux descendans ; puis la Chambre des Pairs a posé une prohibition absolue, conformément à la loi anglaise.

« Les exceptions pourraient être funestes, a dit M. *Barthélemy* dans son dernier rapport ; un bon fils n'a pas besoin d'être nommé curateur à la personne de son père pour en accomplir incessamment le devoir ; d'un autre côté, les exemples d'enfans qui ne remplissent pas envers leurs parens les obligations sacrées que la nature leur impose, surtout lorsqu'ils sont mis en présence de leurs propres intérêts, ne sont pas assez rares pour qu'ils ne doivent pas exciter toute la sollicitude du législateur. Nous devons ajouter, à l'appui de notre proposition, que si une exclusion générale formulée par la loi ne peut être blessante, l'exclusion d'un fils prononcée par un tribunal devient une injure sanglante, que des motifs de la plus haute gravité pourraient seuls autoriser. »

(3) Art. 1304 C. civ. « Dans tous les cas où l'action » en nullité ou en rescision d'une convention n'est » pas limitée à un moindre temps par une loi par» ticulière, cette action dure dix ans.

« Ce temps ne court, dans le cas de violence, » que du jour où elle a cessé ; dans le cas d'erreur » ou de dol, du jour où ils ont été découverts ; et, » pour les actes passés par les femmes mariées non » autorisées, du jour de la dissolution du mariage.

« Le temps ne court, à l'égard des actes faits » par les interdits que du jour où l'interdiction est » levée ; et à l'égard de ceux faits par les mineurs, » que du jour de la majorité. »

La Chambre des Pairs, en exigeant, dans l'intérêt de l'aliéné, que la signification de l'acte lui fût faite après sa sortie de l'établissement pour faire courir le délai de l'action en nullité avait cru pouvoir déroger au droit commun sous un autre rapport dans l'intérêt des tiers. Elle avait borné à un an la durée de l'action en nullité.

La brièveté de ce délai laissait l'aliéné sans garantie suffisante, on a donc dû revenir au droit commun ; mais il a fallu le mettre en harmonie avec la loi nouvelle ; ainsi, il n'est plus nécessaire, comme sous le Code, que l'interdiction ait été ou provoquée ou prononcée contre une personne aliénée pour que celle-ci ait le droit d'attaquer l'acte qu'elle a souscrit pendant sa maladie.

On proposait de borner l'article au premier paragraphe et de rester ainsi purement et simplement sous l'empire de l'art. 1304 du Code civil, mais on a

dans toutes les affaires qui intéresseront les personnes placées dans un établissement d'aliénés, lors même qu'elles ne seraient pas interdites.

TITRE III. — *Dispositions générales.*

41. Les contraventions aux dispositions des articles 5, 8, 11, 12, du second paragraphe de l'article 13, des articles 15, 17, 20, 21, et du dernier paragraphe de l'article 29 de la présente loi, et aux réglemens rendus en vertu de l'article 6, qui seront commises par les chefs, directeurs ou préposés responsables des établissemens publics ou privés d'aliénés, et par les médecins employés dans ces établissemens, seront punies d'un emprisonnement de cinq jours à un an, et d'une amende de cinquante francs à trois mille francs, ou de l'une ou l'autre de ces peines.

Il pourra être fait application de l'article 463 du Code pénal.

4=7 JUILLET 1838. — Loi relative à l'impôt sur les sucres indigènes (1). (IX, Bull. DLXXXIII, n. 7450.)

Article unique. Est prorogé jusqu'à la fin de la session de 1839 le délai dans lequel doivent être convertis en lois les réglemens d'administration publique, relatifs à l'exécution de la loi du 18 juillet 1837, qui établit un impôt sur les sucres indigènes (2).

---

pensé que ce serait laisser indécise la question de savoir de quel jour devraient compter les dix ans; qu'il fallait la résoudre et non la renvoyer aux tribunaux, qui lui donneraient des solutions diverses, ce qui occasionerait un grand nombre de procès.

Ces raisons ont prévalu. On est convenu que les dix ans courraient à dater du jour de la notification faite à l'aliéné, *après sa sortie* de l'établissement; que cette notification sera inutile pour faire courir les dix ans, toutes les fois qu'on aura une preuve par écrit que l'aliéné, après sa sortie de l'établissement, ou ses héritiers depuis sa mort, auraient eu connaissance de l'acte. Dans ce cas les dix ans prendront cours du jour auquel on pourra établir que cette connaissance a été acquise.

Si, sans être parfaitement guéri, sans avoir recouvré sa raison, un aliéné a été retiré par ses parens de l'établissement, où ils l'avaient placé, la notification qui sera faite alors aura-t-elle pour effet de faire courir les dix ans?

Cette question n'a pas reçu à la Chambre une solution directe. On a dit que si la notification a été faite frauduleusement, on fera valoir l'exception de fraude, que les tribunaux décideront.

On doit s'applaudir de ce que les cas prévus par cet article se présenteront bien rarement. Qui voudrait, en effet, traiter avec des chances pareilles? Il est certain que presque pas un acte ne sera fait par un aliéné dans les circonstances de l'article, sans que son exécution ne soit critiquée par lui ou par ses héritiers, et alors, on ne peut le nier, les juges prononceront arbitrairement, pourront déclarer l'action en nullité prescrite ou non prescrite sans violer la loi; l'article leur laisse toute latitude à cet égard. D'une part, ils pourront décider que, quoique sorti de l'établissement alors que la notification de l'acte attaqué lui a été faite, l'aliéné n'avait point encore recouvré la raison. Ils pourront aussi juger le contraire.

(1) Présentation à la Chambre des Députés le 21 mai (Mon. du 22); rapport par M. Vivien le 2 juin (Mon. du 3); discussion et adoption le 14 juin (Mon. du 15), à la majorité de 202 voix contre 55.

Présentation à la Chambre des Pairs le 16 juin (Mon. du 17); rapport par M. de Tascher le 26 juin (Mon. du 27); discussion et adoption le 30 juin (Mon. du 1er juillet), à la majorité de 99 voix contre 4.

(2) Voy. la loi du 18 juillet 1837 et mes notes, et l'ordonnance du 4 juillet 1838, qui suit immédiatement la présente loi.

Le paragraphe 4 de l'art. 3 de la loi du 18 juillet 1837 portait que les ordonnances royales qui détermineraient le mode de perception de l'impôt sur les sucres indigènes, seraient converties en loi dans la *prochaine session*.

« S'il fallait s'arrêter strictement à ces termes, a dit M. *le rapporteur*, les réglemens d'administration publique dont il est question dans ce paragraphe devraient être déjà rendus et soumis à nos délibérations pour recevoir cette année la consécration légale. »

M. *le ministre des finances* a cherché à se justifier de ce reproche en disant qu'on avait entendu par ces mots *prochaine session*, la session qui devait suivre le plus prochainement la mise à exécution des ordonnances. Cette interprétation a, du reste, été expliquée dans le cours de la discussion. Un orateur a dit : « Il me semble qu'on a équivoqué sur ces mots *dans la session prochaine*.

« Rappelez-vous les faits, Messieurs. L'impôt devait être perçu le premier janvier 1838 dans le projet primitif : c'est un amendement d'un de nos collègues qui a décidé qu'il ne serait perçu qu'à partir du 1er juillet.

« Dès lors, toute l'économie du projet était changée; l'impôt devant être perçu seulement le 1er juillet 1838, on ne pouvait faire le réglement d'administration publique et l'expérimenter qu'à partir de ce jour. On ne pouvait le convertir en loi que lorsqu'il aurait été fait et expérimenté. Par session prochaine, on a entendu, non la session qui suivrait celle de 1837, mais la session qui suivrait la promulgation et l'application du réglement d'administration publique. »

Quoi qu'il en soit de la valeur de cette interprétation, le gouvernement a senti qu'elle pourrait être niée et vivement combattue, et il a cru devoir demander aux Chambres une prorogation de délai.

Cette défiance du gouvernement touchant la justesse de l'interprétation du paragraphe 4 de l'art. 3 de la loi du 18 juillet, a été à peu près justifiée par les termes du rapport de la commission. « La session arrivant à son terme, a dit M. *le rapporteur*,

l'impôt pourrait-il être perçu et la loi du 18 juillet 1837 recevoir son application ? C'est une question grave et qui donnerait lieu à de sérieuses difficultés si le gouvernement, pour les prévenir, ne nous avait pas proposé de proroger jusqu'à la session prochaine le délai dans lequel les réglemens d'administration publique relatifs au sucre indigène doivent vous être soumis. »

La question a reçu sa solution de la loi actuelle. Mais afin que le nouveau délai ne puisse être encore prolongé, M. le rapporteur a eu soin d'en poser les limites dans son rapport, et la Chambre n'a repoussé un amendement tendant à ce but que sur la déclaration formelle du ministre des finances, que le gouvernement ne les dépasserait point.

Après avoir établi la nécessité d'adopter la loi proposée, par ces motifs que le temps manquerait pour discuter, dans le courant de la session, les réglemens sur le mode de perception de l'impôt; que la discussion devrait être précédée de quelques mois d'expérience, afin que la Chambre pût apprécier sainement les diverses mesures qui seraient employées, et consacrer celles-là seules qu'elle jugerait le plus en harmonie avec les principes déjà adoptés, M. *le rapporteur* a dit :

« Le gouvernement aura donc *jusqu'à la fin de la session de* 1839 pour faire convertir en lois les réglemens d'administration publique faits en exécution de la loi du 18 juillet 1837. Toutefois, nous n'entendons point par ce délai ainsi défini dans le projet, qu'il puisse attendre jusqu'à la fin de la session pour vous soumettre ces réglemens. Leur examen occupera un certain temps, et les propositions du gouvernement ne devront être faites ni assez tôt pour empêcher de recueillir les expériences qui doivent précéder l'adoption d'une loi, ni assez tard pour précipiter la discussion qui doit l'éclairer. C'est dans ce sens que nous avons compris et que nous adoptons la rédaction du projet de loi.

« Nous aimons à croire que le nouveau délai demandé par l'administration, et que vous lui accorderez sans doute, ne sera perdu ni pour elle, ni pour l'industrie du sucre indigène.

« Une nécessité que nous regrettons a contraint d'établir un impôt sur cette industrie; décrété par la loi, il faut que cet impôt soit perçu, il le faut pour le revenu de l'Etat dont il forme désormais un des élémens; il le faut pour les fabricans eux-mêmes qui sont intéressés à ce que nul, en se soustrayant à la charge commune, ne puisse se présenter sur le marché dans des conditions qui lui permettraient de faire aux acheteurs des avantages interdits à tous ceux dont les frais de production seraient rehaussés par le paiement des droits.

« Mais il ne faut pas perdre de vue les liens qui unissent cette industrie à notre agriculture si souffrante et si délaissée; la fabrication du sucre indigène n'a été pour elle qu'une incomplète compensation des pertes qu'elle éprouve de toutes parts; que cette indemnité naturelle ne lui soit point enlevée; que le fisc, par d'inutiles rigueurs, ne lui ravisse point une source de profits légitimes, et qui se combine si heureusement avec ses autres travaux; que l'impôt ne soit pas perçu de manière à détruire une industrie qui se recommande à tant de titres à la bienveillance du gouvernement et à la sollicitude de tous les amis de notre prospérité nationale.

« La fabrication du sucre indigène intéresse à la fois l'agriculture, dont elle est destinée à hâter les progrès et à étendre les profits, et l'industrie, dont elle est une des plus précieuses conquêtes. Elle répand, dans nos campagnes et parmi nos cultivateurs, des notions pratiques qui leur étaient restées étrangères; elle propage l'aisance dans les classes inférieures; l'activité qu'elle apporte excite les intelligences et contribue au progrès de l'instruction. Sa perte n'affecterait pas moins la fortune publique que les intérêts privés de ceux qui s'y sont dévoués.

« Nous désirons que ces pensées n'abandonnent jamais l'administration dans l'application des mesures qui vont être établies; plusieurs excitent parmi les fabricans de vives alarmes, qui ont été partagées par une partie de la commission. C'est à la régie, par les formes qu'elle emploiera, à dissiper ces alarmes et à justifier la confiance que nous vous proposons de lui accorder. Que l'impôt soit perçu, nous le demandons sincèrement; mais que l'industrie soit ménagée, qu'on n'oublie jamais que tout ce qui serait dirigé contre elle frapperait directement les premiers élémens de la richesse publique, et que les coups portés en apparence à quelques industriels seulement, atteindraient à la fois tous ceux dont les intérêts se rattachent de près ou de loin à cette grande et belle industrie, et, nous ne craignons pas de le dire, le pays lui-même, qui souffrirait tout entier du contre-coup. »

Quelques membres de la Chambre, que les explications de la commission sur le nouveau délai qu'elle proposait d'accorder au gouvernement ne satisfaisaient pas pleinement, ont demandé qu'on déterminât d'une manière plus précise l'époque à laquelle l'administration serait tenue de saisir la Chambre de la connaissance de ces réglemens. On proposait, en conséquence, un amendement ainsi conçu : « Le délai prescrit par le dernier paragraphe de l'art. 3 de la loi du 18 juillet 1837, relative à l'impôt sur le sucre indigène, est prorogé.

« Les réglemens d'administration publique sur le mode de perception seront soumis aux Chambres, pour être convertis en lois, *dans les trois mois* qui suivront l'ouverture de la prochaine session. »

M. le ministre des finances a fait repousser cet amendement en déclarant que le gouvernement n'était point dans l'intention d'abuser des pouvoirs qu'il réclamait, puisqu'il s'associait aux observations de M. le rapporteur, quoiqu'il dût résulter de l'amendement proposé plus de latitude pour le gouvernement que celle qu'il demandait; mais que cet amendement n'était point nécessaire; que la position du gouvernement le mettait dans la nécessité de présenter aux Chambres, en temps utile, le projet de réglement, afin qu'il fût voté dans la session de 1839.

www.ingramcontent.com/pod-product-compliance
Ingram Content Group UK Ltd.
Pitfield, Milton Keynes, MK11 3LW, UK
UKHW022110260726
13993UKWH00001B/430